古典文獻研究輯刊

二 編

潘美月‧杜潔祥 主編

第 20 冊

《上海博物館藏戰國楚竹書（一）‧緇衣》研究

鄒濬智 著

國家圖書館出版品預行編目資料

《上海博物館藏戰國楚竹書（一）‧緇衣》研究／鄒濬智著 — 初
版 — 台北縣永和市：花木蘭文化出版社，2006〔民95〕

序 2+ 目 2+286 面；19×26 公分
（古典文獻研究輯刊 二編；第 20 冊）

ISBN：986-7128-40-0（精裝）
1. 簡牘－研究與考訂

796.8   95003699

ISBN 986712840-0

9 789867 128409

古典文獻研究輯刊
二 編　第二十冊   ISBN：986-7128-40-0

《上海博物館藏戰國楚竹書（一）‧緇衣》研究

作　　者　鄒濬智
主　　編　潘美月　杜潔祥
企劃出版　北京大學文化資源研究中心
出　　版　花木蘭文化出版社
發 行 所　花木蘭文化出版社
發 行 人　高小娟
聯絡地址　台北縣永和市中正路五九五號七樓之三
　　　　　電話：02-2923-1455／傳真：02-2923-1452
電子信箱　sut81518@ms59.hinet.net
初　　版　2006 年 3 月
定　　價　二編 20 冊（精裝）新台幣 31,000 元

《上海博物館藏戰國楚竹書（一）‧緇衣》研究

鄒濬智　著

作者簡介

鄒濬智，台灣省南投縣人，台灣師範大學國文學系碩士、博士生、中研院史語所兼任助理、景文技院兼任講師。著有專書《上海博物館藏戰國楚竹書（一）讀本》（合著，萬卷樓，2004年）、《國語文創意教學活動設計》（合著，幼獅，2004年）、標點本《說文解字注》（合編，藝文，2005年）；另有歷史與語言文字相關單篇論文〈上博緇衣續貂〉（《思辨集》第6集）、〈漢字的書寫特徵與中學國文生字教學〉（《中國語文》572期）、〈文物墨拓技法的改良與革新〉（《人文及社會學科教學研究通訊》89期）、〈從《世說新語》與《吐魯番出土文書》看六朝到唐初個體量詞的演變〉（《中國語文》575期）、〈「楚系簡帛文字構形資料庫」的建置及其與「漢字構形資料庫」的整合〉（合著，《第十六屆中國文字學國際學術研討會論文集》）、〈從楚簡《周易》「亡」、「喪」二字談到包山簡的「喪客」與望山簡的「祭喪」〉（「第十二屆政治大學中文系系所友學術研討會」論文）、〈讀簡帛文獻偶得四題〉（《第一屆淡大中文系研究生研討會論文集》）、〈宜蘭頭城搶孤儀式的意義及演變〉（《臺灣源流》31期）、〈《上海博物館藏戰國楚竹書（四）昭王毀室》校注──兼談楚昭王的歷史形象〉（《東方人文學誌》4卷3期）、〈從幾則台灣俗諺談如何使用漢字精準書寫閩南語〉（《中國語文》579期）、〈讀楚簡困學記得五題〉（「清華大學中文系第一屆全國研究生論文發表會」論文）、〈馬王堆帛書老子甲本及卷後佚書抄錄時代上限考〉（合撰，「清華大學中文系第一屆全國研究生論文發表會」論文）、〈建立UNICODE漢字標準字的初步成果〉（合撰，《文風再起》1期）、〈楚竹書〈恆先〉思想體系試構〉（《孔孟月刊》44卷5/6期）等十餘篇。

提　　要

　　一九九四年春，香港古玩市場陸陸續續的出現了一些竹簡。一九九四年五月後，該批竹簡便接踵的運到上海博物館。上海博物館文物保護與考古科學實驗室歷經三年時間，克服該批文物保存狀況的不良。脫水加固該批文物後，經科學測定與文字識讀，斷代定域為戰國時代的楚國竹簡，因而定名為《楚竹書》。

　　《上海博物館藏戰國楚竹書》第一冊於二零零一年十一月出版，首先發表該批文獻中，字數與竹簡保存質量皆高的〈孔子詩論〉、〈性情論〉及〈緇衣〉三篇。其中〈緇衣〉篇並見於《郭店楚墓竹簡》與今本《禮記》中，兩竹簡版本內容大體相同，用字小異，但其與今本《禮記》章序與用字存有一些出入，正可以提供學界深入探討〈緇衣〉篇內容、進而理解儒家某些思想及典籍流傳的相關問題。

　　目前學界尚未有全面比對三種版本〈緇衣〉並結合相關經學議題的討論，是以本書仍欲以《上海博物館藏戰國楚竹書・緇衣》篇為研究標的，由文字考釋、詞義疏證出發，進而探討其間的思想義理與部份經學問題。

　　本書共分四大部份：

　　第一部份為「緒論」，簡介本書研究背景、研究動機、研究方法、研究目的與撰寫架構。

　　第二部份為「《上海博物館藏戰國楚竹書（一）・緇衣》疏證」，將上博〈緇衣〉全文二十三章依各章章旨之政治主題分為七卷。除逐卷逐章考釋文字、闡述經文大義外，並依各章政治主題建立其思想軸心與體系。

　　第三部份為「楚簡〈緇衣〉作者考辨」，除巨細靡遺的網羅各家對楚簡〈緇衣〉作者及其所屬學派相關闡述外，並分別從文獻記載、〈緇衣〉及同批出土儒簡的思想內容、楚簡〈緇衣〉之形制、楚簡〈緇衣〉的抄錄時間、楚簡〈緇衣〉簡文體制等處切入，推測〈緇衣〉可能係「公孫尼子、子思學派」所撰。

第四部份為「餘論」,「餘論」一章重點討論楚簡〈緇衣〉中的幾個經學問題:

（一）楚簡〈緇衣〉所引之《詩》篇不若引《書》之篇名完整,有可能是因為:

1. 《尚書》之各篇之成篇與《書》之集結早於《詩經》。故〈緇衣〉作者在撰寫其政治主張之時,《尚書》主要內容與篇名已固定,所以他可清楚引之,而《詩經》主要內容雖固定,但其各篇篇名尚未取得統一,故只稱「詩」而不稱篇名。

2. 《詩》是韻文,讀者較為嫻熟,所以引用者不必說出詩篇名;而《書》詰屈聱牙,因此引者要引出篇名,讀者才容易掌握。

（二）〈緇衣〉兼引《詩》、《書》時,為何先《詩》後《書》?我們推測有以下二種可能:

1. 相較於《書》的習傳而言,《詩》的習傳比較普遍。故〈緇衣〉先引眾人皆知之《詩》以加強其論述的說服性,再引眾人較不熟悉的《書》佐證之。

2. 相對於《書》而言,原始儒家在生活應用與教育上較重視《詩》。

（三）《禮記‧緇衣》鄭玄注改讀〈緇衣〉的結果與楚簡〈緇衣〉簡文幾乎相符,吾人幾可斷定鄭玄除「理校」《禮記》外,手中尚握有珍貴的古本《尚書》。

（四）未經後人篡改之楚簡〈緇衣〉,在經典異文研究中至少有下述幾點價值:

1. 古文字識讀上的價值	5. 學派釐清上的價值
2. 古音研究上的價值	6. 版本校勘上的價值
3. 古語法研究上的價值	7. 漢字整理上的價值
4. 經典注疏上的價值	8. 學術思想史上的價值

目

錄

自 序

　　大學時，在故師方玆琛先生的啓發下，我對出土文物產生了興趣。進入研究所後，有幸跟隨在臺灣出土文獻學界享有盛譽的季旭昇教授、袁國華先生身邊學習。二零零一年《上海博物館藏戰國楚竹書（一）》剛剛出版，在兩位老師的建議下，我選擇了其中的〈緇衣〉篇作爲碩士論文的研究主題。

　　碩士班三年的修業期間中，我盡力收集各方學者對上博〈緇衣〉的看法與文章，兼究傳世《禮記・緇衣》與早先面世的《郭店・緇衣》及其相關的傳統典籍後，拙作「《上海博物館藏戰國楚竹書（一）・緇衣》研究」順利的在二零零四年六月完成。

　　當然，這本學位論文的完成絕非我一人之力可以辦到。論文指導教授季旭昇先生花了好多時間來來回回的和我討論，小至標點文句，大至論述結構，都詳盡的給我充份的意見，在季師的身上，我學到作爲一個負責的學問家應該有的謹慎；而另一位指導教授袁國華先生，是國內數一數二的戰國楚簡專家，袁師除了在考釋楚簡文字的部份給我很多寶貴的建議、提供我很多珍貴罕見的資料外，也安排我在他服務的中央研究院歷史語言研究所工讀和學習。此舉除了讓我得以減輕部份經濟壓力外，也使我有機會向史語所內各領域的專家們如鍾柏生老師、陳昭容老師、黃銘崇老師、昌菁大姐、雲鳳學姐、佩霓學姐、惠茹學姐、文獻學長、昭吟學姐、宛蓉、汝瑛、維盈、力仁等先進請教。兩位指導教授對我論文的用心投入、對我生活的照顧，史語所諸先進對我論文的指教，我十分感激。

　　碩士論文口試時，我有幸請到國內研究戰國文字的頂尖專家：許學仁、林清源教授來擔任我的口試委員。口試前兩位老師仔細的閱讀我的論文；口試時兩位老師也不厭其煩的提出很多切實的意見。有了兩位口考委員的無私的分享和指教，讓我在修改論文時出奇的順利，我特別的感謝他們。

　　師門中的美蘭、憲仁、妍希、凡晟、郁彥、建洲、秀玉、霖慶、今慧諸學長姐與同學玉姍、學弟聖峰、佑仁，在學習態度、研究方法上給了我很多很好的指導，同時也常與我分享各種難得的學術資料。這些學習路上的貴人們給予我的支持，我銘記在心。

　　而在季師主持的「《上海博物館藏戰國楚竹書(一)》讀本撰寫討論會」裡，同門賜麟、德榮、志慶、惠玲、婉甄與臺灣大學的靖暄，將我論文第二部份「疏證」中的謬誤一一的指了出來，我也在此向他們道謝！

　　最後、也是我最當感謝的是我的父母兄姐。老父母在精神上、在經濟上支持我繼續求學。爲了怕我分心，從不讓我操煩家裡頭的大小事；而我的兄姐除了幫忙分擔照顧老父母的責任外，也常常幫我處理私人的庶務，這頂碩士方帽，自是要和他們一塊兒戴的。

　　序末當說的是，我在撰寫這本論文時，收集資料、整理之工夫多，但對學界爭議不休的楚簡〈緇衣〉相關議題的解決與創獲卻少，這本論文，想想至多就只能發揮工具書的功能了吧？也請海內外鴻儒碩彥不吝賜教、斧正。

第一部份

緒　論

壹、前　言

　　「天不愛其道，地不愛其寶」，近百年以來，地下出土文字材料不斷面世，對歷史文化學術的貢獻非常大。要通讀這些地下出土文字材料，必需要有對文字、聲韻、訓詁基本而紮實的訓練；通讀了地下出土文字材料，往往也能回過頭來對文字、聲韻、訓詁提供更多的新想法、新發現〔註1〕。

　　陳寅恪曾說：

　　　　一時代之學術，必有其新材料與新問題。取用此材料，以研求問題，則爲此時代學術之新潮流。冶學之士，得預於此潮流著，謂之預流。其未得預者，謂之未入流。此古今學術史之通義，非彼閉門造車之徒，所能同喻者也〔註2〕。

于省吾在〈從古文字學方面評判清代文字、聲韻、訓詁之學的得失〉一文中也說：

　　　　我們應該以地下文字資料爲主，以文獻爲輔，相爲補充，相爲訓釋，交融互證，這樣作，才能逐漸解決兩者之間的矛盾而取得統一。我們應該從現實出發，以吸取古人的菁華，作到古爲今用，鑽進去還要鑽出來，而不充當古人或古籍的俘虜。我們今後需要繼承清代學者對於古籍考證中的優秀成果，進一步運用古文字的構形、聲韻、訓詁這一有利工具，並結合近幾十年來所發現的古代遺跡和遺物，加以分析綜合，做出新的貢獻〔註3〕。

從前輩的經驗出發，結合新出土的戰國文字材料，近五十年來，楚簡研究又掀起新的一波學術高峰，吸引了一批批的學者投入，這一波學術高峰方興未艾，對學術文化的影響也正在持續增加。

〔註1〕譬如王國維由此得與傳世文獻互相印證，因而得出許多偉大的創獲。

〔註2〕陳寅恪，〈敦煌劫餘錄序〉，《陳寅恪論文集》（臺北：九思出版社，1977年6月），頁1377。

〔註3〕于省吾，〈從古文字學方面評判清代文字、聲韻、訓詁之學的得失〉，《歷史研究》（北京：人民出版社）1962年第5期，144頁。

貳、研究背景

近年來，地不愛寶，中國大陸南境原戰國楚地墓葬陸陸續續發掘出土記有文字之簡牘書策。時至今日，計有二十四筆，今製表羅列如下〔註4〕：

發 現 地 點	發 現 時 間	簡 牘 內 容
長沙五里牌	一九五一年	遣策
長沙仰天湖	一九五三年	遣策
長沙楊家灣	一九五四年	文字模糊不清
湖南臨澧九里	一九八零年	尚未發表
湖南常德山夕陽坡	一九八三年	記事
湖南慈利縣石板村	一九八七年	尚未發表
河南信陽長臺關	一九五七年	竹書、遣策
湖北江陵望山	一九五六年	卜筮祭禱記錄、遣策
湖北江陵滕店	一九七三年	文字多模糊不清
湖北江陵觀音壋	一九七八年	卜筮祭禱記錄、遣策
湖北江陵九店	一九八一年	日書
湖北江陵馬山	一九八二年	簽牌記事
湖北江陵雨臺山	一九八六年	音律名
湖北江陵秦家嘴	一九八六年	卜筮祭禱記錄
湖北江陵秦家嘴	一九八六年	卜筮祭禱記錄
湖北江陵秦家嘴	一九八六年	卜筮祭禱記錄
湖北江陵	一九九二年	卜筮祭禱記錄
湖北江陵范家坡	一九九三年	尚未發表
湖北荊門包山	一九八七年	記事，占禱和遣策
湖北荊門郭店	一九九三年	先秦儒道佚籍與傳世儒道典籍之原始文本
湖北隨州	一九七八年	遣策
散送於香港	一九九四年	先秦儒道佚籍與傳世儒道典籍之原始文本
河南省新蔡縣葛陵村	一九九二年	卜筮祭禱記錄、遣策

〔註4〕詳參滕壬生，《楚系簡帛文字編‧編者獻辭》（武漢：湖北教育出版社，1995年7月），頁3～10；馬承源主編，《上海博物館藏戰國楚竹書（一）》（上海：上海古籍出版社，2001年11月），頁2；河南省文物考古研究所等撰，〈河南新蔡平夜君成墓的發掘文物〉，《文物》2002年第8期，頁16～18。各筆楚簡資料依其發表時間之先後排序。

上列諸面世楚簡，如隨縣曾侯乙墓所出竹簡，對東周考古學、湖北地方史、科學技術史、古文字研究提供了豐富的資料〔註5〕；荊門包山所出竹簡，對戰國楚地紀年、楚國官府行文、司法訴訟、卜筮祭禱及名物制度提供最珍貴的材料〔註6〕；荊門郭店所出竹簡，內含多種儒、道家學派的著作，它們對中國先秦時期思想史、學術史的研究具有極重要的價值〔註7〕；長沙字彈庫所出楚帛書，或記天地之開闢、曆數之創建，或記神人關係〔註8〕，對研究戰國楚地之信仰與風俗提供了很好的研究素材。經過系統整理，我們發現戰國楚簡在學術上至少有以下幾個重要的研究意義與價值：

（一）對古文字學之研究意義與價值：戰國楚文字是中古文字發展中的一個很關鍵的階段。前人考釋商周文字，由《說文》出發，但是《說文》主要是小篆，所錄古籀無多，而秦漢小篆上距西周春秋文字差了一大截，更不要說殷商了。戰國文字上承春秋，下啓秦漢，列國異形，又多變化，極其需要研究〔註9〕。戰國楚簡的陸續出土與研究，對考定商周文字，有無法言喻的效果與貢獻。

（二）對先秦醫療史之研究意義與價值：戰國楚簡中所見與疾病問題相關的記載是值得關注的主題之一。《尚書》載周公爲生重病的武土作冊書向先王祈禱，並請求代替武王死，就是歷史上很有名的卜疾事件。戰國諸國沿襲此風俗，當時抄錄的禱病簡文正可以幫助了解戰國時代楚人疾病的部分情況，也能夠幫助認識楚人疾病用語及相關字詞，更可以幫助深入觀察占卜與疾病的關係〔註10〕。

（三）對先秦學術史之研究意義與價值：新出土簡帛書籍與學術史的關係尤爲密切。學術史的研究在最近幾年趨於興盛，已逐漸成爲文史領域內的熱門學科，而簡帛書籍的大量湧現，正在改變著古代學術史的面貌，影響甚爲深遠〔註11〕。

（四）對先秦書法藝術史之研究意義與價值：楚墓出土的簡牘，書體字形雍容典

〔註5〕湖北省博物館，《曾侯乙墓》（北京：文物出版社，1989年7月），頁465～486。

〔註6〕張光裕主編，袁國華師合編，《包山楚簡文字編》（臺北：藝文印書館，1992年），頁1～2。

〔註7〕荊門市博物館，《郭店楚墓竹簡·前言》（北京：文物出版社，1998年5月），頁1～2。

〔註8〕劉信芳，《子彈庫楚墓出土文獻研究》（臺北：藝文印書館，2002年1月），頁181。

〔註9〕張守中等撰，《郭店楚簡文字編》（北京：文物出版社，2000年5月）李學勤，〈序〉，頁6。

〔註10〕袁國華師，〈楚簡疾病及相關問題初探——以包山楚簡、望山楚簡爲例〉（中央研究院歷史語言研究所「『中國南方文明』研討會」會議論文，2003年12月19日～20日），頁1。

〔註11〕李學勤，《簡帛佚籍與學術史》（臺北：時報文化，1994年12月），頁7。

雅。不同於金文大篆的渾穆蒼勁，也不同於秦篆石刻的均整婉暢，楚簡字形以斜取勢，點面自然，線條纖美，造形靈巧完美，充滿了楚文化的秀麗與靈性〔註12〕。這種橫勢運筆與漢代的隸書是一脈相承的。對漢代書法藝術的發展起著直接推動作用的〔註13〕。吾人藉由戰國楚簡的文字體態，不但可以一窺先秦至兩漢的漢字隸變過程，也可藉之復原中華書法史中的重要環節。

（五）對先秦社會制度史之研究意義與價值：因為楚簡所記內容的多樣性，提供學者以戰國楚地人名姓氏、地名地理、經濟制度、司法制度、軍事、職官制度、曆法、占卜、祭祀、祈禱、各類名物典章制度之研究素材〔註14〕，對先秦社會制度史之研究的推進與深化有其長遠的影響。

（六）對簡牘形制學之研究意義與價值：簡帛書籍實物的出現，給大家帶來許多新的認識。關於竹簡的形制，前人根據漢代記載，認為經、子或者詔令等等，各有固定的簡長，現在從出土楚簡實物觀察，可知同批竹簡，彼此之間容或有以簡長區別其書寫內容的情況存在〔註15〕。研究楚簡等簡牘形制、材質與簡牘書寫符號的這一門學問，甚至也因近世出土簡牘數量益多而專門獨立為「簡牘學門」〔註16〕。

（七）對先秦考古學之研究意義與價值：以曾侯乙墓為例，《左傳》、《周禮》對墓葬之槨室、棺槨之材質、棺槨之大小尺寸、陪葬器物規格等記載明顯不足，曾侯乙墓墓葬實物與遣策的發掘，彌補了文獻的不足，為研究周代諸侯這一等級的墓葬制度，提供了一個重要的實例；也可以說，為研究周代諸侯的葬制，樹立了一個可靠的標尺〔註17〕。

　　楚系簡帛接連面世，促成了學術界先秦文史研究的一波波「新潮流」。這一波波的「新潮流」就像拍打海岸的浪花一樣，不斷的改變著古代學術史的「地貌」。而此

〔註12〕王震亞《竹木春秋》（蘭州：甘肅教育出版社，1999 年 7 月），頁 56。

〔註13〕張志和《中國古代的書法》（臺北：文津出版社，2001 年 4 月），頁 18～23：「譬如，《曾侯墓竹簡》、《長沙仰天湖楚簡》、《江陵望山簡》、《信陽長臺關簡》等楚簡，每簡一行，字距較疏，運筆突出橫畫，凡豎筆則大都呈斜勢，所以，有的字型雖略呈長方，但給人的視覺感受仍有明顯的橫勢姿態。」

〔註14〕劉信芳，《包山楚簡解詁‧提要》（臺北：藝文印書館，2003 年 1 月），頁 1。

〔註15〕可參高敏《簡牘學入門》（南寧：廣西人民出版社，1989 年 10 月），頁 3～15。

〔註16〕王震亞《竹木春秋》（蘭州：甘肅教育出版社，1999 年 7 月），頁 34：「近年來，對簡牘的研究已為世人所矚目，一批高質量的論著相繼問世，『簡牘學』已成為國際顯學。隨著簡牘的發掘與整理，不久的將來，簡牘學研究的鼎盛時期將會到來，華夏文明將會因此而再現異彩。」

〔註17〕中國社會科學院考古所編，《曾侯乙墓》（北京：文物出版社，1989 年 7 月），頁 465。

「新潮流」在改變了我們對於現存文獻的認識外，同時也改變了我們的學術思維方式。這股「拔地而起」的學術風潮，依何雙全言：

> 性質、範圍非常廣博，對中國歷史文化各方面的研究，無疑有著促進作用。這一系列重大發現，有力地推動著中國歷史學、古文字學、古文獻學、考古學、學術史等眾多學科的快速發展。大量簡牘的問世，本身已經形成了一座巨大的新史料庫，隨之產生了名副其實的新學問—簡牘學。同時自然形成了上述各學科的專家聯合攻關研究的新局面〔註18〕。

參、撰寫動機

一九九四年春，香港古玩市場陸陸續續的出現了一些竹簡。經過香港及上海兩地的學者初步電傳討論，鑑定該批竹簡的可靠性。1994年5月後，便接踵的運到上海博物館。上海博物館文物保護與考古科學實驗室歷經三年時間，克服該批文物保存狀況的不良。脫水加固該批文物後，經科學測定與文字識讀，斷代定域為戰國時代的楚國竹簡，因而定名為《楚竹書》。

《上海博物館藏戰國楚竹書》第一冊於二○○一年十一月出版，先發表該批文獻中，字數與竹簡保存質量皆高的〈孔子詩論〉、〈性情論〉及〈緇衣〉三篇。其中〈緇衣〉篇並見於《郭店楚墓竹簡》與今本《禮記》中，兩簡本內容大體相同，用字小異，而與今本《禮記》章序與用字存有一些出入，正可以提供學界深入探討〈緇衣〉篇內容、進而有助理解儒家某些思想，及典籍流傳的相關問題。

時至今日，時賢投入上博〈緇衣〉研究者計有：

篇　　　名	作　者	出　　　處
初讀上博楚簡	陳斯鵬	簡帛研究網站〔註19〕
釋楚簡中的「向」字	冀小軍	簡帛研究網站
上博簡楚竹書散論（二）	顏世鉉	簡帛研究網站
郭店、上博簡釋讀的幾個問題	趙　彬	簡帛研究網站
讀楚簡箚記	陳英杰	簡帛研究網站

〔註18〕何雙全，〈中國簡牘的世紀綜述（完）〉，《中國文物報》2002年2月8日。
〔註19〕詳見論文參考書目之說明。

論上海博物館的一支《緇衣》簡	李學勤	《齊魯學刊》1999 年第 2 期
楚簡續貂	黃錫全	《古文字論叢》，臺北：藝文印書館，1999 年。
上海博物館藏戰國楚竹書（一）《緇衣》、《性情論》釋文補正	徐在國 黃德寬	《古籍整理研究學刊》2000 年第 2 期
讀上海博物館藏戰國楚竹書（一）札記	劉釗	簡帛研究網站、《上博館藏戰國楚竹書研究》，上海：上海書店，2002 年 3 月
讀上博簡札記	劉樂賢	簡帛研究網站、《上博館藏戰國楚竹書研究》，上海：上海書店，2002 年 3 月
上博、郭店二本《緇衣》對讀	陳偉	簡帛研究網站、《上博館藏戰國楚竹書研究》，上海：上海書店，2002 年 3 月
讀上博簡《緇衣》札記一則	馮勝君	簡帛研究網站、《上海博物館藏戰國楚竹書研究》，上海：上海書店，2002 年 3 月
上博楚簡校讀記（之二）《緇衣》	李零	簡帛研究網站、《上博館藏戰國楚竹書研究》，上海：上海書店，2002 年 3 月
上博簡、郭店簡《緇衣》與傳本合校拾遺	虞萬里	簡帛研究網站、《上博館藏戰國楚竹書研究》，上海：上海書店，2002 年 3 月
上博藏簡零箋（二）	龐樸	簡帛研究網站、《上博館藏戰國楚竹書研究》，上海：上海書店，2002 年 3 月
讀上博簡箚記	李銳	《上博館藏戰國楚竹書研究》，上海：上海書店，2002 年 3 月
上博簡《緇衣》三解	孟蓬生	《上博館藏戰國楚竹書研究》，上海：上海書店，2002 年 3 月
讀上博簡《緇衣》箚記二則	馮勝君	《上博館藏戰國楚竹書研究》，上海：上海書店，2002 年 3 月
「TT 字」字補釋	白於藍	《上博館藏戰國楚竹書研究》，上海：上海書店，2002 年 3 月
讀上博簡文字箚記	魏宜輝	《上博館藏戰國楚竹書研究》，上海：上海書店，2002 年 3 月
上博藏《緇衣》簡字詁四篇	趙平安	《上博館藏戰國楚竹書研究》，上海：上海書店，2002 年 3 月、《國際簡牘研究通訊》2002 年第 2 卷第 3 期

上海博物館《孔子閒居》和《緇衣》楚簡管窺	廖名春	《新出竹簡試論》，臺北：古籍出版社 2001年 5 月、《清華簡帛研究》第二輯，2002 年 3 月
論楚簡《緇衣》首句	李學勤	《清華簡帛研究》第二輯，2002 年 3 月
由刑德二柄談「桎」字－經典異文探討一例	饒宗頤	香港「第一屆中國語言文字國際學術研討會」論文，2002 年 3 月
上博藏簡識小錄	陳偉武	香港「第一屆中國語言文字國際學術研討會」論文，2002 年 3 月
釋「爵」	姜廣輝	《國際簡牘研究通訊》2002 年第 2 卷第 4 期、北京《新出楚簡與儒學思想國際學術研討會論文集》，2002 年 3～4 月
談談上博簡和郭店簡中的錯別字	裘錫圭	北京《新出楚簡與儒學思想國際學術研討會論文集》，2002 年 3～4 月
上博簡《緇衣》篇「惡」字解	沈　培	北京《新出楚簡與儒學思想國際學術研討會論文集》，2002 年 3～4 月
上博簡續札	李　銳	北京《新出楚簡與儒學思想國際學術研討會論文集》，2002 年 3～4 月
讀上海博物館藏戰國楚竹書（一）小識	許子濱	北京《新出楚簡與儒學思想國際學術研討會論文集》，2002 年 3～4 月
讀上博楚簡札記	黃錫全	簡帛研究網站、北京《新出楚簡與儒學思想國際學術研討會論文集》，2002 年 3～4 月
關於上博藏楚簡的幾點討論意見	劉信芳	簡帛研究網站、北京《新出楚簡與儒學思想國際學術研討會論文集》，2002 年 3～4 月
新出楚系竹簡中的專用字綜議	陳偉武	北京《新出楚簡與儒學思想國際學術研討會論文集》，2002 年 3～4 月
禮記緇衣的論述結構及其版本差異	鍾宗憲	北京《新出楚簡與儒學思想國際學術研討會論文集續集》，2002 年 3～4 月
禮記緇衣今本與郭店、上博楚簡的比較	工金凌	北京《新出楚簡與儒學思想國際學術研討會論文集續集》，2002 年 3～4 月
由上博詩論「小宛」談楚簡中幾個特殊從昌的字	季旭昇	簡帛研究網站、《第十三屆全國暨海峽兩岸中國文字學學術研討會論文集》，臺北：萬卷樓，2002 年 4 月

上博簡、郭店簡《緇衣》與傳本合校補證（上）	虞萬里	《史林》2002 年第 2 期
上博簡、郭店簡〈緇衣〉與傳本合校補證（中）》	虞萬里	《史林》2002 年第 3 期
上博簡《緇衣》的「緇」字考	邱德修	臺師大「儒道學術國際研討會」論文，2002 年 5 月
上海博物館藏楚簡文字說叢	楊澤生	簡帛研究網站、《江漢考古》2002 年第 3 期
上博簡《緇衣》引《詩》中的「又共惷行，四或川之」	王 平	《天津師範大學學報》2002 年第 3 期
〈緇衣〉簡本、今本引《詩》考辨	吳榮曾	《文史》2002 年第 3 期
郭店、上博《緇衣》簡之比較－兼論戰國文字的國別問題	林素清	中央研究院歷史語言研究所文字學組九十一年度第十三次講論會、上海「新出土文獻與古代文明研究國際學術研討會」論文，2002 年 7 月
郭店、上博楚簡釋讀的幾個問題	趙 彤	簡帛研究網站
談上博楚簡的從「今」從「石」之字	史杰鵬	簡帛研究網站
由上博簡《緇衣》從「虍」之字尋其文本來源	陳 立	上海「新出土文獻與古代文明研究國際學術研討會」論文，2002 年 7 月
讀上博楚簡小識	劉彬徽	上海「新出土文獻與古代文明研究國際學術研討會」論文，2002 年 7 月
郭店〈緇衣〉與上博〈緇衣〉引書考	黃麗娟	「楚簡綜合研究第二次學術研討會」論文，2002 年 12 月 20～21 日
上海博物館藏《戰國楚竹書‧緇衣》所引《尚書》文字考	臧克和	《古籍整理研究集刊》，2003 年第 1 期
上博〈緇衣〉續貂	鄒濬智	《思辨集》第 6 輯，2003 年 3 月
從古文字材料談「棗」、「棘」所反映的文字同形現象	蘇建洲	「第五屆中區文字學座談會」論文。2003 年 5 月
先秦同形字研究	詹今慧	「第五屆中區文字學座談會」論文。2003 年 5 月
楚簡〈緇衣〉研究的省思	陳金木	《第一屆簡帛學術研討會論文集》，嘉義：嘉義大學，2003 年 7 月 12 日
試論上博楚簡緇衣中的「舍」字及相關諸字	大西克也	《第四屆國際中國古文字學研討會論文集》，香港：香港中文大學，2003 年 10 月

雖然目前學界對上博〈緇衣〉的研究方興未艾，但筆者尚未見到全面比對三種版本〈緇衣〉並結合相關經學議題的討論，是以本論文仍計畫以《上海博物館藏戰國楚竹書‧緇衣》篇爲研究標的，由文字考釋、詞義疏證出發，進而探討其間的思想義理與部份經學問題。而在重新梳理《上海博物館藏戰國楚竹書‧緇衣》的同時，我們亦會檢視若干時賢早先在考釋《郭店楚墓竹簡‧緇衣》時，受限於資料、證據的不足所提出的推論瑕疵，期使本論文在貫通今本、郭店本、上博本三本〈緇衣〉文字、經文大義的過程中，對古文字學界、經學界、思想界的相關研究有所幫助。

肆、研究方法

一、研究態度方面

深入研究出土文獻，並不是一件容易的事。它要求研究者有良好的學術素養：厚實的小學根柢、廣博的文獻知識、對傳世古籍十分熟悉，嚴謹細致的讀書態度，發現問題和做嚴密科學分析的能力等等〔註 20〕。但在這麼一個地下文獻資料在科學性的發掘下大量面世的時代裡，無庸諱言，在我們的研究中，也存在著一種空疏、浮躁的不良風氣。有的人不肯花力氣，憑空想像，編造一些沒有根據的東西來代替科學的認眞的研究〔註21〕。而隨之而來的大量研究論文專著中，「有相當的一部份是在亢奮的情緒下飛快地製作出來的。就是說在一種激動的心情支配下，作者未對原文作出深入細緻客觀嚴謹的考證，就囫圇吞棗式地簡化掉必要的論證過程，迅速得出一個個鮮明的結論。換言之，這些論文往往主題先行，先設定一個前提，然後削足適履地從簡文斷章取義地尋找自己需要的東西……這不能不令人反思……〔註22〕。」

出土文獻的考據與利用，當然不能抱持著一蹴可幾、急就章的態度。事實上，我們看到，任何一批時代較早的出土文獻，都會在原始資料公布之後有一個歷時較長、由較多相關學者參加的討論過程，才能在文本復原和內涵闡釋上，達到較高的水平，取得大致的共識。對於用古文字寫成的先秦竹簡資料來說，由於文字辨識和簡序排定上的難度，尤其如此〔註23〕。

〔註20〕董乃斌，〈出土文獻和學術方略〉，《文藝研究》2000 年第 3 期，頁 25。

〔註21〕湯漳平，〈出土文獻與中國文學研究筆談——承繼傳統、開創未來〉，《中州學刊》2000年第 2 期，頁 76。

〔註22〕曹峰，《郭店楚簡之思想史的研究》第四卷（東京：東京大學文學部中國思想文化學研究室，2000 年 6 月 1 日），序言頁 1。

〔註23〕陳偉，〈文本復原是一項長期艱巨的工作〉，《武漢大學學報》1999 年第 2 期，頁 7。

　　是以本論文在處理《上海博物館藏戰國楚竹書・緇衣》時，絕不抱著「畢其功於一役」的心態。對受限於資料、證據不足所產生的相關文字考釋、經義詮解懸疑處，將持「有幾分證據說幾分話。有一分證據只可說一分話，有三分證據，然後可說三分話」〔註24〕的態度，寧可闕疑，不強作解，以全學術之公允。

二、文字疏證方面

（一）文字考釋的步驟

1. 以高階掃瞄器對《上海博物館藏戰國楚竹書・緇衣》之圖版，作一初步的分析與分類。於字形不清晰處，利用影像處理程式加強處理，以取得可靠的字形。

2. 以同地域同時期之文字字形與同時代文獻爲考釋基礎，兼參中外學者的相關論著，重新疏證《上海博物館藏戰國楚竹書・緇衣》篇的內容與文句。

3. 取得《上海博物館藏戰國楚竹書・緇衣》篇完整的文稿後，對照學術傳統中的《禮記》與〈緇衣〉本文中常引用之《詩經》、《尚書》等三大儒家經典之歷代詮譯體系，並討論其中版本用字異同的現象及其意涵。

（二）文字考釋的方法

　　楊樹達在《新識字之由來》文中曾提過十四個方法：

　　　　舉其條目：一曰據《說文》釋字，二曰據甲文釋字，三曰據甲文定偏旁釋字，四曰據銘文釋字，五曰據形體釋字，六曰據文義釋字，七曰據古禮俗釋字，八曰義近形旁任作，九曰音近聲旁任作，十曰古文形繁，十一曰古文形簡，十二曰古文象形會意字加聲旁，十三曰古文位置與篆書不同，十四曰二字形近混用云〔註25〕。

唐蘭也在他的《古文字學導論》中舉出「對照法」、「推勘法」、「偏旁的分析」、「歷史的考證」等四個項目〔註26〕，並言及「和異族文字的比較」之考釋文字方法〔註27〕。高明進而將上述二位的意見濃縮爲四種古文字考釋的方法：「因襲比較法」、「辭例推勘法」、「偏旁分析法」、「據禮俗、制度釋字」〔註28〕。此四種方法亦常應用在目前楚系簡帛文字的考釋上。以下，本論文將依字形、字音、字義三方面分別整理前賢考釋文字的方法，以作爲本論文第二部份「《上海博物館藏戰國楚竹書・緇衣》疏證」的重要參考。

〔註24〕胡適寄羅爾綱信中所言。

〔註25〕楊樹達，《釋微居甲文說》增訂本（北京：科學出版社，1969年），頁1～16。

〔註26〕唐蘭，《古文字學導論》增訂本（濟南：齊魯書社，1981年），頁231。

〔註27〕唐蘭，《古文字學導論（下）》（臺北：樂天出版社，1970年），頁37。

〔註28〕高明，《中國古文字學通論》（臺北：五南出版社，1933年），頁144～150。

1. 由字形著手

（1）歷史比較法

漢字已沿用了約有四千五百年之久，要辨古文字，必須了解它的前後字體之書寫風格與書寫方式。利用古今字體的比較，從而求出該字之字形，進而得其字義，此爲「歷史比較法」。

凡遇到一個新發現的楚簡文字，首先要查閱《說文解字》，如果《說文解字》已收，釋字問題自然迎刃而解；若《說文》未收，則要廣採其他文獻佐證，如甲骨文、銅器銘文、石刻、其他已釋出之簡帛、盟書、陶文、璽印、幣文以及漢魏石刻等等。運用此種方法釋字，除了要掌握各種文字資料，還必須具備有關漢字發展變化的各種知識。諸如：漢字各種結構的特點、各種形旁的歷史變化、義近形旁之間的互用關係、字體簡化的基本形式、規範化的具體內容等等。無論是正常的演變或是誤寫所導致的變化，前後字體或多或少都會遺留下互相因襲的歷史軌跡，有時就能從這些歷史軌跡中考釋出楚系簡帛中的未識字。

（2）偏旁分析法

利用分析字體中的偏旁來考釋古文字，也是歷史上使用很久的老方法。從廣義來講，自許慎以來就採用偏旁的方法來說明字體。但是，把這種通常使用的方法提高到一種具有科學意義的研究手段，是從清代的孫詒讓開始的。他的做法是先把已經認得的古文字，按照偏旁分析爲一個個單體〔註29〕，然後把各個單體偏旁不同形式收集起來，研究它們的發展變化；在認識偏旁的基礎上，最後再來認識每個文字。漢字一直以來便是以筆畫、符號爲其書寫的形式，因而拆解各個偏旁構件，再據以去認識未釋字，也是楚系簡帛文字考釋常用的方法。

由偏旁分析法再更精細些，便是字根〔註30〕分析法。偏旁分析法主要是以字之形符、意符、聲符等「偏旁」爲對象，但是「偏旁」本身並不一定是最小的成文單位，有很多「偏旁」其實是可以再進一步分析的。而字根分析法即是將文字拆至最小之成文單位，藉由對最小之成文單位的認識，從而分頭了解未釋字之各部件之含意，因而推求出未釋字的字義。

〔註29〕即現在吾人所言「文字構件」。

〔註30〕「字根」一詞首見周何等《中文字根孳乳表稿》（臺北：國字整理小組，1982年）頁1：「根據中國文字之特性及組成方式，徹底分析其形體與組合成份，歸納以字根爲基礎之聲系統與形母孳乳系統，從而建立字根統計表。」而陳嘉凌學姐，《楚系簡帛字根研究》（臺灣師範大學國文系碩士論文，2002年）頁5據季旭昇師，《甲骨文字根研究》（臺灣師範大學國文系博士論文，1980年）「係指最小單位之成文甲文」句，將「字根」定義其爲「構成漢字所具獨立形、音、義的最小成文單位」。

（3）字書、韻書對勘法

傳世字書如《說文解字》、《汗簡》、《古文四聲韻》、《六書通》等；韻書如《龍龕手鏡》、《廣韻》、《集韻》等記錄著不少古文、異體字，這些古文、異體字經證實，的確有不少與先秦古文字的寫法相符。〔註31〕而這些古文、異體字在考釋古文字時，除了具有極高的參考價值外，也同時蘊涵溝通古今文字的功能與意義。

2. 由字音著手

清·王念孫說：

　　　字之聲同聲近者，經傳往往假借，學者以聲求義，破其假借之字，而讀其本字，則渙然冰釋；如其假借之字，而強爲之解，則詰籍爲病矣〔註32〕。

王引之也說：

　　　至於經典古字，聲近而通……往往本字見存，而古本則不用本字而用同聲之字。學者改本字讀之，則怡然理順；依借字解之，則以文害辭〔註33〕。

我們在考釋詁訓出土文獻，特別是先秦兩漢時期的古籍，當時文字尚未專責、字義亦不甚穩定，「常常會遇到古字因聲音相近、相同而通假的現象－或者是假借字與本字通用，或者是假借字與假借字通用。而對於假借字，欲求其理解的正確、透徹，最重要的，就必須探索其所借代的本字〔註34〕。」欲明本字與假借字、假借字與假借字之關係，其要便在兩字上古聲韻是否有所關聯。

本論文據以判斷假借條件成立之標準，古聲母部份，以黃季剛的古聲十九紐爲基礎，兼參曾運乾「喻四」古歸「定」、「喻三」古歸「匣」之立說，及陳新雄師「群」紐古歸「匣」之申論。在古韻部方面，採陳新雄師所分古韻三十二部。並據上述各家古音研究之成果作爲本論文證成某字通假之依歸。而論文中如欲證二字通假，亦儘量求得傳世典籍或出土文獻中之相關例證，以明其雙聲、疊韻、對轉、旁轉等上古聲韻關係。

〔註31〕詳可參黃錫全，《汗簡注釋》（沙市：武漢大學出版社，1990 年 8 月）、許學仁師，《古文四聲韻古文研究——古文合證篇》（臺北：文史哲出版社，出版年不詳）、陳昭容師，〈古文字研究的新材料與新課題——從傅斯年〈歷史語言研究工作之旨趣〉中有關古文字研究的議題談起〉，《慶祝中央研究院歷史語言研究所成立七十五週年演講會文集》（臺北：中央研究院歷史語言研究所，2003 年 12 月 22 日）等。

〔註32〕轉引自《經義述聞·序》。

〔註33〕《經義述聞》「經義假借」條。

〔註34〕高亨，《古字通假會典·前言》（濟南：齊魯書社，1989 年 7 月），頁 1。

3. 由字義著手

（1）辭例推勘法

利用辭例考釋古文字，也是常常使用的一種方法。具體內容可分兩個方面：「依據文獻中的成語推勘」、「依據文辭本身的內容推勘」。

（a）依據文獻中的成語推勘

所謂據文獻成語推勘，是指利用文獻中的辭例來核校其他已釋出之辭例。每一朝代之語言使用有其習慣性用法，記錄於簡帛上時，此一用法亦完整的被保留於其上。在述說某事件時，有慣用之文句，於其中依所述對象之不同，逐一替換關鍵字而已。利用同一時期已釋出之文句之辭例，考查未釋出之文句，可以求得未識之字的字義，此謂「據文獻中的成語推勘」法〔註35〕。

（b）據文辭本身的內容推勘

所謂依據文辭本身的內容推勘，是指僅僅從欲考釋之簡帛文字上下文中的文辭內容，經過分析句義，推勘出應讀的本字，而不依其他文獻的考據法。〔註36〕這種考釋的前提，在於考釋文字者對當時的文法及文例、詞彙必須有相當之認識及學養，方能提高考釋之正確度。

（2）據禮俗、制度識字

從歷史上的風俗、禮樂、法律等各種制度來考察古文字，也是一個很好的釋字方法。雖然此方法使用的範圍有限，且易拘於考釋者的主觀認定，但此法亦不失為一個可以嘗試的考釋途徑。如楊樹達之釋「羹」〔註37〕、高明之釋「鑊」〔註38〕等。

三、思想義理方面

（一）完成《上海博物館藏戰國楚竹書‧緇衣》篇完整的文本後，對照郭店、今本〈緇衣〉，並參酌《尚書》、《詩經》、《禮記》主要注家之勝義，於其中抽萃出〈緇衣〉篇的思想架構與其政治主張。

（二）對照郭店、今本〈緇衣〉，討論其版本相關問題、〈緇衣〉流傳的思想轉折。並據三種版本的文句、學派與出土資料，推究原始〈緇衣〉作者及其所屬學派。

〔註35〕又出土文獻有可以與傳世文獻對應者，亦可以用古今對照的方式，求得古本未識字的字義。如以今本《老子》對勘帛書《老子》即是。

〔註36〕顧似理校法。

〔註37〕楊樹達，《釋微居金文說》，收入《中國現代學術經典‧余嘉錫、楊樹達卷》（北京：科學出版社，1969年），頁654~655。

〔註38〕唐蘭，《古文字學導論（下）》（臺北：樂天出版社，1970年），頁149。

（三）對照儒學傳統中的《尚書》、《詩經》、《禮記》三大典籍詮釋系統，嘗試建立
　　《上海博物館藏戰國楚竹書‧緇衣》思想體系與其可能的學術傳承源流。並
　　於其中試圖還原部份原始儒家與儒典《尚書》、《詩經》的本來面貌。

伍、研究目的

一、預期可獲得之學術能力

　　「借用高科技手段，改善研究條件」是簡、帛、牘研究的未來趨勢。在使用電腦設備處理《上海博物館藏戰國楚竹書》時，可以累積電腦處理古文獻的相關經驗，作爲往後相關論文寫作及研究的參考。在處理上博〈緇衣〉文字與義理思想的過程中，亦能強化、補足「利用出土文獻重新詮釋傳世典籍」的研究模式。

二、預期可獲得之學術貢獻

（一）重新考釋楚簡〈緇衣〉疑字疑句

　　重新考釋疏證疑字將能提供學界較正確的郭店、楚竹書部份釋文版本，補充《郭店楚墓竹簡‧緇衣》與《上海博物館藏戰國楚竹書‧緇衣》原注釋的不足處，強化《郭店楚墓竹簡‧緇衣》與《上海博物館藏戰國楚竹書‧緇衣》的學術價值。

（二）建構〈緇衣〉思想體系

　　藉由重新考釋楚簡〈緇衣〉疑字疑句，並配合歷代《禮記》、《詩經》、《尚書》之相關經解，建立出較接近儒學眞面目的〈緇衣〉學術體系。由此出發，進一步重新詮釋儒家典籍，以審視其在中國思想源流中所反映出來的眞實現象與影響。

（三）奠定出土文獻應用於經學研究之基礎

　　結合目前出土文獻內容與當今經學研究現況，下述課題將成爲今後出土文獻研究的重點〔註39〕：

1. 簡書《歸藏》，簡書《周易》、帛書《易傳》的特點及其與今本之比較。
2. 簡帛中所見《尚書》佚文考釋。
3. 竹書《詩經》與孔子詩論之意義與詩教之研究。
4. 簡帛中所見三《禮》、禮論及禮數、樂教之研究。
5. 簡帛所涉及孔子與七十子問題與漢簡《論語》。
6. 簡帛中透顯的思孟學派及思孟五行學說研究。

〔註39〕郭齊勇，〈出土簡帛與經學論釋的範式問題〉，《福建論壇》人文社會科學版，2001 年
　　第 5 期，頁 22。

7. 墨、道、兵家簡所涉及的經學問題及儒、墨、道、兵諸家關係。

8. 《日書》與陰陽數術思想研究，簡帛所見先秦、秦漢民間宗教思想。

9. 簡帛所見先秦天道觀、天人關係論、心性情才論與身心形神觀等等。

本論文在撰寫過程中所建立之出土文獻與傳世典籍對照研究、據出土文獻解決經學問題的研究模式，或能作為學界討論上列議題時的參考。

（四）學術史之改寫

李學勤在《簡帛佚籍與學術史》一書提到：

> 新出土簡帛書籍與學術史的關係尤為密切。學術史的研究在最近幾年趨於興盛，已逐漸成為文史領域內的熱門學科，而簡帛書籍的大量湧現，正在改變著古代學術史的面貌，影響甚為深遠。〔註40〕

楚系簡帛中的先秦儒、道、雜家簡帛部份非常豐富。而本論文處理的也正是楚系簡帛中的儒簡〈緇衣〉，因而本論文的研究成果或許能提供撰修新學術史的學者一些新的視野與思考角度。

陸、論文結構

本論文共分四大部份：第一部份為「緒論」，簡介本論文研究背景、研究動機、研究方法、研究目的與論文架構；第二部份為「《上海博物館藏戰國楚竹書（一）·緇衣》疏證」，將上博〈緇衣〉全文分為二十三章，並據各章章旨之政治主題分為七卷。除逐卷逐章考釋文字、闡述經文大義外，亦依各章政治主題建立〈緇衣〉各章思想軸心與體系；第三部份為「上博〈緇衣〉作者考辨」，除盡量網羅各家對原始〈緇衣〉作者及其所屬學派相關討論外，也分別從文獻記載、〈緇衣〉及同批出土儒簡的思想內容、郭店簡之形制、郭店簡的抄錄時間、郭店〈緇衣〉簡文體制等處切入，試圖探求〈緇衣〉原始作者及其所屬學派；第四部份為「餘論」，「餘論」一章將重點說明楚簡〈緇衣〉引《詩》引《書》書寫模式中的特殊現象、討論《禮記·緇衣》鄭玄注的價值、闡述楚簡〈緇衣〉在經典異文研究上的意義，以期延展本論文之後續研究價值。

〔註40〕李學勤，《簡帛佚籍與學術史》（南昌：江西教育出版社），2001 年 9 月頁 7～12。

第二部份

《上海博物館藏戰國楚竹書（一）‧緇衣》疏證

凡　例

一、撰寫格式包括【題解】、【簡文】、【討論】三部分。【題解】簡要敘述〈緇衣〉內容及學術價值等相關事項；【簡文】與《上海博物館藏戰國楚竹書（一）》隸定不盡相同，隸定、編連、分段爲筆者斟酌考訂的結果。【簡文】採窄式隸定，難字後括號注明今字、通假字等，不能隸定者則直接用原書圖形植入。【討論】先羅列「時賢討論」，再以「濬智案」針對〈緇衣〉各章各疑難字詞提出相關的考釋與看法。

二、簡與簡的排列，依文義爲主。本論文並依原簡內容，兼參今本〈緇衣〉予以分卷（依其章旨主題）、分章討論。

三、有關竹簡出土、形制、編連、字數等外圍說明，除有更正外，一律依照《上海博物館藏戰國楚竹書（一）》原書。其餘參考各家之說，則必詳細注明出處。

四、本論文採用新式標點，其餘符號大體衣照古文字學界的書寫習慣。「□」表示缺一字，「▨」表示缺若干字。若「□」中有字，則表示是根據今本或郭店本〈緇衣〉補入的。「……」表文義未完。「（　）」標示今字、通假字，「（？）」表示括號前一字的隸定尚有疑問，「〔　〕」表依文義應有、或經討論後校出的簡文錯字。

五、簡號以【　】中加國字數字標在每簡簡末。

六、參考書目出處詳見書末據作者姓名筆劃所遞增排列之參考書目。

七、除受業師稱某師、同門先進稱學長姐外，本書人稱，一律不加敬稱。

【題　解】

「緇衣」原來指的是諸侯君臣上朝時所穿的深黑色服裝。而《詩經‧國風‧鄭風》中的一首詩，以「緇衣」起興，記頌詩中主人翁鄭武公喜好賢人的言行事跡：

　　緇衣之宜兮，敝，予又改爲兮。適子之館兮，還，予授子之粲兮。

　　緇衣之好兮，敝，予又改造兮。適子之館兮，還，予授子之粲兮。

　　緇衣之席兮，敝，予又改作兮。適子之館兮，還，予授子之粲兮。

因此這首詩也被稱作〈緇衣〉。《禮記》第三十三篇中，最先引用到〈緇衣〉詩，《禮記》鄭玄注：「善其好賢之厚，故述其所稱之詩以爲其名也」、《禮記目錄》：「名曰：〈緇衣〉者，善其好賢厚也。〈緇衣〉，鄭詩也」。依大部份先秦典籍採用經典首章關鍵字定篇命名的習慣，《禮記》第三十三篇也被叫作〈緇衣〉。

　　《上海博物館藏戰國楚竹書（一）》的第二篇文章，簡文原無篇題，但首簡有「好顝（美）如好材（緇）衣」一句，加上該篇的內容和《禮記‧緇衣》、《郭店楚墓竹簡‧緇衣》相符合，該篇竹簡的整理者乃命其名爲〈緇衣〉。

　　上博〈緇衣〉全篇寫在二十四枚竹簡上，計有九七八字，其中重文十字，合文八字。全篇分成二十三章。全篇各章幾乎都先以「子曰」開頭，闡述作者所想要傳達的政治思想，然後再引《詩經》、《尚書》相關篇章來佐證作者的論述。引經部份，先引《詩經》後引《尚書》，寫作上極有規律。

　　上博與郭店〈緇衣〉（以下稱「簡本〈緇衣〉」）相比起來，出入不大，但以其與今本相比，章數、章序則不完全相同。上博〈緇衣〉共二十三章，今本〈緇衣〉共二十五章；上博〈緇衣〉的章次排列是今本〈緇衣〉的第二、十一、十、十二、十七、六、五、四、九、十五、十四、三、十三、七、八、二十四、十九、二十三、二十二、二十、二十一、二十五章，而今本第一、第十六、十八等三章，上博和郭店本〈緇衣〉都沒有。由此可見今本多出來的文字或者是由後人杜撰、或者是從別本或別篇文章移入。當然，我們也不排除古今本〈緇衣〉傳承的來源與系統不同、簡本〈緇衣〉係選抄或漏抄等其他可能。總之，今本〈緇衣〉應未完全保留戰國時代的〈緇衣〉原貌。

　　上博〈緇衣〉全篇概言儒家的政治理念，將種種對統治者提出的道德倫理要求，藉由孔子之口，作清晰的條陳敘述。上博〈緇衣〉作者基本上認爲，一國之君對臣民的道德影響力既深且巨。君王自身「言有物而行有格」、招賢納能「好美如緇衣」、統治人民「教之以德，齊之以禮」，透過「上好是物，下必有甚焉者」的效果，「上好仁，則下之爲仁也爭先」，一國的民風、民俗將趨於淳良、天下將因此康定。

此外，一國之君須切實明瞭自己與臣民同體的道理。君與臣民有如脣齒相依、心體協調一般，「心好則體安之」，「心以體存，君以民亡」。末了，上博〈緇衣〉作者希望一國之君（君子）要持續不斷的修養「不留私惠」、「交友有方」、「好賢惡惡」、「持之以恒」等美德。只有這樣，君民才能和諧相處、國家才能長治久安。〔註1〕

在檢視楚簡〈緇衣〉與今本〈緇衣〉章序〔註2〕的對應與各章章旨後，我們整理出「簡、今本〈緇衣〉章序對照表」如下：

簡 本 章 序	今 本 章 序	章 旨
第 01 章	第 02 章	好賢惡惡，則萬民咸服
第 02 章	第 11 章	好賢惡惡，則民自淳厚
第 03 章	第 10 章	上下以慈、誠相待
第 04 章	第 12 章	上下以慈、誠相待；好賢惡惡，則民自淳厚
第 05 章	第 17 章	君民一體
第 06 章	第 06 章	上行仁則臣民下效
第 07 章	第 05 章	上行仁則臣民下效
第 08 章	第 04 章	上有所好，下必甚之
第 09 章	第 09 章	上言貌有常則下德行純一
第 10 章	第 15 章	好賢惡惡
第 11 章	第 14 章	好賢惡惡
第 12 章	第 03 章	重德禮而輕政刑
第 13 章	第 13 章	賞罰有度
第 14、15 章	第 07 章	言必信、行必果
第 14、16 章	第 08 章	謹言慎行
第 17 章	第 24 章	謹言慎行

〔註1〕 歐陽禎人，《郭店儒簡論略》（臺北：台灣古籍出版公司，2003年4月），頁131～132亦整理過〈緇衣〉作者政治理念的重點：「第一，始終要求君主以身作則，身教重於言教地給人民做出表率、第二，政治活動的開展過程，也就是對人民實行道德教化的過程、第三，道德教化與刑罰的關係處理的很具中國特色。以禮制為中心的教化，可以防患於未然，而刑罰則是實施於作亂之後，而且運用起來十分小心。根本上來講，孔子就是要在全社會徹底貫徹德教，使刑罰無處可用」，可參。

〔註2〕 簡、今本〈緇衣〉章序之對應關係可參考廖名春，〈荊門郭店楚簡與先秦儒學〉（《中國哲學》第20輯，頁37）、陳金生，〈郭店楚簡〈緇衣〉校讀札記〉（《中國哲學》第21輯，頁135）、李零，《郭店楚簡校讀記》增訂本（北京：北京大學出版社，2002年3月，頁73～77）各文的相關討論。

第 18 章	第 19 章	廣納眾言，徵知於四方
第 19 章	第 23 章	戮力修德，必見成效
第 20 章	第 22 章	不留私惠
第 21 章	第 20 章	德不孤、必有鄰
第 22 章	第 21 章	重義輕利
第 23 章	第 25 章	行貴有恆
	第 01 章	君以正理御物，臣無姦詐
	第 16 章	困於鄙心則自溺於禍患
	第 18 章	上位者言行不符，道德便失判準效用

依各章所著重之政治理念的不同，我們可將簡本〈緇衣〉全篇各章合理的歸納作下述幾個部份：

第一部份——楚簡本第 1、2 章：君王應該好賢而惡惡。

第二部份——楚簡本第 3、4、5 章：君臣應以慈誠相待，方能上下同心，萬民歸服。

第三部份——楚簡本第 6、7、8、9 章：君王可利用「上好是物，下必有甚焉」的「風行草偃」現象來推行仁道。

第四部份——楚簡本第 10、11 章：君王應近賢而遠嬖。

第五部份——楚簡本第 12、13 章：君王應慎刑重爵。

第六部份——楚簡本第 14、15、16、17、18 章：君王應言行合一，言必信而行必果。

第七部份——楚簡本第 19、20、21、22、23 章：論及君王（君子）的修養論（有恒、去私惠、輕利、類善等）。

第一、二部份闡示君王德治的最高原則；第二、三、四、五、六部份則指導君王的具體統治方法；第七部份則昭揭君王（君子）內在修養的路徑。若以經文大義之完整性為考量，我們認為楚簡本之章序實較今本章序合理。故本論文以楚簡本章序為依歸，將上博〈緇衣〉二十三章依主題分為七卷，逐卷逐章疏證之。

第壹卷　「好賢惡惡」

第一章

【簡　文】

夫子曰：䢨（好）頮（美）女（如）䢨（好）〈紵（緇）衣〉①，亞＿（惡惡）女（如）亞（惡）〈衒（巷）白（伯）〉②。則民咸（咸）秀（服）而型（刑）不刜（陳）③。《峕（詩）》員（云）：「𢄾（儀）型文王，蘑（萬）邦復（作）反（孚）④＿。」【一～】

【討　論】

①. 夫子曰：好頮如䢨紵衣，即「夫子曰：『好美如好緇衣』」，意謂：夫子（孔子）說：像〈緇衣〉那首詩所寫的那樣來愛好具有美德的人。

濬智案

上博〈緇衣〉第一支簡之簡首殘，全簡殘長 53.3 公分。今知上博〈緇衣〉完簡簡長約在 54.3 公分左右，而平均每一完簡抄錄 45 個字，抄寫時不留天地空白，則每一簡字平均使用 1.2 公分，是知此處應有（54.3～53.3）／1.2≒1 個缺字。陳佩芬以爲可依郭店〈緇衣〉補入「夫」字〔註1〕。除今本第一章以「子言之曰」、楚簡本

〔註 1〕馬承源主編，《上海博物館藏戰國楚竹書（一）》（上海：上海古籍出版社，2001 年 11 月），頁 174。

第一章以「夫子曰」開頭，〈緇衣〉其他篇章皆以「子曰」起論。

「丮（🔣）」，郭店本與今本作「好」

時賢討論

上博原考釋云：「此字从丑从子，『好』字古文。」張光裕師主編、袁國華師合編《郭店楚簡研究第一卷：文字編》將楚簡从「丑」从「子」之字釋作「好」〔註2〕。

濬智案

「好」，甲骨文作🔣（前 7.30.4）、🔣（粹 1229），金文作🔣（盧鐘）、🔣（杕氏壺）〔註3〕，皆从「女」从「子」。但《汗簡》（🔣）、夏竦《古文四聲韻‧卷三‧皓韻》頁 20 下所引《古文尚書》（🔣、🔣）、《郭店‧語叢一》簡 89（🔣）、《郭店‧語叢二》簡 21（🔣）之「好」字，有从「丑」从「子」者〔註4〕，是知「丮」或爲「好」字之異構，「丑」偏旁或爲「丮」之聲符。「丑」古屬透紐幽部，「好」古屬曉紐幽部〔註5〕，韻同。

「頮（🔣）」，郭店本作「娧」，今本作「賢」

時賢討論

上博原考釋云：「从頁从兊。《說文》所無，郭店簡作『娧』，蓋以兊爲聲符，今通作『美』〔註6〕。」虞萬里以爲：

> 兩種簡文皆以「兊」爲聲，實即「嬔」字。《周禮‧春官‧天府》：「以貞來歲之嬔惡。」鄭注釋以「美惡」。美、嬔聲韻同，而美惡即善惡。《國語‧晉語一》：「彼將惡始而美終。」美惡對文，猶善惡也，故韋昭注：「美，善也。」……《緇衣》……鄭玄云：「善其好賢者之厚。」簡文與傳本異文而義同〔註7〕。

〔註2〕張光裕師、袁國華師，《郭店楚簡研究第一卷：文字編》（臺北：藝文印書館，1999年 1 月），頁 147。

〔註3〕本論文所引甲、金文援自徐中舒主編，《漢語古文字字形表》（臺北：文史哲出版社，1988 年 4 月再版）、容庚，《金文編》（北京：中華書局，1985 年），下不另注。

〔註4〕亦可參徐在國《隸定古文疏證》（合肥：安徽大學出版社，2002 年 6 月），頁 255「好」字條。

〔註5〕本論文所引古音悉據郭錫良，《漢字古音手冊》（北京：北京大學出版社，1986 年 11月），下不另注。

〔註6〕馬承源主編，《上海博物館藏戰國楚竹書（一）》（上海：上海古籍出版社，2001 年11 月），頁 174。

〔註7〕虞萬里，〈上博簡、郭店簡〈緇衣〉與傳本合校補證（上）〉，《史林》，2002 年第 2 期，頁 2。

李銳以爲：

> 《孔叢子・記義》：「孔子讀詩及小雅，喟然而歎曰：……於《緇衣》，
> 見好賢之心至也……」可見今傳本《緇衣》並非無其來源〔註8〕。

濬智案

　　「頮」从「兆」得聲，讀「美」。「美」，《說文》：「甘也」、《國語・晉語一》：「彼將惡始而美終，以晚蓋者也」韋昭注：「美，善也。……言以後善掩前惡」；「賢」，《說文》：「多才也」、《禮記・內則》：「具二牲，獻其賢者於宗子」鄭注：「賢，猶善也。」楚簡用「美」，今本用「賢」，應係同義字的互換。

「紂」，郭店本作「兹」，今本作「緇」

時賢討論

　　上博原考釋云：「《禮記・檀弓上》『爵弁経，紂衣』，陸德明釋文：『紂，本又作緇〔註9〕。』」李學勤〈說兹與才〉一文言道：

> 就古音而言，『兹』和『緇』均爲精紐之部，『紂』爲從紐之部，互相通用，自無障礙。事實上，在古人心目中，『兹』與『才』肯定是十分接近的，因此戰國文字裡有一個『孳』字，其『兹』、『才』都起聲符的作用〔註10〕。

虞萬里則從經學角度出發來解釋〈緇衣〉此處異文，他提到：

> 經傳紂、純、緇字多相混不別，鄭、孔、賈經師多據文義予以是正。……
> 才，古音從紐；甾，莊紐；齒音同類，韻皆之部，故得以通用〔註11〕。

濬智案

　　李、虞二先生說是。今查鄭玄注《周禮・地官・媒氏》有：「古『緇』以『才』爲聲」〔註12〕、鄭玄注《禮記・玉藻》有：「古文『緇』字或作絲旁才。」以傳世典籍與出土文獻相證，知「紂」與「緇」爲同字異體，而「紂」、「緇」與「兹」三字則因音近，先秦經典遂相通用。

〔註8〕李銳，〈上博楚簡繽札〉，《新出楚簡與儒學思想國際學術研討會論文集》（北京：清華大學思想文化研究所，2002年3月31日～4月2日），頁246。

〔註9〕馬承源主編，《上海博物館藏戰國楚竹書（一）》（上海：上海古籍出版社，2001年11月），頁174。

〔註10〕李學勤，〈說兹與才〉，《古文字研究》24輯，頁170～171。

〔註11〕虞萬里，〈上博簡、郭店簡〈緇衣〉與傳本合校補證（上）〉，《史林》，2002年第2期，頁2。

〔註12〕本論文所援十三經皆引自（清）阮元整理、李學勤等標點之，《十三經注疏》（北京：北京大學出版社1999年12月），下不另注。

《詩經‧鄭風‧緇衣》，詩《序》：「〈緇衣〉，美武公也。父子並爲周司徒，善於其職，國人宜之，故美其德，以明有國善善之功焉。」簡文「好美如好〈緇衣〉」指出〈緇衣〉作者對主政者（君子）善待人才的一種期待與要求。

②. 亞 ⌐女亞衕白，即「惡惡如惡巷伯」，意謂：像〈巷伯〉那首詩所講的那樣憎惡壞人。

「亞（𤓰）」，郭店簡作「亞（𤓰）」，今本作「惡」

時賢討論

虞萬里以爲：

> 惡，郭店簡中間如兩叉，而《古文四聲韻》卷五引石經「惡（𤓰）」字形中間即呈交叉形。上博簡中間有「十」字，《古文四聲韻》卷四引《古孝經》「惡（𤓰）」字形中間有圓點，亦十字變體〔註13〕。

濬智案

虞說是，惟其引石經之字形有誤，茲當作𤓰。楚簡「亞」字中作十字者，包山、郭店常見；作交叉者，見包山簡 122，而戰國亞將軍璽之「亞」字亦然，詳湯餘惠主編《戰國文字編》頁 955〜956〔註14〕。

「衕（𤓰）」，郭店本作「遘」，今本作「巷」

時賢討論

上博原考釋云：「『巷』《包山楚簡》作『衕』，上博簡《周易》篇作『𤓰』〔註15〕。」郭店此字作「遘」，較接近上博原考釋所引《周易》「𤓰」字字構。楚簡此一系列之字所從之共同構件「𤓰」，早先何琳儀、徐在國即分析出其「從『𤓰』，『共』省聲，乃『帗』之省文〔註16〕。」徐寶貴從之〔註17〕。而上博此字，尚見包山楚簡。白於藍以爲：

〔註13〕虞萬里，〈上博簡、郭店簡〈緇衣〉與傳本合校補證（上）〉，《史林》，2002 年第 2 期，頁 2。

〔註14〕湯餘惠主編，《戰國文字編》（福州：福建人民出版社，2001 年 12 月），頁 955〜956。

〔註15〕馬承源主編，《上海博物館藏戰國楚竹書（一）》（上海：上海古籍出版社，2001 年 11月），頁 174。

〔註16〕何琳儀、徐在國，〈釋𤓰及其相關字〉，《中國文字》新 27 期，頁 103〜111。

〔註17〕徐寶貴，〈郭店楚簡研究三則〉，《新出竹簡與儒學思想國際學術研討會論文集》（北京：清華大學思想文化研究所，2002 年 3 月 31 日〜4 月 2 日），頁 184。

　　　包山楚簡「衖」字實即巷字的原始寫法，由「衖」演變爲秦封泥之「𧗽」，實是在其原字形上又累加了「卄」聲，古音巷爲匣母東部字，「卄」爲見母東部字，兩字聲紐同屬喉音，韻則疊韻，是故巷可以從卄聲作〔註18〕。

濬智案

　　何琳儀、徐在國之說是目前較爲合理的說法，本論文從之。另知古文「巷」字尚存在一種寫法作从「共」从「邑」之「㘒」形，如篆文 𦮁 、《璽彙》1882 𦮐 等，與秦代封泥「巷」字或作 𦮐、𦮐 者相同，應都是在本字上再加「卄」聲符標音的形聲化寫法。

　　〈巷伯〉，爲《詩經‧小雅》的其中一篇：

　　　萋兮斐兮，成是貝錦。彼譖人者，亦已大甚。
　　　哆兮侈兮，成是南箕。彼譖人者，誰適與謀？
　　　緝緝翩翩，謀欲譖人。慎爾言也，謂爾不信。
　　　捷捷幡幡，謀欲譖言，豈不爾受？既其女遷。
　　　驕人好好，勞人草草。蒼天蒼天！視彼驕人，矜此勞人。
　　　彼譖人者，誰適與謀？取彼譖人，投畀豺虎；豺虎不食，投畀有北；有北
　　　不受，投畀有昊。
　　　楊園之道，猗于畝丘。寺人孟子，作爲此詩。凡百君子，敬而聽之。

詩《序》曰：「刺幽王也。寺人傷於讒，故作是詩也」、鄭《箋》：「寺人，奄官也」、余培林師：「當是傷於讒言之寺人，作此詩以刺讒人，並警朝中之卿大夫也〔註19〕。」宋‧朱熹《詩集傳》：「巷是宮內道名，秦漢所謂永巷是也。伯，長也。主宮內道官之長，即寺人也。故以名篇〔註20〕。」全篇惡「彼譖人者」，詩義甚明。簡文「惡惡如惡〈巷伯〉」係〈緇衣〉作者欲藉〈巷伯〉詩旨勉勵主政者能作個和譖誣佞邪之人保持距離的明君。

③. 民咸𢀜而型不刓，即「民咸服而刑不陳」，意謂：人民自然都會服從你的領導，你也就不用陳示刑罰來嚇阻人民了。

「咸」，郭店本作「𢦏（𢦏）」，今本作「咸」

〔註18〕白於藍，〈釋包山楚簡中的巷字〉，《殷都學刊》1997 年第 3 期，頁 45。
〔註19〕余培林師，《詩經正詁（下）》（臺北：三民書局，1995 年 10 月），頁 189。
〔註20〕本論文所引，出自《四部叢刊三編》（上海：上海書店，1935 年），下不另注。

時賢討論

上博原考釋云：「『咸』字。本篇第 3 簡『咸（感）有一德』書寫同〔註21〕。」李零認為「『咸力』，上字作『咸』，可以證明郭店本的『臧』字是錯字」〔註22〕；李學勤也有相同的看法：「我最初讀郭店簡，已發覺『則民臧鉈而型不屯』的『臧』字乃『咸』之論，這是因為楚文字兩字均從『口』的緣故。今見上博簡，該字正作『咸』」〔註23〕；但黃錫全以為：

> 「臧」，上海簡和今本作「咸」，可能是因二字形近而誤。因為臧本似從咸作，如古璽多從口，從臣少見。臧，有學者引《左傳》宣公十二年：「執事順成為臧。」「臧服」就是「順服」。文義可通。《後漢書‧仲嵩傳》：「嵩誠心懷撫，信賞分明，由是羌胡龜茲莎車烏孫等，皆來順服。嵩乃去烽燧，除候望，邊方晏然無警。」但是，上海簡與今本相合，故「臧」也可能是「咸」字誤書。鄭注：咸，皆也。咸服即皆服。義也可通。孰是孰非，還有待新材料證實〔註24〕。

黃人二則云：

> 郭店簡之字形左偏旁是個誤筆，應為從兩點之誤，讀作「咸」。湖南長沙馬王堆帛書《成法》：「黃帝曰：『請問天下猷有一虖？』」……夫是故讒民退，賢人臧起，五邪乃逃，佞辯乃止。循民復一，民無亂紀。」郭店簡文疑應寫如帛書之字形〔註25〕。

濬智案

今查楚簡常見「臧」寫作「臧」的情況，如包山簡 7「臧王之墨」、簡 182「大臧之州加公黃申」之「臧」字皆作「臧」。上博原整理者指出此字與同篇簡三「咸有一德」之「咸」字寫法同，今本〈緇衣〉此字亦作「咸」，則郭店〈緇衣〉此字誤書的可能性很大。

但我們若將郭店「臧」字解作「臧」，將「臧㞋」視作以形容詞素所組成的並列式詞組「臧（善）服」，用來形容人民在如文王般的德風化育下又善良又馴服，亦無

〔註21〕馬承源主編，《上海博物館藏戰國楚竹書（一）》（上海：上海古籍出版社，2001 年 11 月），頁 175。

〔註22〕李零，《上博楚簡三篇校讀記‧之二：〈緇衣〉》（臺北：萬卷樓，2002 年 3 月），頁 49。

〔註23〕李學勤，〈論楚簡〈緇衣〉首句〉，《清華簡帛研究》第 2 輯，頁 21。

〔註24〕黃錫全，〈讀上博楚簡札記〉，《新出竹簡與儒學思想國際學術研討會論文集》（北京：清華大學思想文化研究所，2002 年 3 月 31 日～4 月 2 日），頁 27。

〔註25〕黃人二，《上海博物館藏戰國楚竹書（一）研究》（武漢大學博士論文，2002 年），頁 114。

不可。再悉「臧」字古屬精紐陽部，「將」，古亦屬精紐陽部，此處「臧」字或可讀作「將」，如《上博（一）‧孔子詩論》簡 21「《將大車》」作「《臧大車》」〔註26〕，「臧㝱」即讀作「將服」，《左傳‧襄公十一年》：「九月，諸侯悉師以復伐鄭，鄭人使良霄、大宰石　如楚，告將服于晉」，是其用例。至於上博此字與同篇簡三「咸有一德」之「咸」字寫法同，釋「咸」無疑。

「㝱（𥝩）」，郭店本作「放」今本作「服」

時賢討論

上博原考釋云：「从乑从力，《說文》所無〔註27〕。」上博此字，李學勤以爲：

> 「㐌」字的問題要複雜些。上博簡該字作「㝱」，從古音禪母歌部的「乑」，與透母歌部的「它」聲剛好通假。不過，不管怎樣寫，該字在句中終難讀通。……我揣測該字本係「服」字，因形近訛爲楚文字的「放」，又被誤認爲「㐌」，轉寫爲「㝱」〔註28〕。

李零以爲其字：

> 下字從手從力，原書說《說文》所無，其實應釋「扐」，《說文》卷十二上手部有之，作「扐，易筮再扐而後卦，從手力聲」，這裡讀爲「力」〔註29〕。

陳斯鵬贊成李零的說法，但他顧及文意，以爲：

> 力訓勤，民之勤力與否似與刑罰沒有直接聯繫。私意以爲不若讀如今本之「服」。扐、服並職部字，聲亦可通〔註30〕。

黃德寬、徐在國二位先生視上博此字：

> 可分析爲从「來」从「力」，「來」、「力」均爲聲符。古音力、來紐職部；來，來紐之部，之、職對轉。則此字可隸作「㞼」……古音「服」屬並紐職部，與力字同部。此蓋假「㞼」、「放」爲「服」〔註31〕。

〔註26〕馬承源主編，《上海博物館藏戰國楚竹書（一）》（上海：上海古籍出版社，2001 年 11 月），頁 150。

〔註27〕馬承源主編，《上海博物館藏戰國楚竹書（一）》（上海：上海古籍出版社，2001 年 11 月），頁 175。

〔註28〕李學勤，〈論楚簡《緇衣》首句〉，《清華簡帛研究》第 2 輯，頁 20～22。

〔註29〕李零，《上博楚簡三篇校讀記‧之二：〈緇衣〉》（臺北：萬卷樓，2002 年 3 月），頁 49。

〔註30〕陳斯鵬，〈初讀上博楚簡〉，簡帛網，2002／02／05。

〔註31〕黃德寬、徐在國，〈《上海博物館戰國楚竹書（一）‧緇衣、性情論》釋文補正〉，《古籍整理研究學刊》2002 年第 2 期，頁 1～6。

黃錫全則說：

我們以爲上海簡的這個字的上部當爲下列曾侯乙墓竹簡「箙」字之省聲形。（、）……因此，這個字就是从力、箙省聲。箙、服自然可以假借〔註 32〕。

蘇建洲學長認爲上博此字可釋作：

从「𠦪」，金文作（盂爵）、（幾父壺）……至於字形最上部，上博作「⊢」形，「𠦪」作「⌐」形，古文字常見互作之例……龍宇純先生說「𠦪」是「茇」的初文，「茇」，並紐月部，與「服」聲韻俱近。……所以（上博此字）上部應該從「𠦪」。簡文文字的構形方式屬於「截除性簡化」，即將原有整個符號截去一部份〔註 33〕。

趙建偉以爲此字：

疑從「卜」聲，讀作「附」（兩字同部，聲紐同組）。此字在郭店簡中隸定爲從力、它聲，有誤，應從裘先生說隸定爲從力、攴聲（從又、卜聲，音撲），亦讀作「附」。今本作「服」。賓服、親附，意思互足，《文子·道德》「禦之以道則民附，養之以德則民服」。又按：此字可能是從力、從「從垂亐聲」字的省聲（此字的上部是《說文》中的古「垂」字），讀爲服或附。《說文》中「從垂、亐聲」的字或寫作「從草從誇聲」，《爾雅·釋草》郭璞注此字說它「音敷」、「音俘」。卜、敷、俘、附、服音讀皆相近，如第一簡引《詩》「萬邦作孚」，簡文「孚」字即寫作「服」字的右半。……今本的「刑不試而民咸服」與簡本的「民咸附而刑不陳」在意思上還是略有差異的。按照《文子·道德》的話說，「民附」是「道」作用的結果，「民服」則是「德」作用的結果，層次上似有不同，老子所謂「失道而後德」。「刑不試」與《文子》、《淮南》的「刑錯而不用」更接近，而「刑不陳」則更接近《黃帝四經·稱》的「太上無刑」。非但不用，爽性不陳、不錯〔註 34〕。

李鋭云：

上海簡字構形奇特，上部所从是否爲「手」待考。此字、郭店簡「㩧」字當皆从力得聲。「力」與「協」在古代有通用的例子，但二字古音並不

〔註 32〕黃錫全，〈讀上博楚簡札記〉，《新出竹簡與儒學思想國際學術研討會論文集》（北京：清華大學思想文化研究所，2002 年 3 月 31 日～4 月 2 日），頁 27。

〔註 33〕蘇建洲學長，〈上博簡「緇衣」篇「服」字再議〉，待刊。

〔註 34〕趙建偉，〈讀上博簡（一）札記二則〉，簡帛網 2003／08／02。

相近，疑屬於同義換讀現象。此處「力」宜讀爲「協」，《爾雅‧釋詁上》：「協，服也。」〔註35〕

陳秉新以爲：

> 「秀」，從力垂聲，隸定作勳，疑即古捶字。《說文》：「捶，以杖擊也。從手垂聲。」杖擊需用力，故古捶字從力。簡文勳，讀作隨。勳（捶）與隨照雅鄰紐，歌部疊韻。《說文》：「隨，從也。」郭店簡〈緇衣〉作「佗」，即古扡字，亦當作隨，扡與隨透邪鄰紐，歌部疊韻〔註36〕。

而郭店此字，周鳳五認爲：

> 放，從力從攴，會意，爲「以力服人」的專字。此字甲骨文作𝕏（《粹》四四七）、西周金文作𝕏（大盂鼎），皆取象於以力服人而形構更爲明白。屯，當爲「弋」之訛，讀作「忒」，差也，過也。今本作「試」，疑其字古本作「弋」，漢代經師或讀爲「試」。簡文此處較今本少一句，且句式不同，似各秉所傳，其來有自，既唯無害於宗旨，不必強定其是非也〔註37〕。

王力波則舉睡虎地秦簡「務」𝕏（从矛从力从攴），以爲郭店此字即「務」之省體，音義可通今本「服」字〔註38〕。

潘智案

　　上博此字上部構件，疑不當從「乎」、「簝」省或「來」。楚系文字楚系文字上部從「乎」者如「𦻏」，郭店 14.43 作 𝕏，「卜」下方之筆劃作左右向中央下撇之勢；曾侯「簝」字上半「卜」下方之筆劃亦作左右向中央下撇之勢，皆與上博該字「卜」下部筆劃一體合成情形不同。故上博此字不宜貿然視作從「乎」或從「簝」省。而楚文字上部從「來」者如「坴」，郭店 5.10 作 𝕏、作 16.2 𝕏，其「卜」下方之筆劃作交叉之形，與上博該字「卜」下方之筆劃一體成形的情形亦不相類。所以上博此字也應不從「來」才是。

　　季旭昇師以爲上博此字上部字形難以論定。但其下從「力」聲，應可從〔註39〕。

〔註35〕李銳，〈郭店楚墓竹簡補釋〉，《華學》第 6 輯，頁 85。

〔註36〕陳秉新，〈《上海博物館藏戰國楚竹書（一）》補釋〉，《東南文化》2003 年第 9 期，頁 80。

〔註37〕周鳳五，〈郭店楚簡識字札記〉，《張以仁先生七秩壽慶論文集》（臺北：學生書局，1999 年），頁 351。

〔註38〕王力波，《郭店楚簡〈緇衣〉校釋》（東北師範大學中文系碩士論文，2002 年 5 月），頁 15。

〔註39〕季旭昇師審訂、鄔潘智撰，《上海博物館藏戰國楚竹書（一）讀本‧緇衣》（臺北：萬卷樓，2004 年 6 月），頁 82。

師說是。郭店「放」亦从「力」得聲，至於李銳不從字形、字音，而就字義聯繫立論，可備一說。

「刉（）」，郭店本作「屯」，今本作「試」

時賢討論

上博原考釋云：「从屯从刀，《說文》所無〔註40〕。」上博此字，李學勤以爲：

> 郭店簡的「屯」，是形近的「弋」的誤寫，可參看同篇的「弋」字。
> 到上博簡，又轉寫爲从「人」的「佗」字〔註41〕。

虞萬里以爲：

> 古者从屯聲之字與从春聲之字每多借用……是屯、春、蠢，於形則一孳再乳，於義則一，皆有動、作之義也。上博簡字形，疑右邊象戈之形與刀之義相通相混，故作从刀、屯聲之形。至於劉信芳先生謂傳本作「試」乃「字形之誤也」，且「自漢迄今，誤之久矣」，實乃流傳異本，其義亦異也〔註42〕。

陳秉新以爲：

> 「刉」與郭店簡「屯」，當讀爲推，刉屯與推。定透旁紐，文微對轉。推義爲推行。《淮南子·主術》：「夫推而不可爲之勢，而不修道理之數，雖神聖人不能以成其力。」高誘注：「推，行。」〔註43〕

顧史考以爲或可將「屯」（或加刀）字讀爲「懲」，其云：

> 「屯」爲定母文部，「懲」及定母蒸部，即雙聲通轉字，雖韻部關係稍疏，然而仍在通假的範圍之内。「懲」之初文或从「刀」，正與懲罰之義相符，因而「屯」字若能借爲「懲」，則加一個「刀」旁也是合理的〔註44〕。

郭店「屯」字，周鳳五以爲是「弋」訛寫，讀作「忒」，意思是「差也，過也。」今本〈緇衣〉作「試」，可能古本作「弋」，漢代經師或讀爲「試」〔註45〕；白於藍也

〔註40〕馬承源主編，《上海博物館藏戰國楚竹書（一）》（上海：上海古籍出版社，2001年11月），頁175。

〔註41〕李學勤，〈論楚簡《緇衣》首句〉，《清華簡帛研究》第2輯，頁21。

〔註42〕虞萬里，〈上博簡、郭店簡〈緇衣〉與傳本合校補證（上）〉，《史林》，2002年第2期，頁3。

〔註43〕陳秉新，〈《上海博物館藏戰國楚竹書（一）》補釋〉，《東南文化》2003年第9期，頁80。

〔註44〕顧史考，〈古今文獻與史家之喜新守舊〉（「經典與文化形成」第五次讀書會，中央研究院中國文哲研究所，2004年2月28日），頁15。

〔註45〕周鳳五，〈郭店楚簡識字札記〉，《張以仁先生七秩壽慶論文集》（臺北：學生書局，1999

覺得「屯」是「弋」的錯寫〔註46〕；孟蓬生進一步認爲郭店及上博此字是「弋」、「刉」的錯寫〔註47〕。

濬智案

就字形上言，郭店此字作 ，與上博此字 右部所从、楚簡「屯」字傳統寫法：並無太大的差異〔註48〕。楚簡〈緇衣〉此字應不是「弋」字的誤寫；就訛抄的時空合理性言，就算〈緇衣〉此字原本作「弋」，而郭店〈緇衣〉的抄手將此字訛抄似「屯」，上博本〈緇衣〉的抄寫者在謄寫此字時還是應該正確抄作「弋」或其他任何从弋之字才對，但他卻仍將此字抄寫成从「屯」作的「刉」字。由此可見原始〈緇衣〉此字本來就作「屯」或从「屯」之字〔註49〕。

楚簡〈緇衣〉中的「屯」、「刉」，當從劉信芳讀作「陳」，《離騷》：「屯余車其千乘兮」王逸注：「屯，陳也」簡文「刑不屯」可釋作「刑不陳〔註50〕。」

「屯」通假作「陳」，文從字順，解讀無礙。此外，文獻中頗有可與簡文「刑不陳」句互徵者，如《尙書・呂刑》：「明啓刑書」段、《大戴禮・千乘》：「陳刑制辟」段、《左傳・昭公六年》：「鄭人鑄刑書」段等〔註51〕。而上博「刉」字从「屯」得聲，亦可通讀作「陳」。

至於虞萬里釋此段簡文作「刑不蠢」〔註52〕、陳秉新釋作「刑不推」、顧史考釋作「刑不懲」，義雖皆可通，然文獻罕見其用例，僅列備參。

年），頁351。

〔註46〕白於藍，〈郭店楚簡拾遺〉，《華南師範大學學報》2000年第3期，頁88。

〔註47〕孟蓬生，〈上博簡〈緇衣〉三解〉，《上博館藏戰國楚竹書研究》（上海：上海古籍出版社，2002年），頁443。

〔註48〕楚簡「屯」字形體方面的相關討論，可參李運富，〈楚國簡帛文字叢考（二）〉，《古漢語研究》1997第1期，頁88。

〔註49〕言者或云二位〈緇衣〉抄寫者抄的也許是同一部此處將「弋」訛寫似「屯」的〈緇衣〉，二本〈緇衣〉又錯上加錯，在此將「弋」巧合的都寫成錯字。但是我們以爲就算二位楚簡〈緇衣〉的抄寫者謄抄的是同一本將此字寫近或寫錯成「屯」的〈緇衣〉，二位抄寫者還會各自抄錯成「屯」、「刉」的機率也應該不高。所以我們認爲上博「刉」或郭店「屯」字應非錯字。

〔註50〕劉信芳，〈郭店簡〈緇衣〉解詁〉，《郭店楚簡國際學術研討會論文集》（武漢：湖北人民出版社，2000年），頁166。

〔註51〕可參顏世鉉，〈上博楚竹書散論二〉（簡帛網，2002／04／08）與涂宗流、劉祖信，《郭店楚簡先秦儒家佚書校釋》（臺北：萬卷樓，2001年）頁337的相關申論。

〔註52〕虞萬里，〈上博簡、郭店簡〈緇衣〉與傳本合校補證（上）〉，《史林》，2002年第2期，頁3。趙建偉亦有相似的論述，見〈讀上博簡（一）札記二則〉，簡帛網，2003／08／02。

④. 峕員：「耄型文王，薹邦复艮」，即「詩云：『儀型文王，萬邦作孚』」，意
　 即：詩說：「以文王爲效法的榜樣，天下人都會信服於你」。

「峕（𡴭）」，郭店本作「寺」，今本作「詩」

時賢討論

　　上博原考釋作「峕」，云：「當是『詩』字異體〔註53〕。」虞萬里以爲：

　　　此字「止」下置「口」。《說文》「詩」之古文右邊不從「寺」而從「止」，
　　蓋以「寺」即從「止」得聲，從止即從寺也。……綜觀言、口二部文字，
　　「言」與「口」每多互替。……上博字體下部無論認其爲省象氣之「言」
　　抑或爲「口」，均與「詩」之形體無礙，其音義不變。〔註54〕

濬智案

　　楚簡「之」、「止」筆劃明顯不同〔註55〕。上博此字上部確從「之」不從「止」。
《說文》「詩」字不從「寺」而從「之」，實因「寺」從「之」得聲，從「之」得聲
即等同於從「寺」得聲。又古文字中多有從「口」與從「言」互替之異體字存在，
是以我們可知「峕（章紐之部）」即「詩（書紐之部）」之異體。

「耄」，郭店本作「愨」，今本作「儀」

時賢討論

　　上博原考釋云：「从土、我聲，《說文》所無。郭店簡作『愨』，从心。今本作『儀』，
儀、耄皆以『我』爲聲符，可通借。」〔註56〕上博「耄」字，虞萬里認爲：

　　　簡牘「我」字形之左下多爲二橫，但亦偶有作三橫或像「壬」形者，
　　如武威漢簡《燕禮》簡三十三「以我安卿」、《泰射》簡三十九「以我安賓」
　　之「我」字。上博簡左下亦可視作形似「壬」字之形。由於「壬」上一撇
　　緊連上劃，下面部分遂被認作「土」字〔註57〕。

〔註53〕馬承源主編，《上海博物館藏戰國楚竹書（一）》（上海：上海古籍出版社，2001年11
　　　月），頁175。

〔註54〕虞萬里，〈上博簡、郭店簡〈緇衣〉與傳本合校補證（上）〉，《史林》，2002年第2期，
　　　頁3。

〔註55〕季旭昇師，〈古璽雜識二題──壹、釋「峕」、「徎」、「壃」；貳、姜枼〉，《中國學術年
　　　刊》第22期，2001年5月，頁85～90。

〔註56〕馬承源主編，《上海博物館藏戰國楚竹書（一）》（上海：上海古籍出版社，2001年11
　　　月），頁175。

〔註57〕虞萬里，〈上博簡、郭店簡〈緇衣〉與傳本合校補證（上）〉，《史林》，2002年第2期，
　　　頁4。

郭店「𢞷」字，王力波以爲其與「義」使用相同的諧聲符，又从「心」得義，蓋爲「仁義」之「義」的專字〔註58〕。

濬智案

　　「𡎯」，从「我」，與郭店本「𢞷」俱可讀同今本「儀」。楚簡文字加「土」形羨構者多見〔註59〕，如同篇簡1「萬」作「𡎯（𤯌）」、簡7「禹」作「墅（𥝌）」等。上博此字在「我」之外增一「土」偏旁，並無其他特殊意義。虞說以「𡎯」字所从「土」可能爲「壬」之訛，待商。至於王力波以爲郭店本寫作从「心」的「𢞷」字係「仁義」之「義」的專字，今知郭店儒簡抄手有增加「心」羨旁的習慣，如郭店2.7「紀」作「忌」、2.21「託」作「忙」等，是知郭店這群从「心」偏旁的字，未必全如王力波等人言，係表心理狀態或道德的專字。

「𠬝（𠬝）」，郭店本與今本作皆「孚」

時賢討論

　　上博原考釋云：「𠬝，有省筆。」〔註60〕黃錫全以爲：

　　　　服字右旁有省「又」者，見於金文和《說文》古文。……所以，我們懷疑此字有可能爲「伏」字變省。……伏、服可通。如匍匐，又作匍伏或匍服是其證〔註61〕。

李零以爲：

　　　　此字與頹鐘銘文「南國𠬝子」的「𠬝」有些相像，但並不一樣。我懷疑，它也許是「包」字的誤寫，而以音近讀爲「孚」（「孚」是並母幽部字，「包」是幫母幽部字，讀音相近）〔註62〕。

虞萬里認爲：

　　　　居延漢簡114.18（𠬝）、139.38（𠬝）及《急就篇》「服」字右半與此字形頗似，唯無上部一點。《說文》服字从舟、𠬝聲，字中正有一點。服有順從之義，古音並紐職部（段玉裁列之部），孚在旁紐幽部，聲同類

〔註58〕土力波，《郭店楚簡〈緇衣〉校釋》（東北師範大學中文系碩士論文，2002年5月），頁16。

〔註59〕滕壬生，《楚系簡帛文字編》（武漢：湖北教育出版社，1995年7月），頁34。

〔註60〕馬承源主編，《上海博物館藏戰國楚竹書（一）》（上海：上海古籍出版社，2001年11月），頁175。

〔註61〕黃錫全，〈讀上博楚簡札記〉，《新出竹簡與儒學思想國際學術研討會論文集》（北京：清華大學思想文化研究所，2002年3月31日～4月2日），頁27～28。

〔註62〕李零，《上博楚簡三篇校讀記‧之二：〈緇衣〉》（臺北：萬卷樓，2002年3月），頁49。

而韻之幽相近，可參考〔註63〕。

羅凡晸學長以爲：

〈緇衣〉中的「𤔲」形可視〔註64〕「服」字的省形，或可視爲「从人从舟省」。就「𤔲」字所从的「ㄗ」來看，如視爲「冂」形是沒有問題的，而「冂」與人形有時相通，因此如視「ㄗ」形爲「人」形亦無不妥之處；至於「𤔲」字所从的「丿」形或視爲「舟」形之省，黃錫全以「舟」形沒有省作「丿」形者，其實「受」字所從的「舟」省便是如此。如此一來，「𤔲」形便可視爲「从人从舟省」。

因此，在《說文》古文「𦨶」形與《汗簡》「𦨶」形的啓發下，「服」字所從「又」形的存在與否並不會影響對於「服」字的理解，因此「服」字可以「从舟从人」，如將「人」形與「舟」形左右互換，視爲「从人从舟」，再接著看「𤔲」字「从人从舟省」，那麼，將「𤔲」視爲「服（艮）」字的變省是有可能的〔註65〕。

濬智案

目前我們所能掌握的的資料尚不足以解決此字字形上的問題，權依原書考釋，釋其爲「艮」。「艮（服）」在簡文中應讀作「伏」或「孚」呢？查「孚」，毛《傳》：「信也。」鄭《箋》：「儀法文王之事，則天下威信而顧之。」吳闓生：「善法父王，乃爲萬邦所信也。」將上博此字讀作「孚」，除有「抑服」義外，尚具「信服」義，似較「伏」字僅有「服從」意更爲勝出。是以上博此字讀同郭店及今本「孚」字爲宜。

依鄭《箋》：「儀法文王之事，則天下咸信而順之」、余培林師《詩經正詁（下）》：「言當效法文王」〔註66〕，簡文「儀刑文王」意即：「以文王爲效法的榜樣」；依上引經解、余培林師《詩經正詁（下）》：「言萬邦則信孚於周也」〔註67〕，簡文「萬邦作孚」可意譯爲：「天下人都會信服於你」。

簡文所引「𢽐型文王，蕫邦𠬶艮」詩句今見《詩·大雅·文王》：

文王在上，於昭于天，周雖舊邦，其命維新。

〔註63〕虞萬里，〈上博簡、郭店簡〈緇衣〉與傳本合校補證（上）〉，《史林》，2002 年第 2 期，頁 5。

〔註64〕疑脱一「爲」字。

〔註65〕羅凡晸學長，《古文字資料庫建構研究──以《上海博物館藏戰國楚竹書（一）》爲例》（臺師大國文系博士論文，2003 年 10 月），頁 241～242。

〔註66〕余培林師，《詩經正詁（下）》（臺北：三民書局，1995 年 10 月），頁 321。

〔註67〕余培林師，《詩經正詁（下）》（臺北：三民書局，1995 年 10 月），頁 321。

有周不顯，帝命不時。文王陟降，在帝左右。

亹亹文王，令聞不已。陳錫哉周，侯文王孫子。

文王孫子，本支百世。凡周之士，不顯亦世。

世之不顯，厥猶翼翼。思皇多士，生此王國。

王國克生，維周之楨。濟濟多士，文王以寧。

穆穆文王，於緝熙敬止。假哉天命，有商孫子。

商之孫子，其麗不億。上帝既命，侯于周服。

侯服于周，天命靡常。殷士膚敏，祼將于京。

厥作祼將，常服黼冔。王之藎臣，無念爾祖。

無念爾祖，聿修厥德。永言配命，自求多福。

殷之未喪師，克配上帝。宜鑒于殷，駿命不易。

命之不易，無遏爾躬。宣昭義問，有虞殷自天。

上天之載，無聲無臭。儀刑文王，萬邦作孚。

詩《序》云：「〈文王〉，文王受命作周也。」清‧王先謙《詩三家義集疏》記魯《詩》作「儀形文王，萬邦作孚」，齊《詩》作「儀刑文王，萬國作孚」〔註68〕。《易‧鼎》：「其形渥」，《集解》作「其刑渥」；《大戴禮‧子張問入官》：「形乎色」，《孔子家語‧入官》作「刑乎色」〔註69〕。「形」、「刑」古同通。

　　至於〈緇衣〉此處為何引〈文王〉之詩？清‧莊有可《禮記集說》認為主要是因為：「〈緇衣〉、〈巷伯〉之好惡得正一出於誠，即文王之德所以化天下也。故又引詩以明之〔註70〕。」由於〈文王〉全詩並沒有特別強調「好賢」、「惡惡」，是本章引〈文王〉本句，不過強調要像文王一樣為天下模範而已。

　　古籍文獻中與〈緇衣〉簡文此處引用相同詩句、其上下語境可供參考者有《左傳‧襄公十三年》：「周之興也，其詩曰：『儀刑文王，萬邦作孚』」、《左傳‧昭公六年》：「今吾子相鄭國、作封洫、立謗政、制參辟、鑄刑書，將以靖民，不亦難乎。詩曰：『儀刑文王之德，日靖四方。』又曰：『儀刑文王，萬邦作孚』」。另《潛夫論》（儀形文王，萬邦作孚），《風俗通義》（儀刑文王，萬國作孚）亦有所引，各引文用字雖或因避漢高祖劉邦諱而小異，而其義不變。

〔註68〕（清）王先謙，《詩三家義集疏》（臺北：鼎文書局，1973年5月），頁287。下不另注。

〔註69〕高亨，《古文字通假會典》（北京：齊魯書社，1989年7月），頁50。

〔註70〕（清）莊有可，《禮記集說》（臺灣：力行書局，1935年），頁1257～1258。下不另注。

第二章

【簡　文】

　　子曰：又（有）或者①章丏（好）章惡，呂（以）眡（示）民【一】厚②，則民情不弋（忒）③。《峕（詩）》員（云）：「靜（靖）龏（恭）尔（爾）立（位），丏（好）是正植（直）④▬。」

【討　論】

①. 又或者，即「有國者」，意謂：有封地的統治者、掌有國家政權的人。

溏智案

　　石經、岳本、嘉靖本、《考文》引宋板、古本、足利本同。閩、監、毛本、衛氏《集說》、陳澔《集說》「國」後衍「家」字。《石經考文提要》云：「宋大字本、宋本九經、南宋巾箱本、余仁仲本、至善堂九經本並無『家』字〔註1〕。」依楚簡〈緇衣〉只作「國」，則閩、監、毛本、衛氏《集說》、陳澔《集說》「國家」之「家」字當是涉上而衍。

「或」，郭店本作「䣝」，今本作「國」

時賢討論

　　郭店「䣝」字，於其他簡作「或」，羅凡聚學長以為：

　　　　「或」、「國」、「或」、「域」等字的用法其實是有些微的區別。……「或」字在殷周時期多作為「域」之意，至於將「國」、「或」、「域」等字視為「或」字的孳乳字，問題也不大，只是這些孳乳字彼此或有所別。「域」字在戰國時代的用法，有待進一步的研究。至於「國」字，在金文中多半當作「域」的意思……至於郭店楚簡「或」字，則作「邦」之意，當「國家」概念使用，我們知道「或」字在戰國時多半作「連詞」的用法……故就楚國文字而言，為了還原其本義，而在「或」形上添加「宀」形……即所謂「後起形聲字」〔註2〕。

〔註1〕詳見（清）阮元整理、李學勤等標點之，《十三經注疏‧禮記正義》（北京：北京大學出版社 1999 年 12 月）標點本，頁 1507 註 1。

〔註2〕羅凡聚學長，《郭店楚簡異體字研究》（臺師大國文系碩士論文，2000 年 6 月），頁 165～166。

「彧」亦見包山簡，劉信芳疑包山楚簡中諸「彧」皆是由堤防形成的居住、耕作區域〔註3〕。

濬智案

「啓」字即「國」，從三方「匚」之「啓」與從四方「囗」之「國」字僅筆劃繁省不同，如王孫鐘之「國」字作從三方「匚」的，㝬卣之「國」字作從四方「囗」的。至於郭店〈緇衣〉與上博「啓」相應之字作「邦」，從「邑」，僅是同類義符的替換。

②. 章盱章惡，以眎民厚，即「章好章惡，以示民厚」，意謂：讓善良的、作惡的都明白呈顯，以顯示自己好好憎惡的深切厚實。此段郭店本作「章好章亞，以視民厚」，今本作「章善癉惡，以示民厚」。

「眎」，郭店本作「視」，今本作「示」

時賢討論

上博原考釋云：「《說文》：『眎，視貌也，從目、氐聲。』是『視』之古字。《廣韻》：『眎，古文視〔註4〕。』」李銳以為：「簡文字形實從目從壬，近《汗簡》所收三體石經古文『視』，讀為『示』〔註5〕。」

濬智案

「眎」，甲骨文作「」，從立人，從目，會遠視之意。其「目」下作「坐人」者為「見」。但是，二形過於接近，所以其後或加「氏」聲、「氐」聲、「示」聲，原「視」形則或訛為「見」、或省為「目」〔註6。〕戰國文字多讀「視」為「示」。

「厚（）」，郭店與今本亦作「厚」

時賢討論

上博此字，魏宜輝以為：

「（厚）」字所從的是「亯」字的變體。「亯」在古文字中一般

〔註3〕劉信芳，《包山楚簡解詁》（臺北：藝文印書館，2002 年），頁 175。

〔註4〕馬承源主編，《上海博物館藏戰國楚竹書（一）》（上海：上海古籍出版社，2001 年 11 月），頁 175。

〔註5〕李銳，〈上博楚簡續札〉，《新出楚簡與儒學思想國際學術研討會論文集》（北京：清華大學思想文化研究所，2002 年 3 月 31 日～4 月 2 日），頁 246。

〔註6〕季旭昇師，《說文新證（下）》卷八，待刊。

都寫作「【字形】」（毛公鼎），而戰國文字中，有的字例發生變化，其下部變作【字形】（「【字形】」，拍敦蓋）。上海簡《緇衣》的「【字形】」字，所從的【字形】和《拍敦蓋》銘文中「【字形】」字基本一致，也應是「亯」字的變體。「厚」古屬匣紐侯部，「亯」即「庸」字，古音爲餘紐東部，屬陰陽對轉，「【字形】」字應隸定作「厲」，從「厂」「庸」聲，可讀作「厚」〔註7〕。

黃人二以爲上博此字應係：

> 郭店「厚」字之誤摹。「厚」訓「恩惠」，《漢書》卷三十《藝文志》云「傷恩薄厚」排比句可見「厚」即「恩」義；又〈路溫舒傳〉、〈蕭望之傳〉、〈賈誼傳〉、《鹽鐵論・周秦》、《淮南子・繆稱》「恩厚」二字連文，皆可證〔註8〕。

濬智案

上博此字字形，雖與常見楚簡「厚」字寫法如《郭店・尊德義》【字形】、《郭店・語叢一》【字形】、《郭店・老子甲》【字形】不甚相同，但我們上溯「厚」字甲文作「【字形】」、金文牆盤作「【字形】」〔註9〕，明顯可見上博此字寫法確是有所承襲。爾後【字形】之下部再激烈訛變成其他楚簡從「干」、「主」、「屯」等字形〔註10〕。所以我們以爲上博此字仍應隸定作「厚」。

至於「厚」字字義應比較接近《論語・學而》：「愼終追遠，民德歸厚」朱熹集註：「則己之德厚，下民化之，則其德亦歸於厚也」文中「厚」字，訓爲「忠厚」、「厚道」、「厚實」。

彰好彰惡，謂使善惡皆現形無所遁隱。《呂氏春秋・孟秋紀・懷寵》：「至於國邑之郊，不虐五穀、不掘墳墓、不伐樹木、不燒積聚、不焚室屋、不取六畜。得民虜，奉而題歸之，以彰好惡，信與民期，以奪敵資」、《淮南子・泰族》：「聖王在上，明好惡以示人」等，皆與簡本〈緇衣〉用法相同。其後「章（彰）」字較偏向善美義，故今本遂改「章惡」爲「癉惡」。

〔註7〕魏宜輝，〈讀上博簡文字劄記〉，《上博館藏戰國楚竹書研究》（上海：上海古籍出版社，2002年），頁393。

〔註8〕黃人二，《上海博物館藏戰國楚竹書（一）研究》（武漢大學博士論文，2002年），頁117。

〔註9〕參季旭昇師，《說文新證（上）》（臺北：藝文印書館，2002年），頁457。

〔註10〕陳嘉凌學姐，《楚系簡帛字根研究》（臺師大國文系碩士論文，2002年6月），頁484～485。

③. 民情不弋，即「民情不忒」，意謂：民風自然正直不差。

「弋」，郭店本作「紋」，今本作「貳」

時賢討論

上博原考釋云：「更也，與『代』通。《說文通訓定聲》『弋』，假借爲『代』。《尚書・多士》：『敢弋殷命〔註11〕。』」郭店「紋」字，裘錫圭以爲據《經典釋文》所據本作「忒」，郭店本此字也應作「忒」〔註12〕；虞萬里〈上博簡、郭店簡〈緇衣〉與傳本合校補證（上）〉則增加舉證，其云：

王引之（鄔按：《經義述聞・毛詩下》）釋「肆貳其行」、「其儀不忒」云：「貳當爲貣之訛，音他得切，即忒之借字也。」又引《緇衣》引《詩》之文而曰：「《釋文》不忒，他得反。本或作貳。是《緇衣》之不忒，亦有作『不貳』者，貳亦貣之訛也。」……然毛傳云：「忒，疑。」鄭箋：「執義不疑。」忒無「疑」義，而「貳」訓「疑」也（見《爾雅・釋詁下》），引申爲不專一。……王引之……云：「學者當據他書之引作忒，以訂毛、鄭本之貳爲貣則古字之假借以明，後人不察而徑改爲忒，意則是而文則非矣。」〔註13〕

濬智案

上博與郭店〈緇衣〉第三章亦有此字，或有以其爲「戈」者，但楚簡「戈」字之下一橫筆通常都向左撇（如曾侯簡 46 𢦏）或向左下拉鋒（如信陽簡 2.028 戈）的筆勢，而郭店此字字形「弋」下部只作點頓，與前敍典型楚系「戈」字寫法相異，卻與郭店〈緇衣〉第三章「紋（𥿄）」字所從「弋」同，是以郭店原書隸定此字作「紋」字無誤。至於上博此字作弋下一橫筆作鉤狀的寫法雖與楚簡「弋」傳統寫法相異，但我們在曾侯乙墓竹簡 42、137 找到二個「杙」字，字形作杙、杙，所從「弋」與上博此字相同。準此，楚簡本〈緇衣〉此字還是應當釋作「弋」爲宜。「弋」依裘說讀作「忒」〔註14〕。

〔註11〕馬承源主編，《上海博物館藏戰國楚竹書（一）》（上海；上海古籍出版社，2001 年 11 月），頁 175。

〔註12〕荊門市博物館，《郭店楚墓竹簡》（北京：文物出版社，1998 年 5 月），頁 132「裘按」。

〔註13〕虞萬里，〈上博簡、郭店簡緇衣與傳本合校補證（上）〉，《史林》2002 年第 2 期頁 5 ～6。

〔註14〕又雖然在楚文字中「弋」與「戈」在筆劃上有可資區別的差異，但戰國「弋」、「戈」二字不論單獨使用，或作偏旁時，還是存在著若干混用的情況。說詳李家浩，〈戰國𨛩布考〉，《著名中年語言學家自選集——李家浩卷》（合肥：安徽教育出版社，2002

　　至於虞萬里以裘說爲基礎，以爲楚簡本作「弋（忒）」，今本作「貳」有可能是傳抄之誤或同義字替代，其論應屬合理。但除了虞先生提出的這兩種可能情況外，我們也不得不懷疑今本「貳（忒）」字是由加了二點飾筆的「弋」訛寫而成的。

　　「民情不忒」，清・孫希旦《禮記集解》引呂大臨曰：「好善惡惡，則民壹歸於義理，此民情所以不貳也〔註15〕。」此謂上位者在以自身章善章惡的行爲作示範後，人民知所進退、舉措淳厚。有國者在施政上便能收事半功倍之效，也更易掌握民情、觀察民風，進而修正施政方針，即如《管子・權修》所言：「人情不二，故民情可得而御也。審其所好惡，則其長短可知也。觀其交游，則其賢不肖可察也。」

④. **靜龏尔立，玨是正植，即「靖恭爾位，好是正直」，意謂：妥善恭敬地守好你的職位，親近任用正直的人。**

「靜」，郭店本作「情」，今本〈緇衣〉作「靖」

時賢討論

　　上博此字，虞萬里以爲：

　　　　此詩句文獻所引甚夥，多作「靜」或「靖」，無作「情」者。《韓詩外傳》卷四引作「靜」，而卷七引作「靖」，陳喬樅以爲作「靖」係後人轉寫致誤。是上博簡與《韓詩》同，而與傳本《緇衣》及《毛詩》不同〔註16〕。

濬智案

　　「靜」，《詩・小雅・小明》、齊《詩》作「靖」，韓《詩》則同上博簡作「靜」。「靜」從「爭（莊紐耕部）」聲、「靖」從「青（清紐耕部）」聲，古音相近，典籍中常相通用，如《書・堯典》：「靜言庸違」句，《論衡・恢國》作「靖言庸回」〔註17〕。至於出土文獻方面，如秦公及王姬編鐘「烈烈昭文公、靜公、憲公不墜于上」，銘文「靜公」在《史記・秦本記》中被謚稱作「竫公」。《說文》：「靖，立竫也。」、《釋文》釋「竫」云：「本亦作靖」〔註18〕。

　　「靖」，《說文》段注：「謂立容安竫（鄔按：「竫」，《呂覽・貴因》注：「正也」、

　　　年12月），頁160～166。
〔註15〕（清）孫希旦，《禮記集解》（臺北：文史哲出版社，1990年8月），頁1326。下不另注。
〔註16〕虞萬里，〈上博簡、郭店簡緇衣與傳本合校補證（上）〉，《史林》2002年第2期，頁6。
〔註17〕高亨，《古字通假會典》（北京：齊魯書社，1989年7月），頁67。
〔註18〕高亨，《古字通假會典》（北京：齊魯書社，1989年7月），頁66。

《廣雅・釋詁一》：「善也」）也。安而後能慮，故《釋詁》、《毛傳》皆曰：『靖，謀也』」。《左傳・襄公七年》引此詩，杜注則云：「靖，安也。」

　　據上引經解與余培林師《詩經正詁（下）》：「汝當安靖恭謹汝之職位也〔註19〕。」簡文「靖韓尔立」可譯釋作：「妥善恭敬地執行你的職責、守好你的本份」。

　　簡文「好是正植」，參《詩集傳》：「愛此正直之人」，可譯釋作：「親近任用正直的人」。簡文所引「靜韓尔立，好是正植」詩句今見《詩・小雅・小明》：

> 明明上天，照臨下土。我征徂西，至于艽野。
> 二月初吉，載離寒暑。心之憂矣，其毒大苦。
> 念彼共人，涕零如雨。豈不懷歸？畏此罪罟。
> 昔我往矣，日月方除。曷云其還？歲聿云莫。
> 念我獨兮，我事孔庶。心之憂矣，憚我不暇。
> 念彼共人，睠睠懷顧。豈不懷歸？畏此譴怒。
> 昔我往矣，日月方奧。曷云其還？政事愈蹙。
> 歲聿云莫，采蕭穫菽。心之憂矣，自詒伊戚。
> 念彼共人，興言出宿。豈不懷歸？畏此反覆。
> 嗟爾君子，無恆安處。靖共爾位，正直是與。神之聽之，式穀以女。
> 嗟爾君子，無恆安息。<u>靖共爾位，好是正直</u>。神之聽之，介爾景福。

詩《序》曰：「〈小明〉，大夫悔仕於亂世也」，而《禮記正義》言〈緇衣〉引此詩之意在：「證上民情不二爲正直之行」，顯見〈緇衣〉作者此處引詩係斷章取義。春秋言語引詩，可以不問全篇、全章之義爲何，但取其一章、一句之義，甚或全違詩旨，賦予新義，以爲己用。此即孟子所謂「說詩者不以文害辭，不以辭害志，以意逆志，是爲得之。」之旨；亦即杜預所謂「詩人之作，各以情言，君子論之，不以文害意」〔註20〕。

　　古籍文獻中與簡文引用相同詩句、其上下語境可供參考者有《左傳・襄公七年》：「請立起也。與田蘇游，而曰『好仁』。詩曰：『<u>靖共爾位，好是正直</u>』」、《說苑・貴德》：「桓公曰：『然則燕君畏而失禮也，寡人不道而使燕君失禮。』乃割燕君所至之地，以與燕君。諸侯聞之，皆朝於齊。詩云：『<u>靖恭爾位，好是正直，神之聽之，介爾景福</u>』，此之謂也」。《大戴禮・勸學》、《春秋繁露・祭義》等亦有所引之，茲不贅述。

〔註19〕余培林師，《詩經正詁（下）》（臺北：三民書局，1995 年 10 月），頁 218。
〔註20〕林耀潾，〈周代言語引詩之詩教意義〉，《東方雜誌》復刊第 19 卷第 3 期，頁 37。

第貳卷 「慈誠相待」

第三章

【簡　文】

　　子曰：為上可宁（望）而盉（知）也①，為下可頏（述）而耑（志）也②。則君不惥（疑）兀（其）臣＿（臣，臣）③不或（惑）於君。《峕（詩）》員（云）：【二】「乭（弔，淑）人君＿（君子），兀（其）義（儀）不弋（忒）④。」〈尹亯（誥）〉⑤員（云）：「隹（惟）尹躬（允／躬）及康（唐，湯），咸（咸）又（有）一惪（德）⑥▂。」

【討　論】

①. 為上可宁而盉，即「為上可望而知」，意謂：居上位的君主的想法可讓下位者一望而知。

「宁（訹）」，郭店本作「貺」，今本作「望」

時賢討論

　　上博原考釋云：「从介、亡聲。《說文》所無〔註1〕。」李零以為「下所从或是立人之變，不一定是介字」〔註2〕；趙平安認為：

〔註1〕馬承源主編，《上海博物館藏戰國楚竹書（一）》（上海：上海古籍出版社，2001年11月），頁176。
〔註2〕李零，《上博楚簡三篇校讀記》（臺北：萬卷樓，2002年3月），頁50。

　　　　這個字主體爲「宁」，「八」爲飾筆。「望」本作 ![字] （《後》上 31.9），像人張望之形，後來加上「月」作 ![字] （師望鼎），省簡爲 ![字] （休盤）。![字] 的主體部份與休盤「望」所從相同，應是「望」的母字或古形，兩邊加羨劃八，與古文字「羋」相似〔註3〕。

虞萬里引用典籍：

　　　　《禮記·聘義》：「上公七介，侯伯五介，子男三介。」七介、五介、皆卿大夫出聘之隨從人數。《儀禮·聘禮》中多有上介、眾介之辭。是知「介」爲居間傳命之人。析言之，介爲人之一種，渾言之，介即人。亡下置介，猶亡下置人，形聲字也；亦猶人上置臣（目）之會意字：皆以望爲義，固不必拘泥於亡下之爲介爲人〔註4〕。

楊澤生則以爲「望」有眺望四方，向四面八方張望的意思，所以「望」字以「八」爲意符是可以理解的〔註5〕。

濬智案

　　　　楚文字或有「人」構件左右加點筆裝飾羨符者，如包山簡 2.270「光」字作 ![字] 、仰天湖策「寡」字作 ![字] 等。望山簡中，「𢼸（望－卜 ![字] ）」所從「人」，在天星觀中（天卜 ![字] ）也有在「人」左右加點裝飾筆的。故上博此字可隸定作「宁」，同「望」字。配合甲、金文「望」字與郭店此字「賍」，我們可以推知上博「宁」字或由「賍（ ![字] ）」省簡而來。郭店此字從「視」、「㝱」聲，「㝱」從「亡」聲從「壬」，與上博此字同形，字當同「望」。「望」，《孔子家語·辨樂》：「遠視也」、《釋名·釋姿容》：「望望，瞻望之貌」；而「瞻」，《說文》：「臨視」，段注：「今人謂仰視曰瞻」。簡文「望」之施動者爲居於下位的臣民，而受動者爲居於上位的君主，故用由下位仰視上位的「望」字。至於楊先生以爲「望」字含「視見八方」之義，推論略嫌過度。

　　　　簡文「可望而知」，依《禮記正義》：「謂貌不藏情，望見其貌，則知其情」，意即「居上位的君主的想法可讓下位者一望而知。」

〔註3〕趙平安，〈上博藏〈緇衣〉簡字詁四篇〉，《上博館藏戰國楚竹書研究》（上海：上海古籍，2002年），頁 440。

〔註4〕虞萬里，〈上博簡、郭店簡〈緇衣〉與傳本合校補證（上）〉，《史林》2002年第 2 期，頁 7。

〔註5〕楊澤生，〈上海博物館所藏楚簡文字雜說〉，《江漢考古》2002 第 3 期，頁 78。

②. 爲下可楨而耆也，即「爲下可述而志也」，意謂：在下位者可讓人循察言貌而識知。此段郭店本作「爲下可頛而等也」，今本作「爲下可述而志也」。

「楨（🖋）」，郭店本作「頛」，今本作「述」

時賢討論

上博原考釋云：「从頁、尤聲。嵗，从因、止聲。《說文》皆無。郭店簡作『頛而等』，『頛』即『類』字，今本作『述而志』〔註6〕。」

上博「楨」，劉樂賢直接讀作「述」〔註7〕；李零亦認爲上博此字：

> 疑讀「述」。古文字多用「述」當作「遂」，這裡是順遂之義。郭店本作「頛」，則是「類」字，「類」有模仿之義，字雖不同，形近易混，必有一誤，但文義相近〔註8〕。

虞萬里則認爲上博此字是「頛」字的訛寫〔註9〕；陳偉思索：

> 《新語‧等齊》引孔子言：「爲上可望而知也，爲下可類而志也。則君不疑於其臣，而臣不惑於其君。」「爲下可」之後一字，正好也是作「類」。可見《緇衣》此字，在戰國或漢代有作「述」或「類」兩種情形，其中也許存在對應關係……王引之作過分析，他說「述之言循也，志之言識也。循其言貌察之而其人可識也」……類亦有遵循之義，《國語‧楚語上》：「齊桓、晉文，皆非嗣也，還軫諸侯，不敢淫逸，心類德音，以德有國。」王引之指出：「類之言率也。率，循也。……」依此，「類」、「述」雖然用字有異，含義卻是相通的，不好說孰是孰非〔註10〕。

趙建偉則以爲：

> 此字疑讀作「譬」。《說文通訓定聲》在「讀若髕」的這個字下說「今蘇俗音轉曰劈」。「譬」與「類」，意思相含，皆「連類比物」之義（《韓非子‧難言》）。《荀子‧非相》所謂「分別以喻之，譬稱以明之」即此簡「譬

〔註6〕馬承源主編，《上海博物館藏戰國楚竹書（一）》（上海：上海古籍出版社，2001 年 11月），頁 176。

〔註7〕劉樂賢，〈讀上博簡箚記〉，《上博館藏戰國楚竹書研究》（上海：上海古籍出版社，2002 年），頁 385。

〔註8〕李零，《上博楚簡三篇校讀記》（臺北：萬卷樓，2002 年 3 月），頁 50。

〔註9〕虞萬里，〈上博簡、郭店簡《緇衣》與傳本合校拾遺〉，《上博館藏戰國楚竹書研究》（上海：上海古籍出版社，2002 年），頁 429。

〔註10〕陳偉，〈上博、郭店二本〈緇衣〉對讀〉，《上博館藏戰國楚竹書研究》（上海：上海古籍出版社，2002 年），頁 417～418。

（或「類」）而志（鄭注「志猶知也」）」的意思。又按：郭店簡從頁從米
的這個字可能本身就不讀「類」或「述」，而是上博簡從頁從「讀若髖」
的這個字的訛寫或者習慣寫法，也讀作「譬」〔註11〕。

而郭店「頪」字，是「類」的古字，裘錫圭以為郭店簡文讀作「可類而等之」，於義可通，不用再從今本而改讀〔註12〕。

潘智案

在楚簡中，「朮」的「屮」形即便寫得近於「十」形，但其橫筆仍會有彎曲上揚之狀，而「米」字的橫筆則不作彎曲上揚之狀〔註13〕，是以从「朮」之字要訛成从「米」之字有一定的困難，故以上博此字為郭店「頪」字訛寫的說法未必可行。筆者以為既然二種楚簡〈緇衣〉或作「頪」，通讀作「類」、或作「頒」，通讀作「述」，置於文本中都可以通讀，則不妨接受陳偉的說法，視其為較為不同文本的同功能字互換抄寫為宜（「頪（類）而等（等）」與「頒（述）而嵒（志）」之簡文釋義詳下）。至於趙先生以為上博此字可能从「朮」而讀作「譬」，我們回查楚簡从「朮（林）」者如天策 7.1「林（淋）」、郭店簡 3.36「礜（礜）」、信陽簡 2.014「麻（麻）」其所从「朮」與上博此字形亦稍似，其論可備一說。

「嵒（嵒）」字，郭店本作「等」，今本作「志」

時賢討論

「嵒」，大部份人從原書注釋，讀作「志」。不過黃錫全舉郭店簡諸「齒」字，認為上博此字是楚簡「齒」的變寫，此處假「齒」為「志」〔註14〕；而陳偉武懷疑此字：

> 下從「因」者，係「目」之訛……此字從「目」，「止」聲，故可讀為「志」。論其字，疑即後代之「眂」。古文字從「目」從「見」每互作，如「睹」亦作「覩」，「視」或作「眎」均是。《玉篇‧見部》：「眂，明見也。」《集韻‧志韻》：「眂，審視也。」〔註15〕

〔註11〕趙建偉，〈讀上博簡（一）札記二則〉，簡帛網，2003／08／02。

〔註12〕荊門市博物館，《郭店楚墓竹簡》（北京：文物出版社，1998年5月），頁132「裘按」。

〔註13〕陳霖慶學長，《郭店〈性自命出〉既上博〈性情論〉綜合研究》（臺師大國文系碩士論文，2003年6月），頁122～123。

〔註14〕黃錫全，〈讀上博楚簡札記〉，《新出竹簡與儒學思想國際學術研討會論文集》（北京：清華大學思想文化研究所，2002年3月31日～4月2日），頁28。

〔註15〕陳偉武，〈上博藏簡識小錄〉，「第一屆中國語言文字國際學術研討會」論文，香港中文大學中文系，2002年3月12～14日，頁2。

濬智案

　　郭店「𦥑」字應即增「口」飾之繁體「等」字無疑。而上博「𧮫」字，原整理者作「齒」，誤，楚簡「之」、「止」區別甚明（詳參本論文第二部份第一章註④），此字上部應作「屮」。至於其字下部，寫得實在過於潦草，除了原整理者以爲的「因」偏旁、黃錫全以爲的「囟」偏旁、陳偉武以爲的「目」偏旁〔註16〕，我們也不排除它可能是「角」偏旁〔註17〕。但在可以解決此爭議的新證據出現前，本論文姑且將此字隸定爲從「角」從「屮」，讀作「志」。

　　在清理楚簡本〈緇衣〉此處異文後，我們可以進一步來比較郭店與上博此段簡文的不同義涵：

一、郭店「爲下頪（類）而𦥑（等）」

　　「頪」，《說文》段注：「謂相似難分別也，頪、類，古今字」，「類」，《說文》：「類，種類相似」、《荀子·臣道》：「倫類以爲理」注：「類，謂同類」；「等」，《說文》段注：「凡物齊之，則高下歷歷可見」、《廣雅·釋詁一》：「等，輩也。」據之，簡文「可類而𦥑（等）」意即「在下位者可讓人比類而論會」。

二、上博「爲下可頵（述）而𧮫（志）」

　　「頵」從「尣」得聲，讀作「述」。《論語·述而》：「述而不作」皇疏：「述者，述其故事也」、《禮記·樂記》：「識禮樂之文者能述」注：「述者，傳於舊章也」。「𧮫」，從「之（章紐之部）」得聲，讀同今本「志（章紐之部）」。「可述而志」，《禮記正義》：「爲臣下率誠奉上，其情可述敘而知」、清·朱彬《禮記訓纂》引王引之語：

　　　　　述之言循也，志之言識也。循其言貌而其人可識也。《大戴禮·文王官人篇》：「飾貌者不情。」可述而志則非飾貌者矣。述而志，猶言望而知，以其外箸者言之也〔註18〕。

據之，簡文「可述而志」意即「在下位者可讓人循察言貌而識知」。

　　楚簡本〈緇衣〉此處異文，陳偉以爲係不同傳本的同義字替換，斯言可取。但我們也不排除傳抄者或將「頪」錯抄成「頵」，加上「𦥑」有「志箸書策」意（包山簡用例），因而在對上下文義沒有太的影響下，後來的〈緇衣〉傳抄、傳承者不明究裡的將錯就錯、傳抄成上博和今本〈緇衣〉「述而志」的面貌。而此處簡文的訛傳過程可能是：「類而等」（郭店上承版本）→「類而志」（《孔子家語》上承版本）→「述

〔註16〕上博，〈緇衣〉簡19「𧮫」字作「𧮫」，其字下部與「𦥑」字下部略有異。

〔註17〕羅凡晸學長，《古文字資料庫建構研究——以《上海博物館藏戰國楚竹書（一）》爲例》（臺師大國文系博士論文，2003年10月），頁253～254。

〔註18〕（清）朱彬《禮記訓纂》（北京：中華書局，1996年9月），頁806。下不另注。

而志」（上博、今本上承版本）。而經文含義也就在「倫類區分」→「倫類述志」→「記述頌志」間移轉。

③. 則君不惥丌（其）臣，即「則君不疑其臣」，意謂：君主就不會懷疑他的臣下。

「惥（）」，郭店本作「惥（）」，今本作「疑」

時賢討論

郭店「惥」字，王力波以爲：

> 「惥」从「心」「矣」聲，加「心」符蓋表「疑惑」之「疑」的專字。

何琳儀先生云：「六國文字『矣』與秦國文字『疑』，乃一字分化〔註19〕。」

濬智案

上博「惥」字是楚簡常見的「疑」字異體，而郭店「惥」字上部的「矣（或㠯）」，我們懷疑它是「𠤕（或匕）」偏旁的變形音化。一則「匕」偏旁要變寫作「㠯（喻紐之部）」，實際上並不困難，二則不論郭店「惥」字从「㠯」得聲或從「矣（匣紐之部）」得聲，都頗能標出「惥（疑，疑紐之部）」的字音。所以我們不排除「『矣』偏旁係『惥』偏旁之音化」的這一可能。

而郭店从「心」之字，如王力波言，有部份確爲表內心情緒的用字，如郭 13.36「忌」、郭 14.26「忞（怒）」等。但這些字加「心」偏傍，並不是抄手特地想要藉「心」構件來說明某字是表內心情緒的專字，「心」在這一系列的文字中，充其量只扮演義符的角色〔註20〕。郭店簡中也有从「心」而並不用作表內心情緒的文字，如本論文討論的「惥」，在部份文例中作「疑」字使用外，在郭 9.4、郭 9.38 則作語末助詞「矣」。又郭店 11.20「情」字不从「心」而作「青」，是知在楚簡中，某字加不加「心」偏旁不是構成某字作爲表內心情緒用字的必要條件之一。一般學者於此不明，甚至過度發揮，以爲郭店儒簡主題在言心性，故从「心」之字甚夥。我們依郭店儒簡抄手抄寫時而有意時而無意的加「心」偏旁習慣來看，則此說待商。

〔註19〕王力波，《郭店楚簡〈緇衣〉校釋》（東北師範大學中文系碩士論文，2002年5月），頁21。

〔註20〕如郭 1.3.8「志」、11.47「志」就不是表情緒的用字。

④. 雪人孾 _丌義不弋，即「淑人君子，其儀不忒」，意謂：善人君子的言行舉止不會模稜兩可、讓人抓摸不透。

　簡文所引「雪人孾 _，丌義不弋」詩句今見《詩・曹風・鳲鳩》：

　　鳲鳩在桑，其子七兮。淑人君子，其儀一兮；其儀一兮，心如結兮。

　　鳲鳩在桑，其子在梅。淑人君子，其帶伊絲；其帶伊絲，其弁伊騏。

　　鳲鳩在桑，其子在棘。淑人君子，其儀不忒；其儀不忒，正是四國。

　　鳲鳩在桑，其子在榛。淑人君子，正是國人；正是國人，胡不萬年！

《孔子詩論》議其詩旨云：「丌儀一是，心如結也，吾信之」〔註21〕，詩《序》云：「〈鳲鳩〉，刺不壹也。在位無君子，用心之不壹也。」其儀不忒，故可以望而知，述而識。

　　參酌《毛詩正義》：「執義如一，無疑貳之心」、《詩集傳》：「詩人美君子之用心均平專一」，我們可將〈緇衣〉所引此詩譯釋為：「善人君子的言行舉止不會模稜兩可、讓人抓摸不透。」至於〈緇衣〉作者為何引此詩？《禮記正義》以為其主要在「證『一德』之義」。

⑤. 尹亯，即「伊誥」。楚簡〈緇衣〉所引〈伊誥〉今見偽《古文尚書・咸有一德》。

濬智案

　　〈咸有一德〉全篇為伊尹誥太甲之文，書《序》也說：「伊尹作〈咸有一德〉。」故「尹（喻紐諄部）」應可讀作「伊（影紐脂部）」，二字聲皆喉音，韻為旁對轉。

「亯」字，郭店此字亦作「亯」，今本作「吉」

時賢討論

　　上博原考釋云：「『亯』即《史貼簋》銘文『王誥畢公』之『誥』，簡文與此相同。」郭店注云：「亯，金文屢見，唐蘭釋作『誥』。《汗簡》引《王子庶碑》『誥』與簡文形同……今本《緇衣》誤為『尹吉』。鄭玄注：『吉當為告，告古文誥之誤也〔註22〕。』」

濬智案

　　今將唐蘭釋「亯」作「誥」之精闢見解摘要如下，裨供參考：

〔註21〕本論文所引，據季旭昇師審訂、同門鄭玉姍撰，《上海博物館藏戰國楚竹書（一）讀本・孔子詩論》（臺北：萬卷樓，2004年6月），下不另注。

〔註22〕荊門市博物館，《郭店楚墓竹簡》（北京：文物出版社，1998年5月），頁132。

　　　　《玉篇》艸部有個莩字，「公到切，古文告。」日本僧空海所著《萬象名義》是根據原本《玉篇》節錄的，在莩下注「公到反，語也，謹也。」上一義用的是《廣雅·釋詁》「告，言也。」下一義是用《爾雅·釋言》「誥，謹也。」可見莩不但是古文告，也還是古文誥。這是因爲言本作𠱾和告作𠱾相近，就把從言從艸的𦱤，改爲從艸告聲的莩字了。其實𦱤字是從言從艸是由於誥是由上告下，作誥的是奴隸主貴族，用雙手來捧言，以示尊崇之義〔註23〕。

而鄭康成早在一千八百多年前便解出「吉」爲「告」之誤，可謂先知。古書中另有「吉」、「告」二字互訛之例，如清·俞樾《禮記鄭讀考》所舉：

　　　　《周禮·大宗伯》「以吉禮事邦國之鬼神示。」注曰：「故書吉或爲告。」又《尚書·呂刑篇》：「度作刑，以詰四方。」《漢書·刑法志》作「度時作刑以詰四方。」此告與吉形近相混之證〔註24〕。

「告」，季旭昇師《說文新證（上）》：「本義爲祝告……引申爲告人〔註25〕。」「誥」，《說文》段注：「『誥』……以言告人。」知「告」、「誥」是一組同義的古今字。

　　　　至於今本〈緇衣〉將「伊誥」作「尹吉」，清·莊有可《禮記集說》強解作：「尹吉，蓋尹氏，吉，字。爲周尹吉甫也」，不可取。

⑥. 隹尹𦣞及康，咸又一悥，即「惟尹𦣞及湯，咸有一德」，意謂：我伊尹自身及湯，都有純一的道德。

「尹𦣞」，郭店本亦作「尹𦣞」，今本作「尹躬」

時賢討論

　　　　上博原考釋云：「『尹俊』，即『伊尹』。郭店本作『尹𦣞』，今本作『尹躬』。」郭店注云：「今本『躬』應爲『𦣞』之誤……『𦣞』屬之部，『尹』屬文部，音近可通假……。〔註26〕」

　　　　上博此字，與郭店相應之字同作，虞萬里訓詁此字時贊成原書的隸定，並循其

〔註23〕唐蘭，〈史𣄴簋銘文考釋〉，《考古》1972年第5期，頁46～48。

〔註24〕（清）俞樾《禮記鄭讀考》，收入《續修四庫全書·經部·禮類》（上海：上海古籍出版社，1995年）頁614。下不另注。

〔註25〕季旭昇師，《說文新證（上）》（臺北：藝文印書館，2002年），頁82。

〔註26〕馬承源主編，《上海博物館藏戰國楚竹書（一）》（上海：上海古籍出版社，2001年11月），頁177。

—54—

文義，認為此處作「伊尹」沒有問題。同時虞先生也補列了：

> 允……天理本《咸有一德》作「躳」，當係躬之形訛，而為訛字「躬」之橋梁。《漢竹邑侯相張壽碑》「正躬」作「正躳」，此「躬」「躳」二字互為異體〔註27〕。

等字形上的旁證。

郭店此字，裘錫圭以為：

> 「尹」下一字可能是「允」之繁文。長沙楚帛書有此字，舊釋「夋」，「夋」從「允」聲。「惟尹允及湯咸有一德」，於義可通，似不必讀「惟」下二字為「伊尹」〔註28〕。

劉曉東考：

> 《墨子‧明鬼下》引《商書》曰：「百獸貞蟲，允及莫不比方」、「允」與「及」連文。王引之《經傳釋詞》云：「允，猶以也。」即引《墨子》文為證，是「允及」乃《商書》中的成詞，猶言「以及」〔註29〕。

王力波亦贊成裘先生隸定郭店此字作「允」的看法，其云：

> 《說文‧儿部》「允，信也。從儿目聲。」段注：「以非聲」，改為「從目儿」。董師蓮池云：「此即居於其他偏旁之下的人旁。」身、人符義實近。故此字即「允」字〔註30〕。

濬智案

上博此字作 ![字形]、郭店此字作 ![字形]，皆從「目」從「身」，應隸定作「躳」。上博整理者將此字隸定作「夋」，待商。至於今本此字何以作「躬」，有可能是因為此字上半後來被寫作「目」形〔註31〕，而這個「目」可能就輾轉被抄寫成今本「躬」字所從的「弓」。

本句引文見〈咸有一德〉，全文為伊尹放逐太甲於桐宮，由伊尹自立主政，後來太甲回到亳都主政，伊尹還政，以「一德」勉太甲（一說太甲殺伊尹，與此不同），

〔註27〕虞萬里，〈上博簡、郭店簡〈緇衣〉與傳本合校補證（上）〉，《史林》2002年第2期，頁7。

〔註28〕荊門市博物館，《郭店楚墓竹簡》（北京：文物出版社，1998年5月），頁132「裘按」。

〔註29〕劉曉東，〈郭店楚墓竹簡‧緇衣〉初探〉，《蘭州大學學報》2000年第4期，頁112。

〔註30〕王力波，《郭店楚簡〈緇衣〉校釋》（東北師範大學中文系碩士論文，2002年5月），頁23。

〔註31〕趙平安先生，〈允、𦀈形義考〉，《古漢語研究》，1996年第2期，頁12：「允在甲骨文中已有訛變……到金文裡始變為從目從儿，許慎據小篆把允解釋為『從儿目聲』，視之為形聲字。」

則伊尹與湯並列「咸有一德」，似乎還算合理。「尹躳」之「躳」字釋「允」之繁文，可從，楚文字此字與「躬」互用，如「窮」字作「宎（郭.老乙 14）」又作「窮（同窮。郭.唐 2）」。故簡本作「尹躳（允）」，今本〈緇衣〉作「尹躬」，不足爲怪。今本〈緇衣〉又云：「尹吉〔告〕曰：『惟尹躬天〔先〕見于西邑夏，自周有終，相亦惟終。』」意謂：「伊尹的先祖曾親眼見到夏代西邑的政治情況，君王自己始終能講忠信，臣子輔助他也就能有始有終。」兩段引文都稱伊尹爲「尹躬」，則「尹躬（躳）」即「伊尹」，應無可疑〔註 32〕。

「康」，郭店本及今本皆作「湯」

時賢討論

上博原考釋云：「『康』、『湯』經籍通用〔註 33〕。」虞萬里考：

《古本竹書紀年·殷紀》「湯有七名而九征」，據梁元帝《金樓子·興王篇》：「成湯姓子名履，字天乙……凡有七號：一名姓生，二云履長，二云瘠肚，四云天成，五云天乙，六云地甲，七云成湯。」此雖或傳聞難徵，然今可考者有「湯、太乙、履」三名。湯，卜辭作「唐」。頗疑上博簡之「康」乃「唐」之誤字，而「唐」與「湯」或乃《尚書·咸有一德》之別本異文〔註 34〕。

黃人二則認爲上博簡「康」，在他本皆作「湯」，兩字古皆陽部字，音近可通〔註 35〕。

濬智案

「湯」與「唐」通假例多，如郭店簡 7.1「唐虞之道」作「湯吳之道」、宋公戀匜銘「有殷天乙湯之孫」作「有殷天乙唐之孫」等〔註 36〕。文獻成湯之「湯」，在甲骨文中也皆作「唐」字〔註 37〕。而「康」與「唐」同從「庚」聲，是本簡「康」可讀爲「湯」。

簡文「佳尹允及康，咸又一悳」並見僞《古文尚書·咸有一德》，茲節錄部份相

〔註 32〕季旭昇師審訂、鄒濬智撰，《上海博物館藏戰國楚竹書（一）讀本·緇衣》（臺北：萬卷樓，2004 年 6 月），頁 88～89〔旭昇案〕。

〔註 33〕馬承源主編，《上海博物館藏戰國楚竹書（一）》（上海：上海古籍出版社，2001 年 11 月），頁 177。

〔註 34〕虞萬里，〈上博簡、郭店簡〈緇衣〉與傳本合校補證（上）〉，《史林》2002 年第 2 期，頁 8。

〔註 35〕黃人二，《上海博物館藏戰國楚竹書（一）研究》（武漢大學博士論文，2002 年），頁 119。

〔註 36〕黃麗娟，《郭店楚簡〈緇衣〉文字研究》（臺師大碩士論文，2001 年 5 月），頁 136。

〔註 37〕徐中舒主編，《甲骨文字典》（成都：四川辭書出版社，1998 年 10 月五刷），頁 95。

關原文如下，裨供參考：

　　伊尹既復政厥辟，將告歸，乃陳戒于德。曰：「嗚呼！天難諶，命靡常。常厥德，保厥位，厥德匪常，九有以亡。夏王弗克庸德，慢神虐民，皇天弗保，監于萬方，啓迪有命。眷求一德，俾作神主。惟尹躬暨湯，咸有一德，克享天心，受天明命。以有九有之師，爰革夏正，非天私我有商，惟天佑于一德，非商求于下民，惟民歸于一德，德惟一，動罔不吉；德二三，動罔不凶。惟吉凶不僭在人，惟天降災祥在德。

〈咸有一德〉篇雖屬偽《古文尚書》，然其中部份內容竟早見於戰國楚簡，由此可知偽《古文尚書》的眞偽問題還有討論的空間。

第四章

【簡　文】

子曰：上人惢（疑）則百眚（姓）惑，下難衋（知）則君長勞①。故君民者，章好以示民【三】谷（俗）②。敢（謹）惡目（以）虡（禦）民淫，則民不惑③。臣事君，言丌（其）所不能，不訇（詒）丌（其）所能，則君不袋（勞）④。《大頭（雅）》員（云）：「上帝板＝（板板），下民卒癉。」⑤《小雅》曰：「匪其止共，【四】隹（惟）王之功（邛）━⑥。」

【討　論】

①. 上人惢則百眚惑，下難衋則君長勞，即「上人疑則百姓惑，下難知則君長勞」，意謂：居上位的君王好惡不明、恩威難測，這就會讓下頭的臣民迷惘而手足無措；居下位的臣民欺瞞而難曉，這就會上頭負責管理他們的長官格外操心。

「眚」，郭店本亦作「眚」，今本作「姓」

瀋智案

上博〈緇衣〉被整理者隸定爲「眚」，讀作「百姓」之「姓」者共有 4 處：簡 3「則百眚（姓）惑」、簡 6「瘁勞百眚（姓）」、簡 7「以昭百眚（姓）」與「百眚（姓）以仁道」。細審其字形，簡 3 與 6 分別作 <!-- char -->、<!-- char -->，與簡 7 作 <!-- char -->、<!-- char -->者，字形並不相同。簡 3 與 6 的寫法尙見郭店〈老子〉、〈緇衣〉、〈成之聞之〉、〈性之命出〉等篇中。簡 7 的寫法則另見於郭店〈語叢〉及殘簡之中。

雖然兩種字形上半部有明顯的差異，但在甲骨文中，「眚」、「省」本同形同源，皆從「目」從「屮（木）」。楚簡 <!-- char --> 是「眚」字從「屮」加左撇羨筆的寫法，而 <!-- char --> 則是在「屮」形中畫加圓點，點變橫，再聲化作「生」的寫法，二者都是筆劃繁省不同的「眚」。至於後代爲何分化爲「眚」、「省」二字，實因「眚」本義爲省視，其後引伸爲視察災病，再引伸爲災病，秦漢以後爲了區分此二義，於是把「眚」字原形保留給「災病」義，「省視」義則把「眚」字「生」形的下橫筆打斜，分化出另一個

字〔註1〕。如此，我們知道《說文》所收「省」字之古文从「少」應該有誤。

「省」、「眚」，在出土文獻中也多通假作「姓」，如三體石經《君奭》的「百姓王人」作「百眚王人」、馬王堆漢墓帛書《老子》甲、乙本中的「姓」字作「省」即是〔註2〕。又《汗簡》記：「眚，姓，王存乂《切韻》。」是王氏所見唐以前傳世文獻中亦有借「眚」爲「姓」者〔註3〕。

「上人疑則百姓惑，下難知則君長勞」句，依鄭注：「難知，有姦心也。……《孝經》曰：『示之以好惡，而民知禁』」、《禮記正義》：「在上多疑貳，則百姓疑惑」、元・陳澔《禮記集說》引方氏曰：「示民不以信，則爲上之人可疑。可疑則百姓其有不惑者乎？〔註4〕」、清・莊有可《禮記集說》：「疑者，好惡不順人情，則難事，故百姓惑也；難知，姦僞莫測也，難知則難使，故君長勞也」、清・孫希旦《禮記集解》：「疑，謂好惡不明也。難知，謂陳言於君，而其旨意不顯白也」等諸家注疏，知「疑」字於此有二解：「猶豫之，主用舍不斷」、「綜核之君，威福莫測。〔註5〕」據之，我們可將簡文此二句譯釋爲：「居上位的君王好惡不明、恩威難測，這就會讓下頭的臣民迷惘而手足無措；居下位的臣民欺瞞而難曉，這就會上頭負責管理他們的長官格外操心。」

與此處簡文思想涵意相關的政治主張闡述尚見《荀子・君道》：「彼不能而主使之，則是主闇也。臣不能而詐能，則是臣詐也。主闇於上，臣詐於下，滅亡無日，俱害之道也。」

②. 濬智案

原書整理者依殘簡長度判斷，以爲此處仍有 11 個缺字。今知上博〈緇衣〉完簡簡長約在 54.3 公分左右，抄寫時不留天地空白。本簡殘長 41.1 公分，殘存 35 字，則平均每字使用 1.2 公分抄寫，是知此處應有（54.3～41.1）／1.2≒11 個缺字。今以郭店〈緇衣〉對勘，應補入「勞。故君民者，章好以示民」11 字〔註6〕。

〔註1〕李旭昇師，《說文新證（上）》（臺北：藝文印書館，2002年），頁256、259。
〔註2〕黃錫全，《汗簡箋釋》（沙市：武漢大學出版社，1993年12月），頁235、85。
〔註3〕虞萬里，〈上博簡、郭店簡〈緇衣〉與傳本合校補證（上）〉，《史林》2002年第2期，頁8。
〔註4〕（元）陳澔，《禮記集說》（成都：巴蜀書社，1987年），頁73。下不另注。
〔註5〕（清）朱彬《禮集訓纂》引朱軾之言。
〔註6〕爲使上博〈緇衣〉簡文更易於通讀，本論文「【簡文】」中依他本〈緇衣〉補入之缺文將採寬釋隸定。除非他本〈緇衣〉用字存有爭議、尚待釐清，否則補入之缺文內容不另立註解說明。

故君民者，章好以示民谷：即「故君民者，章好以示民俗」，意謂：執政者要表彰好人好事以指示人民風俗所向。

「谷」，郭店本作「𢝫」，今本作「俗」

時賢討論

上博考釋云：「郭店簡作『𢝫』，从心。今本作『俗』，从人〔註7〕。」李零釋作「欲」而無說〔註8〕。

郭店此字，虞萬里疑其爲「慾」之初文，或爲「情欲」之專字〔註9〕；王力波釋此字作「裕」，他並引《廣雅‧譯詁四》：「裕，容也」、《尚書‧洛誥》：「彼裕我民，無遠用戾」孔傳：「彼天下被寬裕之政，則我民無違用來」，將「裕」解作「容」，以爲簡文亦言君寬裕（寬容）則民自安〔註10〕。

濬智案

楚簡〈緇衣〉此字應從今本讀「俗」。「俗」，《說文》：「習也」、《禮記‧王制》疏：「民所承襲」、《釋名‧釋言語》：「謂土地所生習也。」謂執政者應表彰好人好事，以指示、引導民風所向，如此則民不惑。

③. 𣀷惡日𥂊民淫，即「謹惡以御民淫」，意謂：謹慎防範惡人惡事，以避免人民的貪佚奢侈。此段郭店本作「懂亞日渫民淫」，今本作「愼惡以御民之淫」。

「𣀷」，郭店本作「懂」，今本作「愼」

時賢討論

上博原考釋云：「从攴、堇聲。《說文》所無。《詩‧大雅‧抑》『謹爾侯度』，《左傳‧襄公廿二年》、《晉書‧傅亮傳》（邠按：應作《宋書》）引『謹』作『愼』〔註11〕。」

〔註7〕馬承源主編，《上海博物館藏戰國楚竹書（一）》（上海：上海古籍出版社，2001 年 11 月），頁 178。

〔註8〕李零，《上博楚簡三篇校讀記》（臺北：萬卷樓，2002 年 3 月），頁 50。

〔註9〕虞萬里，〈上博簡、郭店簡〈緇衣〉與傳本合校補證（上）〉，《史林》，2002 年第 2 期，頁 8。

〔註10〕王力波，《郭店楚簡〈緇衣〉校釋》（東北師範大學中文系碩士論文，2002 年 5 月），頁 30。

〔註11〕馬承源主編，《上海博物館藏戰國楚竹書（一）》（上海：上海古籍出版社，2001 年 11 月），頁 178。

上博「𣀩」字，李零釋作「謹」而無注〔註12〕，虞萬里則：

> 校以傳本與郭店簡，知皆「謹」之同聲符異體字。《爾雅・釋言》：「誥、誓，謹也。」郭注：「皆所以約勤謹戒眾。」《詩・大雅・抑》：「質爾人民，謹爾侯度，用戒不虞」，即用此義〔註13〕。

至於郭店「懂」字，廖名春以爲與「慎」字音義相近，可以通假。但他將郭店「懂」、今本「慎」字都當作是「瘣」的借字。他並引《說文・疒部》：「瘣，病也。从疒，董聲。」以爲上博與郭店此字若通假解釋作「瘣」，如此則讓本句（在今本第 12 章）恰恰可和「章善瘣惡，以示民厚」（在今本第 11 章）文義呼應〔註14〕。

濬智案

季旭昇師云：「綜合《郭店》本與今本，此字釋『謹慎』最爲周延」〔註15〕，師說是。不過我們也不排除上博與郭店「𣀩」、「懂」讀作「忌」字的這一可能。「𣀩」、「懂」字古屬群紐文部，「忌」字古屬群紐之部。二者聲母與主要元音相同，或可通假。《說文》：「忌，憎惡也」、《廣雅・釋詁四》：「忌，禁也」、《老子》「天下多忌」句注：「忌，惡也。」將「𣀩」、「懂」通讀作「忌」，有「憎」、「禁」「惡」意，似較廖說通讀作「瘣」，只具「病」意更佳。「忌惡」，《後漢書・黨錮列傳》有：「若范滂、張儉之徒，清心忌惡，終陷黨議，不其然乎？」是其用例。

「𧆠」，郭店作「渼」，今本作「御」

時賢討論

上博原考釋云：「从虍、魚聲。《說文》所無。《縣妀》銘文『保𧆠兄弟』，『𧆠』讀爲『余』。郭店簡作『渼』，今本作『御』。〔註16〕」

上博「𧆠」字，徐在國、黃德寬認爲：

> 「虍」「魚」均是聲符，口音虍，曉紐魚部；魚，疑紐魚部。《郭店・緇衣》簡 6 與之相對的字作 ，或釋爲「渼」。李零先生認爲此字从亡，爲陽部字，疑以音近借爲御，今本作御。其說可从。「𧆠」、「渼」均讀爲

〔註12〕李零，《上博楚簡三篇校讀記》（臺北：萬卷樓，2002 年 3 月），頁 50。

〔註13〕虞萬里，〈上博簡、郭店簡〈緇衣〉與傳本合校補證（上）〉，《史林》2002 年第 2 期，頁 8～9。

〔註14〕廖名春，〈荊門郭店楚簡與先秦儒學〉，《中國哲學》第 20 輯，頁 41。

〔註15〕季旭昇師審訂、鄒濬智撰，《上海博物館藏戰國楚竹書（一）讀本・緇衣》（臺北：萬卷樓，2004 年 6 月），頁 91。

〔註16〕馬承源主編，《上海博物館藏戰國楚竹書（一）》（上海：上海古籍出版社，2001 年 11 月），頁 178。

「御」〔註17〕。

陳偉則認爲在古文字中，「𢊝」多讀爲「吾」（如樂書缶），而「吾」又可讀爲「御」（如毛公鼎），故「𢊝」在音韻上可讀同今本「禦」〔註18〕；虞萬里在認定郭店此字爲從「水」、「宋」聲之後說：

> 「宋」在明紐，魚、御皆在疑紐，雖一在唇音，一在喉音，而仍時相通假。如《禮記‧檀弓上》「麛裘」，陸氏《釋文》云：「音迷。本又作麑，同。鹿子也。」麑在疑紐。《禮記‧王制》「不麛」、《儀禮‧聘禮》《爾雅‧釋獸》「麛」陸氏《釋文》同。楊樹達云：「䴔字從耳聲，耳與兒同聲，從䴔猶從兒也。」引證甚多。……《說文》：「籞，禁苑也，從竹，御聲。御，或從又，魚聲。」𢊝戰國文字多用作「吾」，此不爭之事實〔註19〕。

郭店「渫」字，裘錫圭以爲：「似當釋爲『渫』。《說文》：『渫，除去也』」〔註20〕；李零將之釋作「御」，以其原從「水」從「宋」，從「亡」，爲陽部字，音近疑借爲今本「禦」〔註21〕；劉信芳認爲郭店此字從「水」，「柞」聲。並引《周禮‧秋官‧序》注：「柞，除木之名，除楮必先刊剝之」、《柞氏》：「冬日至，剝陰柞而水之。」指出古人用水浸泡以治木，故柞或從水作渧，引申爲治。字讀如「作」，隸定此字作「渧」，有「治」意，放進〈緇衣〉文句裡來理解說得通。劉先生同時再引《周禮‧地官‧稻人》：「以河楊其芟，作田。」鄭玄注：「作，猶治也。」證明以水沒草即治田種稻。而「渧民淫」，就是治而去民之淫俗，有如以水治木而刊剝其皮、以水沒田而芟除其草〔註22〕；何琳儀贊成劉信芳說〔註23〕；陳偉引《古文四聲韻》「涸」字，以爲與郭店此字同作，而將此字讀作「困」〔註24〕；黃錫全認爲此字釋讀有兩種可能，一是從「亡」，一是從「困」或「根」。兩相比較，考慮到諸字音近的關係，從「亡」一說，長於從「困」〔註25〕；廖名春在認定郭店此字從「枲」，並舉《詩經》之、

〔註17〕徐在國、黃德寬，〈《上海博物館戰國楚竹書（一）‧緇衣、性情論》釋文補正〉，《古籍整理研究學刊》2002 年第 2 期，頁 1。

〔註18〕陳偉，〈上博、郭店二本〈緇衣〉對讀〉，《上博館藏戰國楚竹書研究》（上海：上海古籍出版社，2002 年），頁 419。

〔註19〕虞萬里，〈上博簡、郭店簡〈緇衣〉與傳本合校補證（上）〉，《史林》2002 年第 2 期，頁 9。

〔註20〕荊門市博物館，《郭店楚墓竹簡》（北京：文物出版社，1998 年 5 月），頁 132「裘按」。

〔註21〕李零，《郭店楚簡校讀記》增訂本（北京：北京大學出版社，2002 年 3 月），頁 63。

〔註22〕劉信芳，〈郭店楚簡文字考釋拾遺〉，《江漢考古》2000 年第 1 期，頁 44。

〔註23〕何琳儀，〈郭店竹簡選釋〉，《文物研究》12 輯，頁 198。

〔註24〕陳偉，〈上博、郭店二本〈緇衣〉對讀〉，《上博館藏戰國楚竹書研究》（上海：上海古籍出版社，2002 年），頁 419。

〔註25〕黃錫全，〈讀上博楚簡札記〉，《新出竹簡與儒學思想國際學術研討會論文集》（北京：

魚兩部的合韻現象與古文字中「馭」字或從「止」偏旁的情況，認爲從「止」在這兒亦能讀通「虐」或「禦」等字〔註 26〕；陳斯鵬則認爲此字從「乍」作「迮」，並引慧琳《一切經音義》所錄《蒼頡篇》：「迮，止也」，將「迮民淫」釋作「止民淫」〔註 27〕；蘇建洲學長以爲郭店此字所從「朱」偏旁有可能是「桀」的異寫〔註 28〕。

濬智案

　　據上博本此字作「虐」、今本此字作「御」推敲，郭店此字以李零說最佳，應隸定作「渿」從「亡（明紐陽部）」聲。上博「虐」字從「虍」從「魚」，「虍」、「魚」皆聲，「虍（曉紐魚部）」、「魚（疑紐魚部）」與「亡」韻爲陰陽對轉。「虐」在古文字中，都可通讀作「余（余紐魚部）」、「予（余紐魚部）」、「吾（疑紐魚部）」等字，於文中作第一人稱用。

「淫（　）」，郭店本與今本亦作「淫」

時賢討論

　　郭店整理者將此字隸定作「涇」，並以爲是「淫」字錯寫。劉信芳、李零、涂宗流、劉祖信等都直接將郭店此字隸定成「淫」〔註 29〕；虞萬里審其字下部爲「壬」，視其爲「淫」無誤〔註 30〕；李銳則引：

　　　　《汗簡》、《古文四聲韻》卷二所收《古孝經》「經」字從系從至；《集
　　　韻‧青韻》所錄古「經」字當即從「至」，後世傳抄稍有訛變，變爲從爪、
　　　刀、士形。則「涇」可讀爲「淫」，非訛字。《廣韻‧侵韻》收有從系從
　　　之字，意爲「久緩貌」，與《汗簡》、《古文四聲韻》「經」字下所從者當然
　　　不同〔註 31〕。

　　　　清華大學思想文化研究所，2002 年 3 月 31 日～4 月 2 日），頁 28～29。
〔註 26〕廖名春，〈郭店從「朱」之字考釋〉，簡帛網，2003／03／09。另見《華學》第 4 輯
　　　　（北京：紫金城出版社，2003 年 6 月），頁 79～84。
〔註 27〕陳斯鵬，〈初讀上博楚簡〉，簡帛網，2002／02／05。
〔註 28〕李旭昇師主編、蘇建洲學長撰，《上海博物館藏戰國楚竹書（二）讀本‧容成氏》（臺
　　　　北：萬卷樓，2003 年 7 月），頁 119～120。
〔註 29〕詳參劉信芳，〈郭店楚簡文字考釋拾遺〉（《江漢考古》2000 第 1 期）、李零，《郭店楚
　　　　簡校讀記》增訂本（北京：北京大學出版社，2002 年 3 月）、涂宗流、劉祖信，《郭
　　　　店楚簡先秦儒家佚書校釋》（臺北：萬卷樓，2001 年）之相關討論。
〔註 30〕虞萬里，〈上博簡、郭店簡〈緇衣〉與傳本合校補證（上）〉，《史林》2002 年第 2 期，
　　　　頁 9。
〔註 31〕李銳，〈上博楚簡續札〉，《新出楚簡與儒學思想國際學術研討會論文集》（北京：清
　　　　華大學思想文化研究所，2002 年 3 月 31 日～4 月 2 日），頁 246。

濬智案

　　細查原書圖版，上博此字爲「淫」字無疑。而郭店此字上部「爪」與「壬」偏旁寫得過近，加上「壬」上一撇又寫得過長，郭店原整理者才會誤隸爲「㾓」，其實該字右旁還是「至」，與上博同。《六書通》从「㾓」之字，亦有作从「至」者，如《六書正譌》「莖」作 **莖** 〔註32〕。故李銳之言，亦有一定信度。不過我們認爲古「㾓」與「至」混用，是因爲二者形近的關係。

　　參酌元‧陳澔《禮記集說》：「章其所好之善，故足以示民而成俗；愼其所惡之惡，故足以御民而不淫」、清‧孫希旦《禮記集解》：「爲上者章其所好，愼其所惡，使民皆知我之好善而惡惡，則從違定而不至於惑矣」，可將簡文「故君民者，章好以示民欲。忌惡以饗民淫，則民不惑」譯釋作：「所以執政者要表彰好人好事以指示人民風俗所向；愼防惡人惡事以防止人民的貪佚奢侈，這樣人民就不會陷於迷惑了。」

④. 臣事君，言亓所不能，不訇亓所能，則君不裳，即「臣事君，言其所不能，不訽其所能，則君不勞」，意謂：臣事君，能說明他所做不到的，也不欺騙、誇大他所能，那麼君上就不會勞煩了。今本此段與楚簡〈緇衣〉有異，作「臣儀行，不重辭，不其所不及，不煩其所不知，則君不勞矣」。

「訇」，郭店本作「訽」

時賢討論

　　上博原考釋云：「《說文》未見，爲『訽』之本字〔註33〕。」上博此段簡文，李零釋作：「臣事君，言其所不能，不辭其所能，則君不勞」〔註34〕；郭店此段簡文，劉釗釋作：「臣下服事君王，要說明自己不會或辦不到的事，對自己會或能做到的事也不要推辭，如此則君王就不會辛勞」〔註35〕。

濬智案

　　「推辭」義的「辭」字目前未見，李、劉二先生釋「訇」爲「辭」，意義可從，

〔註32〕（明）閔齊伋輯（清）畢弘述篆訂，《六書通》（上海：上海書店出版社，1981 年 3 月），頁 444。

〔註33〕馬承源主編，《上海博物館藏戰國楚竹書（一）》（上海：上海古籍出版社，2001 年 11 月），頁 178。

〔註34〕李零，《上博楚簡三篇校讀記》（臺北：萬卷樓，2002 年 3 月），頁 50。

〔註35〕劉釗，《郭店楚簡校釋》（福建：福建人民出版社，2003 年 12 月），頁 54。

但是也還可能有其它的解釋。楚文字有「台」字，《朱德熙古文字論集》118 頁以爲「這個字可能是在弓（司）上加注聲符台，也可能是在台上加注聲符司」。蓋爲從「台」聲與「司」聲之兩聲字，故可讀爲從「弓（司）」或從「台」得聲之字。「言」字所從「台」應與「台」同，於楚簡已往用爲「詞」、「治」、「始」、「殆」等意義（參《郭店楚簡研究・第一卷・文字編》370 頁）。如果從這個角度看，本簡「不言其所能」，「言」字原考釋讀爲「詒」，可從，意爲欺騙，全句謂「不欺騙、誇大他所能的」〔註36〕。

⑤. 《大頭（雅）》員：「上帝板＝，下民卒癉。」，即「《大雅》云：『上帝板板，下民卒癉』」。補字原因詳本章註⑥。

「頭」，郭店本亦作「頭」

時賢討論

上博原考釋云：「頭，從頁、疋聲。上博簡《孔子詩論》所作同〔註37〕。」魏宜輝以爲金文「夏」字象一人站在太陽下，後來人卜增加之「止」形移至「日」下，遂成「頭」的寫法。至於有作「顕」、「畫」者，如上博本〈緇衣〉簡 18、郭店本〈緇衣〉簡 18 與 19、〈唐虞之道〉簡 13 等，魏先生以爲這是因爲「日」訛作「貝」，「貝」下兩撇與「止」形相連、寫近「虫」形之故（如遷邖編鐘）。其曰：

> 其左半所從並非是「是」字，而是從日從止。在 b 式（鄔按：從日從虫）的夏字中，人的手臂向外伸展與「日」相連；在 III 式（鄔按：從是從頁）字中，連接「日」的手臂被保留了一小部分，就形成了「日」和「止」中間的部份〔註38〕。

鄔智案

「頭」應是「夏」字的異體無誤，此字並見於包山簡 209、郭店本〈緇衣〉等處。關於楚簡「畫」字較早的討論，亦可參《包山楚簡・包山二號楚墓簡牘釋文與考釋》頁 58、何琳儀《戰國古文字典》頁 467～468、林清源師《楚國文字構形演變

〔註36〕季旭昇師審訂、鄔濬智撰，《上海博物館藏戰國楚竹書（一）讀本・緇衣》（臺北：萬卷樓，2004 年 6 月）頁 92〔旭昇案〕。

〔註37〕馬承源主編，《上海博物館藏戰國楚竹書（一）》（上海：上海古籍出版社，2001 年 11 月），頁 179。

〔註38〕魏宜輝，〈試析楚簡文字中的「顕」、「畫」字〉，《江漢考古》2002 年第 2 期，頁 74～77。

研究》頁 159～160、黃錫全〈楚簡續紹〉（《簡帛研究》第 3 輯頁 79～80）、池田知久監修《郭店楚簡之思想史的研究》第四卷頁 62～63 等﹝註39﹞；而甲、金文「虫」之相關討論則可參劉桓〈釋虫〉﹝註40﹞、季旭昇師主編《上海博物館藏戰國楚竹書（二）讀本》頁 4 等﹝註41﹞。

⑥. 濬智案

原書整理者依殘簡長度判斷，以爲此處仍有 11 個缺字。今知上博〈緇衣〉完簡簡長約在 54.3 公分左右，抄寫時不留天地空白。本簡殘長 41.2 公分，殘存 35 字，則平均每字使用 1.2 公分抄寫，是知此處應有（54.3～41.2）／1.2≒11 個缺字。以今本〈緇衣〉對勘，補入「下民卒癉。《小雅》曰：匪其止共」11 字。至於郭店此處作「下民卒担，《少顥》員：非其旨之共」，疑「非其旨之共」句之「之」係涉上「旨」字而衍。

簡文所引「上帝板板，下民卒癉」詩句今見《詩‧大雅‧板》：

<u>上帝板板，下民卒癉</u>。出話不然，爲猶不遠。

靡聖管管，不實于亶。猶之未遠，是用大諫。

天之方難，無然憲憲；天之方蹶，無然泄泄。

辭之輯矣，民之洽矣；辭之懌矣，民之莫矣。

我雖異事，及爾同寮。我即爾謀，聽我囂囂。

我言維服，勿以爲笑。先民有言：詢于芻蕘。

天之方虐，無然謔謔。老夫灌灌，小子蹻蹻。

匪我言耄，爾用憂謔。多將熇熇，不可救藥。

天之方懠，無爲夸毗。威儀卒迷，善人載尸。

民之方殿屎，則莫我敢葵。喪亂蔑資，曾莫惠我師。

天之牖民，如壎如箎，如璋如圭，如取如攜。

﹝註39﹞詳參湖北省荊沙鐵路考古隊，《包山楚簡‧包山二號楚墓簡牘釋文與考釋》（北京：文物出版社，1991 年），頁 58、何琳儀，《戰國古文字典》（北京：中華書局，1998 年），頁 467～468、林清源師，《楚國文字構形演變研究》（東海大學中文系博士論文，1997 年 12 月），頁 159～160、黃錫全，〈楚簡續紹〉，《簡帛研究》第 3 輯頁 79～80、池田知久監修《郭店楚簡之思想史的研究》第四卷（東京：東京大學文學部中國思想文化學研究室，2000 年 6 月 1 日），頁 62～63 等文之相關討論。

﹝註40﹞劉桓，《甲骨徵史》，哈爾濱：黑龍江教育出版社，2002 年 12 月。

﹝註41﹞季旭昇師主編，《上海博物館藏戰國楚竹書（一）讀本》（臺北：萬卷樓，2003 年 7 月），頁 4。

攜無日益，牖民孔易。民之多辟，無自立辟。

价人維藩，大師維垣，大邦維屏，大宗維翰。

懷德維寧，宗子維城。無俾城壞，無獨斯畏。

敬天之怒，無敢戲豫；敬天之渝，無敢馳驅。

昊天曰明，及爾出王；昊天曰旦，及爾游衍。

詩《序》云：「〈板〉，凡伯刺厲王也。」清・王先謙《詩三家義集疏》記《韓詩外傳・五》、齊《詩》此句皆作：「上帝板板，下民瘁瘅」，魯《詩》「板」則作「版」。

「上帝」，鄭《箋》：「以稱王者也」、《禮記》鄭注：「喻君也」；「板板」，鄭《箋》：「反也」、《毛詩正義》：「邪僻即反戾之義」、余培林師《詩經正詁（下）》：「按《說文》有版無板，《後漢書・董卓傳論》注、《文選・辯命論》注引詩並作版版。《爾雅・釋訓》：『版版，僻也』」〔註42〕；「卒」，鄭《箋》：「盡也。」「卒」或可通「瘁」，《下篇》：「病乏也」；「瘅」，〈板〉作「瘅」，《毛詩正義》：「當但反，沈本作『瘅』」，周伯琦《六書正譌》曰：「瘅別作瘅〔註43〕。」齊《詩》作「瘅」。「瘅」，《說文》：「勞病也。」是知簡文所引「上帝板板，下民卒瘅」可譯釋為：「君主若是個反覆無常的人，人民全都不得安樂。」至於〈緇衣〉此處為何引〈板〉？清・孫希旦《禮記集解》以為：「引〈板〉之詩，以證君使民惑。」

簡文次引之「匪其止共，隹王之功」，詩句今見《詩・小雅・巧言》：

悠悠昊天，曰父母且。無罪無辜，亂如此幠。

昊天已威，予慎無罪；昊天大幠，予慎無辜。

亂之初生，僭始既涵；亂之又生，君子信讒。

君子如怒，亂庶遄沮；君子如祉，亂庶遄已。

君子屢盟，亂是用長；君子信盜，亂是用暴。

盜言孔甘，亂是用餤。<u>匪其止共，維王之卭。</u>

奕奕寢廟，君子作之。秩秩大猷，聖人莫之。

他人有心，予忖度之。躍躍毚兔，遇犬獲之。

荏染柔木，君子樹之。往來行言，心焉數之。

蛇蛇碩言，出自口矣。巧言如簧，顏之厚矣。

彼何人斯？居河之麋。無拳無勇，職為亂階。

既微且尰，爾勇伊何！為猶將多，爾居徒幾何！

《孔子詩論》議其詩旨云：「流人之害也」，詩《序》云：「〈巧言〉，刺幽王也。大夫

〔註42〕余培林師，《詩經正詁（下）》（臺北：三民書局，1995年10月），頁418。
〔註43〕楊家駱主編，《清儒禮記彙解》（臺北：鼎文書局，1972年4月），頁692。

傷於讒，故作是詩也。」「匪」，鄭《箋》：「非」、「止」訓「容止」；「共」，《經典釋文》：「音恭，本又作恭。」而《三家詩義集疏》錄《韓詩外傳‧四》正作「恭」。至於今本〈緇衣〉此字引作「躬」，《釋文》：「止共，本作躬云：『躬，恭也。』」「止共」，屈萬里《詩經詮釋》：「猶足恭，言過恭也」〔註44〕、余培林師《詩經正詁（下）》：「容止恭敬也」〔註45〕；「維」，《詩三家義集疏》記三家詩皆作「惟」；「功」通讀作「卭」，鄭《箋》：「卭，病也」、《禮記》鄭注：「卭，勞也」、郝懿行《爾雅義疏》以為「邛」與「劬」為一聲之轉。

　　再參「匪其止共，維王之卭」，鄭《箋》：「小人好為讒佞，既不共其職事，又為王作病」、《毛詩正義》：「此小人好為讒佞者，非於其職廢此供奉而已，又維與王之為病害也」，我們可將簡文所引「匪其止共，惟王之卭」譯釋作：「（劣臣）不好好盡他應盡的職務，他們只是給君主添麻煩。」至於〈緇衣〉此處為何引〈板〉？清‧孫希旦《禮記集解》以為：「引〈巧言〉之詩，以證下使上勞也。」

〔註44〕屈萬里，《詩經詮釋》（臺北：聯經出版公司，1999 年 4 月），頁 177。

〔註45〕余培林師，《詩經正詁（下）》（臺北：三民書局，1995 年 10 月），頁 175。

第五章

【簡　文】

　　子曰：民㠯（以）君爲心，君㠯（以）民爲偤（體），心好則偤安之，君丣（好）則民𠔯（欲）之①。古（故）心㠯（以）偤（體）廌（存），君㠯（以）〔民〕亡②。《峕（詩）》員（云）：「隹（誰）秉或（國）成，不自爲【五】正，衺（瘁）裝（勞）百眚（姓）③。」〈君皀（牙）〉員（云）：「日晃（暑）雨，少（小）民隹（惟）日肎（怨），晉衾（冬）耆（祁）寒，少（小）民亦隹（惟）日肎（怨）▬④。」

【討　論】

①. 心好則體安之，君丣則民𠔯之，即「心好則體安之，君好則民欲之」，意謂：心健全則四肢身體跟著自然安舒；君主有所喜好，人民亦跟著希望得到君主所喜好的東西。此段今本作「心好之，身必安之；君好之，民必欲之」。

潘智案

　　原書整理者依殘簡長度判斷，以爲此處仍有 10 個缺字。原簡係兩段綴合，總長 41.3 公分。今知上博〈緇衣〉完簡簡長約在 54.3 公分左右，抄寫時不留天地空白。本簡殘長殘長 41.3 公分，殘存 35 字，則平均每字使用 1.2 公分抄寫，是知此處應有（54.3～41.3）／1.2≒11 個缺字。但若依完簡字數計算，上博〈緇衣〉完簡平均抄寫 45 字，則本簡應殘去（45～35）=10 字。兩種算法所得殘缺字數不同，實因本簡下半段最後一「或（國）」字半殘，故若以殘去之簡長除以平均單字書寫所所需長度來求出殘去之字數，將會較以完簡字數減去殘簡所存字數多出一字。本論文在此保守採用以完簡字數減去殘簡所存字數所求的殘去字數，並參酌原書整理者的判斷，視本簡第一段與第二段間殘 6 字。第二段「國」字後殘 4 字，計共殘 10 字。第一段殘字，以郭店〈緇衣〉對覈，補入「心好則體安之」6 個字；第二段殘字，亦以郭店〈緇衣〉對覈，補入「成，不自爲」4 字。

　　「𠔯」，郭店本作「念」，今本作「欲」

時賢討論

上博原考釋云：「郭店簡作『㝈』，今本作『欲』〔註1〕。」裘錫圭認為：

上博簡「台」字乃「谷」字之訛，「谷」可讀為「欲」。「台」字見《說文》，即「沿」、「鉛」等字聲旁〔註2〕。

黃錫全認為：

此為「台」即沿字所从，非公，非谷省。沿，喻母屋部。欲，喻母元部。二字雙聲。此假　為欲〔註3〕。

濬智案

黃錫全雖據原字形為說，但其憑以通假之古音證據仍稍嫌薄弱，在更強的證據出現之前，我們還是暫時依裘先生之說，視上博「台」字為「谷」之訛，讀作「欲」。

簡文「民以君為心，君以民為體，心好則體安之，君好則民欲之」，把君民關係比喻為心與體的關係，道出了君民在統治關係中的地位。心在身體中的重要地位源於古人對自身生理結構的認識，把君在統治關係的重要地位為心在身體中的作用，「心好則體安」，必須有健康的心，人的身體才有可能健康；只有君主是有德有智慧的，老百姓才願意追隨他；只有「為政以德」，才能出現「譬如北辰，居其所而眾星共之」的良好統治秩序〔註4〕。

② . 心㠯體㢟，君㠯民亡，即「心以體存，君以民亡」，意謂：心跟著身體存在而存在，（也跟著身體廢毀而廢毀；）國君（跟著人民存在而存在，）也跟著人民逃亡而不存。此段郭店本作「心㠯體䢜，君㠯民芒」，今本作「心以體全，亦以體傷；君以民存，亦以民亡」。

「㢟」，郭店本作「䢜」，今本作「全」

時賢討論

上博原考釋云：「《廣雅‧釋詁一》：『㢟，䢜也。』」裘錫圭將郭店「䢜」讀作「廢」

〔註1〕馬承源主編，《上海博物館藏戰國楚竹書（一）》（上海：上海古籍出版社，2001 年 11 月），頁 179。

〔註2〕裘錫圭，〈談談上博簡和郭店簡中的錯別字〉，《新出竹簡與儒學思想國際學術研討會論文集》（北京：清華大學思想文化研究所，2002 年 3 月 31 日～4 月 2 日），頁 15～16。

〔註3〕黃錫全，〈讀上博楚簡札記〉，《新出竹簡與儒學思想國際學術研討會論文集》（北京：清華大學思想文化研究所，2002 年 3 月 31 日～4 月 2 日），頁 29。

〔註4〕孔德立〈郭店楚簡所見子思的修身思想〉，《管子學刊》，2002 年第 1 期，頁 56。

〔註5〕；馮勝君以爲：

上博簡中的「厬」無疑也可讀爲「存」。故心以體厬（存），君以〔民〕亡」，似乎可以理解爲互文見義，相當於「故心以體存，亦以體亡；君以民存，亦以民亡。如果此說成立的話，這種表述方式與今本《禮記‧緇衣》「心以體全，亦以體傷；君以民存，亦以民亡」是非常相近的。……今本「心以體全」中的「全」就有可能是類似於上博簡「釜」這種形體的「𡎯」字之誤〔註6〕。

虞萬里以爲：

厬，郭店簡作「𡎯」，傳本作「全」。初讀上博簡，檢得《汗簡》及《古文四聲韻》「𡎯」之古文「𧯇」（《緇衣》第十四簡。「法」字作「釜」，即以爲「厬」乃「𡎯」之省文，而傳本「全」乃「𡎯」古文「𧯇」或「釜」之誤字。〔註7〕

濬智案

馮說較佳，因爲「厬」不能通爲「𡎯」、「全」。文獻「薦」或作「荐」，可證「厬」與「存」可以通，《朱德熙古文字論集》頁55謂「厬」當有「薦」音，郭店〈語叢四〉：「諸侯之門，義士之所厬（存）」，「薦（精紐元部）」、「存（從紐諄部）」，聲韻俱近，可以相通。《郭店‧尊德義》頁146注6裘案以爲「坔濡」可能就是「棘津」；《上博二‧容成氏》簡51「孟濡」即「孟津」，均爲其通轉旁證〔註8〕。依馮氏「互文」說，參酌郭店、今本〈緇衣〉簡文，上博原簡當本作「心以體厬（存），亦以體廢；君以民存，亦以民亡」。

「亡」，郭店本作「芒」，今本作「亡」

時賢討論

楊澤生認爲：

「亡」後略顯模糊的粗短黑橫「ㅡ」不應該被忽視。這個粗短黑橫「ㅡ」除了用作句外，會不會同時用作重文號呢？……則「民以亡 ㅡ」可以讀作

〔註5〕荊門市博物館，《郭店楚墓竹簡》（北京：文物出版社，1998年5月），頁132「裘按」。

〔註6〕馮勝君，〈讀上博簡緇衣箚記二則〉，《上博館藏戰國楚竹書研究》（上海：上海古籍出版社，2002年），頁450。

〔註7〕虞萬里，〈上博簡、郭店簡〈緇衣〉與傳本合校補證（上）〉，《史林》2002年第2期，頁10。

〔註8〕季旭昇師審訂、鄔濬智撰，《上海博物館藏戰國楚竹書（一）讀本‧緇衣》（臺北：萬卷樓，2004手6月），頁94〔旭昇案〕。

「君以亡（民）亡」，然此處的粗短黑楨「＿」同時兼有重文號和句讀的作用，不一定是抄漏了個「民」字〔註9〕。

濬智案

戰國儒家如孟、荀等，論述文章常用騈句，〈緇衣〉亦然。觀上博〈緇衣〉此段上句簡文作「心以體廢（Ａ以ＢＶ.式）」，下句簡文應亦復仿如此。故我們以爲「亡」字之前應有漏抄，在此據郭店本與今本〈緇衣〉爲上博此處補上「民」字。至於楊先生之言，或有新意，但細察「亡」字之下，並無楊先生所謂的「粗短黑楨」，唯見幾痕竹簡裂跡。可能是「亡」字恰好寫在竹節之上，墨跡漫散成類似墨節的樣子，才造成楊先生的誤認。

③. **隹秉或成，不自爲正，衮衮百眚，即「誰秉國成，不自爲正，瘁勞百姓」，意謂，那些個執政的人，自己都不好好端正品行，使得人民更加勞苦。**

「衮」，郭店〈緇衣〉與此同作，今本作「卒」

濬智案

最先看出古文字「衣」、「卒」同形的是唐蘭，他在〈用青銅器銘文來研究西周史－綜論寶雞市近年發現的一批青銅器的重要歷史價值〉一文中說道：「原作衣，即卒字，完畢。郾王戠戈萃字作衣，寡子卣誶字作誅，並可證〔註10〕。」而對於更早的甲骨文此字，裘錫圭考其字形本義道：

> 關於「卒」字字形所表示的意義，我有一個猜測，寫在這裡供參考。「初」字從「衣」從「刀」會意，因爲在縫衣服的過程裡，剪裁是初始的工序。「卒」字也從「衣」，其本義應與「初」相對。這就是說，士卒並非它的本義，終卒才是它的本義。甲骨文文中在「衣」形上加交叉線的「卒」，大概是通過加交叉線來表示衣服已經縫製完畢的，交叉線象徵所縫的線〔註11〕。

〔註 9〕楊澤生，〈上海博物館所藏楚簡文字雜說〉，《江漢考古》2002 第 3 期，頁 78～79。

〔註10〕唐蘭，〈用青銅器銘文來研究西周史——綜論寶雞市近年發現的一批青銅器的重要歷史價值〉，《文物》1976 年第 5 期，頁 31～39。

〔註11〕裘錫圭，〈釋殷墟卜辭中的「卒」和「神」〉，《中原文物》1990 年第 3 期，頁 17。周萌在裘先生之後也在字音上找到若干古漢藏語中「衣」、「卒」兩字相通的證據，其說見於〈古文字札記二則〉，《語言文字學》1990 年第 12 期，頁 151。

總的來說「卒，由『衣』分化，均屬脂部。甲骨文、金文『衣』或讀『卒』。戰國文字『衣』與『卒』亦往往通用〔註12〕。」視此，上博「衾」也可以釋作「夵」。

　　「夵」，林澐釋其本意為「裼」，並舉：「从易得聲的裼和狄可以有同音關係，讀成狄的音是已知的，所以把脺假定為裼的原始表義字，在字音上也是合理的。」〔註13〕但楚文字常出現从「爪」之字如「豪」、「窒」等〔註14〕，其「爪」偏旁皆是「增繁無義」〔註15〕，對原字主要構件「家」、「室」之文意及其在文句中的使用（本義或通假）而言，並無影響。所以上博、郭店此字是繁體的「卒」字，與本意為「裼」的「夵」字字義並不相涉，只是字體恰好同形罷了。是以我們雖隸定其為「衾」，但卻將之視為「夵（卒）」，並將之通假讀同今本「卒」，意為「瘁」。

「裟」，郭店本亦作「裟」，今本作「勞」

時賢討論

　　上博原考釋云：「即『勞』字。《鏀鎛》銘文『裟于齊邦』，即『勞于齊邦』。《包山楚簡》、《長沙仰天湖楚簡》中『勞』亦作『裟』〔註16〕。」針對包山簡「裟」字，李運富不贊成當時包山簡整理者將之隸定作「勞」的看法，他以為：

　　　　此簡（包山楚簡 16）字樣下部亦為衣之省，上部炊即「熒」之省，故與素命鎛及齊叔夷鎛之裟為同一字符，亦當釋為《說文》（鄒按：〈衣部〉：「裟，鬼衣。從衣，熒省聲」）之「裟」〔註17〕。

廖名春《新出楚簡試論》考釋郭店〈緇衣〉「裟」字時也有類似的看法：

　　　　「勞，劇也。从力，熒省。」《衣部》：「裟，鬼衣。從衣，熒省聲。」是兩字音同。《齊侯鎛》：「熒於齊邦。」「熒」即讀作「勞」〔註18〕。

濬智案

　　除上博、包山、郭店、仰天湖外，天星觀楚簡亦見此字。自從郭店〈緇衣〉面世，前人據以與今本〈緇衣〉對校，始知楚簡「裟」字確作「勞」字解。楚簡中「勞」字作「裟」解者尚見上博簡〈容成氏〉簡35背「身力以裟（勞）百姓」等。〔註19〕

〔註12〕何琳儀，《戰國古文字典》（北京：中華書局，1998 年），頁 1171。
〔註13〕林澐，《古文字研究簡論》（吉林‧吉林大學出版社，1986 年 9 月），頁 113～114。
〔註14〕容庚，《金文編》（北京：中華書局，1985 年），頁 177。
〔註15〕何琳儀，《戰國文字通論》（北京：中華書局，1989 年），頁 196。
〔註16〕馬承源主編，《上海博物館藏戰國楚竹書（一）》（上海：上海古籍出版社，2001 年 11 月），頁 179。
〔註17〕李運富，〈楚國簡帛文字叢考（四）〉，《古漢語研究》1999 年第 1 期，頁 78。
〔註18〕廖名春，《新出楚簡試論》（臺北：臺灣古籍出版公司，2001 年 5 月），頁 278。
〔註19〕而其他古文如叔弓鎛、鑋叔鎛銘文中之「拼」亦因之獲得了最終的釋解──《金文詁

不過此字的本形本義爲何，至今仍然無解﹝註20﹞。

簡文所引「隹秉或成，不自爲正，衺裝百眚」詩句今見《詩‧小雅‧節南山》：

節彼南山，維石巖巖。赫赫師尹，民具爾瞻。

憂心如惔，不敢戲談。國既卒斬，何用不監！

節彼南山，有實其猗。赫赫師尹，不平謂何！

天方薦瘥，喪亂弘多。民言無嘉，憯莫懲嗟！

尹氏大師，維周之氏；秉國之均，四方是維；

天子是毗，俾民不迷，不弔昊天！不宜空我師。

弗躬弗親，庶民弗信；弗問弗仕，勿罔君子。

式夷式已，無小人殆。瑣瑣姻亞，則無膴仕。

昊天不傭，降此鞠訩；昊天不惠，降此大戾。

君子如屆，俾民心闋；君子如夷，惡怒是違。

不弔昊天，亂靡有定；式月斯生，俾民不寧。

憂心如醒，<u>誰秉國成？不自爲政，卒勞百姓</u>。

駕彼四牡，四牡項領。我瞻四方，蹙蹙靡所騁。

方茂爾惡，相爾矛矣；既夷既懌，如相酬矣！

昊天不平，我王不寧。不懲其心，覆怨其正。

家父作誦，以究王訩。式訛爾心，以畜萬邦。

《孔子詩論》議其詩旨云：「言上之衰也，王公恥之」，詩《序》云：「〈節南山〉，家父刺幽王也」。清‧王先謙《詩三家義集疏》記齊《詩》此段作「誰能秉國成？不自爲正，卒勞百姓」。

今本〈緇衣〉所引較《詩經》、郭店與上博〈緇衣〉多出「昔吾有先正，其言明且清，國家以寧，都邑以成，庶民以生」五句，《經典釋文》言：「今詩皆無此語，餘在《小雅節‧南山篇》，或皆逸詩也。」龐樸則引《容齋隨筆‧三筆》「其言明且清條」：

《文選》張華《答何劭》詩曰：「周任有遺規，其言明且清。」然則周任所作也。而李善注曰：「子思子詩云：昔吾有先正，其言明且清。」世之所存《子思子》亦無之，不知善何所據。意當時或有此書，善必不妄

林》第十冊頁234、5236、5237胡石查、吳大澂、楊樹達諸先生的説法，各爲其是，自楚簡〈緇衣〉，方能確定古文字「拼」確爲「勞」字。

﹝註20﹞黃麗娟，《郭店楚簡〈緇衣〉文字研究》（臺師大碩士論文，2001年5月），頁154：「省聲缺乏統一標準的缺失正是導致拼　勞瑝諸字究竟從何而省的困擾來源。」

—74—

也，特不及周任，遺規之義又不可曉。

與《文選》卷二十四詩丙《答何劭》「周任」句，李善注文：

《論語》孔子云：「周任有言曰，陳力就列，不能者止。」馬融曰：「周任，古之良史。」《子思子》詩云：「昔吾有先正，其言明且清。國家以凝，都邑以成。」

二條資料，認爲這幾句逸詩並見今本〈緇衣〉與《子思子》，應有助於了解《緇衣》與子思的關係〔註 21〕。

濬智案

我們以爲此條逸詩只見今本〈緇衣〉與《子思子》，卻未見兩楚簡本〈緇衣〉，可見其收入〈緇衣〉經文的時代較晚，並不能證成「因〈緇衣〉與《子思子》所引逸詩同，故〈緇衣〉係子思所著」之說〔註 22〕。

④.〈君𤘏〉員：「日暠雨，少民隹日肙，晋酓耆寒，少民亦隹日肙，即「〈君牙〉云：『日暑雨，小民惟日怨；晋冬祁寒，小民亦惟日怨』」，意謂：〈君牙〉云：「夏天暑熱下雨，小民就會怨老天；到了冬天，氣候嚴寒，小民也會怨老天。」

「𤘏」，郭店本亦作「𤘏」，今本作「雅」

時賢討論

上博原考釋云：「《曾侯乙墓竹簡》第一六五簡，『牙』字寫作『𤘏』。『牙』通『雅』。《禮記・緇衣》『君雅曰』，鄭玄注：『雅，書《序》作牙，假借字也。』《呂氏春秋・本味》「伯牙鼓琴」，高誘注：『牙或作雅』〔註 23。〕」何琳儀以爲「𤘏」字「承襲兩周金文。或加齒之古文表意〔註 24〕。」

濬智案

「𤘏（牙）」，清・朱彬《禮記訓纂》：「雅，書《序》作牙，假借字也。〈君雅〉，周穆王司徒作，《尚書》篇名也」、清・俞樾《禮記鄭讀考》：「按書序〈君牙〉，《釋文》曰：『或作君雅』，是《尚書》亦有作『雅』者。《呂氏春秋・本味篇》伯牙注亦

〔註 21〕龐樸，〈《緇衣》與子思〉，簡帛網，2002／10／23。

〔註 22〕詳見本論文第三部份「楚簡〈緇衣〉作者考辨」。

〔註 23〕馬承源主編，《上海博物館藏戰國楚竹書（一）》（上海：上海古籍出版社，2001 年 11 月），頁 180。

〔註 24〕何琳儀，《戰國古文字典》（北京：中華書局，1998 年），頁 511。

云：『或作雅』。」

　　〈君牙〉爲《尙書》篇名，但今本〈君牙〉爲僞古文，原篇已佚，故簡本所引爲珍貴的古本〈君牙〉。

「晜」，郭店本作「屠」，今本作「暑」

時賢討論

　　上博原考釋云：「『倨』字待考。郭店簡作『日俗雨』。今本作『夏日暑雨』。」〔註25〕上博此字，白於藍以爲：

　　　　字從日処（處）聲，有可能正是「暑」字異構。上古音「処（處）」、「暑」並爲舌音魚部字，故「暑」或可從「処（處）」聲作。上海簡日暓雨」之「暓」字，原篆作「倨」，與郭店簡之「俗」顯是一字，所不同者，僅是將所從之「日」旁移至右上而已〔註26〕。

郭店此字，袁國華師以爲係「處」字的繁形異構，可讀作「暑」〔註27〕；黃德寬、徐在國以爲此字上半當分析爲從「尸」從「几」，隸作「尻」，釋爲「処」，楚簡「処」字習見。古音「処」屬昌紐魚部，暑屬書紐魚部，故此字可讀爲「暑」〔註28〕；李家浩以爲此字應該釋寫作「屠」，即「尻」字。「屠」與「尻」的關係，跟「孚」與「几」、「椌」與「机」的關係相同，上古音「尻」、「暑」都是魚部字。據今本，簡本「日尻雨」當讀爲「日暑雨」〔註29〕；周桂鈿視之爲「俗」，並引《說文》：「俗，不安也。」「安，靜也。」訓「俗雨」爲「暴雨」，與及時雨相反〔註30〕；李零以爲是「處（昌母魚部）」字的異體，這裡借讀爲「暑（書母魚部）」〔註31〕；劉信芳以爲此字從「日」，「尻」聲，所從之「尻」與包238「踐复尻」、九店56.45「尻之安、壽」之「尻」字形同，知「屠」即「暑」之異構。他並認爲袁國華師將「屠」釋爲「處」的繁形異構，稍有不足，釋「屠」爲「暑」，則是正確的意見〔註32〕。

〔註25〕馬承源主編，《上海博物館藏戰國楚竹書（一）》（上海：上海古籍出版社，2001年11月），頁181。

〔註26〕白於藍，〈《上海博物館藏楚竹書（一）》釋注商榷〉，簡帛網，2002／02／08。

〔註27〕袁國華師，〈郭店楚簡文字考釋十一則〉，《中國文字》新24期，頁251。

〔註28〕黃德寬、徐在國，〈郭店楚簡文字考釋〉，《吉林大學古籍整理研究所建所十五周年紀念論文集》（長春：吉林大學出版社，1998年12月），頁101～102。

〔註29〕李家浩，〈讀《郭店楚墓竹簡》瑣議〉，《中國哲學》第20輯，頁347～348。

〔註30〕周桂鈿，〈郭店楚墓竹簡‧緇衣研究札記〉，《孔子研究》1999年第3期，頁84。

〔註31〕李零，〈郭店楚簡校讀記〉，《道家文化研究》第17輯，頁485。

〔註32〕劉信芳，〈郭店〈緇衣〉解詁〉，《郭店楚簡國際學術研討會論文集》（武漢：湖北人民出版社，2000年），頁168～169。

濬智案

　　在參酌諸家對郭店此字的相關論述後，知郭店此字實應隸定爲从「処（尻）」得聲的「曆」。而「処（尻）」是「處」字的異構〔註33〕。「『尻』、『陘』都是從『處』分化出來的，『尻』、『居』同源，因此『尻』既可讀『九魚切』，也可讀『昌與切』〔註34〕。」「曆」、「暑」古音同屬魚部，「曆」、「暑」又皆从「日」符得義，故郭店「曆」與「暑」字應互爲異體字〔註35〕。至於上博此字，與相應的郭店此字相較，明顯只有「日」偏旁「上下互作」，而戰國文字之義符上下互作絶大部份並不妨害字意〔註36〕，所以我們將上博此字依形隸定作「晃」，「晃」與郭店本「曆」、今本「暑」字互爲異體。

「晉」，郭店本亦作「晉」，今本作「資」

時賢討論

　　虞萬里以爲：

　　　　晉冬耆寒，晉，郭店簡同，傳本作「資」。諸家于此皆有説，然猶有可論者。資，古音精脂。晉，古音精眞。《説文》上從「臸」，大徐以爲「臸，到也，會意」，小徐則謂從日、臸聲。《韻會》、《六書故》亦有「聲」字。「臸」，《説文》從二至，訓到，音同至，章質。晉訓進，至有到義，義近。脂質眞，陰入陽相轉，古多其例〔註37〕。

濬智案

　　「晉」與「資」字可通，如《馬王堆漢墓帛書·周易》「資」作「潛」即是。又「晉」，《説文》：「進也。」《曾侯乙墓·曾侯乙墓竹簡釋文與考釋》：「甲骨文从『日』、从二倒矢形，會日光如矢疾進之義，矢應該也有聲符的功能」〔註38〕；「資」字，鄭玄注：「資當爲至，齊魯之語聲之誤也。」而「至」字，「本倒『矢』……字以『矢』

〔註33〕林澐，〈讀包山楚簡札記七則〉，《林澐先生學術文集》，北京：中國大百科全書出版社，1998 年 12 月），頁 19；裘錫圭，〈郭店老子簡初探〉（《道家文化研究》17 輯，頁 49）。關於「処（尻）」的詳細討論也可參考季旭昇師主編，《上海博物館藏戰國楚竹書（二）讀本》（臺北·萬卷樓，2003 年 7 月），頁 122～123。

〔註34〕詳季旭昇師，《説文新證（下）》，臺北：藝文印書館，2004 年。

〔註35〕黃德寬、徐在國，〈《上海博物館戰國楚竹書（一）·緇衣、性情論》釋文補正〉，《古籍整理研究學刊》2002 年第 2 期，頁 1～6。

〔註36〕何琳儀，《戰國文字通論》（北京：中華書局，1989 年），頁 203～204。

〔註37〕虞萬里，〈上博簡、郭店簡〈緇衣〉與傳本合校補證（上）〉，《史林》2002 年第 2 期，頁 11。

〔註38〕湖北省博物館，《曾侯乙墓》（北京：文物出版社，1989 年 7 月），頁 504。

射至『一』以會到至意〔註39〕。」由是可知簡本「晉」字和今本「資」字存在很密切的通假關係。簡文「晉冬」意指「節序到了冬季」。

「寒」，郭店本作「滄」，今本亦作「寒」

時賢討論

　　裘錫圭以爲郭店「滄」字爲上博「寒」字之訛〔註40〕。

濬智案

　　《說文》：「滄，寒也。」「滄」、「寒」本可互訓。簡文「者（祁、旨）寒」猶言極寒、酷寒。

「日」字，郭店本亦作「日」，今本作「曰」

時賢討論

　　上博原考釋作「曰」，劉釗指出「按簡文中的兩個『惟日』的『日』字皆爲『日』字的誤釋。郭店楚簡〈緇衣〉亦作『日怨』。釋文引郭店楚簡亦引錯。《尙書·君牙》引此作『曰』乃『日』之誤。簡文『日』、『曰』二字區別非常明顯，從不混淆。日怨謂天天怨恨也」〔註41〕；陳美蘭學姐從語法和文意內涵出發，以爲：

> 「小民惟日怨」就是「小民怨日」，這類「日」是民怨的賓語，這類「惟」字加上賓語前置的句型並不罕見，如《尙書·周書·大誥》：「寧（文）王惟卜用」，即「文王用卜」……如果依文獻將「日」書爲「曰」，意思即解讀爲「夏天時節，溼熱下雨，小老百姓會抱怨；到了冬天，氣候嚴寒，小老百姓也是照樣抱怨」，從語意上看，並無大不妥。然而結合〈緇衣〉前後文，主要闡述民與君的相對關係，猶如身與心，必得兼而修之，方可寧國成邑，「暑雨」、「祁寒」與日照息息相關，表面上講的是日照在夏冬時節不能調節氣候，實際上正是以日比喻君主，諷喻君主要注意民生疾苦，令順民心；若從文獻，則引〈君牙〉這段強調君民相互關係的「君主」，便無所著落了〔註42〕。

濬智案

〔註39〕董蓮池，《說文部首形義通釋》（長春：東北師範大學出版社，2000年），頁312。

〔註40〕裘錫圭，〈談談上博簡和郭店簡中的錯別字〉，《新出竹簡與儒學思想國際學術研討會論文集》（北京：清華大學思想文化研究所，2002年3月31日～4月2日），頁15。

〔註41〕劉釗，〈讀上海博物館藏戰國竹書（一）箚記〉，《上博館藏戰國楚竹書研究》（上海：上海古籍出版社，2002年），頁291。

〔註42〕陳美蘭學姐，〈上博簡緇衣零拾〉，待刊，頁7。

　　楚簡「曰」字多作 （包山簡 241），與上博（）、郭店（）此字不類。而楚簡「日」字多作 （包山簡 15），呈現外作一體成形、內作一橫筆寫法，與上博、郭店此字寫法相同，知劉釗針對此字所作的糾誤沒有問題。上博原整理者可能受到今本此字作「曰」的影響而將之誤隸。阮元早先校勘《禮記·緇衣》此處時亦云：「古本『曰』作『日』」，可見今本此字作「曰」，有極大的可能是在流傳過程中訛抄的結果。

　　以「日」字影射「上位者」、「君主」，具有活化此段文字的修辭作用，並與〈緇衣〉通篇不斷在強調的「君民關係」有可以聯繫之處。而且包山簡 15 就有以「見日」來喻楚王的文例，故陳美蘭學姐說是。類似的譬喻方式尚見〈緇衣〉前引〈板〉：以「上帝」喻「上位者」、「君主」。

「肙（、）」，郭店本作「惛」，今本作「怨」

時賢討論

　　上博原考釋將「肙」隸作「命」〔註43〕。李零認為此字：

　　　　簡文兩見，都是假「夗」字為之，其寫法，可參看《說文》卷十下、《汗簡》四十頁正、《古文四聲韻》卷四第十九頁背和四十頁正的古文「怨」，不是「命」或「令」字〔註44〕。

劉樂賢亦同李說，他懷疑：

　　　　此字是《孔子詩論》第十八簡讀作「惛」的字的省寫，即可分析為從宀、從肙聲，故可讀為「怨」。後文的「令」，則是在其基礎上再省去口〔註45〕。

黃德寬、徐在國則指出：

　　　　《說文》「怨」字古文作。《三體石經·無逸》「怨」字古文作。《古文四聲韻》四·愿·十九下引《古老子》「怨」字作、，引《古孝經》作。簡文「」與「」、「」所從的「」、「」同，應釋為「夗」。「」可視為「」字繁體。「」形雖然和「令」形近，但筆勢上卻是

〔註43〕馬承源主編，《上海博物館藏戰國楚竹書（一）》（上海：上海古籍出版社，2001 年 11 月），頁 181。

〔註44〕李零，《上博楚簡三篇校讀記》（臺北：萬卷樓，2002 年 3 月），頁 51。

〔註45〕劉樂賢，〈讀上博簡箚記〉，《上博館藏戰國楚竹書研究》（上海：上海古籍出版社，2002 年），頁 385。

有差別的〔註46〕。

季旭昇師在討論上博〈孔子詩論〉言及〈小宛〉的「宛」字時，連帶說明「命」、「令」二字與上博此二字在字形演變的過程中當有互相訛寫的可能：

> 我們知道寫成像「命」的**夸**形其實是「悄」的省「心」之形，它是從「**夸**」這種寫法的「悄」省訛而來的，下部的「肉」形訛成「冂」形。依形隸定，它最多只能隸定爲「肎」，不可以隸定爲「命」……除了下部的「肉」形訛成「冂」形之外，再進一步連「口」形也省掉〔註47〕。

而郭店此字，李家浩以爲「悄」字應是「悁」字之誤，且「悁」與「怨」音、義皆近，故「悁」或爲「怨」之異構〔註48〕。

濬智案

楚簡〈緇衣〉此字與戰國「令」、「命」二字的寫法確有出入〔註49〕，對照《汗簡》、《古文四聲韻》諸「怨」字，楚簡〈緇衣〉此字應爲「怨」字變體。故上博此系列字應依隸作「肎」或「肎」形〔註50〕，其應即《說文》「肎」字〔註51〕。據前引諸先生說法，上博簡文此二字應是「悁」字訛近「命」、「令」字形的特有寫法。因其受「命」、「令」二字影響，文字上部筆劃有別於「悁」，故本論文將之寬式隸定作「肎」，視作「悁」字的添筆異寫，其字可讀同今本「怨」。

古籍文獻中與〈緇衣〉此處簡文思想相似、可供對照參考者尚見《管子‧形勢》：「冤暴之令，加於百姓，憯毒之使，施於天下。故大臣不親，小民疾怨，天下叛之」、《尚書‧無逸》：「厥或告之曰：『小人怨汝詈汝。則是自敬德』」等。

簡文「日昺雨，少民佳日肎，晉善耆寒，少民亦佳日肎」，並見僞《古文尚書‧君牙》，茲節錄部份相關原文如下，裨供參考：

> 纘乃舊服，無忝祖考。弘敷五典，式和民則。爾身克正，罔敢弗正。
> 民心罔中，惟爾之中。<u>夏暑雨，小民惟曰怨咨；冬祁寒，小民亦惟曰怨咨。</u>

〔註46〕黃德寬、徐在國，〈《上海博物館戰國楚竹書（一）‧緇衣、性情論》釋文補正〉，《古籍整理研究學刊》2002 年第 2 期，頁 2。

〔註47〕季旭昇師，〈由上博詩論「小宛」談楚簡中幾個特殊的从肎的字〉，《第十三屆全國暨海峽兩岸中國文字學術研討會論文集》（臺北：萬卷樓，2002 年），頁 543～545。

〔註48〕李家浩於「郭店楚簡學術研討會」上的發言。炎黃藝術館，1998 年。

〔註49〕見湯餘惠主編，《戰國文字編》（福州：福建人民出版社，2001 年 12 月），頁 66、615 所收「令」、「命」諸字形。

〔註50〕「肎」字先見於望山簡 2.2，湯餘惠、吳良寶曾視之爲「厭」之省、「肎」。見〈郭店楚簡文字拾零（四篇）〉，《簡帛研究 2001》（桂林：廣西師範大學出版社，2001 年 9 月），頁 201。

〔註51〕李運富，《楚國簡帛構形系統研究》（長沙：岳麓書社，1997 年），頁 112～115。

厥惟艱哉！思其艱以圖其易，民乃寧。嗚呼！丕顯哉文王謨！丕承哉武王烈！啓佑我後人，咸以正罔缺。」爾惟敬明乃訓，用奉若于先王。對揚文武之光命，追配于前人。

書《序》云：「穆王命君牙，爲周大司徒，作〈君牙〉。」依宋・蔡沈《書集傳》：「祁，大也。暑雨祁寒，小民怨咨，自傷其生之艱難也」〔註52〕所揭經義，此段簡文可譯釋作：「夏天暑熱下雨，小民就會怨老天；到了冬天，氣候嚴寒，小民也會怨老天」。

　　《尚書・君牙》以往被學界認爲或訛或逸，今有部份文句見諸楚簡〈緇衣〉，恰可補其逸、糾其訛。

〔註52〕（宋）蔡沈，《書集傳》，收入《四部要籍注疏叢刊——尚書》（北京：中華書局，1998年8月），下不另注。

第參卷　「上行下效」

第六章

【簡　文】

子曰：上𡥆（好）𢚾（仁），則下之爲𢚾（仁）也靜（爭）先①。古（故）長民者章志【六】目（以）卲（詔）百眚（姓）②，則民至（致）行㠯（己）目（以）兑（悦）上③。《旹（詩）》員（云）：「又（有）（覺）悳（德）行，四或（國）川（順）之④▬。」

【討　論】

①. 上𡥆𢚾，則下之爲𢚾也靜先，即「上好仁，則下之爲仁也爭先」，意謂：在上位的人愛好仁，在下位的人都搶先去行仁。

濬智案

今本「爭先」後衍一「人」字。疑其涉上「先」字而衍。

「𢚾（）」，郭店本亦作「𢚾」，今本作「仁」

時賢討論

大部份的學者都認爲在楚簡中，「𢚾」即「仁」，如魏啓鵬《簡帛五行箋釋》云：「楚文字『身』、『千』二字形甚相似，易混淆。郭店楚簡本『仁』皆作『𢚾』」〔註1〕；廖名春在認爲「戰國時人都習慣以『仁』爲『𢚾』。『𢚾』从『身』得聲，『身』

〔註 1〕魏啓鵬，《簡帛五行箋釋》（臺北：萬卷樓，2000 年），頁 10。

與『仁』聲近韻同，故可通用」外，更懷疑「息」、「仁」兩字不單單只有聲韻的關係。他以爲現行「仁」字，實是「息」的義符簡省作「＝」、而「身」省作「人」的結果。同時他也舉出古文字中若干使用「＝」作簡省符號的例子，如：「強」省作「弓二」、「遲」省作「辵二」等等，反對《說文》將「仁」視爲「从人二」的看法〔註2〕。此外，廖先生還從儒家義理上推論「仁」、「息」文字使用上的差異：

> 先秦諸子言「仁」必及人，可見其从「人」無疑……「仁」是指對人的愛，而非指對物的愛，其从「人」當屬必然。从「身」與从「人」雖可通用，但意義有所不同。「身」是指己身，「人」是指他人。「仁」主要是指對他人的愛，而不是對己身的愛。由此可見，从「人」當爲字之本，从「身」當爲後來的通用〔註3〕。

吳辛丑則大膽懷疑「息」所从之「身」其實是古文「仁」所从之「千」偏旁之誤，若干被釋作「息」字其實應該被釋作「忎」或「念」。吳先生以爲這樣一來，部份古璽文字「息」，就能夠讀並理解作从「人」、「千」的「信」字〔註4〕。同時吳先生也將所有楚簡中的「息」字都解作「信」，並認爲釋「息」爲「信」字對所有楚簡「息」字上下文的文辭理解並不會產生太大的的障礙〔註5〕。

潘智案

　　裘錫圭曾說過：「『千』、『身』、『仁』古音皆近，不必以『千』爲『身』之誤。」〔註6〕所言極是，不論「心」偏旁上部構件是「千」或「身」，都可把他們視作是同義兼聲義符的互換。另外，在郭店〈六德〉簡文中：「何爲六德？聖，智也；息，義也；忠，信也」「息」字就與「信」字並舉，若依吳辛丑說，則此處簡文驟不可讀。故楚簡中的「息」還是讀作「仁」字較佳。

　　至於古璽中一般被讀作「信」的「忎」、「念」、「息」等字應作何解釋？查《說文》：「人言爲信。」璽文「忎」、「念」所从之「千」、「人」可看作是「信」所从「人」偏旁的替用，而其所从的「心」義符偏旁，依高明：「古人以爲心是人的思維器官，誤認爲語言是人心裡想出來的，俗謂『講心裡話』即從此一誤解而構成的俗語。反

〔註2〕更早之前何新，《諸神的起源‧釋仁》（臺北：木鐸出版社：1987年）已有相同的說法。

〔註3〕廖名春，《新出楚簡試論》（臺北：臺灣古籍出版公司，2001年5月），頁279。

〔註4〕吳辛丑接受吳振武《古璽文編校訂》（吉林大學博士論文，1984年）第289條視璽印中的「息」爲「信」的看法。

〔註5〕吳辛丑，《簡帛典籍異文研究》（廣州：中山大學出版社，2002年10月），頁26～28。

〔註6〕荊門市博物館，《郭店楚墓竹簡》（北京：文物出版社，1998年5月），頁121「裘按」。

映在古文字的結構裡，从心與从言彼此通用」〔註7〕、虞萬里：「古人有『言爲心聲』之說，其形聲字之从心、从言者每多互借，以爲同字而通用之，或以爲音近而借用字，遂相通用〔註8〕」言，

知「心」在古文字中可以和「言」偏旁互用。如金文「德」字，在毛公鼎从「心」，在史頌鼎則从「言」；「鑴」在文父卣从「心」，在鬲比盨則从「言」等即是。故我們將「忎」、「忈」看成是「信」字的異體，應該沒有太大的問題。而璽文「息」字，我們也不妨將之看成是璽文「忎」、「忈」之「千」、「人」偏旁繁化的異體，只是這異體恰與楚簡文字「仁（息）」異字同形〔註9〕。

據《禮記正義》：「言上若好仁，則下皆爲仁，爭欲先他人」、清・孫希旦《禮記集解》：「仁者，民之所固有，上好之則下爲之矣」所揭經義，簡文「上好仁，則下之爲仁也爭先」可譯釋作：「在上位的人愛好仁，在下位的人都搶先去行仁」〔註10〕。

②. **長民者章志日卲百眚，即「長民者章志以詔百姓」，意謂：作爲人民長上的領導者，應表明行仁的志向，以教示百姓。此段郭店本作「倀民者章志日卲百眚」，今本作「長民者章志、貞教、尊仁，以子愛百姓」。**

「長民」，郭店本作「倀民」，今本作「長民者」

時賢討論

「倀」，早見於長沙楚帛書甲 4.12、《璽匯》3756、包山簡 163 等處。曾憲通考釋長沙楚帛書「倀」字云：

〔註7〕高明，《中國古文字學通論》（臺北：五南圖書公司，1993 年 12 月），頁 113。

〔註8〕虞萬里，〈上博簡、郭店簡〈緇衣〉與傳本合校補證（上）〉，《史林》2002 年第 2 期，頁 13。

〔註9〕李家浩，〈從戰國「忠信」印談古文字中的異讀現象〉，《北京大學學報》社科版，1987 第 2 期，頁 11 討論到璽印中从「身」从「心」的這個字，他說：「息，从『心』从『身』聲……與从『言』从『身』的『䛙』是同一個字的異體」，他並以爲「䛙」、「息」是「信」的異體。然從李先生分析「䛙」爲「从『言』『身』聲」，並引王人緫的一段話：「身與申古音同通用，……古信、申同字，故身與信亦可通用。……」來看，可知李先生把古璽印裡从「身」而解作「信」字的一群字看成是从「身」得聲的形聲字。而劉翔〈釋仁〉，「第三屆國際中國古文字學研討會」論文（香港：香港中文大學，1997 年），頁 5 認爲仁字所从「千」、「人」、「身」古音同在眞部，恐非巧合，他認爲形近音同遂導致了仁字異構的產生。

〔註10〕附記：（元）陳澔，《禮記集說》所本「爭」字作「孚」，誤。

錫永（鄔按：商承祚）先生說：「倀爲長幼之長的異文，……兄弟行居長，故加人旁意符，說明其字非長短之長。……」……又銀崔山漢簡《孫臏兵法‧十陳》有「水陳者，所以倀固也。」倀在此爲永久之義，表時間之長短。可見从人之倀，亦有用作長短者〔註11〕。

劉信芳則以爲郭店「倀民」即「長民」，類似郭店〈緇衣〉簡6的「君長」〔註12〕。

濬智案

郭店〈緇衣〉「倀」字係「長」增加「人」偏旁之繁體寫法。按「倀（長）」字於楚簡中有三解：

一、「長輩」：《廣雅‧釋詁一》：「長，老也」。如九店五六號墓簡 36、38、46：「倀子」。

二、「增長」、「生長」：《莊子‧庚桑楚》：「有長而無本剽。」釋文：「長，猶增也。」如郭店〈性之命出〉簡7「牛生而倀」。

三、姓氏：包山簡163等有人名「倀勃」，「倀」字作𠈭。江陵鳳凰山十號漢墓木牘「平里五大夫倀偃」之「倀」亦類此字，裘錫圭云：

> 張偃爲墓主姓名。據《湖北江陵鳳凰山漢墓發掘簡報》，十號墓棺內人骨架腰部旁出木印一顆，兩面有字，一面爲「張偃」，一面爲「張伯」，可知墓主姓張，名偃，字伯。所以牘文的「倀」應讀爲「張」。「張」、「倀」二字皆從長聲，故可通用〔註13〕。

是知包山163等人名首字「倀」字應作姓氏解。

綜觀楚簡〈緇衣〉此處上下文義與明‧黃道周《緇衣集傳》：「長民者，先人者也。《易》曰：『元者善之長也。』君子體仁，足以長人」，此「倀」字應是「長輩」之「長」，引伸有「領導」、「治理」之義。「長民」一詞亦即如劉信芳言，類似〈緇衣〉第四章所提及的「君長」。

「卲」，郭店本亦作「卲」

時賢討論

上博原考釋通讀作「昭」〔註14〕。

〔註11〕曾憲通，《長沙楚帛書文字編》（北京：中華書局，1993年），頁64～65。

〔註12〕劉信芳，〈郭店楚簡〈緇衣〉解詁〉，《郭店楚簡國際學術研討會論文集》（武漢：湖北人民出版社，2000年），頁13。

〔註13〕裘錫圭，〈湖北江陵鳳凰山十號漢墓出土簡牘考釋〉，《文物》1974年第7期，頁60。

〔註14〕馬承源主編，《上海博物館藏戰國楚竹書（一）》（上海：上海古籍出版社，2001年11月），頁181。

濬智案

　　今本〈緇衣〉此處作「長民者章志、貞教，尊仁以子愛百姓」，提示了長民者三個施政要點：章志——明己之志、貞教－以正道導民、尊仁——尊崇仁德。雖然今本〈緇衣〉此處係後人增字解經而多所衍文，但所衍必其來有自。若此「卲」通作「昭」，當然可呼應到「章志」、「章『尊仁』之志」，但卻衍伸不出後出〈緇衣〉所引伸發揮的「貞教」概念，我們或可將此「卲」字讀作「詔」。

　　「詔」，《說文》：「告也」、《爾雅‧釋詁》：「道也。」《莊子‧盜跖》：「爲人父者，必能詔其子」，《經典釋文》：「如字。教也。」若將簡文「卲」字通讀作「詔」，既有「詔告義」，也隱含了「教示義」。「詔」字不但扣緊了〈緇衣〉此段簡文所須的「章志」、〈緇衣〉終篇強調「君子德風」、「化民成俗」的「教化」篇旨，也能衍生後出〈緇衣〉的「貞教」二字。故本論文將「卲」字讀作「詔」而不讀作「昭」。

　　參酌《禮記正義》：「言尊長於人爲君者，當須章明己志，爲貞正之教，尊敬仁道，以子愛百姓」、元‧陳澔《禮記集說》「章志者，明吾好惡之所在也」、清‧孫希旦《禮記集解》：「章志者，明己之志，使民皆知我之好仁而惡不仁也」所揭經義，簡文「長民者章志以詔百姓」可譯釋作：「作爲人民長上的領導者，應表明行仁的志向，以教示百姓」。

③. 民至行㠯ᶜ兌上，即「民致行己以悅上」，意謂：人民就會盡心盡力修養品德，以求獲得長上的認同、稱許。

「㠯」，郭店本作「异」，今本作「己」

時賢討論

　　上博原考釋云：「『己』之異體，古文字中常增益『口』字〔註15〕。」虞萬里以爲：

　　　　㠯，郭店簡作「异」，傳本作「己」。郭店簡此字即《說文》之「异」，銘文此字極多。郭店簡字形下部已簡化爲丌，然尚能辨識其字。上博簡上己下口之形，郭店簡之《窮達以時》《成之聞之》《語叢一》等已數見之。又古璽「長宮」亦作此形。侯馬盟書三二○之「祀」，三六○之「卲」，楚帛書乙「是胃亂紀」之「紀」等等，「己」下均有「口」。實則此類「己」

〔註15〕馬承源主編，《上海博物館藏戰國楚竹書（一）》（上海：上海古籍出版社，2001 年 11 月），頁 182。

下之「口」，皆是「其」字之簡省之形〔註16〕。

濬智案

　　「𢀝」即楚簡「己」字之專字，楚帛書乙 4.14、上博〈子羔〉簡 7 之「紀」便作「絽」。至於楚簡「己」字如郭店簡 16.4 等，絕大多數都作爲干支之專用字，只有少數用作「己身代名詞」使用〔註17〕。如此則「𢀝」字下所从的「口」偏旁可能具有區別分化的意義存在〔註18〕，並非一般無義的增繁，更非虞先生所言係「其」偏旁的省簡。而簡文「行己」指「自我實現」，意即《論語‧公冶長》：「子謂子產有君子之道四焉：其行己也恭，其事上也敬，其養民也惠，其使民也義」中之「行己」。

　　參酌《禮記正義》：「在下之人致行己之意，以說樂其上矣」、元‧陳澔《禮記集說》：「致力於行己之善，而悅其上，如子從父母之命也」、清‧孫希旦《禮記集解》：「民莫不盡力於行仁，以趨上之所好也」所揭經義，簡文「行己以悅上」可譯釋作：「人民就會盡心盡力修養品德，以求獲得長上的認同、稱許」。

④. 又 🐾 㥁行，四或川之，即「有 🐾 德行，四國順之」，意謂：有正直的德行，四方的人民都會順他。

「🐾」，郭店本亦作「🐾」，今本作「桰」

時賢討論

　　此字上博原書無說。而郭店原整理者並不隸定，只在注釋中說道：「此字今本作『桰』〔註19〕。」

　　楚簡此字，或有人以爲其即「共」字，如孔仲溫引甲文《續》5.5.3 與《京都》459 的「共」字爲據，視楚簡此字作「共」，至於「廾」上之偏旁作填實狀，孔先生以爲在古文字中，圈形填實是很普遍的情形〔註20〕；黃錫全認爲此字可能不是「共」，但此字究竟作何解釋，黃先生也不能確定〔註21〕；日人近藤浩之視此字爲「弁」，

〔註16〕虞萬里，〈上博簡、郭店簡〈緇衣〉與傳本合校補證（上）〉，《史林》，2002 年第 2 期，頁 14。

〔註17〕參滕壬生，《楚系簡帛文字編》（武漢：湖北教育出版社，1995 年 7 月），頁 1063 所列文例。

〔註18〕羅凡晸學長，《郭店楚簡異體字研究》（臺師大國文系碩士論文，2000 年 6 月），頁 155～156。

〔註19〕荊門市博物館，《郭店楚墓竹簡》（北京：文物出版社，1998 年 5 月），頁 133。

〔註20〕孔仲溫，〈郭店楚簡緇衣字詞補釋〉，《古文字研究》22 輯，頁 245～246。

〔註21〕黃錫全，〈楚簡續貂〉，《簡帛研究》第 3 輯，頁 78。

並引《儀禮》鄭注：「弁名出於槃。槃，大也。言所以自光大也」訓釋此字〔註22〕；劉曉東引《說文》「桍，手械也」、「奉，兩手同械也」，以爲郭店此字正象兩手同械之形，可讀作「桍」或「奉」〔註23〕；周鳳五視郭店此字从壁，象形，从「廾」，「廾」亦聲，蓋取「拱璧」意以造字，音「拱」〔註24〕；黃人二除了贊成周先生的看法，並解釋道：

> 簡文此處疑是「共」（拱）字之象形，作爲「桍」是聲音通假之故。
> 「拱」作爲「垂拱」、「拱璧」是一個意思，《左傳‧襄公二十八年》云：
> 「既，崔氏之臣曰：『與我其拱璧，吾獻其枢』」孔穎達疏：「拱，謂合兩
> 手也。」又古書有「桑穀共（拱）生於朝」事，見書《序》、《呂氏春秋‧
> 制樂》，意「合兩手」、「兩手合」、「滿兩手」。而「桍」作爲刑具乃另一
> 義，字又作「奉」，見《周禮‧秋官‧掌囚》注云：「鄭司農云：『奉者，
> 兩手共一木也。』桎桍者，兩手各一本也。玄謂在手曰桍，在足曰桎，
> 中罪不奉，手足各一木耳。」「拱」、「桍」音近可通，疑聲母同爲見母之
> 關係。是以略知此字於古文獻中分寫作「桍」、「覺」，乃因地域與時代關
> 係所致〔註25〕。

但李零直接認爲「此字象雙手捧肉，疑即『夅（疑紐幽部）』字，借讀爲『覺（見紐覺部）』」〔註26〕；廖名春從之〔註27〕；張光裕師、袁國華師直接隸定楚簡此字爲「共」字，讀爲「格」〔註28〕；程元敏以爲此字當是「叀」字異寫，後來改「叀」作「異」，才慢慢抄錯成今本「桍」〔註29〕；李銳則以爲上博此字所从：

> 「廾」形疑爲「臼」之訛變，中山王𦊰鼎「晨」（振）鐸」之「晨」，
> 辰上部从臼从●作，疑廾爲从臼从●之變體。而《說文》「晨」从臼，說
> 明从臼从●實即从臼，「●」爲綴飾。則廾可讀爲臼。「覺」从學省聲，「學」

〔註22〕東京大學郭店楚簡研究會編，《郭店楚簡之思想史的研究》第三卷（東京：東京大學文學部中國思想文化學研究室，2000年1月20日），頁44。

〔註23〕劉曉東，〈郭店楚簡緇衣初探〉，《蘭州大學學報》2000年第4期，頁123。

〔註24〕周鳳五，〈郭店楚簡識字札記〉，《張以仁先生七秩壽慶論文集》（臺北：學生書局，1999年），頁351～352。

〔註25〕黃人二，《上海博物館藏戰國楚竹書（一）研究》（武漢大學博士論文，2002年），頁127～128。

〔註26〕李零，《郭店楚簡校讀記》增訂本（北京：北京大學出版社，2002年3月），頁64。

〔註27〕廖名春，《新出楚簡試論》（臺北：臺灣古籍出版公司，2001年5月），頁60。

〔註28〕張光裕師、袁國華師，《郭店楚簡研究第一卷：文字編》（臺北：藝文印書館，1992年11月），頁519。

〔註29〕程元敏，〈郭店楚簡緇衣引書考〉，《古文字與古文獻》試刊號（臺北：楚文化研究會，1999年），頁8。

從臼聲，故丼可讀爲「覺」，同毛詩〔註30〕。

濬智案

此字字形以往未見，釋共、弁、梏、拱、冄、㫚、匊，都嫌證據不足。但此字不外讀成《禮記》的「梏」、或《毛詩》的「覺」，「梏」古屬見紐覺部，「覺」字屬見紐覺部，可以通假。毛《傳》：「覺，直也。」鄭《箋》：「有大德行，則天下順從其政。」

簡文所引「又 德行，四或川之」詩句見今本《詩‧大雅‧抑》：

> 抑抑威儀，維德之隅。人亦有言：靡哲不愚。庶人之愚，亦職維疾；
> 哲人之愚，亦維斯戾。無競維人，四方其訓之；<u>有覺德行，四國順之。</u>
> 訏謨定命，遠猶辰告。敬慎威儀，維民之則。其在于今，興迷亂于政；顛
> 覆厥德，荒湛于酒。女雖湛樂從。弗念厥紹，罔敷求先王，克共明刑。
> 肆皇天弗尚，如彼泉流，無淪胥以亡。夙興夜寐，洒掃庭内，維民之章。
> 修爾車馬，弓矢戎兵，用戒戎作，用逷蠻方。質爾人民，謹爾侯度，用戒
> 不虞。
> 慎爾出話，敬爾威儀，無不柔嘉。白圭之玷，尚可磨也；斯言之玷，不可
> 爲也。
> 無易由言，無曰苟矣；莫捫朕舌，言不可逝矣。無言不讎，無德不報。
> 惠于朋友，庶民小子。子孫繩繩，萬民靡不承。視爾友君子，輯柔爾顏，
> 不遐有愆。
> 相在爾室，尚不愧于屋漏。無曰不顯，莫予云覯。神之格思，不可度思，
> 矧可射思？
> 辟爾爲德，俾臧俾嘉。淑慎爾止，不愆于儀。不僭不賊，鮮不爲則。
> 投我以桃，報之以李。彼童而角，實虹小子。荏染柔木，言緡之絲。
> 溫溫恭人，維德之基。其維哲人，告之話言，順德之行；
> 其維愚人，覆謂我僭：民各有心。於乎小子！未知臧否。匪手攜之，言示
> 之事；
> 匪面命之，言提其耳。借曰未知，亦既抱子。民之靡盈，誰夙知而莫成？
> 昊天孔昭，我生靡樂。視爾夢夢，我心慘慘。誨爾諄諄，聽我藐藐。
> 匪用爲教，覆用爲虐。借曰未知，亦聿既耄。
> 於乎小子！告爾舊止。聽用我謀，庶無大悔。天方艱難，曰喪厥國。

〔註30〕李銳，〈上博楚簡續札〉，《新出楚簡與儒學思想國際學術研討會論文集》（北京：清華大學思想文化研究所，2002年3月31日～4月2日），頁246。

　　取譬不遠，昊天不忒。回遹其德，俾民大棘。

詩《序》云：「衛武公刺厲王，亦以自警也。」參諸上述討論，此二句簡文可譯釋作：「有正直德行的君主，四方的人民都會服從他」。

第七章

【簡　文】

　　子曰：埜（禹）立厽（三）年，百眚（姓）㠯（以）㥯（仁）犢（道）①。[豈必盡仁？]《大雅》曰：「成王之孚，[【七】]下土之式②。」〈呂型（刑）〉員（云）：「一人又（有）慶，塦（萬）民訦（賴）之③■。」

【討　論】

①. 埜立厽年，百眚㠯㥯犢，即「禹立三年，百性以仁道」，意謂：禹施政三年，百姓皆能行仁並宣揚仁道。

「犢（🀃）」，郭店本作「道」，今本作「遂」

時賢討論

　　上博原考釋云：「『頧』字，《說文》未見〔註1〕。」裘錫圭以爲「此字左旁實不成字，也應是誤摹形，或許就是『道』字所从的『辵』旁的誤摹」〔註2〕；李零則言：「左半如何隸定還值得研究，右半從首，應讀『道』，今本作『遂』，即由『道』字的含義演變」〔註3〕；劉樂賢亦同李說云：「此字以頁爲聲符，此『頁』乃是古『首』字，即憂之聲符（參看《說文通訓定聲》），故可讀爲『道』」〔註4〕；但黃錫全以爲此字別有來源，其云：

　　　　我們曾經將上海簡的🀃釋爲頧，並分析了犢、遂的關係，指出郭店簡的頧有可能爲償之或體，即今之覿字。償（唐韻「余六切」）、犢同屬定母屋部。遂，唐韻「徐醉切」，古屬邪母物部。从㒸的隊屬定母物部。《易‧丰‧上六》：「三歲不覿」，馬王堆帛書本覿作遂。是頧可作遂之證〔註5〕。

〔註1〕馬承源主編，《上海博物館藏戰國楚竹書（一）》（上海：上海古籍出版社，2001年11月），頁182。

〔註2〕裘錫圭，〈談談上博簡和郭店簡中的錯別字〉，《新出竹簡與儒學思想國際學術研討會論文集》（北京：清華大學思想文化研究所，2002年3月31日～4月2日），頁16。

〔註3〕李零，《上博楚簡三篇校讀記》（臺北：萬卷樓，2002年3月），頁52。

〔註4〕劉樂賢，〈讀上博楚簡箚記〉，《上博館藏戰國楚竹書研究》（上海：上海古籍出版社，2002年），頁386。

〔註5〕黃錫全，〈讀上博楚簡札記〉，《新出竹簡與儒學思想國際學術研討會論文集》（北京：

廖名春《新出楚簡試論》亦有類似的說法〔註6〕。而許子濱進而補充道：

今按「遂」與「隧」、「隊」、「墜」同源，皆訓爲「道」。《廣雅・釋宮》
云：隊，或作隧。隧之言遂也。遂，達也。《周官・冢人》「以度爲邱隧」，
鄭注云：「隧，羨道也。」《疏》云：「天子有隧，諸侯以下有羨道，隧道
則上有負土，羨道則無負土。」〈周語〉「晉文公請隧」，賈逵注云：「闕地
通路口隧。」隧爲羨道之名，亦爲道之通稱，襄十八年《左傳》「夙沙衛
連大車以塞隧」是也。文十六年傳，楚子會師于臨品，分爲二隊，子越自
石谿、子貝自仭以伐庸。」隊與隧同，謂分爲兩道以伐庸也。哀十三年傳
「越子伐吳，爲二隧」是也。杜注以隊爲隊伍之隊，失之〔註7〕。

襁健聰說：

從字形結構來看，此字與楚簡「纇」字和「頪」（從朮從頁，下同）
字結構相同，右半均爲「頁」。疑此字爲「纇」或「頪」的錯字，甚至有
可能是上博簡書者混「米」與「朮」二形而寫訛，而本與今本「遂」字
相通。

郭店《緇衣》簡4有「爲下可纇而志也」句，對應上博《緇衣》簡2
作「爲下可頪而志也」，今本作「爲下可述而志也」。賈誼《新書・大都》
引《緇衣》此句「述」也作「類」，可見兩字相混並非偶然。王引之《經
義述聞》卷十六「爲下可述而志也」條：「述之言循也，志之言識也，循
其言貌，察之而其人可識也。《大戴禮・文王官人篇》曰：飾貌者不情，
可述而志，則非飾貌者矣。述而志，猶言望而知，以其外著者言之也。」
《賈子・等齊篇》引此作可類而志，謂據其衣服號令，比類而知，亦以外
著者言之也。

又，類，來紐物部，述，船紐物部；《禮記・樂記》「律小大之稱」，《史
記・樂書》引「律」作「類」，《詩・大雅・文王》「聿脩厥德」，《漢書・
東平思王宇傳》引「聿」作「述」（均見《古字通假會典》），「律」從「聿」
聲，則「類」、「述」音近可通。

今本《緇衣》「百姓以仁遂」的「遂」，注家通常解爲「達也」。然而

清華大學思想文化研究所，2002 年 3 月 31 日～4 月 2 日），頁 29。

〔註6〕廖名春，《新出楚簡試論》（臺北：臺灣古籍出版公司，2001 年 5 月），頁 280。

〔註7〕許子濱，〈讀《上海博物館藏戰國楚竹書（一）》小識〉，《新出竹簡與儒學思想國際
學術研討會論文集》（北京：清華大學思想文化研究所，2002 年 3 月 31 日～4 月 2
日），頁 54。

古文字「述」、「遂」多通用，則原來也可能就作「百姓以仁述（或類）」，這裏的「述（或類）」，與「爲下可述而志也」的「述」義近。

然則今本《緇衣》所本，可能作「述」而寫成「頪」，上博《緇衣》之錯字則承「頪」、「頪」這類字形而來。郭店《緇衣》作「道」，如果不是另有所本的話，也可能是因「述」與「頪」二形訛混而來〔註8〕。

濬智案

原書隸作「頴」，恐非。上博此字下部偏旁作「牛」形，如郭店簡 11.47「牧」所从，而此字右上部是「畣」的省形。古文字中在若干「價」字之偏旁「畣」下半省去的寫法，如《璽文》3661「價」字作（頁522）、包山簡120、152「價」字作、等即是〔註9〕。而甲骨文中的「畣」，下部可封口寫作「眘」形，也可以不封口〔註10〕。上博此偏旁右上部作「夫」，疑源自甲骨文不封口的寫法。種種證據顯示上博此字應當从「頁」从「犢」省聲，隸定作「犢」字。而劉樂賢之說，檢之以類似上博此字結構的从「頁」之字，如「項」、「頂」、「顛」、「頓」等，知其所从之「頁」多爲義符，不如劉先生所說作聲符使用，故以劉說待商。

至於此字隸作「犢」，該通讀如郭店本「道」或今本「遂」字呢？若上博「犢」同《郭店・緇衣》，讀作「道」，依《荀子・正名》：「道，言也」、《廣雅・釋詁二》：「道，謂論說教令也」、《大戴禮記・曾子制言中》：「道，言也、行也」，則此句譯釋爲「禹施政三年，百姓皆行仁並宣揚仁道」無礙；若上博「犢」讀作「遂」，同今本〈緇衣〉，依《禮記》鄭注：「百姓效禹爲仁，非本性能仁也。遂，猶達也」、清・孫希旦《禮記集解》：「『遂』，成也。以仁遂，言民之仁無不成也」、清・莊有可《禮記集說》：「遂，暢達也。言豈百姓盡能由仁？禹所化也」所揭經義，則此句譯釋爲「禹施政三年，上行下效，百姓皆能行仁成仁」亦可通。是以上博此字似可同時通讀並理解成「道（表實踐宣揚義）」和「遂（表遂成義）」字。

然則何以戰國古本《緇衣》此字作「道」、「犢」而傳世本作「遂」？筆者懷疑儒典《緇衣》此字，早先可能作「道」及「犢（道）」，表「實踐宣揚義」，後來或假以音近的「逐（澄紐覺部）」字抄錄。而「逐」、「遂」二字可能因形音俱近〔註

〔註8〕禤健聰，〈上博《緇衣》「」字試析〉，簡帛網，2003／12／13。

〔註9〕劉釗對此種省筆之「價」字有詳細討論，可參其〈釋價及相關諸字〉，「第一屆中國語言文字國際學術研討會」論文，香港中文大學中文系，2002年3月12～14日。亦見《中國文字》新28期。

〔註10〕王蘊智，〈殷墟甲骨刻辭類纂釋字訂補（上）〉，《古文字研究》第24期，頁135。

〔註11〕如望2策「豕」作、望2策「豙」作。

11），在文獻流傳過程中，互訛抄寫成傳世本面貌。至於此字在訛成「遂」字、表「促成義」的情況下仍能接暢上下文意，應非巧合。改字抄錄的過程，或者反應出儒家在「禮崩樂壞」、「人心不古」的局世中，「與世推移」之下對其政治主張的逐步調整〔註12〕。

②. 濬智案

原整理者依殘簡長度判斷，以為此處仍有 10 個缺字。今知上博〈緇衣〉完簡簡長約在 54.3 公分左右，抄寫時不留天地空白。本簡殘長 42 公分，殘存 33 字，則平均每字使用 1.3 公分抄寫，是知此處應有（54.3～42）／1.3≒10 個缺字。今以郭店〈緇衣〉對覈，在此處補入「豈必盡仁？《詩》曰：『成王之孚』」10 個字。「成王之孚，下土之式」，意謂：成就王道的誠信，是在下方的人民的模範。

簡文所引「成王之孚，下土之式」詩句見今本《詩‧大雅‧下武》：

> 下武維周，世有哲王。三后在天，王配于京。
> 王配于京，世德作求。永言配命，成王之孚。
> <u>成王之孚，下土之式。</u>永言孝思，孝思維則。
> 媚茲一人，應侯順德。永言孝思，昭哉嗣服。
> 昭茲來許，繩其祖武。於萬斯年，受天之祜。
> 受天之祜，四方來賀。於萬斯年，不遐有佐。

詩《序》曰：「〈下武〉，繼文也。武王有聖德，復受天命，能昭先人之功焉」，《序》說是。《詩集傳》：「此章美武王能纘大王、王季、文王之緒，而有天下也……或疑此詩有『成王』字，當為康王以後之詩。」自何楷以下，世人多用此說，然其爭議頗多。余培林師釐清道：

> 考詩二章：「王配于京。」此王必現在之王，若下文「成王之孚」之
> 成王為武王子，則此王必是康王無疑。然如此既與時代先後之次序不合；
> 先子後父，亦有違倫常。以此知此王乃指武王，而「成王」非指武王子也。

余師並在「成」字下註：「成，動詞，成就也。……《書‧酒誥》曰：『成王畏相。』又曰：『惟助成王德顯。』兩成字皆動詞，成王非指武王了，此詩亦如之〔註13〕。」余師說是。毛《傳》：「式，法也。」「式」可釋為「效法」。

〔註12〕鄔濬智，〈上博緇衣續貂〉，《思辨集》第六輯，頁 7：「由消極行仁政來間接默化人民行仁成仁到必須直接且積極的教示人民行仁成仁。」
〔註13〕余培林師，《詩經正詁（下）》（臺北：三民書局，1995 年 10 月），頁 364。

參酌毛《傳》：「式，法也」、鄭《箋》：「王道尚信，則天下以爲法，勤行之」、《詩集傳》：「能成王者之信於天下也」所揭經義，簡文「成王之孚，下土之式」可譯釋作：「能成爲王者的人，其所透顯出來的誠信，是他部下人民的模範」。至於〈緇衣〉何以援引此詩？《禮記正義》以爲：「引之者，證君有善，與下爲法式也。」

③. 〈呂型〉員：「一人又慶，蘁民訛之」，即「〈呂刑〉云：『一人有慶，萬民賴之』」，意謂：天子一人有善德，天下人民都依賴他。

「〈呂型〉」，郭店本作「〈邵型〉」，今本作「〈甫型〉」

時賢討論

上博原考釋云：「《尚書》篇名，即《甫刑》。書《序》：『呂命穆王訓夏贖刑，作《呂刑》。』『刑』、『型』相通，簡文與書《序》同〔註14〕。」廖名春訓郭店「呂」字時以爲：

> 《禮記·緇衣》作「甫刑」，《禮記·表記》、《史記·周本紀》、《尚書大傳》、伏生所傳今文《尚書》篇目同，而孔安國所傳孔壁《古文尚書》篇目、梅賾所獻孔安國《古文尚書傳》篇目、《墨子·尚賢》、《尚同》皆作「呂刑」。「邵」從邑，爲封地，當爲本字；「呂」爲「邵」之省寫，「甫」乃借字〔註15〕。

虞萬里則從上古地理資料中找線索：

> 《詩·大雅·崧高》「生甫及申」毛傳：「堯之時，姜氏爲四伯，掌四岳之祀。述諸侯之職於周，則有甫有申有齊有許也。」此以國稱。國名與地名多混而不分，地在今河南南陽西董呂村。《史記·周本紀》云：「諸侯有不睦者，甫侯言於王，作修刑辟。……命曰《甫刑》。」呂侯爲穆王司寇，孔傳謂「後爲甫侯，故或稱『甫刑』」。論者引《崧高》之詩，遂謂「周穆王時未有甫名」。考甲骨、金文均有「甫」字，甲骨文又有作地名用者，此中史實一時難以徵實，雖「甫侯」之「甫」始見於宣王時《崧高》詩，安知其非因舊地重封。然即便如此，《呂刑》亦未嘗不可以稱《甫刑》。孔穎達疏云：「後人以子孫之國號名之也。猶若叔虞初封於唐，子孫封晉，

〔註14〕馬承源主編，《上海博物館藏戰國楚竹書（一）》（上海：上海古籍出版社，2001年11月），頁183。

〔註15〕廖名春，《新出楚簡試論》（臺北：臺灣古籍出版公司，2001年5月），頁86～87。

而《史記》稱《晉世家》。」古人稱謂，或以姓，或以氏，或以地，或以官徵諸文獻，比比皆是。故至遲在宣王以后，以氏則稱呂侯，因以稱《呂刑》；以封地（即國）則稱甫侯，因以稱《甫刑》：皆情理中事〔註16〕。

濬智案

廖明春以爲「呂」、「甫」二字音近可通，近是。程元敏早年的一篇文章已指出「呂」、「甫」二字因爲古音接近，所造成傳世文獻將二字混用的情況。茲將程先生所言節錄如下：

「呂」，邵鐘（《兩周金文辭大系錄編》，頁269）作「邵」。而先秦、兩漢典籍述引作〈甫刑〉，如：

《漢石經尚書呂刑篇小序》殘字：「甫刑」（《漢石經尚書殘字集證》卷二，頁34、卷三復原圖頁8）

《孟子‧盡心下》：「盡信書則不如無書」注：「《甫刑》曰：『皇帝清問下民。』」《後漢書‧陳寵傳》：「寵又鈎校律令條法溢於《甫刑》者除之，曰：『臣聞《禮經》三百、威儀三千，故《甫刑》大辟二百，五刑之屬三千。』」

《後漢書‧崔駰傳》附《崔寔傳》載寔《政論》：「周穆有闕，甫侯正刑。」

……《僞孔傳》謂呂侯：「後爲甫侯，故或稱甫刑……知後爲甫侯者，以《詩‧大雅‧崧嵩》之篇宣王之詩云：「生甫及申」、楊之水爲平王之詩云：「不與我戍甫」，明子孫改封爲甫侯。不知因呂國改作甫名？不知別封餘國而爲甫號？然子孫封甫，穆王時未有甫名、而稱爲《甫刑》者，後人以子孫之國號名之也。猶若叔虞初封於唐，子孫封晉，而《史記》稱《晉世家》。然宣王以後改呂爲甫……」

……《豐鎬考信錄》卷六：「呂與甫古多通用……此蓋傳寫異文，非改之也。」《竹書紀年義證》卷廿二：「呂、甫音近，古通用也。」《毛詩傳箋通釋》……《尚書古注便讀》……《春事表撰異》……兩字固可通假〔註17〕。

其說至詳且確。除了典籍中古音訓例外，程說所據上古字音基礎亦可在出土文獻中亦可找到支持的證據。譬如古國名「呂」，在金文、三體石經中作「笒」，在二體石

〔註16〕虞萬里，〈上博簡、郭店簡〈緇衣〉與傳本合校補證（上）〉，《史林》2002年第2期，頁15。

〔註17〕程元敏，〈尚書呂刑成篇之著成〉，《清華學報》，新15卷1、2期合刊，1983年，頁1～4。

經古文、𪊽平鐘中作「𪊽」，在 侯盨作「𪊽」，皆从「膚」聲〔註18〕；又包山楚簡84：「膚人之州人」，原書考釋注 135 云：「膚，借作盧〔註19〕。」如是可知*gl-複輔音在上古時期，與脣音的確存在十分密切的關係。古讀*glio 的「呂」，在文獻中爲其通假字「甫」所取代，是十分有可能的事。所以古今本〈緇衣〉所引《尚書》篇名或作〈呂刑〉，或作〈甫刑〉，名異而實同，純粹只是篇名稱代的用字不同罷了。

「訣」，郭店本作「購」，今本作「賴」

時賢討論

上博原考釋云：「从言从大，《說文》未見〔註20〕。」上博「訣」字，李零以爲此字待考，暫讀作「賴」〔註21〕；陳秉新以爲此字作「奢」，爲「誇」之古文，陳先生認爲上博「一人有慶，萬民奢之」出自另一種傳本〔註22〕。

而郭店「購」字，陳高志以爲是「萬」字的形訛，並引《說文‧厂部》：「厲，旱石也。从厂萬省聲，厲或不省，力制切。」陳先生以爲「萬」「萬」兩字混用，除了形似之外，古音相近也是可能的原因之一〔註23〕；虞萬里則以爲「購」是「購」之訛，「購」較「購」言，離今本「賴」字聲音更近〔註24〕。但大部份人都依郭店原書注釋〔註25〕，以爲此字古音和今本「賴」字同在祭部，故可通假，如上博整理者、孔仲溫、黃麗娟、林素清等。不過後來林素清修正其說，他據林文華〈《郭店楚簡‧緇衣》引用《尚書》經文考〉：「《方言》云：『賴，儺也。南楚之外曰：賴。賴，取也』……可見楚地不用賴字」的說法，認爲以「購」表「賴」字也許是楚地特有用字習慣〔註26〕。

〔註18〕容庚，《金文編》（北京：中華書局，1985 年），頁 296。

〔註19〕湖北省荊沙鐵路考古隊，《包山楚簡》（北京：文物出版社，1991 年），頁 45。

〔註20〕馬承源主編，《上海博物館藏戰國楚竹書（一）》（上海：上海古籍出版社，2001 年 11 月），頁 183。

〔註21〕李零先生，《上博楚簡三篇校讀記》（臺北：萬卷樓，2002 年 3 月）頁 52。

〔註22〕陳秉新先生，〈《上海博物館藏戰國楚竹書（一）》補釋〉，《東南文化》2003 年第 9 期，頁 80。

〔註23〕陳高志，〈郭店楚墓竹簡緇衣篇部分文字隸定檢討〉，《張以仁先生七秩壽慶論文集》（臺北：學生書局，1999 年），頁 364～365。

〔註24〕虞萬里，〈上博簡、郭店簡〈緇衣〉與傳本合校補證（上）〉，《史林》，2002 第 2 期，頁 16。

〔註25〕荊門市博物館，《郭店楚墓竹簡》（北京：文物出版社，1998 年 5 月），頁 133。

〔註26〕林素清，〈利用出土戰國楚竹書資料檢討《尚書》異文及相關問題〉，《龍宇純先生七秩晉五壽慶論文集》（臺北：學生書局，2002 年 11 月），頁 91。

潘智案

　　在字形本意未全部清楚前，筆者姑且以其字所從聲符理解之：「訧」字從「言」、「大」聲，與「賴」字古韻皆屬祭部，又皆為舌音，故二字讀音不遠，應可通假。

　　至於陳高志、虞萬里諸先生對郭店此字所提出之看法，以陳新雄師：「《說文》丑芥切之蠆，俗或作蠆。蠆即蠆字。《說文》另有蠣字云：『蠣，蚌屬，似蠊而大，出海中，今民食之。從虫萬聲。讀若賴。』力制切，亦在月部，疑此字亦當從蠆聲。

　　今讀與屬同，屬即從蠆聲可證」〔註27〕的推論視之，都有若干的可信度，茲並存其說。

　　簡文所引「一人又慶，蠆民訧之」句見今本《尚書‧呂刑》，茲節錄部份相關原文如下，裨供參考：

　　　　王曰：「嗚呼！念之哉！伯父、伯兄、仲叔季弟、幼子、童孫，皆聽
　　　　朕言，庶有格命。今爾罔不由慰曰勤，爾罔或戒不勤。天齊于民，俾我一
　　　　日；非終惟終，在人。爾尚敬逆天命，以奉我一人。雖畏勿畏，雖休勿休；
　　　　惟敬五刑，以成三德。<u>一人有慶，兆民賴之</u>，其寧惟永。」

書《序》云：「呂命，穆王訓夏贖刑，作〈呂刑〉。」楚簡本〈緇衣〉、《大戴禮‧保傅》、《淮南子‧主術》、《後漢書‧安帝紀‧延光元年策》等引書作「萬民」〔註28〕，而今本〈緇衣〉、《尚書》、《孝經‧天子》作「兆」民。《左傳》：「天子曰兆民，諸侯曰萬民」，清‧皮錫瑞《今文尚書考證》云：「對文則別，散文通也。」「萬」、「兆」異文應是同意字互換。

　　依《尚書正義》：「我天子一人有善事，則億兆之民蒙賴之」、宋‧蔡沈《書集傳》：「五刑之用，以成剛柔正直之德，則君慶於上，民賴於下。而安寧之福，其永久不替矣」、清‧孫星衍《尚書今古文注疏》：「一人，天子也。慶者，《詩傳》云：『善也』。兆者，鄭注〈內則〉云：『萬億曰兆』。春秋左氏閔元年《傳》云：『天子曰兆民』。賴者，《漢書高帝紀》注：『晉灼曰：「利也。」』」〔註29〕、清‧王先謙《尚書孔傳參正》：「天子有善，則兆民賴之」〔註30〕、《禮記正義》：「慶，善也。一人，天子也。天子有善行，民皆蒙賴之」所揭經義，簡文「一人又慶，蠆民訧之」可譯釋作：「天子一人有善德，天下人民都依賴他」。

〔註27〕 陳新雄師，《古音研究》（臺北：五南圖書公司，2000年11月），頁345，註6。
〔註28〕 屈萬里，《尚書異文彙錄》（臺北：聯經出版公司，1983年），頁139。
〔註29〕 （清）孫星衍，《尚書今古文注疏》，收入《四部要籍注疏叢刊──尚書》（北京：中華書局，1998年8月），下不另注。
〔註30〕 （清）王先謙，《尚書孔傳參正》，收入《四部要籍注疏叢刊──尚書》（北京：中華書局，1998年8月），下不另注。

又「賴」字，于省吾另有新見，其云：

> 《說文》：「賴，贏也，从貝剌聲。按《漢書高帝紀》注，晉灼引許慎
> 云：「賴，利也。」《周語》：「先王豈有賴焉」注：「賴，利也〔註31〕。」

若依于氏，則簡文此句譯作「天子一人若有善德，天下人也會因之得利」，亦可通。

〔註31〕于省吾，《雙劍誃尚書新證》（臺北：藝文印書館，1958年），頁293。

第八章

【簡　文】

　　子曰：下之事上也，不從丌（其）所目（以）命，而從丌（其）所行①。上盱（好）此物也，下必有甚者矣。故②【八】上之盱（好）亞（惡），不可不訐（慎）也，民之藁（表）也③。《峕（詩）》員（云）：「虞＿（赫赫）帀（師）尹，民具尔（爾）詹（顫，瞻）④▆。」

【討　論】

①. 下之事上也，不從丌所目命，而從丌所行，即「下之事上也，不從其所以命，而從其所行」，意謂：在下位者事奉其上，不是聽從他們的命令，而是看他們的作爲。

上博第二個「從（𧾷）」字，郭店本與今本亦作「從」

時賢討論

　　陳偉以爲其字：

> 辵旁之外的部分，作二七。其中左邊的七形體較大，且下部彎曲；右邊的七則顯得較小，故較難看出。恐當釋爲「比」。「比」有比照、仿效的意思。《詩‧大雅‧皇矣》「王此大邦，克順克比」，毛傳云：「慈和徧服曰順，擇善而從曰比」，毛傳此語出自《左傳‧昭公二十八年》，杜預於此注云：「比方善事，使相從也。」由此可知「比」與「從」辭義相通，故可換用〔註1〕。

李零認爲此字：「原作從言（鄔按：疑辵之誤）從雙虫，與楚『融』字所從相同，估計是多部字，而借爲東部字」〔註2〕；黃人二同原考釋，視其爲「從」，並認爲：「『從』字本會一人跟從一人之意，上博簡之字形與郭店簡適相反，然不妨釋爲『從』也。……十省吾云：『金文比、從二字多渾而無別……。』」〔註3〕

〔註1〕陳偉，〈上博、郭店二本〈緇衣〉對讀〉，《上博館藏戰國楚竹書研究》（上海：上海古籍出版社，2002年），頁419。

〔註2〕李零，《上博楚簡三篇校讀記》（臺北：萬卷樓，2002年3月），頁53。

〔註3〕黃人二，《上海博物館藏戰國楚竹書（一）研究》（武漢大學博士論文，2002年），頁130。

濬智案

　　雖然在甲、金文文例中，「從」、「比」二字在使用上沒有太大的分別，但楚簡如郭店簡所書 31 個「從」與 2 個「从」字，雙側人形皆向左轉，與上博此字所從不類〔註4〕，再查郭店簡 3 個、包山簡 2 個「比」字，皆與上博此字所從相同，似乎到了戰國，「從」、「比」二字之用還不完全像黃人二所說的那般「渾而無別」。

　　然而此字當如陳偉言，作「迚」而意同「從」嗎？細查上博此字墨跡，下部「匕」偏旁之左邊，若有似無的存在一撇殘筆。這一撇殘筆使得上博此字下部有析形作从「虫」偏旁之可能，所以李零之說也是有根據的。就目前所掌握的線索，我們實在無法判讀此字究竟作「迚」或是「遺」。視與上博此字對應的郭店、今本均作「從」，故本論文暫將此字讀作「從」，字形待考。

②. 濬智案

　　原書整理者依殘簡長度判斷，以爲此處仍有 11 個缺字。今知上博〈緇衣〉完簡簡長約在 54.3 公分左右，抄寫時不留天地空白。本簡殘長 40.7 公分，殘存 35 字，則平均每字使用 1.2 公分抄寫，是知此處應有（54.3～40.7）／1.2≒11 個缺字。但若依完簡字數計算，上博〈緇衣〉完簡平均抄寫 45 字，則本簡應殘去（45～35）=10字。兩種算法所得殘缺字數不同，實因原殘簡末「毌」字半殘，故若以殘去之簡長除以平均單字書寫所所需長度來求出殘去之字數，將會較以完簡字數減去殘簡所存字數多出一字。本論文在此保守採用以完簡字數減去殘簡所存字數所求的殘出字數，視此處應殘去 10 個字。今以郭店〈緇衣〉對勘，補入「此物也，下必有甚者矣。故」10 個字。

③. 上之毌亞，不可不斳也，民之蘽也，即「上之好惡，不可不慎也，民之表也」，意謂：君上不可不謹慎地對待或表現他們自身的愛憎，因爲他們是人民的表率。

「斳」，郭店本作「誓」，今本作「慎」

時賢討論

　　上博原考釋云：「簡文常見，《包山楚簡》用作人名，如 2.145『陳訢』、2.177『訣訢』。郭店簡作『誓』，『訢』為其異體。今本作『愼』〔註5〕。」此字尚有「訢」、「憖」、「憖」等異體。滕壬生《楚系簡帛文字編》、李零〈讀《楚系簡帛文字編》〉直接認為它們就是「愼」〔註6〕；爾後徐在國、陳偉武、陳劍陸陸續續都有相關的討論，徐在國〔註7〕、陳偉武〔註8〕二先生試圖從通假上著手，分別認為楚簡此字或係「訢」、或係「塵」之異體、省體；而陳劍上溯金文、璽印等材料，認為楚簡此一系列之字，極有可能就是「愼」的古字〔註9〕。

濬智案

　　依此字在楚簡〈緇衣〉此處簡文與他處的文例，此字應從滕壬生、李零、陳劍諸先生的考釋，讀作「愼」〔註10〕。「言」上所從「十」或「丨」構件，裘錫圭以為可能係「針」字初形，發揮表音的功能〔註11〕，斯言可參。至於這一系列的字都從「言」，或許與「謹」字從「言」的道理一樣。

「槀」，郭店本作「柬」，今本作「表」

時賢討論

　　上博原考釋云：「從熒从木，《說文》所無〔註12〕。」郭店「柬」字，原整理者注云：「『柬』，讀作「柬」。《說文》：『柬，分別擇之也。』今本作表〔註13〕。」上博此字，姜廣輝以為：

　　　　古代習兵之禮，先選山田之野放火除草萊，並以一定規制建立列陣場
　　　地，且設有相應標誌，而稱此事為表，「槀」字象其事。可能為其本字，

〔註5〕馬承源主編，《上海博物館藏戰國楚竹書（一）》（上海：上海古籍出版社，2001 年11 月），頁 183。

〔註6〕可參考滕壬生，《楚系簡帛文字編》（武漢：湖北教育出版社，1995 年 7 月）、李零，〈讀《楚系簡帛文字編》〉（《出土文獻研究》1999 年 8 月第 5 期）的相關討論。

〔註7〕徐在國，〈郭店楚簡文字三考〉，《簡帛研究 2001》，頁 182～184。

〔註8〕陳偉武，〈舊釋「折」及從「折」之字平議〉，《古文字研究》第 22 輯，頁 251～256。

〔註9〕陳劍，〈說愼〉，《簡帛研究 2001》，頁 207-214。

〔註10〕謝佩霓，《郭店楚簡《老子》訓詁疑難辨析》（暨南國際大學中文系碩士論文，2002 年 5 月），頁 86-90。

〔註11〕詳參裘錫圭，〈釋郭店〈緇衣〉「出言有丨，黎民所𠬝」——兼說「丨」為「針」之初文〉一文，收入《古墓新知——紀念郭店楚簡出土十周年論文專輯》，香港：國際炎黃文化出版社，2003 年 11 月。

〔註12〕馬承源主編，《上海博物館藏戰國楚竹書（一）》（上海：上海古籍出版社，2001 年11 月），頁 183。

〔註13〕荊門市博物館，《郭店楚墓竹簡》（北京：文物出版社，1998 年 5 月），頁 133。

而从衣之「表」當爲其假借字。《周禮‧夏官‧大司馬》：「虞人萊所田之野爲表，百步則一，爲三表。又五十步一表。田之日，司馬建旗于后表之中」注：「表，所以識正行列也。」……「藁」字既含「識正行列」之義，因此，「民之藁也」一句，就可解釋爲「民之儀範」〔註14〕。

徐在國、黃德寬在李零推敲郭店、上博此字的基礎上，引：

《古文四聲韻》四‧笑‧廿七上引南岳碑「剽」字作𢒃。引《古世本》「影」字作𢒃。簡文此字所从的「𤐲」即「票」字，此字可分析爲从「木」「藁」聲，或从「艸」「標」聲，可釋爲「藁」或「標」。古音票，滂紐宵部；表，幫紐宵部。故簡文此字可讀爲「表」。而今本《緇衣》正作「表」。郭店簡从「少」有標音作用〔註15〕。

郭店此字（𦬝），孟蓬生以爲當讀作「憲」。「藁」、「憲」古音同部，聲母相近。他並舉了很多《詩經》注中將「憲」解釋作「法」、「表」的例子，以爲若讀「藁」作「憲」，簡文此句裡可以讀通〔註16〕；李零分析郭店此字爲从「艸」从「賈」省从「木」，相當於古書中的「藁」或「標」字〔註17〕。而上博此字（𦬝），李先生則釋作从「木」从「藁」，讀作「標」，他並將上博與郭店此字都讀作「表」〔註18〕；白於藍〈郭店楚簡拾遺〉〔註19〕、孔仲溫〈郭店楚簡〈緇衣〉字詞補釋〉〔註20〕以爲郭店此字即「杪」，義爲「木標末也」；劉信芳〈郭店楚簡〈緇衣〉解詁〉〔註21〕則將之釋作「柬」，有「簡擇」之意。

濬智案

郭店原整理者將𦬝字隸作「藁」，誤。細查楚簡「藁」如包山簡 86 𦬝，所从之「木」作上下貫穿形，與郭店此字「木」在字下不同。郭店原整理者將此字隸作「藁」

〔註14〕姜廣輝，〈上海博物館藏戰國楚竹書（一）幾個古異字的辨識〉，《新出竹簡與儒學思想國際學術研討會論文集》（北京：清華大學思想文化研究所，2002 年 3 月 31 日～4 月 2 日），頁 44。

〔註15〕徐在國、黃德寬，〈《上海博物館戰國楚竹書（一）‧緇衣、性情論》釋文補正〉，《古籍整理研究學刊》2002 年第 2 期，頁 2。

〔註16〕孟蓬生，〈郭店楚簡字詞考釋（續）〉，《簡帛語言文字研究》第 1 輯（四川：巴蜀書社，2002 年），頁 27。

〔註17〕李零，《郭店楚簡校讀記》增訂本（北京：北京大學出版社，2002 年 3 月），頁 64。

〔註18〕李零，《上博楚簡三篇校讀記》（臺北：萬卷樓，2002 年 3 月），頁 53。

〔註19〕見白於藍，〈郭店楚簡拾遺〉，《華南師範大學學報》，2000 年第 3 期。

〔註20〕見孔仲溫，〈郭店楚簡〈緇衣〉字詞補釋〉，《古文字研究》22 輯。北京：中華書局，2000 年。

〔註21〕見劉信芳，〈郭店楚簡〈緇衣〉解詁〉，《郭店楚簡國際學術研討會論文集》（武漢：湖北人民出版社，2000 年）。

讀「柬」，於字形無所根據，孟蓬生據原釋轉讀作「憲」，其說也應該再作討論。李零論及郭店與上博此字，以字形、字音爲依歸，其論較妥，故本論文從李零說，視郭店、上博此字相當於「票」、「標」字，可讀同今本「表」。「表」，《荀子・儒效》「行有防表」注：「表，標也」。「民之表也」，《禮記・緇衣》鄭注：「民之從君，如影隨表」，明・黃道周《緇衣集傳》揭示其義云：「君子，日晷之衡準也」。

至於姜廣輝從字義著手，在古代田獵習俗中找到相關的制度，可備一說。唯其以爲所引《周禮・春官・大司馬》之「虞人萊所田之野」的「萊」字，意指「放火除草萊」，我們認爲這個想法可能有問題。鄭玄注「萊」爲「芟除可陳之處」，唐・孔穎達引《王制》：「昆蟲未蟄，不以火田」，以爲「仲冬之時，放火田獵，何須芟除草萊」，因而質疑鄭說。姜先生所據可能是孔穎達質疑鄭說的看法。但「萊」字在經典中只見兩義：其一指「草萊」，如《詩・南山有臺》：「北山有萊」傳：「萊，草也」；其二指「芟除」，如《周禮・遂人》：「萊五十畮」注：「萊，除其草萊也」。二義都沒有所謂「放火除草萊」的意思，姜先生此處譯釋似應再行斟酌。

④. 虠 =帀尹，民具尒詹，即「赫赫師尹，民具爾瞻」，意謂：位高望重的尹太師啊，人民都在注視著你呢！

「虞（虠）」字，郭店本作「虠（虠）」，今本作「赫」

時賢討論

上博原考釋云：「『虢』之省筆。字下有重文符。此字《說文》及《廣雅・釋訓》皆釋爲恐懼。秦公鐘銘文『虢事繺方』，則『虢』有盛顯之意。郭店簡作『虢』今本作『赫赫師尹』，意同爲盛顯〔註22〕。」

郭店此字，郭店原考釋云：「簡文从『虍』从『崇』省，與『虢』一字。其所从之『崇』與《汗簡》《隙（鵽）》之崇形似，僅省去上部之「小」。與簡文相同的字形亦見於包山楚簡第一八〇號。『虢虢』，今本作『赫赫』。〔註23〕」

濬智案

郭店此字下部爲「崇」之省，依形應嚴格隸定作「虠」，視作「虢」字之省，讀

〔註22〕馬承源主編，《上海博物館藏戰國楚竹書（一）》（上海：上海古籍出版社，2001 年 11 月），頁 184。

〔註23〕荊門市博物館，《郭店楚墓竹簡》（北京：文物出版社，1998 年 5 月），頁 132。

同今本「赫」。至上博此字，下部更由「泉」省近「炅」。是以本論文雖然將之嚴式隸定作「虞」，但並不視其從「炅」，仍將之視爲從「虞」的省體，讀作「赫」。

「詹（🔲）」，郭店本作「贍」，今本作「瞻」

時賢討論

郭店此字從「見」，虞萬里云：

> 詹，郭店簡作「贍」，傳本作「瞻」。郭店簡字形從「見」，程元敏先生云：「見，金文象人張目視，作目則省下人，故目、見同義，均從詹聲，是瞻、贍亦同義。」其說甚是。上博簡「詹」下「言」字之「口」作「田」，疑爲增筆或形訛。至於上博「詹」字，其下所從「田」，疑是原「詹」偏旁之「口」構件的增筆或形訛〔註24〕。

濬智案

郭店「贍」字從「見」、「訁（詹之初文）」聲〔註25〕，與今本「瞻」字皆從「詹」得聲，故可通。上博此字下部疑不從「言」而從「畐」。「畐」，甲骨作🔲（前4.23.8）、金文作🔲（畐父辛爵）、楚文字作🔲（鄂君啓節，一曰從「木」作「福」）。以之視上博此字，知其下部應是「畐」偏旁。此字從「厃」從「畐」，或即「甂」字異體。「詹（甂）」與郭店「贍」字、今本「瞻」字皆從「厃」得聲，故可通。

簡文所引「虞_帀尹，民具尔詹」詩句見今本《詩‧小雅‧節南山》，原詩見第五章註③。「赫赫」，毛《傳》：「顯盛貌」；「師尹」，毛《傳》：「師，太師，周之三公也。尹，尹氏，爲太師」、余培林師按：

> 據下文「尹氏太師」，《傳》說是也。《集傳》亦曰：「師尹，太師尹氏也。太師，三公，尹氏蓋吉甫之後，《春秋》書尹氏卒，公羊子以爲譏世卿者，即此也。」王國維〈書作冊詩尹氏說〉（《觀堂集林‧第四冊》）以太史、尹氏皆官名，尹氏即古內史尹。然〈常武〉曰：「太師皇父。」〈十月之交〉曰：「皇父卿士。」皆官與氏合言，爲一人，則「尹氏太師」當亦爲一人，非二人矣〔註26〕。

余師說是。而「太師」，張亞初、劉雨以爲：

〔註24〕虞萬里，〈上博簡、郭店簡〈緇衣〉與傳本合校補證（上）〉，《史林》，2002第2期，頁17。

〔註25〕「詹」之初文，可參季旭昇師，《說文新證（上）》（臺北：藝文印書館，2002年），頁71。

〔註26〕余培林師，《詩經正詁（下）》（臺北：三民書局，1995年10月），頁122-123。

　　　　大師（太師）之職未見於殷代卜辭。從西周銘文看，目前僅見於恭王
以後，也就是說，這種職官的上限不超過西周中期。……大師是師的上師，
這種上下級的關係在銘文本身可以找到足夠的內證……伯公父簋云：「伯
大師小子」，即伯大師之屬官。大師前冠以伯仲之稱，似乎暗示我們，西
周之大師可能設有二人……《周禮》中所說的大師是樂官，地位不高。師
望鼎中的大師，郭沫若先生也曾根據《周禮》以爲是掌樂的大師（《大系》
釋八十頁），《左傳》中的大師也是指樂官言。這恐怕只符合東周的情況。
《詩經・節南山》：「尹氏大師，維周之氏，秉國之鈞，四方是維」。《常武》：
「王命卿士，南仲大祖，大師皇父，整我六師，以修我戎」。這些記載中
所反映的情況大符合西周的眞實情況。西周的大師是武官，是顯職，而不
是「歌巧言七章」之類的微末樂官……西周的大師是否屬於三公，我們姑
且勿論，但其地位之高則是可以肯定的〔註27〕。

「具」，毛《傳》：「俱」；「瞻」，毛《傳》：「視」。據上引經解與鄭《箋》：「此言尹氏，
女居三公之位，天下之民俱視女之所爲」、余培林師：「赫赫然尊顯之太師，人皆惟
爾是視也」〔註28〕，簡文所引此二句可譯釋作：「位高望重的尹太師啊，人民都在
注視著你呢！」至於〈緇衣〉此章何以援引此詩？《禮記正義》以爲：

　　　　此《小雅・節南山》之篇，刺幽王之詩。言幽王之時，尹氏爲大師，
　　　爲政不平，故詩人刺之。云赫赫然顯盛之師尹者，「民具爾瞻」，視上之所
　　　爲。引者，證民之法則於上。

《禮記・大學》、《春秋繁露・山川頌》、《漢書・董仲舒傳》、《漢書・成帝紀》等亦
引有此詩。

〔註27〕張亞初、劉雨，《西周金文官制研究》（北京：中華書局，1986 年 5 月），頁 3-4。
〔註28〕余培林師，《詩經正詁（下）》（臺北：三民書局，1995 年 10 月），頁 123。

第九章

【簡　文】

子曰：長民者衣備（服）不改，逯（從）容又（有）**裳**（常）①，則民 惪（德）一 ②。《出（詩）》員（云）：「丌（其）容不改，出言有 \ （信，思），利（黎）民【九】所信③ ＿＿。」

【討　論】

①. 衣備不改，逯容又**裳**，即「衣服不改，從容有常」，意謂：有固定不變的服裝，有循規蹈矩的儀節。此段郭店本作「衣備不改，逡容又**裳**」，今本作「衣服不貳，從容有常」。

「改」，郭店、上博〈緇衣〉同作，今本作「貳」

時賢討論

郭店原整理者將之釋爲「改」，而上博原考釋云：「『改』從攴、己聲，與『攺』音不同。今本作『衣服不貳』〔註1〕。」李學勤〈釋改〉一文以爲：

> 朱駿聲在《說文通訓定聲》中，提出「改」從「已」聲，而「已」與「目」同字，於是把「改」字的篆文寫成從「目」。這個見解，長期以來沒有得到大家的注意。郭店簡「改」字顯然不從「己」，在很大程度上證實了朱說〔註2〕。

濬智案

上博〈孔子詩論〉簡 11 亦有此字，馬承源讀作「怡」；李零讀作「妃」；饒宗頤釋「改」而讀「㠯」；李學勤與廖名春皆讀作本字「改」；王志平讀作「迻」；周鳳五讀作「嫛」；姜廣輝先讀作「配」，後釋作「改」；許子濱讀作「哀」；黃人二讀作「熙」〔註3〕。依字形演變，〈緇衣〉與〈孔子詩論〉此字當以李學勤、廖名春二先生所釋作「改」較確。

〔註1〕馬承源主編，《上海博物館藏戰國楚竹書（一）》（上海：上海古籍出版社，2001 年 11 月），頁 184。

〔註2〕李學勤，〈釋改〉，《石璋如院士百歲祀壽論文集》（臺北：南天書局，2002 年），頁 401〜407。

〔註3〕劉信芳，《孔子詩論述學》（合肥：安徽大學出版社，2003 年 1 月），頁 170〜172。

至於「不改」，今本作「不貳」，虞萬里指出：

> 不改，郭店簡同，傳本作不貳，《小雅‧都人士序》同，賈誼《新書‧
> 齊等》作「不二」。據下文「民德歸壹」之「壹」，《小序》亦同，而賈誼
> 作「一」，是皆簡寫所至。唯簡本作「改」，鄭玄注「貳」云：「變易無常
> 謂之貳。」改則變矣，異文義同。姑不論《小序》是否襲《緇衣》爲文，
> 賈誼「一」「二」簡寫，而不作「改」，可見至少西漢文、景時所傳或已皆
> 作「貳」〔註4〕。

今查「改」，《說文》：「更也」；「貳」，《爾雅‧釋詁下》：「疑也」，邢昺疏：「貳者，
心疑不一也」、《廣韻‧至韻》：「貳，變異也。」知二字輾轉可通。

「逾（　）」，郭店本作「壾（　）」，今本作「從」

時賢討論

上博此字，李零以爲：「上海簡與郭店簡寫法相似，但左多人旁，上無宀旁，兩
者好像都是從甬得聲，恐怕還要進一步研究」〔註5〕；徐在國、黃德寬認爲此字：

> 應該釋爲「適」。《郭店‧緇衣》16作　，我們曾隸作「壾」，釋爲「適」。
> 簡文「適容有常」，今本作「從容有常」。《玉篇》：「適，從也。」《後漢書‧
> 荀爽傳》：「戳足適履，孰云其愚？」李賢注：「適，猶從也」〔註6〕。

陳斯鵬從徐、黃二氏說法，並進一步發揮：

> 上博簡該字明顯從彳從止從帝省，所從彳當是辵之訛，故字本當從辵
> 從帝，可逕釋爲「適」。此字郭店簡寫作從宀從帝省從止，或以爲「夏」
> 字，未審；黃德寬、徐在國釋爲「適」，至確。從辵從止無別，宀爲羨符。
> 《廣雅‧釋詁》：「適，善也。」玄應《一切經音義》：「適，謂善好稱人心
> 也。」從上下文意看，「適容有常」義遠勝「從容有常」〔註7〕。

張光裕師、陳偉武、袁國華師亦從徐、黃二人之考釋，但嚴格隸定郭店此字作帶有
「宀」羨符的「窴」字〔註8〕。

郭店此字，周鳳五以爲從「止」從「仝」，即《說文》「倉」之古文　，（又見

〔註4〕虞萬里，〈上博簡、郭店簡〈緇衣〉與傳本合校補證（中）〉，《史林》，2002 第 3 期，
　　　頁 68。

〔註5〕李零，《上博楚簡三篇校讀記》（臺北：萬卷樓，2002 年 3 月），頁 53。

〔註6〕徐在國、黃德寬，〈《上海博物館戰國楚竹書（一）‧緇衣、性情論》釋文補正〉，《古
　　　籍整理研究學刊》2002 年第 2 期，頁 2。

〔註7〕陳斯鵬，〈初讀上博楚簡〉，簡帛網，2002／02／05。

〔註8〕張光裕師主編，陳偉武、袁國華師助編，《郭店文字考釋匯編》，待刊。

《汗簡》與《古文四聲韻》）。周先生並認爲郭店此字只是古文「倉」字的繁構寫法。而今本此字作「從」，古屬清紐東部、楚簡本「倉」古屬清紐陽部，在楚國方言東、陽二部互通，故從字得以「倉」爲聲符〔註 9〕；劉信芳則據郭店〈緇衣〉同篇簡 7「帝（）」字與簡 46「筮（）」字，酌定郭店此字爲「適」，並引《呂氏春秋》〈威適〉和〈過理〉篇注，釋「適」有「宜也」、「動中禮義」二義，恰通簡文上下文義〔註 10〕；劉桓和張桂光所釋相似，皆以爲郭店此字與《說文》「夏」字古文相近，只是繁簡不同。在此句中「夏」讀作「雅」，當即「雅容有常」〔註 11〕；李家浩則以爲與今本「從」字相應的郭店、上博此字右旁，和楚簡「啇」、「彔」、「巫」接近，可以隸定成从「辵」从「啇」、「彔」、「巫」諸字，但從字音上考慮，還是隸定成从「逯」，讀同今本「從」字〔註 12〕。

濬智案

上博此字左旁寫近「人」的偏旁，疑是「彳」偏旁的省寫。「彳」省作「人」形者，不乏其例，如逐簋「逐（）」字與曾仲大父螽簋「追（）」字所從之「彳」均省近「人」旁。而楚簡「帝」偏旁或作「」（楚，包山 2.173），「彔」字或作「」（上博 1.9），「巫」字作「」（包山 219），皆與郭店、上博此字右部所从接近，因而楚簡〈緇衣〉此字有釋作「適」、「逯」、「遾」的可能。不過從字音上考慮，「逯（郭店從止，來紐屋部）」與今本「從（從紐東部）」二字韻爲陽入對轉，聲則舌與齒音相近，可以通假。故本文姑且從李家浩說，將楚簡此字釋作「逯」，讀作「從」。

②. 民悳一即「民德一」，意謂：民德齊一而有恒。

依清·孫希旦《禮記集解》：「衣服之不忒，言貌之有常，皆德之所發也。故以此化民，而民之德亦歸於一也」，簡文「長民者衣服不改，從容有常，則民德一」意即：「治理黎民百姓的人，有固定不變的服裝，有循規蹈矩的儀節，（行禮有恆加上言行有恆，就會間接影響人民，使）民德齊一而有恒」。

〔註 9〕周鳳五，〈郭店楚簡識字札記〉，《張以仁先生七秩壽慶論文集》（臺北：學生書局，1999 年），頁 352～353。

〔註 10〕劉信芳，〈郭店楚簡〈緇衣〉解詁〉，《郭店楚簡國際學術研討會論文集》（武漢：湖北人民出版社，2000 年），頁 170。

〔註 11〕劉桓，〈讀郭店楚墓竹簡札記〉，《簡帛研究 2001》，頁 63；張桂光〈郭店楚墓竹簡釋註續商榷〉，《簡帛研究 2001》，頁 189。

〔註 12〕李家浩，〈戰國竹簡〈緇衣〉中的「逯」〉，《古墓新知——紀念郭店楚簡出土十周年論文專輯》（香港：國際炎黃文化出版社，2003 年 11 月），頁 20～21。

③．《𡰥》員：「丌頌不改，出言有丶，利民所信」，即「《詩》云：『其容不改，出言信／思有，黎民所信』」，意謂：《詩經》說：領導人容止穩重不變，講話有信用／思慮縝密，讓黎民百姓很能信賴。

濬智案

　　原書整理者依殘簡長度判斷，以為第九簡與第十簡簡文間有 15 個缺字。原整理者以藏於香港中文大學中國文化研究所的〈緇衣〉殘簡對勘，補足第九簡簡末「民德一。《詩》云：其容不改，出言」11 個缺字、以郭店〈緇衣〉補足第十簡簡首「有丶（信），利（黎）民」4 個缺字，共計 15 個字。

　　今知上博〈緇衣〉完簡簡長約在 54.3 公分左右，抄寫時不留天地空白。第九簡殘長 41.2 公分，殘存 37 字，則平均每字使用 1.1 公分抄寫，是知第九簡此處應有（54.3～41.2）／1.1≒11～12 個缺字，較上博原整理者原先以為之 11 字多出 1 字。但原殘簡末「則」字半殘，故若以殘去之簡長除以平均單字書寫所所需長度來求出殘去之字數，將會較實際殘去之字數多出 0.5 至 1 個字。故本論文仍從原整理者，視第九簡此處殘去 11 字。

　　第十簡殘長 50.7 公分，殘存 47 字，則不均每字亦使用約 1.078 公分抄寫，是知第十簡此處應有（54.3～50.7）／1≒4 個字，同上博原整理者估計結果。第九、十簡兩處缺文亦從上博原整理者所據香港中文大學中國文化研究所的〈緇衣〉殘簡、郭店〈緇衣〉補入。

郭店「丶」，今本作「章」

時賢討論

　　郭店原整理者言：「末句『又』下一字作『丶』，疑為字之未寫全者〔註13〕。」周鳳五以為：

> 此蓋玉璋省體之形。《詩經‧小雅‧斯干》：「載衣之裳，載弄之璋。」毛《傳》：「半圭曰璋」。《說文》：「剡上為圭，半圭為璋。」簡文此字，正象半圭即璋之右側外廓也。省體象形，奇詭如此，乍見之幾不知其為何物也〔註14〕。

陳高志從周先生說，並進而解釋道：

> 《說文》說：璋，剡上為圭，半圭為璋。由圖形並結合傳統訓詁說解，

〔註13〕荊門市博物館，《郭店楚墓竹簡》（北京：文物出版社，1998 年 5 月），頁 134。
〔註14〕周鳳五，〈郭店楚簡識字札記〉，《張以仁先生七秩壽慶論文集》（臺北：學生書局，1999年），頁 352。

可知「丨」是「璋」字初文。此字或許是書寫者爲求便捷的手法，將「戰國時玉璋大爲盛行」之物，信手繪畫而出〔註15〕。

李零以爲：

> 「訓」，原作「丨」，案原文引《詩》，今本作「彼都人士，狐裘黃黃。其容不改，出言有章。行歸於周，萬民所望」，是以「黃」、「章」、「望」諧韻，從簡文與今本的對應關係看，此句與下句也應諧韻。疑此字爲「川」字之省，在簡文中讀爲「訓」，與「信」押韻〔註16〕。

劉信芳以爲：

> 丨今本作「章」。《說文》：「丨，上下通也，引而上行讀若囟，引下下行讀若退。」「丨」讀若「引」，《說文》謂「引」，「從弓丨」。《爾雅‧釋詁》：「引，陳也。」「出言有引」者，言而有據也，猶後世之引經據典。或謂「丨」乃玉璋省體之形，按「丨」既與下文「信」爲韻，則不當依舊本讀「章」〔註17〕。

顏世鉉以爲：

> 簡文丨釋爲《說文》：「丨，上下通也」這個字是正確的；《古文四聲韻》卷三引《汗簡》，其形正與簡文相同，其標音爲「公本切」。簡文「丨」當讀爲「文」，「文」與「章」義近可通，均指「禮法」而言。簡本〈緇衣〉所引詩，韻腳爲「丨」（文）、「信」，前者爲文部，後者爲眞部，眞文合韻，眞文二部是旁轉的關係〔註18〕。

虞萬里以爲此字爲「人」之未寫全者，讀作「仁」〔註19〕。李銳從顏世鉉說，但讀「丨」爲「悃」，訓作「誠信」〔註20〕。王寧以爲：

> 楚簡本引《詩》之「出言有丨」，相當于今本《詩‧小雅‧都人士》中的「出言有章」，《箋》釋此句爲「吐口言語有法度文章」，是今本之「章」

〔註15〕陳高志先生，〈郭店楚墓竹簡緇衣篇部份文字隸定檢討〉，《張以仁先生七秩壽慶論文集》（臺北：學生書局，1999 年），頁 366。

〔註16〕李零，《郭店楚簡校讀記》增訂本（北京：北京大學出版社，2002 年 3 月），頁 64。

〔註17〕劉信芳，〈郭店簡〈緇衣〉解詁〉，《郭店楚簡國際學術研討會論文集》（武漢：湖北人民出版社，2000 年），頁 170。

〔註18〕顏世鉉，〈郭店楚簡散論（三）〉，《大陸雜誌》第 101 卷第 2 期（2000 年 8 月 15 日），頁 76。

〔註19〕虞萬里，〈上博簡、郭店簡〈緇衣〉與傳本合校補證（中）〉，《史林》，2002 第 3 期，頁 70。

〔註20〕李銳，〈郭店楚墓竹簡補釋（二）〉，《古墓新知——紀念郭店楚簡出土十周年論文專輯》（香港：國際炎黃文化出版社，2003 年 11 月），頁 81。

乃「法度文章」之意，因爲「章」有「章法」和「文章」兩重含義。竊以爲「丨」音「囱」，此當讀爲「絢」，二字古音心曉準雙聲、同眞部疊韻，音最相近。《說文》：「絢，《詩》云：『素以爲絢兮。』」段注：「逸《詩》，見《論語‧八佾篇》，馬融曰：『絢，文貌也。』鄭康成《禮注》曰：『采成文絢』，注：『《論語》曰：文成章曰絢。』許次此篆于『繡』、『繪』間者，亦謂五采成文章，與鄭義略同也。」又據《集韻》：「絇，《說文》：『圜彩也。』一曰絛也。《儀禮》作絇。」《淮南子‧精神訓》：「以道爲絇，」注：「絇，法也」，「章法」「法度」之意，是「絢」與「章」義同，楚簡之「出言又（有）丨（絢）」即今本之「出言有章」也，「絢」與下句之「信」同眞部爲韻。如此解釋，於音、於義皆圓通矣〔註21〕。

蘇建洲學長在何琳儀將上博〈容成氏〉簡 1「槫丨是」讀作「渾沌氏」的基礎上，以爲郭店〈緇衣〉「丨」（定紐文部）：

> 或可讀爲「類」（來紐物部），韻部文物有陽入對轉關係，或是將「丨」讀作「退」（透紐物部），則爲疊韻關係。聲紐來定同爲舌頭音。《楚辭章‧懷沙》：「明告君子，吾將以爲類兮」，王逸《注》：「類，法也。」尤其《荀子‧儒效》：「其言有類」，句式與簡文相類。王先謙曰：「類，法也。」王念孫亦曰：「類之言律也，律亦法也。」下一句「萬民所望」，鄭《箋》曰：「其餘萬民寡識者，咸瞻望而法效之」。《正義》曰：「以經言萬民所望，明都人爲人所法效也。」如此則「𦬠」可以讀作「述」，船紐物部；與「丨」（沌，定紐文部；退，透紐物部），聲紐同爲舌音，韻部文物對轉或疊韻。《說文》：「述，循也。」《禮記‧中庸》：「父作之，子述之。」可見「述」有效法、遵循的意思，與「望」所表示的「法效」之義相近。總合以上，簡文讀作「其頌（容）不改，出言又（有）類，利（黎）民所述。」類、述同押物部韻，與今本「黃」、「章」、「望」同押陽聲韻是一樣的〔註22〕。

裘錫圭認爲此字可能是「針」的初文，可能爲「忒（遜）」之所从，在郭店簡文裡讀作「遜」，也可能爲「訢（愼）」之聲符，兼有「囱」音而讀爲「愼」〔註23〕。

濬智案

〔註21〕王寧，〈郭店楚簡《緇衣》文字補釋〉，簡帛網，2002／09／12。

〔註22〕蘇建洲學長，〈《郭店‧緇衣》考釋一則〉，簡帛網，2003／06／24。

〔註23〕裘錫圭，〈釋郭店〈緇衣〉「出言有丨，黎民所𦬠」──兼說「丨」爲「針」之初文〉，《古墓新知──紀念郭店楚簡出土十周年論文專輯》（香港：國際炎黃文化出版社，2003 年 11 月），頁 5～6。

　　周、陳二先生以爲郭店此字爲「章」之抽象描畫的說法，程元敏稍有異議，其云：「爲章之『省體象形』，璋章古音同。唯本詩『出言有章』，章當訓法度（《箋》），不作半圭解。」〔註24〕馮勝君也說道：「裘錫圭早就指出『象物字幾乎都出現的很早』（《文字學概要》頁120）。所以在戰國文字中，幾乎沒有產生新的『省體象形』字的可能。即使有，古人也不會造出如此奇詭的象形字，因爲將『乀』同『璋的右側外廓』聯繫起來，顯然非常人想像力所及。」〔註25〕

　　我們不論依古書之記載（《周禮‧考工記‧玉人》：「大璋、中璋九寸，邊璋七寸，射四寸，厚寸。黃金勺，青金外，朱中，鼻寸，衡四寸，有繅」、「牙璋、中璋七寸，射二寸，厚寸。以起軍旅，以治兵守」），或依考古資料（如夏鼐〈商代玉器的分類、定名和用途〉：「這種玉器端部有刃而柄部可安柄，不會是在朝會時執在手中的圭。它在殷墟中便已罕見，當爲戰國時《周禮》的編者所未見。……我們還是暫時稱之爲刀形端刃器爲妥……《周禮》中的牙璋究竟形制怎樣，也不清楚」〔註26〕、涂白奎〈璋之名實考〉：「商前期及此前的玉璋一般作前端有兩歧，內部有欄之形。至商後期，中原地區璋制簡化，兩歧及欄消失……」〔註27〕），「章」之形制怎麼也不如周、陳二位先生所言，更遑論其視「乀」爲「章」之抽象描形之立論之可議。

　　季旭昇師以爲：

　　　　本簡二句所從「乀」字僅見兩簡本〈緇衣〉及《上博二‧容成氏》，說者多家，以李零及裘錫圭先生釋形較爲合理，但相關佐證都還不夠多，本文姑從裘說隸定。然讀「出言有乀」爲「出言有遜」或「出言有慎」，均與簡文所述不合，簡文強調「衣服不改，從容有常」，重在「常」，而非「遜」或「慎」，因此，我們以爲「乀」似以讀「信」較妥，「出言有信」謂「講話有信用」，與「有常」、「不改」可以相呼應〔註28〕。

師說可參。

　　不過我們知道「乀」字有「囟」、「退」兩種讀音，在此不排除郭店「乀」字有讀作「囟」（心紐眞部）、解作「思」的這個可能。《說文》：「思，容也，从心囟聲」、《尚書‧洪範》：「五曰思」疏：「思，思慮」，《漢書‧五行志》：「五曰思」引應劭解：

〔註24〕程元敏，〈郭店楚簡緇衣引書考〉，《古文字與古文獻》試刊號（臺北：楚文化研究會，1999年10月），頁9。

〔註25〕馮勝君，《二十世紀古文獻新證研究》（吉林大學博士論文2002年6月），頁146。

〔註26〕夏鼐，〈商代玉器的分類、定名和用途〉，《考古》1983年第5期。

〔註27〕涂白奎，〈璋之名實考〉，《考古與文物》1996年第1期。

〔註28〕季旭昇師審訂、鄒濬智撰，《上海博物館藏戰國楚竹書（一）讀本‧緇衣》（臺北：萬卷樓，2004年6月），頁106。

「思者，心慮所行，使行得中也」、《禮記・玉藻》：「書思對命」注：「思，慮也」。「有思」用例見《漢書・薛宣朱博列傳》：「宣爲人好威儀，進止雍容，甚可觀也。性密靜<u>有思</u>。」

　　若我們核定此處簡文作「出言有思」，可以：

一、符合儒家政治思想：「出言有思」意即《論語・季氏》所言：「君子有九思……言思忠」、《孝經・聖治》所言：「言思可道、行思可樂、德義可尊、作事可法、容止可觀、進退可度、以臨其民。是以其民畏而愛之，則而象之。故能成其德教，而行其政令。」

二、符合本章章法邏輯：因爲上位者能「出言有思」，他的主張或立場較不易「朝令夕改」，也不會讓下位者無所適從。上位者「出言有思」，進而「從一而終」，下位者自然「見賢思齊」、「上有所好，下必甚之」，如此也就能達到「民德一」了。而「出言有思」連同下句「黎民所信」合觀，也正是一對極好理解的因果複句。

三、呼應〈緇衣〉他章章旨：「出言也思」和楚簡〈緇衣〉第十四章以後不斷強調的「言不危行、行不危言（十四章）」、「大人不倡流（十五章）」、「言則慮其所終（十六章）」、「顧言而行（十七章）」、「言有物（十八章）」等希望上位者謹言慎行的政治主張相同。

四、符合《詩經》用韻：從《詩經》用韻上來看，簡文所引爲《小雅・都人士》第一章，古押-ang 韻。雖然我們將「丨」及次句從「丨」的兩個字讀作「思（心紐之部）」與「信」，但「信（心紐眞部，古收-en）」字還是可以和原引詩篇同章上句「彼都人士，狐裘黃黃（簡文未引）」句末的「黃（匣紐陽部，古收-ang）」通押。《詩經》中類似舌尖、舌根鼻音韻尾通押的例子很多，如《衛風・淇奧》第二章作「瞻彼淇奧，綠竹青青，有匪君子，充耳琇瑩，會弁如星。瑟兮僩兮，赫兮咺兮，有匪君子，終不可諼兮。」，此章韻腳「青、瑩、星（*-eng、*-ing）」與「僩、咺」*-an、*-uan 通押即是〔註29〕。

　　不論從單句通讀、複句對應、全章章法、全篇篇旨，或儒家政治理路、《詩經》用韻來看，將郭店此字解作「思」，亦是一個好的選擇。

　　至於時賢各或將此字讀作「訓」、「引」、「絢」、「類」，言各有其理，然時賢大半拘於今本此字作「章」，所以希望將上博此字往「章法」、「文章」方面概念去作聯繫、作引申。但楚簡〈緇衣〉所引詩句，未必與今本《詩經》、《禮記・緇衣》所引《詩》篇屬同一傳本，用字也未必完全相同，所以我們也毋需固執的將上博此字與今本「章」

〔註29〕《詩經》押韻之分析請參龐存周《《詩經》韻讀圖解及其他》（重慶：重慶出版社，1999年1月），頁39、176。

字等觀同視。

簡文所引「丌容不改，出言有㇏，黎民所信」詩句相當於今本《詩·小雅·都人士》中的「其容不改，出言有章。行歸于周，萬民所望」，茲引全詩，裨供參考：

彼都人士，狐裘黃黃。其容不改，出言有章。行歸于周，萬民所望。

彼都人士，臺笠緇撮。彼君子女，綢直如髮。我不見兮，我心不說。

彼都人士，充耳琇實。彼君子女，謂之尹吉。我不見兮，我心苑結。

彼都人士，垂帶而厲。彼君子女，卷髮如蠆。我不見兮，言從之邁。

匪伊垂之，帶則有餘；匪伊卷之，髮則有旟。我不見兮，云何盱矣！

詩《序》云：「〈都人士〉，周人刺衣服無常也。古者長民，衣服不貳，從容有常，以齊其民，則民德歸壹。傷今不復見古人也。」不過日人藪敏裕於此另有一番解釋：

「彼都人士」的「都」就是馬瑞辰在《毛詩傳箋通釋》裡說的：「《逸周書》云：『士惟都人，考悌子孫。』是都人乃美士之稱。《鄭風》『洵美且都』、『不見子都』，都皆訓美。美色謂之都，美德謂之德，都人猶言美人也。」……與郭店楚簡〈緇衣〉篇相同的「其容不改」，原意只是對年輕人優雅的儀態舉止的描寫，並不含有像〈緇衣〉篇說的對行為舉止的規定這一層意思。可見郭店楚簡要求不改變傳統服裝，是站在維護傳統禮制、習俗的立場來引用〈都人士〉篇的[註30]。

若依藪先生之言，楚簡〈緇衣〉此處引詩應屬「引申詩義」模式[註31]。

另外，簡文較〈都人士〉少引「行歸於周」的這現象，我們以為這有二種可能：一是是因為古本〈緇衣〉流行於戰國楚境，時楚人國力早已能問鼎中原，楚人對其時名存然實已亡的宗周採輕蔑的態度，這種輕蔑的態度或許導致楚簡〈緇衣〉傳承者在引此詩時刻意將「行歸於周」給省略；二是楚簡〈緇衣〉的原作者所掌握的《詩經》版本可能與後世所傳者有異，漢人不察，逕自據其所傳《詩經》更動《禮記·緇衣》此段引詩，造成楚簡本與今本〈緇衣〉此處引詩的差異。而下段引詩，楚簡本作「黎民所信」，今本作「萬民所望」，兩句涵意相同而用字有異，也有可能是所傳之《詩》版本不同所致。

上博〈緇衣〉第九章認為君長的穿著、言行都關乎著民德能否純一。這樣的政治思想在先秦以君為天、為父、為民楷模的思想背景下並不難理解。《戰國策·趙策二》記武靈王想要「變服騎射」，他的叔父就上諫道：「今王釋此而襲遠方之服，變

[註30] 藪敏裕，〈《詩》的最初意義與郭店楚簡《緇衣》篇〉，《清華大學學報》哲學社會科學版，2002 年第 2 期，頁 82～83。

[註31] 林耀潾，〈周代言語引詩之詩教意義〉，《東方雜誌》復刊第 19 卷第 3 期，頁 37。

古之教、易古之道、逆人之心、畔學者、離中國。」趙文和趙造也分別說出：「衣服
有常，禮之制也。修法無惡，民之職也。三者先聖之所以教」、「聖人不易民而教、
知者不變俗而動……且服奇者志淫、俗辟者亂民」的話來，可見君長的一舉一動因
為「上有所好，下必甚之」的效果，足以左右一國的風氣，無怪乎〈緇衣〉作者對
此有所強調和說明。

第肆卷　「近賢遠嬖」

第十章

【簡　文】

　　子曰：大人不罶（親）亓（其）所𨹝〔賢〕①，而信亓（其）所賤，
眷（教）此𣇄（以）遊（失），民此𣇄（以）緮（變，煩）②。《峕（詩）
員》（云）：「皮（彼）求我則，女（如）不我旻（得），鞤（執）我敊 ﹍
（仇仇），亦不我力③。」〈君緤（陳）〉員（云）：「未視（見）【十】耴
（聖），女（如）亓＝（其）弗克視（見），我既視（見），我弗胄（由）
耴（聖）④﹍。」

【討　論】

①. 大人不罶亓所𨹝，即「大人不親其所賢」，意謂：執政的人不親近具
　　有賢德的人。

「𨹝（𨹝）」，郭店本作「臤」，今本作「賢」

時賢討論

　　上博原考釋云：「《說文》所無，『臤』之形變〔註1〕。」

濬智案

　　楚簡「臤」字約有𨹝（郭店 6.44）、𨹝（郭店 5.2）、𢆶（郭店 7.27）等三種寫

〔註1〕馬承源主編，《上海博物館藏戰國楚竹書（一）》（上海：上海古籍出版社，2001 年
　　11 月），頁 185。

法〔註2〕。第二、第三形所从之加點的「又」，它有可能是本義「用手持取、引取一物」的「搴」或「擎」的表意初文〔註3〕。全字則可能象「以手抉目」之形〔註4〕，但並不妨礙它讀作「臤（《說文》以爲古「賢」字）」。郭店〈緇衣〉此字作「&#xFFFD;」，上博此字與之相近而省「又」形。

　　包山簡有若干字作&#xFFFD;（包山簡179，原釋文作「嬰」，括注爲「賢」）或从&#xFFFD;作&#xFFFD;（包山簡172），李運富以爲：

　　　　當楷作「嫛」，釋爲「堅」。《說文·臤部》：「臤，堅也。從又臣聲。……古文以爲賢字。」又「堅，剛也。從臤從土。」古文字義符從又從攴可通，簡文「馭」又作「駁」、「賍」又作「取」，是其例。故臤即臤〔註5〕。

我們以爲包山的這組字其實也應和「搴」或「擎」有關。

②. **善此日遊，民此日綾，即「教此以失，民此以變」，意謂：教化因此紊亂，民風也會趨於卑劣。郭店本此段與上博同作，今本則作「民是以親失，而教是以煩」。**

「善」，郭店本亦作「善」，今本作「教」

時賢討論

　　「善」，上博原考釋云：「即『教』字，《信陽楚簡》1.032作『勤』，此字省力作『善』〔註6〕。」

濬智案

　　古文「教」多爲「爻」、「子」與「攴」、「殳」等偏旁的交互組合，而「善」字從「爻」從「言」，是楚簡的特有寫法。按「善」從「爻」得聲〔註7〕，「善」亦見於郭店簡，字另有「孝」、「教」、「殺」、「妓」、「歆」等異形，但以「善」最爲常見〔註8〕。

〔註2〕張光裕師、袁國華師，《郭店楚墓竹簡第一卷：文字編》（臺北：藝文印書館，1992年11月），頁104。

〔註3〕陳劍，〈柞伯簋補釋〉，《傳統文化與現代化》，1999年第1期，頁50～53。

〔註4〕季旭昇師，《說文新證（上）》（臺北：藝文印書館，2002年），頁210。

〔註5〕李運富，〈楚國簡帛文字叢考（三）〉，《古漢語研究》1998第2期，頁92。

〔註6〕馬承源主編，《上海博物館藏戰國楚竹書（一）》（上海：上海古籍出版社，2001年11月），頁185。

〔註7〕季旭昇師，《說文新證（上）》（臺北：藝文印書館，2002年），頁233。

〔註8〕季旭昇師主編，《上海博物館藏戰國楚竹書（二）讀本》（臺北：萬卷樓，2003年7

「遊」字，郭店本亦作「遊」，今本作「失」

時賢討論

　　上博原考釋云：「《說文》所無，然在竹簡文字中出現甚多，經與今本文句對照，為『失』字之古文〔註9〕。」此字早見於長沙子彈庫帛書，商承祚、陳邦懷、高明諸先生釋之為「達」；林己奈夫釋之作「迭」；饒宗頤先釋作「達」，後釋作「逆」〔註10〕。至郭店楚簡面世，又見「遊」字，今賢較之商、陳、高、林己、饒等諸君有更深一層的看法。如李家浩以為此字：「實際上應該釋為『迭』。《說文》說『迭』從『失』聲，故楚國文字的『迭』可以讀為『失』〔註11〕。」滕壬生將此字形歸於「達」字條下〔註12〕；李零以為此字應釋「遊」，在文例中都應讀作「得失」之「失」〔註13〕；趙平安則認為：

　　　　所謂遊，實際上應隸作達，它是由辵和羍兩部分組成……羍增累為達，省簡為達，都不見於傳世文獻，可能是逸的本字〔註14〕。

濬智案

　　將楚簡此字讀為「失」沒有問題，類似的通讀例子還有《上海博物館藏戰國楚竹書（二）・魯邦大旱》簡1「邦大旱，毋乃遊諸刑與德」讀作「邦大旱，毋乃失諸刑與德」等。但目前無法確切得知其字形之來源，其字之字形結構仍需待更多材料來理解。

「此以」，郭店本亦作「此以」，今本作「是以」

時賢討論

　　張富海《郭店楚簡〈緇衣〉篇研究》以為：

　　　　傳世文獻中「此以」一般不表示因果關係……但細查古書，如簡文這樣用法的「此以」也並非沒有。我們最熟悉的見於《禮記・大學》：「君子賢其賢而親其親，小人樂其樂而利其利，此以沒世不忘也。」……《文通》

　　月），頁61。

〔註9〕馬承源主編，《上海博物館藏戰國楚竹書（一）》（上海：上海古籍出版社，2001年11月），頁185。

〔註10〕以上諸說詳見王力波，《郭店楚簡〈緇衣〉校釋》（東北師範大學中文系碩士論文，2002年5月），頁45。

〔註11〕李家浩，〈讀郭店楚墓竹簡瑣議〉，《中國哲學》第20輯，頁344～346。

〔註12〕滕壬生，《楚系簡帛文字編》（武漢：湖北教育出版社，1995年7月），頁143。

〔註13〕李零，〈讀《楚系簡帛文字編》〉，《出土文獻研究》第5期，頁142。

〔註14〕趙平安，〈戰國文字的「遊」與甲骨文「羍」為一字說〉，《古文字研究》22輯，頁275～277。

就認爲《大學》此句中的「此以」是「此所以」之省。但劉淇《助字辨略》云：「『此以』猶云『是以』、『所以』。」楊樹達《馬氏文通刊誤》亦疑此「此以」與「是以」同。現在根據簡文我們可以肯定劉、楊二氏之說是正確的，《大學》此句中的「此以」確實與「是以」同。這種表因果關係的「此以」又見於以下幾例：《大戴禮記‧曾子天圓》：「弟子不察，此以敢問也。」《大戴禮記‧千乘》：「民咸孝弟而安讓，此以怨省而亂不作也。」《大戴禮記‧四代》：「心未之度，習未之狃，此以數踰而棄法也。」這三個「此以」顯然亦應作「是以」解。可以猜想，古書中與「是以」同的「此以」本來更多，由於這種用法的「此以」比較特殊，可能帶有一定的時代性或地域性，所以後來大多數被改成了「是以」〔註15〕。

濬智案

古書以「此以」表「這是因爲……」義者多〔註16〕，張富海認爲「此以」少用於因果句，待商。而《左傳‧襄公二十六年》：「古之治民者，勸賞而畏刑，恤民不倦。賞以春夏，刑以秋冬。是以將賞爲之加膳，加膳則飫賜，此以知其勸賞也；將刑爲之不舉，不舉則徹樂，此以知其畏刑也；夙興夜寐，朝夕臨政，此以知其恤民也。三者禮之大節也，有禮無敗。」文中同時出現「是以」與「此以」，若依張富海言，二者語法功能有時相同，則《左傳》此段文義恐大亂。

另張富海提出以「『此以』猶『是以』」的例子多集中在大小戴禮，但在同時期的著作如小戴禮其他篇章、《史記》、《漢書》裡，我們看不到其他「此以」作「是以」用的例子，我們在此提出一種可能：〈緇衣〉簡文這一類的「此以」作「是以」的情況，有可能是原始儒家的某禮學經典將「以此」誤倒作「此以」，爾後戰國時人、漢人傳禮，某家將錯就錯，仍抄錄作「此以」；某家深覺「此以」語滯，略爲更動經文，將之改錄作與「以此」義相近的「是以」，這也不是不可能的事。

「綧」，郭店本亦作「綧」，今本作「煩」

時賢討論

上博原考釋云：「从糸、𢋡（弁）聲，《說文》所無。曾侯乙編鐘銘文『䚊宮』、『䚊商』、『䚊徵』、『䚊羿』，即『變宮』、『變商』、『變徵』、『變羿』。古『變』與『煩』通假，『變』與『辨』亦能通，皆爲音借〔註17〕。」郭店〈緇衣〉此字亦同作「綧」，

〔註15〕張富海，《郭店楚簡〈緇衣〉篇研究》（北京大學碩士論文，2002年），頁17～18。

〔註16〕筆者普查十三經經文所得結果。

〔註17〕馬承源主編，《上海博物館藏戰國楚竹書（一）》（上海：上海古籍出版社，2001年11

郭店整理者云：「綧，簡文从糸叟（弁）聲，讀作變〔註18〕。」而張光裕師、袁國華師、李零考慮今本作「煩」，乃將之隸作「紳」〔註19〕；虞萬里讀此字為「煩」，以為《說文》解「煩」為熱頭痛，其「煩雜」義或從與「繁」字相通而來〔註20〕。

濬智案

「綧」所从之「叟」，在楚簡有多種理解與讀法〔註21〕：

一、人名姓氏用字：如包山簡 54：「喜君司敗叟受期」。

二、職官名：如包山簡 138：「大叟連中」。

三、讀作「使」：如郭店〈尊德義〉簡 21～22：「民可叟（使）道之，而不可叟（使）知之」。

四、讀作「事」：如郭店〈六德〉簡 17：「謂之以忠叟（事）人多」。

五、讀作「變」：如郭店〈五行〉簡 32：「顏色容貌叟（變）也」。

六、讀作「弁」：如上博〈孔子詩論〉簡 8：「小叟（弁）、考言，則言流人之害」

七、讀作「辯」：如信陽簡 2.07：「純德組綠叟（辯）繢」

而第一及第二用例可能讀作「史」。

很明顯的我們若要顧及與上博此字相應之今本「煩」字，則上博「綧」於此只能有兩種讀法：一讀作「變」、一讀作「紳」而通「煩」。那該將上博此字讀作「變」或「紳」，才好通假並理解同今本「煩」字呢？查古書「變」通作「煩」之例多〔註22〕，而「紳」通作「煩」例罕，故本文權將上博此字讀作「變」。在此處簡文中將「綧」讀為「變」字，不論以「變」字本義或「變」之通假字「煩」（《周

月），頁 185。

〔註18〕荊門市博物館，《郭店楚墓竹簡》（北京：文物出版社，1998 年 5 月），頁 134。

〔註19〕張光裕師、袁國華師，《郭店楚簡研究第一卷：文字編》（臺北：藝文印書館，1992 年 11 月），頁 13；李零，《郭店楚簡校讀記》增訂本（北京：北京大學出版社，2002 年 3 月），頁 64。

〔註20〕虞萬里，〈上博簡、郭店簡〈緇衣〉與傳本合校補證（中）〉，《史林》，2002 第 3 期，頁 71。

〔註21〕據謝佩霓，《郭店楚簡老子訓詁疑難辨析》（暨南國際大學中文系碩士論文）頁 52～59 之整理成果略為調整。詳細討論亦可參李家浩，〈釋弁〉（《古文字研究》第 1 輯，北京：中華書局，1974 年，頁 391～395）、袁國華師，《包山楚簡研究》（香港中文大學中國語言及文學部博士論文，1994 年，頁 220～230）、曹錦炎，〈從竹簡《老子》、《緇衣》、《五行》談楚簡文字構形〉（「第一屆『古文字與出土文獻』學術研討會」論文，2000 年 11 月 16～17 日頁 1～3），及其他如李零、張桂光、魏啟鵬諸先生的大作。

〔註22〕馬承源主編，《上海博物館藏戰國楚竹書（一）》（上海：上海古籍出版社，2001 年 11 月），頁 185。

禮‧考工記‧弓人》：「夏治筋則不煩」，鄭注：「煩，亂也。」）來替換「緂」字，文句皆得暢通。

　　參酌《禮記正義》：「言者不親任其賢有德之人，而信其賤無德者，民效于上，失其所當親，惟親愛群小，政教所以煩亂也」、元‧陳澔《禮記集說》：「親善遠惡，人心所同，所謂舉直錯諸枉則民服。今君既不親賢，故民亦不親其上。教令徒煩無益也」、清‧莊有可《禮記集說》：「端人正士，非不知其賢也，以其防己之欲而不能親；便僻側媚，非不知其賤也，以其便己之私而遂信之，此民所以失其親上之心而視教令爲具文也、則以爲法也」、清‧孫希旦《禮記集解》：「所賢，謂貴者，所賤，謂不肖者，互語之也。民，謂臣下也。蓋人君所貴者必賢，所賤者必不肖，賢者宜親，不肖者宜疏，此理之常也。今乃反之，則賢者不見親，而所親者又未必賢，此親之所以失也。貴者之權，賤者起而奪之，此教所以煩也」所揭經義，簡文「大人不親其所賢，而信其所賤，教此以失，民此以變」可譯釋作：「執政的人不親近俱有高尚賢德的人，而信用那些卑鄙、行爲低下的人，教化會因此紊亂，民風也會趨於卑劣」。

③.　〈峕員〉：「皮求我則，女不我旻，輚我敊＝，亦不我力」，即「《詩》云：『彼求我則，如不我得，執我仇仇，亦不我力』」，意謂：《詩》說：君主請求我從政時，唯恐請不動我；等到我答應了，卻又不能信賴、重用我。

「輚」，郭店與今本皆作「執」
瀋智案

　　「輚」即楚簡「執」之慣用寫法，包山楚簡常見，如「邵行之大夫亏輚（執）其倌人」、簡 58「輚（執）事人早暮求適（簡 15 反）」等之「執」作「輚」即是。至於「執」字爲何右下从「女」？何琳儀認爲：「戰國文字承襲金文，孔旁之足趾（女形），或與孔脫節，則其下誤作女旁〔註23〕。」今知楚簡「顕」字的字形演變過程中，象足趾形之處亦有訛變成女形的寫法出現。茲以爲何說可從。

「敊」，郭店本作「敨」，今本作「仇」
時賢討論

〔註23〕何琳儀，《戰國古文字典》（北京：中華書局，1998 年），頁 1381。

李零以爲其所从「各」爲「咎」之訛變〔註24〕；陳偉以爲：

　　　　此應釋爲「戟」。《滕侯戟》的器名用字即從各、從戈。楊樹達在《積
　　微居金文説》中分析説：「按『戟』爲會意字，銘文『戟』字作『戝』，从
　　戈，各聲，爲形聲字，戟之或作也。从各聲者，各與戟古音相同故也（同
　　鐸部見母）。」《汗簡》「格」字下亦收此形。聯繫到《釋名‧釋兵》：「戟，
　　格也」之説，更可相信楊樹達先生之説〔註25〕。

趙彤則認爲：

　　　　咎本從人，楚簡人與刀寫法相近，而從刀與從戈意義相近可以互換，
　　如郭店簡的「傷」字一般寫作從刀從易，而在《唐虞之道》簡 11 寫作從
　　戈從易。因此，（上博此字）很可能就是咎字，被誤認爲是從刀而又將偏
　　旁換爲戈〔註26〕。

濬智案

　　「戝」从「各」得聲（見紐鐸部），可與今本「仇」字（群紐幽部）通，我們逐
可以文字通假來解釋上博此字。不過我們知道楚簡如包山簡 207、210 等「咎」字作
刧、**刧**，其所从之「人」形書寫比例誇張，且訛近「刀」形，以楚簡「咎」字此種
特意放大「人」偏旁的獨特寫法反思趙彤以李説爲基礎所發展出來的推論，其説或
有幾分可參。至於陳偉引楊樹達説，從字音上證「戟」、「戝」爲同字異形，可從。
　　而與上博「戝」字相應之郭店〈緇衣〉此字作**糳**，原整理者以其从「來」，恐非。
我們懷疑此字从「棗」省，亦可讀同今本「仇」，説詳本論文第二部份二十一章注③。
　　「仇仇」，依毛《傳》：「猶謷謷也」、鄭《箋》：「謷謷然」、《毛詩正義》：「仇仇、
敖敖，傲也」、《禮記正義》：「音求，《爾雅》：『讎也』」、元‧陳澔《禮記集説》：「無
往而不忤其意也」等經傳訓詁釋之，於義皆有不妥。今知清‧朱彬《禮記訓纂》引
王念孫言：

　　　　《廣雅》：「扲扲，緩也。」「扲扲」，通作「仇仇」。《緇衣》鄭注「持
　　我仇仇然不堅固」，即緩持之意，與《廣雅》同，與《爾雅》、《毛傳》、《鄭
　　箋》皆異，蓋本於三家也。

則朱釋較當。

　　簡文所引「皮求我則，女不我旻，轂我戝＝，亦不我力」詩句見今本《詩‧小

〔註24〕李零，《上博楚簡三篇校讀記》（臺北：萬卷樓，2002 年 3 月），頁 53。
〔註25〕陳偉，〈上博、郭店二本緇衣對讀〉，《上博館藏戰國楚竹書研究》（上海：上海古籍出
　　　　版社，2002 年），頁 421。
〔註26〕趙彤〈郭店、上博楚簡釋讀的幾個問題〉，簡帛網，2002／10／12。

雅‧正月》：

　　正月繁霜，我心憂傷；民之訛言，亦孔之將。

　　念我獨兮，憂心京京。哀我小心，癙憂以痒。

　　父母生我，胡俾我瘉？不自我先，不自我後。

　　好言自口，莠言自口，憂心愈愈，是以有侮。

　　憂心惸惸，念我無祿。民之無辜，并其臣僕。

　　哀我人斯，于何從祿？瞻烏爰止，于誰之屋？

　　瞻彼中林，侯薪侯蒸。民今方殆，視天夢夢。

　　既克有定，靡人弗勝。有皇上帝，伊誰云憎！

　　謂山蓋卑，爲岡爲陵。民之訛言，寧莫之懲！

　　召彼故老，訊之占夢，具曰予聖。誰知烏之雌雄。

　　謂天蓋高，不敢不局；謂地蓋厚，不敢不蹐。

　　維號斯言，有倫有脊。哀今之人，胡爲虺蜴！

　　瞻彼阪田，有菀其特。天之扤我，如不我克。

　　<u>彼求我則，如不我得；執我仇仇，亦不我力。</u>

　　心之憂矣，如或結之。今茲之正，胡然厲矣！

　　燎之方揚，寧或滅之。赫赫宗周，褒姒滅之。

　　終其永懷，又窘陰雨。其車既載，乃棄爾輔。載輸爾載，將伯助予。

　　無棄爾輔，員于爾輻，屢顧爾僕，不輸爾載。終踰絕險，曾是不意！

　　魚在于沼，亦匪克樂；潛雖伏矣，亦孔之炤。憂心慘慘，念國之爲虐。

　　彼有旨酒，又有嘉殽；洽比其鄰，婚姻孔云。念我獨兮，憂心慇慇。

　　佌佌彼有屋，蔌蔌方有穀。民今之無祿，天夭是椓。哿矣富人，哀此惸獨！

詩《序》云：「〈正月〉，大夫刺幽王也」。鄭《箋》：「不始徵求我，如恐不得我……王既得我，執留我，其禮待我警警然，亦不問我在位之功力」、《禮記》鄭注：「君始求我，如恐不得我。既得我，持我仇仇然不堅固，亦不力用我，是不親信我也」。季旭昇師以爲：

　　「彼求我則，如不我得」，異說頗多，鄭箋：「王之始徵我，如恐不得我。」朱子《詩集傳》頁 130 釋爲：「夫始而求之以爲法則，惟恐不我得也。」馬瑞辰《毛詩傳箋通釋》頁 187 同鄭箋，而以「則」爲句末語助詞；于省吾《澤螺居詩經新證》頁 32 以「則」爲「敗」之訛：「彼求敗我，而不我得也。」以上三説中，一、二説釋義合理，但旁證還嫌不夠。語譯姑

依鄭箋〔註27〕。

如此則簡文「彼求我則，如不我得，執我仇仇，亦不我力」或可譯釋作：「君主請求我從政時，唯恐請不動我；等到我答應了，卻又不能信賴、重用我」。

④. 〈君緟〉員：「未視耵，女丌 =弗克視；我既視，我弗胄耵」，即「〈君陳〉云：『未見聖，如其弗克見；我既見，我弗由聖』」，意謂：人們沒有看到聖德典範的時侯，就覺得自己永遠不可能見到；等到他見過了聖德典範後，卻不能重用並實踐它。

「君緟」，郭店本作「君迚」，今本作「君陳」

時賢討論

上博原考釋云：「《尙書》篇名。緟，从糸、从申。《說文》所無。《禮記·緇衣》『君陳曰』，陸德明釋文：『陳，本亦作古陣字。』《說文》：『陣，古文陳』，段玉裁注：『古文从申不从木。』郭店簡作『迚』，今本作『陳』〔註28〕。」

濬智案

「君緟（陳）」，僞《古文尙書》篇名，《禮記·坊記》鄭注謂：「周公之子，伯禽弟。」上博〈緇衣〉第十八章與郭店本章、第十八章則作〈君迚〉。「陳」，《說文》：「宛丘，舜後嬀滿之所封。从阜从木，申聲。陣，古文陳。」南宋建安余氏刻本《禮記鄭玄注》天祿琳琅校記：「陳本亦作古陣字」〔註29〕。楚簡「緟」、「迚」、「陣（陳）」皆从「申」得聲，故可通。

「丌 =」，郭店亦作「丌」，今本作「己」

時賢討論

上博原考釋云：「其中『丌』字下有重文符，爲『其其』兩字。『丌』字在書寫時脫漏，後補入，故字體特小。郭店簡作『如其弗克見』，今本作『若己弗克見。』『若』、『如』義同〔註30〕。」林素清云：「『其其』，疑重文符衍，或『 =』爲校補

〔註27〕季旭昇師審訂、鄒濬智撰，《上海博物館藏戰國楚竹書（一）讀本·緇衣》（臺北：萬卷樓，2004 年 6 月），頁 109。
〔註28〕馬承源主編，《上海博物館藏戰國楚竹書（一）》（上海：上海古籍出版社，2001 年 11 月），頁 185。
〔註29〕南宋建安余氏刻本《禮記鄭玄注》（臺北：學海出版社，出版年月不詳），頁 735、744。
〔註30〕馬承源主編，《上海博物館藏戰國楚竹書（一）》（上海：上海古籍出版社，2001 年 11 月），頁 186。

脫文之符號，非重文符號〔註31〕。」

濬智案

今本將「丌」此字改作「己」，並不妨礙經文理解。而簡文「丌 =」中的「 =」符號，若視之爲重文符號，則全然不知「其其」二字於本句中作何解釋。我們以爲「 =」有可能如林素清說，是竹書抄寫完畢後，校對者發現此處漏抄而標下的記號。《漢書‧陳寵傳》記有：「又鉤校律令條法溢於《甫刑》者，除之。」顯見至遲在漢代，竹書在抄寫後便有提交校對的制度。校對的結果雖然大多以符號表示，但有時亦署以有明確意義的文字，或符號與文字二者並用〔註32〕。所以我們將「 =」視作是校對符號，將「丌 =」讀作「其」。

「冑（𦥯）」，郭店本作「迪」，今本作「由」

時賢討論

劉釗以爲原書將之隸定作「貴」，誤。「此字從『由』從『目』，乃古文『冑』字。『冑』本從『由』得聲」〔註33〕；白於藍亦持同樣看法，認爲此字當釋「冑」，其言：「金文中冑字很常見……《說文》：『冑，兜鍪也。從冃由聲。』《說文》：『迪，道也。從辵由聲。』可見，由、冑、迪三字讀音相通〔註34〕。」

濬智案

查楚簡「貴」字有二種寫法，一從「臾」從「貝」作「𧵣」，如曾侯簡137𧵣；一從「㕥」從「貝」作「貴」，如包山簡 192冑。上博原整理者大概以爲上博此字是楚簡「貴」的一種異寫。但細審其字形，上部與楚簡「皐（包山簡 2.266 𨌜、包山簡 2.270 𨌜）」所從「由」偏旁近，下部亦不似「貝」而近「目」。〔註35〕是知上博此字實如劉釗所言，應係「冑」字的訛寫，可通讀作郭店本「迪」或今本「由」。「鄭玄《緇衣》注：『由，用也』，由、繇訓用，乃古之常義。迪本從由聲，故亦有『用』義〔註36〕。」

〔註31〕林素清，〈利用出土戰國楚竹書資料檢討《尚書》異文及相關問題〉，《龍宇純先生七秩晉五壽慶論文集》（臺北：學生書局，2002 年 11 月），頁 94。

〔註32〕李均明、劉軍《簡牘文書學》（南寧：廣西教育出版社，1999 年 6 月），頁 78。

〔註33〕劉釗，〈讀上海博物館藏戰國竹書（一）箚記〉，《上博館藏戰國楚竹書研究》（上海：上海古籍出版社，2002 年），頁 291。

〔註34〕白於藍，〈《上海博物館藏楚竹書（一）》釋注商榷〉，簡帛網，2002／02／08。

〔註35〕楚簡文字「貝」、「目」筆劃相別甚明，詳可參袁國華師，〈望山楚墓卜筮祭禱簡文字考釋四則〉，《中央研究院歷史語言研究所集刊》第七十四本第二分，頁 308～309。

〔註36〕虞萬里，〈上博簡、郭店簡〈緇衣〉與傳本合校補證（中）〉，《史林》，2002 第 3 期，頁 74。

　　簡文「未見耶，女丌弗克見，我既見，我弗胄耶」並見於偽《古文尚書‧君陳》，
茲節錄部份相關原文如下，裨供參考：

　　　　我聞曰：至治馨香，感於神明。黍稷非馨，明德惟馨。爾尚式時周公
　　之猷訓，惟日孜孜，無敢逸豫。凡人未見聖，若不克見；既見聖，亦不克
　　由聖。爾其戒哉！爾惟風，下民惟草。圖厥政，莫或不艱。有廢有興，出
　　入自爾師虞，庶言同則繹。爾有嘉謀嘉猷，則入告爾后于內，爾乃順之于
　　外。曰：斯謀斯猷，惟我后之德。嗚呼！臣人咸若時，惟良顯哉。

書《序》云：「周公既沒，命君陳分正東郊成周，作〈君陳〉。」本章簡文所引〈君
陳〉為《尚書》篇名，但今本〈君陳〉為偽古文，原篇已佚，故簡本所引為珍貴的
古本〈君陳〉。

　　參酌宋‧蔡沈《書集傳》：「未見聖，如不能得見。既見聖，亦不能由聖」、清‧
王先謙《尚書孔傳參正》：「此言凡人有初無終。未見聖道，如不能得見。已見聖道，
亦不能用之，所以無成」、《禮記正義》：「凡人未見聖道之時，如己不能見；既見聖
道，亦不能用之也」所揭經義，簡文「未見聖，如其弗克見，我既見，我弗由聖」
可譯釋作：「人們沒有看到聖德典範的時侯，就覺得自己永遠不可能見到；等到他見
過了聖德典範後，卻不能重用並實踐它」。

第十一章

【簡　文】

　　子曰：大臣之不罞（親）也，則忠敬不足，而賹（富）貴已迡（過）①。邦家之不窟（寧）也，<u>則大臣不台（治）而埶（褻）臣怳（奪）也。此以大臣</u>②【十一】不可不敬也，民之蘁（蕝）也③。古（故）君不與少（小）慇（謀）大，則大臣不宵（怨）④。〈軯（晉，祭）公之募（顧）命〉員（云）：「毋㠯（以）少（小）慇（謀）敗大煮（圖）⑤，毋㠯（以）辟（嬖）御晝（疾）妝（莊）后⑥，毋㠯（以）辟（嬖）士晝（疾）夫=（大夫）向（卿）使（事，士）⑦▄。」

【討　論】

①. 大臣之不罞也，則忠敬不足，而賹貴已賻，即「大臣之不親也，則忠敬不足，而富貴已過」，意謂：大臣如果不受到尊重，那麼大臣的忠敬就會不夠，而他所享有的富貴就顯得太超過了。

「已（𠬝）」，郭店本與今本亦皆作「已」

時賢討論

　　上博此字，李零以為：「『已』，原作『月』，應是抄寫錯誤」〔註1〕；陳偉說：
　　　　在香港中文大學文物館所藏楚簡中，有一段《緇衣》殘簡，其中「其容不改」的「改」字左旁與上博本相當「已」的字類似。……依照陳先生（陳松長）對於這個「改」字的分析，上博本此字可以看作「已」字的異體……我們也可以認為將「已」字寫成近似「月」字的樣子，大概是一種有規律的錯誤〔註2〕。

濬智案

　　「已」即「巳」字〔註3〕。「巳」在古文字中原本當天干使用，但彛書缶中已見

〔註1〕李零，《上博楚簡三篇校讀記》（臺北：萬卷樓，2002年3月），頁54。
〔註2〕陳偉，〈上博、郭店二本緇衣對讀〉，《上博館藏戰國楚竹書研究》（上海：上海古籍出版社，2002年），422。
〔註3〕容庚，《金文編》（北京：中華書局，1985年），頁995。

「巳」當「已」字用。「已（巳）」字，甲骨文作 （後上 18.3）、（前 4.4.3），金文作 （叔上匜）、（盂鼎）。于省吾以爲：「『辰巳』之『巳』，則借『子』爲之。」〔註 4〕董蓮池以爲：「『巳』像子未成之形，當本『子』之異構，子、巳二詞古音相近，『巳』一詞無形可象，便借未成形之『子』表之。」〔註 5〕上博此字，以「像子未成形」之甲（）、金文（）「巳」字與楚系文字「已」字如郭店簡 11.61 、仰天湖 25.28 對照之，其應如李零所說，是「已」字的誤寫。「已」之所以訛近月形，實在是因爲楚字已有一種「先寫上一小彎筆，再寫下一長勾筆」的寫法〔註 6〕，這種寫法易讓字形看起來與「月」形相混淆，以致於讓上博〈緇衣〉的抄手抄錯了字。

　　楚簡把第一筆彎寫的筆劃和第二長勾筆一齊寫，之後再補上缺的那一小筆的情況，不唯見於此。楚簡「龏」字右上象龍身的偏旁，一般都寫近「巳」，如包山簡 191 所從；但也有把第一筆彎寫的筆劃和第二長勾筆一齊寫，之後再補上缺的那一小筆而寫近「冂」的情況，如信陽簡 1.024 右上所從。所以我們認爲把「先寫上一小彎筆，再寫下一長勾筆」的上博此字看作是「巳」的錯寫應該不會有太大的問題。

　　不過既然我們認爲楚簡的「冂」偏旁也和上博此字有幾分相似（如望二策「即（）」字所從），我們當然也不完全排除上博此字作「冂」而讀作「即」、簡文全句作「富貴即過」的這一可能。

　　「則忠信不足而富貴已過也」句，《禮記正義》：「沈氏云：『大臣離貳，不與上親，政教煩苛，百姓不安，是忠敬不足致然，由富貴已過極也』」、清・莊有可《禮記集說》：「已過，太甚也」。「已」字於此不論作時間副詞「已經」或作程度副詞「太甚」理解〔註 7〕，均能修飾形容詞「過（過份）」，且與上下文意通。故上博此字隸定作「已」，應無疑義。

楚簡「忠敬不足，而富貴已過」，與今本同
時賢討論

　　李存山結合《郭店・忠信之道》的相關思想，認爲楚簡〈緇衣〉中的：

　　　　「忠敬」與「富貴」對舉，「忠敬」的道德主體和使大臣富貴的施動

〔註 4〕于省吾主編，《甲骨文字詁林》（北京：中華書局，1996 年 5 月），頁 539。

〔註 5〕董蓮池，《說文部首形義通釋》（長春：東北師範大學出版社，2000 年），頁 387～388。

〔註 6〕黃錫全，〈讀上博簡（二）箚記（四）〉，簡帛網，2003／05／16。

〔註 7〕王力《古漢語字典》（北京：中華書局，2000 年），頁 260。

者都是君主，「忠敬」同「富貴」一樣不應分讀（君臣忠敬不足、富貴太過）。然而《禮記・緇衣》鄭玄注曰：「忠敬不足，謂臣不忠於君，君不敬其臣」，將忠、敬分屬臣和君兩個道德主體，意甚牽強。這是由於漢代「忠」已成爲只是對臣而不是對君的道德要求。這與楚簡〈緇衣〉的「忠敬」和〈忠信之道〉的「忠信」有著很大的區別〔註8〕。

張富海則認爲：

> 「大臣之不親也，則忠敬不足，而富貴已過也」，意爲大臣不親近君主，乃由於大臣所得到的忠敬不足，而富貴則過分。楊樹達《詞詮》認爲連詞「則」表因果關係時，其上之文爲原因，其下之文爲結果。這顯然是最一般的情況。但相反的情況，即「則」上之文爲結果，「則」下之文爲原因的情況也是有的。如《禮記・檀弓下》：「晉獻公之喪，秦穆公使人弔公子重耳……（重耳）稽顙而不拜，哭而起，起而不私。子顯以致命於穆公。穆公曰：『仁夫公子重耳！夫稽顙而不拜，則未爲後也，故不成拜；哭而起，則愛父也；起而不私，則遠利也。』」很明顯，「未爲後」、「愛父」、「遠利」分別是「稽顙而不拜」、「哭而起」、「起而不私」的原因。簡文是相同的情況。簡文之「忠」應當指君主對臣下之「忠」〔註9〕。

濬智案

　　若依李存山的推論邏輯，他的命題是∵「大臣不親」，∴「（君臣）忠敬不足」、「（君臣）富貴太過」→「邦家不寧」。但李先生忽略了一個問題，「忠敬」用「不足」、「富貴」用「太過」等比較性的副詞作補足語，則「忠敬」與「富貴」的主語必另有其他相比較對應的行爲（意即相較於某種行爲或待遇，「（君臣）忠敬不足」、「（君臣）富貴太過」），但在李先生的推論裡，「（君臣）富貴太過」與「（君臣）忠敬不足」這組情況是「大臣不親」造成的共同結果。如此一來，我們便找不到「忠敬不足」與「富貴太過」的另外兩個與之相比較對應的行爲。

　　爲了符合〈緇衣〉此章的論述合理性，我們認爲「不足」的「忠敬」和「已過」的「富貴」應該就是簡文此處所敘述之互相比較的相對行爲，而「不足」的「忠敬」和「已過」的「富貴」的主語都是臣下。臣下之所以會「忠敬不足」、「富貴已過」，全都是因爲「大臣不親（君上不親近臣下）」。

　　用這樣的邏輯來理解簡文「忠敬不足，而富貴已過」除了較李說一∵「大臣不親」，∴「（君臣）忠敬不足」、「（君臣）富貴太過」→「邦家不寧」更爲合理外，用

〔註8〕李存山，〈讀楚簡《忠信之道》及其他〉，《中國哲學》第20輯，頁266。
〔註9〕張富海，《郭店楚簡〈緇衣〉篇研究》（北京大學碩士論文，2002年），頁19。

「不足」和「太過」來修飾單一主語（臣下）的「忠敬」與「富貴」行為，也才能達到行文的對比修辭效果。故本論文以為「忠敬不足」、「富貴已過」指的都是臣下單方、非君臣雙方的行為。至於張富海以為此處的「忠」係君主的行為，大概也是沒完全理解簡文此段的章法結構，其說待商。

　　據此，《禮記》鄭注：「忠敬不足，謂臣不忠於君，君不敬其臣」、元・陳澔《禮記集說》：「君之敬不足於臣，徒富貴之太過而然耳」、清・莊有可《禮記集說》：「忠謂臣，敬謂君」等將「忠敬」或「忠敬」與「富貴」分開討論的說法，都有可商之處。

②. 濬智案

　　原書整理者依殘簡長度判斷，以為此處仍有 14 個缺字。今知上博〈緇衣〉完簡簡長約在 54.3 公分左右，抄寫時不留天地空白。本簡殘長 41 公分，殘存 38 字，則平均每字使用 1 公分抄寫，是知此處應有（54.3～41）／1≒13 個缺字。不過上博〈緇衣〉自此簡（第十一簡）至第十七簡簡字長度明顯變小，平均每字使用 1 公分不到，則本簡應殘去 13～14 個字。今以郭店〈緇衣〉對覈，補入「則大臣不治而褻臣託也。此以大臣」14 個字。

郭店「褻」，今本作「邇」

濬智案

　　「褻」為「藝（疑紐月部）」之本字，可讀為「褻（心紐月部）」。「褻」，《說文》：「私服」，段注：「引伸為凡昵狎之稱，假借為媟字」，《廣雅・釋言》：「褻，慢也」；「狎」，《禮記・曲禮上》：「賢者狎而敬之」注：「習也、近也、惕也」、《國語・楚語》：「神狎民則」注：「習是相近之義，故訓為近」；「昵」即「暱」，《說文》：「日近也……或从尼作」，段注：「〈釋詁〉、〈小雅〉傳皆云：『近也』」；「邇」，《說文》、《禮記・緇衣》鄭注：「近也。」「褻」本義為私服，因為私服近身而有狎近之意。楚簡〈緇衣〉用「褻」而今本用「邇」，屬是同義字互用，於文義無礙。

郭店「託」，今本作「比」

時賢討論

　　郭店原考釋注：「託，借作『託』。《說文》：『託，寄也』」〔註10〕；李零隸定此字作「托」而無說。〔註11〕

〔註10〕荊門市博物館，《郭店楚墓竹簡》（北京：文物出版社，1998 年 5 月），頁 134。
〔註11〕李零，〈郭店楚簡校讀記〉，《道家文化研究》17 輯（北京：三聯書局，1999 年 8 月），

濬智案

「怋」應讀作「奪」，「𠂆」从「乇」得聲，古爲透紐鐸部，「奪」則爲定紐月部，聲近而韻皆爲入聲，應可通。「奪」字字義，當如《論語·陽貨》：「惡紫之奪朱也，惡鄭聲之亂雅樂也」中之「奪」，有「喧賓奪主」意。如此，簡文「褻臣奪也」可譯釋作：「近臣也就想方設法的來擴充自己的勢力」。

③. 民之蕝也，即「民之蕝也」，意謂：人們的榜樣。

「蕝」，郭店亦作「蕝」，今本作「表」

時賢討論

上博原考釋云：「楚簡文字『絕』作『𢇍』或『㡭』。《說文》：『朝會束茅表位曰蕝。』《國語·晉語八》：『置茅蕝，設望表〔註 12〕。』」

濬智案

「絕」作「𢇍」、「㡭」，於楚簡文字中實在多見，如望山簡、曾侯乙墓竹簡、包山簡中之「絕」字均如此作。又郭店〈性之命出〉簡 13「蕝（蕝）」注：「於簡文中則有表徵之意〔註 13〕。」今本〈緇衣〉作「表」而楚簡〈緇衣〉作「蕝」，應是同義字的互換使用現象。

④. 大臣不肙即「大臣不怨」。「肙」字，上博原整理者誤隸作「令」，詳參本論文第二部份第五章注④。

⑤. 〈䢃公之𡨄命〉員：「毋目少悬敗大惹」，即「〈祭公之顧命〉云：『毋以小謀敗大圖』」，意謂：〈祭公之顧命〉說：不要以小謀敗壞大政。

「䢃公」，郭店本作「晉公」，今本作「葉公」

時賢討論

「䢃」，上博原考釋云：「『辨』从二倒『矢』，《說文》所無。據簡文，辨公作《寡

頁 483。

〔註 12〕馬承源主編，《上海博物館藏戰國楚竹書（一）》（上海：上海古籍出版社，2001 年 11 月），頁 187。

〔註 13〕荊門市博物館，《郭店楚墓竹簡》（北京：文物出版社，1998 年 5 月），頁 134。

命》，《禮記‧緇衣》鄭玄注：『葉公，楚縣公葉公子高也，臨死遺書曰顧命。』則簡文之䔲公，當爲葉公。郭店簡作『䔲公』，『䔲』從甘，今本作『葉』〔註14〕。」郭店原書注比上博注多引清儒孫希旦的注釋：「孫希旦云：『葉當作祭公』，『祭公之顧命者，祭公謀父將死告穆王之言也。今見《逸周書‧祭公解篇》』（《禮記集解》）」。

上博「䂩」字（䂩），李零懷疑：

> 此字象手持雙矢，乃「射」字之異構，不同處只在一持弓，一持矢（「射」
> 本從弓不從身）。「祭公」，今本作「葉公」。楚「葉公」之「葉」，古讀正
> 與「射」字相近（「射」是船母鐸部字，「葉」是書母葉部字，讀音相近）
> 〔註15〕。

江寧以爲：

> 上博簡本此字作兩倒矢形。細審郭店簡此字，其下部從「曰」，此可
> 無論；上部實是從二「戈」，即「戔」之本字，只是其「戈」中間一斜彎
> 筆寫得過于豎直，下部的撇筆變爲挑筆，遂與「矢」形相似，其實並非是
> 「矢」。故此字當分析爲從曰戔聲，古字從「曰」、從「口」、從「言」常
> 無別，故此字當即「諓」之或體，「祭」與「諓」旁紐雙聲、對轉疊韻，
> 音近而假。上博簡本作二矢形，亦應是「戔」字之形訛，金文中「戔」字，
> 皆是左右並列結構。「戔」、「諓」雙聲疊韻，讀音相近也〔註16〕。

吳振武以沈培「西周金文〈師湯父鼎〉『矢䂎』連用，孫詒讓認爲『䂎』當讀爲『箭』……『晉』以『箭』爲聲旁，並不奇怪。前述孫詒讓文就曾引古書注解『古文箭爲晉』。把『䔲』釋爲『箭』，其讀爲『祭』，就是元部和月部（祭部）陽入對轉的關係〔註17〕」的說法爲基礎，云：

> 今觀上博簡作「䔲」，筆者以爲也不能排除「葉」由「䔲」之殘文訛
> 變而來的可能性。〔註18〕

郭店「晉」字，李學勤以爲：

> 上部從彗，應隸寫爲彗。《說文》沒有彗字，惟在彗字下說：「掃竹也。
> 從又持彗。」並云：「彗字或從竹作篲，古文則從竹、習作篭。掃竹便是

〔註14〕馬承源主編，《上海博物館藏戰國楚竹書（一）》（上海：上海古籍出版社，2001年11
月），頁187～188。

〔註15〕李零，《上博楚簡三篇校讀記》（臺北：萬卷樓，2002年3月），頁54。

〔註16〕江寧，〈郭店楚簡《緇衣》文字補釋〉，簡帛網，2002／09／12。

〔註17〕沈培，〈卜辭「雉眾」補釋〉，《語言學論叢》第26輯，頁238～239。

〔註18〕吳振武，〈假設之上的假設——金文「䔲公」的文字學解釋〉，「第四屆國際中國古文
字學研討會」論文（香港：香港中文大學，2003年10月），頁9。

掃帚。殷墟甲骨文有彗字，有的下從二又，羅振玉《殷虛書契考釋》、商承祚《殷虛文字類編》釋爲彗。這個字或省去下半作彗，學者也釋作彗。甲骨文的習字從彗，所以《說文》彗字古文從習是有來由的。彗古音月部，習在葉部，兩部有密切聯系，如上面提到的葉字也在葉部。《說文》說的彗，是彗、彗的變形，當視爲省又的彗。這樣我們知道，郭店簡我們談的那個字，實際是從彗聲。祭是精母月部，從彗聲的字也是屬月部，或爲精母，或爲心母，與祭通假是很自然的〔註19〕。

張守中亦接受李說，以爲郭店此字通「彗」〔註20〕。廖名春以爲：

> 「晉」字，《禮記‧緇衣》作「葉」而《逸周書》作「祭」。從鄭玄注到孔穎達疏，都以「葉」爲本字，以爲「葉公，楚縣公葉公子高也」。宋人王應麟，清人莊述祖、楊用修、王念孫、孫希旦都以「葉當作祭」。其說是。李學勤先生認爲楚簡「晉」字從「彗」聲，與「祭」字音同；而「葉」字從「世」聲，從世聲的字與「祭」字韻同聲近，所以「晉」、「葉」都能與「祭」字通假。其說可信。《逸周書》的「祭」爲本字，「晉」、「葉」都爲借字〔註21〕。

李家浩以爲：

> 《郭店楚墓竹簡‧緇衣》篇的「祭公」之「祭」，原文寫法與大府鎬的「晉」相似，也應該釋爲「晉」。楊樹達說「晉」是「箭」的古文（《積微居小學金石論叢》（增訂本 13～14 頁）。「箭」從「前」聲。古書中有從「前」聲之字與「淺」通用的例子（高亨：《古字通假會典》195～196 頁）。郭店楚簡「淺」、「察」二字所從聲旁相同。「察」從「祭」聲。於此可見，「晉」可以讀爲「祭」〔註22〕。

陳高志以爲：

> 彗，簡本不作隸定，今本作「葉」，孫希旦《禮記集解》說：「葉是祭之誤」。考索《逸周書‧祭公解》之內容，可知孫氏之言不虛。《祭公解》說：「汝無以嬖御固莊后，汝無以小謀敗大作，汝無以嬖御士疾大夫卿士。」就字形來說，簡本應隸作「晉」。在上古韻部中，晉在眞部，與祭懸遠，

〔註19〕李學勤，〈釋郭店簡祭公之顧命〉，《文物》1998 年第 7 期，頁 44～45。
〔註20〕張守中，《郭店竹簡文字編》（北京：文物出版社，2000 年 5 月），頁 104。
〔註21〕廖名春，《新出楚簡試論》（臺北：臺灣古籍出版公司，2001 年 5 月），頁 93。
〔註22〕李家浩，〈楚大廈鎬銘文新釋〉，《語言學論叢》22 輯（北京：商務印書館，1999 年），頁 98～99。又收入《著名中年語言學家自選集——李家浩卷》，合肥：安徽教育出版社，2002 年 12 月。

唯聲母同近。晉，《廣韻》音即刃切，中古屬精紐。祭，《廣韻》音子列切，
又側界切。一在精紐，一屬莊系，上古精莊互用。因此，祭、晉可謂雙聲
通叚。又，第二十六簡：「呂刑員：非用疌……。」簡本注 70 說：「本句
今本引作苗民匪用命。」《尚書・呂刑》作「苗民弗用靈。」疌此處不知
用作何義。疌，《說文・至部》：「到也，从二至。」此字與晉字結構應屬
「同意」。《說文・至》：「鳥飛從高下至地也。」此說出於許君之主觀想像。
至的古文作 ，像箭矢著地之狀，故字有「前進」之義。《說文・孨部》
收有奇字 ，許君說：「盛貌…… ，籀文孨从二子，一曰即奇字曇。」
此字或是晉字別構。《信陽》簡有「縉」字，其字偏旁即作 ，故 應隸作
「晉」而讀作「命」，因命、令、晉古韻同在眞部，只是聲母有些許距離。
在《郭店竹簡》中有不少的通叚字是脫離既有的假借律則，此就是其中一
例〔註 23〕。

孔仲溫與陳高志意見相同〔註 24〕；王輝和徐在國則引分曾侯乙墓、太賞鎬、望楚簡
的「晉」字字形如 、 、 ，除了再次確定郭店此字就是「晉」字外，王輝以
爲《釋文》：「晉，孟作齊」、《儀禮・士冠禮》：「君俎嚌之」句鄭玄注：「嚌當爲祭」。
故「晉」、「祭」可通；徐在國以爲「晉」從二箭，「箭」古屬精紐元部，「祭」古屬
精紐月部，故可通假。王、徐二先生的說法，在聲韻上的補充更堅實了陳高志、孔
仲溫二位先生的想法〔註 25〕。

濬智案

　　郭店此字釋「晉」，有一定的依據。「 」字上部從二「至」，「至」爲「矢」之
倒文，即「箭」之初文〔註 26〕。但是，郭店〈緇衣〉簡 10「晉」字作「 」，與同
篇簡 12 此字作「 」寫法有明顯的不同；上博〈緇衣〉簡 6「晉」字作「 」，而
簡 12「轾（晉省）」作「 」，同爲「晉」字，寫法也是明顯地不同。爲什麼兩篇材
料的同一個書手都會寫成不同的字形？會不會是有什麼區別作用？在此，我們姑且
把郭店此字隸作「晉」、上博此字隸作「轾」，仍讀「晉」〔註 27〕。

〔註 23〕陳高志，〈郭店楚墓竹簡緇衣篇部分文字隸定檢討〉，《張以仁先生七秩壽慶論文集》
　　　　（臺北：學生書局，1999 年），頁 367。
〔註 24〕孔仲溫，〈郭店楚簡緇衣字詞補釋〉，《古文字研究》22 輯，頁 247～248。
〔註 25〕王輝，〈郭店楚簡釋讀五則〉，《簡帛研究 2001》頁 173；徐在國，〈郭店楚簡文字三
　　　　考〉，分見《簡帛研究 2001》頁 182。
〔註 26〕參何琳儀，《戰國古文字典》（北京：中華書局，1998 年），頁 1151、季旭昇師，《說
　　　　文新證（上）》（臺北：藝文印書館，2002 年），頁 364。
〔註 27〕季旭昇師審訂、鄒濬智撰，《上海博物館藏戰國楚竹書（一）讀本・緇衣》（臺北：萬

　　雖然簡文此處可姑且隸定作「晉公」，但〈緇衣〉所引〈祭公之顧命〉之作者究竟是「晉公」、「祭公」抑或「葉公」？要處理這個問題，我們得先釐清「顧命」一詞的意義與文化內涵。

　　「顧命」首見《尚書‧顧命》：「成王將崩，命召公、畢公率諸侯相康王，作《顧命》。」傳：「二公為二伯，中分天下而治之……臨終之命曰顧命。」疏：「顧是將去之意，此言臨終之命曰顧命，言臨將死去迴顧而為語也。」後來「顧命」多用指為帝王遺詔，如《後漢書‧陰興傳》：「帝風眩疾甚，後以興領侍中，受顧命於雲臺漢室」、三國‧魏‧曹操《領袞州牧表》：「臣以累葉受恩，膺荷洪施，不敢顧命」、《南史‧褚彥回傳》：「明帝崩，遺詔以為中書令、護國將軍，尚書令袁粲朋顧命，輔幼」等。顯見「顧命」者與受「顧命」者的地位皆十分之高。

　　了解「顧命」一詞的意義與文化內涵後，我們便可逐一來分析古今本〈緇衣〉此處顧命者——「晉公」究竟為何人。

　　一、〈緇衣〉此處顧命者可能是葉公：主張此說者有漢‧鄭玄、元‧陳澔（《禮記集說》：「葉，公楚葉縣尹沈諸梁，字子高，僭稱公也」）。

　　從政治地位上來看，葉公子高係一區區縣尹，何能「顧命」？而〈緇衣〉顧命之言提及：「毋以嬖御疾莊后，毋以嬖士疾大夫卿士」。若顧命者真的是縣尹，其繼位縣尹之婚配也不可能稱莊后、其職配也不可能稱大夫卿士。是以從官制與禮制上來說，今本〈緇衣〉中的葉公、楚簡本〈緇衣〉中的晉公應該不是葉公子高。

　　二、〈緇衣〉此處顧命者可能是晉公：《左傳‧昭公二十八年》記：「昔周公弔二叔之不咸，故封建親戚，以蕃屏周。管、蔡、郕、霍、魯、衛、毛、聃、郜、雍、曹、滕、畢、原、酆、郇，文之昭也；邘、晉、應、韓，武之穆也……」武王子叔虞封唐，子燮父改遷晉水旁，為晉，其封地主稱「晉公」。姬姓之晉公為一國之君，的確有資格作顧命。所以〈緇衣〉簡「晉公」可能不用破讀成他字而逕作字面「晉公」來理解。

　　如果真的是晉公顧命，他的顧命對象可能有兩個：一是周王－如果他曾入周輔政；二是繼其位的晉公子。但一則文獻上尚未見任一「晉公」入周輔政而臨薨顧命的記載，二則若「晉公之顧命」對象係繼位之晉公子，時晉公子未繼位為君，其妃絕不得稱「莊后」。故雖然「晉公」一詞之歷史合理性得以成立，但從史料上、禮制上來看，「晉公」似乎不太可能作〈顧命〉。所以楚簡「晉公」還是不讀作本字而作解。

　　三、〈緇衣〉此處顧命者可能是祭公：主張此說者有清‧江永（《群經補義》：「〈緇

衣〉引葉公之顧命，葉當爲祭，此祭公謀父臨終之言，見《汲冢周書・祭公解》篇」）、清・惠棟（《九經古義注》：「此《周書・祭公父》之辭。穆王時，祭公疾不瘳。王曰：『公其告予懿德。』祭公拜首稽首曰：『嗚呼天子，女無以嬖固莊后，女無以小謀敗大作，女無以嬖御士疾大夫卿士。』祭公將歿而作此篇，故謂之顧命。其事亦見汲邵古文」）及前述部份時賢先生們。

簡文所引〈祭公之顧命〉並見於《逸周書・祭公解》：

> 公曰：嗚呼天子，我不則，寅哉寅，哉汝無以庶□罪疾，喪時二王大功。汝無以嬖御固莊后、汝無以小謀敗大作、汝無以嬖御疾大夫卿士……

《逸周書》，黃懷信曾多方考證，以爲：

> 係周人於孔子刪《書》之後，取其所刪餘篇，以及傳世其他周室文獻，又益以當時所作（如《太子晉》等篇），合爲篇七十，依《書》之體，按時代進行編次，並對舊篇進行了程度不同的解釋、加工或改寫，篇名附上「解」字，又仿書《序》作《序》一篇，合訂而成，其時代，當在春秋晚季的周景王末世（前 532～前 520 年）〔註28〕。

若其說可信。三本〈緇衣〉引書見於周景王《逸周書》的這一現象，結合前文所提及的禮制、政治地位，兼參時賢們的相關考察，我們認爲周穆王時輔政的祭公，的確有可能就是古今本〈緇衣〉此章提及的〈祭公之顧命〉篇作者。

「晉（祭）」公一名，爲何會傳抄成今本的葉公？前述廖名春之言未盡，今知清・朱彬《禮記訓纂》引有楊用修與王念孫之說：

> 此文載《逸周書・祭公解》。蓋祭公疾革，告穆王之言，「祭」字誤作「葉」耳。（楊用修）

> 「祭」與「蔡」古字通。《呂氏春・秋音初》篇「周昭王及公拯於漢中」，僖四年《左傳》疏作「祭公」，《墨子・初染》篇「幽王染於蔡公縠」，《呂氏春秋・當染》篇作「祭公敦」。《春秋》鄭「祭仲」，《易林・既濟之鼎》作「蔡仲」。皆其證也。〈緇衣〉之「祭公」作「葉公」者，亦是「蔡」即爲「祭」，因誤而爲「葉」耳。（王念孫）

可參。此外，清末章太炎另有新說：

> 是文王時先有蔡國矣……春秋時之葉，即在南陽府葉縣南三十里。葉與蔡地望相聯，當文王時，蔡公之國，必兼得葉縣。故蔡公亦可稱葉公，猶韓可稱鄭也。此《逸周書》之祭公謀父，祭當爲蔡省，即文王時蔡公之

〔註28〕黃懷信，《古文獻與古史考論》（濟南：齊魯書社，2003 年 6 月），頁 78。

後，非《左傳》所謂凡蔣邢茅胙祭周公之胤者。《周語》穆王將征犬戎，祭公謀父諫曰。韋《解》云：「祭，畿內之國，周公之後也。」此未諦矣。蓋蔡地雖封蔡叔之後，而蔡公子孫之徙封者，亦仍稱蔡公，並亦仍稱葉公，此猶咸林之鄭遷于鄶國，而仍以鄭稱也。故葉公即是祭公，即是謀父，非字有誤也〔註29〕。

以爲「蔡」兼有「葉」地，故「蔡公」亦得稱作「葉公」，可備一說。

　　此外，我們依前文考釋結果要順帶處理的是，上文徐在國所引望山楚簡 2.23「晉（𣉘）」字，早先中山大學文字學研究室《戰國楚簡研究（四）》舊釋作「曾」，讀作「綖」，並引《說文通訓定聲‧豫部》：「綖，綬維也」作解；朱德熙、裘錫圭、李家浩諸先生《望山竹簡釋文與考釋》則僅隸定作「曾」而無說〔註30〕，諸說皆有可疑。此字明顯是「晉」字，於遣策簡文中與錦織品同列，應讀作「縉」。《說文》：「縉，帛赤色」。曾侯乙墓簡 70 亦有此字，簡文作「晉席」，原考釋：「以簡文常言『紫席』例之，疑『晉席』之『晉』讀爲『縉』。《後漢書‧朱景王杜馬劉傅豎馬列傳》：『遂使縉紳道塞』，李賢注：『縉，赤色也〔註31〕。』」

「思」，郭店本亦作「思」，今本作「謀」

時賢討論

　　上博原考釋云：「爲『謀』字古文。中山王𦦶鼎銘文『謀』字从母从心作『思』，與簡文同。《集韻》：『謀，或作思』〔註32〕。」

濬智案

　　「思」字於楚簡多作「謀」，如：郭店〈老子甲本〉簡 25：「其未兆也，易思（謀）也」、郭店〈語叢四〉簡 13：「不與智思（謀）」皆釋爲「謀」。而上博〈孔子詩論〉簡 26「隰有萇楚，得思之也」之「思」亦讀作「謀」〔註33〕。

「煮」，郭店本亦作「煮」，今本作「作」

時賢討論

〔註29〕（清）章太炎，《膏蘭室札記》，《章太炎全集》第七冊（上海：上海人民出版社，1982年 2 月），頁 217～218。

〔註30〕詳參程燕，《望山楚簡研究》（安徽大學中文系碩士論文，2002 年 5 月 20 日），頁 15。

〔註31〕裘錫圭、李家浩，《曾侯乙墓‧曾侯乙墓竹簡釋文與考釋》（北京：文物出版社，1989年 7 月），頁 519。

〔註32〕馬承源主編，《上海博物館藏戰國楚竹書（一）》（上海：上海古籍出版社，2001 年 11月），頁 187。

〔註33〕同門鄭玉姍，〈詩論廿六簡思字管見〉，簡帛網，2003／01／06。

上博此字，陳斯鵬認爲：

> 字當讀「圖」。馬承源先生在討論《孔子詩簡》時引上博簡《魯邦大旱》有「圖」字從口從者，可爲佐證。圖，亦謀也。圖謀由心出，故字從心作。另，此字讀「緒」亦可通。《爾雅・釋詁》：「緒，事也〔註34〕。」

郭店此字，王力波以爲：

> 從心者聲，或爲表「思念」義之「著」的專字。《小爾雅・廣言》：「著，思也」、《禮記・祭義》：「至愛則存，玫愨則著」鄭玄注：「存、著則謂其思念也」……惹上古當屬魚部章紐，作上古屬鐸部精紐，魚鐸對轉，故惹可借作「作」〔註35〕。

孟蓬生則直截了當視其爲「圖」的借字，認爲典籍中「浮圖」或作「浮屠」，故二者通假上沒有大問題。而「圖」字，《說文》：「畫計難也」〔註36〕。

濬智案

陳斯鵬〈初讀上博楚簡〉引〈孔子詩論〉「圖」作「圕」，主張「惹」即「圖謀」之「圖」，可從。惹（從「者」聲，照紐魚部）、圖（定紐魚部）、作（精紐鐸部），音近可通，義亦相近。

⑥. **毋㠯辟御譸妝后，即「毋以嬖御疾莊后」，意謂：不要因爲寵愛地位較卑下的宮人而厭惡莊重的王后。**

「辟御」，郭店本作「卑御」，今本作「嬖御」

濬智案

上博與郭店此詞應讀「嬖御」。「嬖」，寵幸也（《左傳・隱公三年》注）；「御」，地位較低的宮人。《禮記・昏義》：「古者天子后立六宮、三夫人、九嬪、二十七世婦、八十一御妻，以聽天下之內治，以明章婦順，故天下內和而家理。天子立六官、三公、九卿、二十七大夫、八十一元士，以聽天下之外治，以明章天下之男教，故外和而國治。」「嬖御」即御妻之屬。

「譸（🔲）」，郭店本作「愳（🔲）」，今本作「疾」

〔註34〕陳斯鵬，〈初讀上博楚簡〉，簡帛網，2002／02／05。
〔註35〕王力波，《郭店楚簡〈緇衣〉校釋》（東北師範大學中文系碩士論文，2002年5月），頁50。
〔註36〕孟蓬生，〈郭店楚簡字詞考釋（續）〉，《簡帛語言文字研究》第1輯，頁26。

時賢討論

上博此字，原考釋云：「从聿，㐭聲。《說文》所無，疑即《說文》『蠹』字之省文，《說文》：『蠹，傷痛也，从血、聿，㐭聲。《周書》曰「民罔不蠹傷心，讀若憘」。』段玉裁注：『按當作䜑，言部曰：「䜑，痛也。」』音義皆近〔註37〕。」郭店此字，原考釋云：「息，簡文从『皀』从『心』，借作『塞』。《國語・晉語》：『是自背其信而塞其忠也』注『絕也』〔註38〕。」

郭店此字，李零以爲：

> 簡文可能是「蠹」字的省體（「蠹」是曉母職部字，「疾」是從母質部字，「息」是心母職部字），「蠹」是傷痛之義，與「疾」含義相近〔註39〕。

廖名春以爲：

> 兩憩字，《禮記・緇衣》皆作「疾」。《逸周書・祭公》一作「固」，一作「疾」。「憩」爲「息」字之繁化。《郭店楚墓竹簡》以「塞」爲「憩」之本字，誤矣。「息」爲「肅」之借字。書《序》：「肅慎來賀。」陸德明《經典釋文》：「肅慎，馬本作息慎。」《史記・周本紀》肅慎作息慎。《爾雅・釋詁上》：「肅，疾也。」《國語・齊語》：「是故其父兄之教不肅而成。」韋昭注：「肅，疾也。」《禮記・禮運》：「刑肅而俗敝，則民弗歸也，是謂庇國。」鄭玄注：「肅，峻也，疵病也。」「肅」與「疾」義近，故可通用。孔晁訓「固」爲「戾」，戾即罪，義與「肅」與「疾」近。王念孫、潘振云、莊述祖説皆誤〔註40〕。

黃德寬、徐在國〈郭店楚簡文字考釋〉將此字讀爲「疾」〔註41〕；周桂鈿〈荊門竹簡緇衣較讀札記〉視之作「息」，表放棄、休息的意思〔註42〕；劉信芳〈郭店簡〈緇衣〉解詁〉亦訓「息，《郭店》讀爲『塞』，按『息』讀如字，休也，止也，猶棄也。《史記・周本紀》『一發不中者，百發盡息。』索隱：『息猶棄，言並棄前善』〔註43〕。」

〔註37〕馬承源主編，《上海博物館藏戰國楚竹書（一）》（上海：上海古籍出版社，2001 年 11月），頁 188。

〔註38〕荊門市博物館，《郭店楚墓竹簡》（北京：文物出版社，1998 年 5 月），頁 134。

〔註39〕李零，《郭店楚簡校讀記》增訂本（北京：北京大學出版社，2002 年 3 月），頁 64～65。

〔註40〕廖名春，《新出楚簡試論》（臺北：臺灣古籍出版公司，2001 年 5 月），頁 94～95。

〔註41〕黃德寬、徐在國，〈郭店楚簡文字考釋〉，《吉林大學古籍整理研究所建所十五周年紀念論文集》（長春：吉林大學出版社，1998 年 12 月），頁 103。

〔註42〕周桂鈿，〈荊門竹簡緇衣較讀札記〉，《中國哲學》第 20 輯，頁 208。

〔註43〕劉信芳，〈郭店簡〈緇衣〉解詁〉，《郭店楚簡國際學術研討會論文集》（武漢：湖北人民出版社，2000 年），頁 172。

濬智案

楚簡〈緇衣〉此字，於今本《逸周書·祭公》中一作「固」，一作「疾」。郭店「愳」字與「矗」相去太遠，李說仍有討論空間，郭店此字應如廖名春言，是「息」的繁體。至於上博「矗」字，有可能係「矗」字省寫，而「矗」字《說文》有「百聲」、「讀若憙」二音，第二音「憙（許力切，曉紐職部）」與「息（心紐職部）」、「疾（從紐質部）」聲韻俱近，可以通假。「矗」讀爲「疾」，疾惡也。《逸周書》作「固」，孔晁注：「固，戾也。」《毛詩·抑》傳：「戾，罪也。」

⑦. **毋 曰 辟士矗夫 =向使**，即「**毋以嬖士疾大夫卿士**」，意謂：不要因寵愛地位低下的近臣而排斥地位崇高的大夫卿士。

「向使」，郭店本作「卿事」，今本作「卿士」

時賢討論

上博原考釋云：「郭店簡作『卿事』，今本作『卿士』〔註44〕。」

濬智案

「向（曉紐陽部）」，在楚簡中常通假作「鄉（曉紐陽部）」、「嚮（曉紐陽部）」二字〔註45〕，如郭店〈緇衣〉簡 42～43：「故君子之友也有向（鄉），其惡有方」、郭店〈六德〉簡 2～3：「使之有向（鄉）也，非聖智者莫之能也」、郭店〈尊德義〉簡 28：「爲占率民向（嚮）方者，唯德可」等〔註46〕古文字「鄉」、「卿」本爲一字之分化〔註47〕。此處「向」字既可與「鄉」、「嚮」通讀，當然可以讀同今本「卿（溪紐陽部）」。

「卿使」應讀爲「卿事」，「使」即「吏」，加義符「人」旁，古文字「史」、「吏」、「事」同字〔註48〕。「卿事」金文多見，羅振玉以爲即「卿士」〔註49〕。「卿士」，《尚書·牧誓》：「是信是使，是以爲大夫卿士」，清·孫星衍疏：「大夫卿士不云卿大夫士，蓋以此士，卿之屬也。」《詩·小雅·十月之交》：「皇父卿士，番維司徒」，宋·朱熹注：「卿士，六卿之外，更爲都官，以總六十。」《左傳·隱公三年》：「鄭武公、

〔註44〕馬承源主編，《上海博物館藏戰國楚竹書（一）》（上海：上海古籍出版社，2001 年 11 月），頁 188。

〔註45〕張光裕師，〈萍廬藏公朱右官鼎跋〉（《中國文字》新 23 期，頁 73～74）早已言及。

〔註46〕詳參冀小軍，〈釋楚簡中的向字〉，簡帛網，2002／07／21。

〔註47〕詳季旭昇師，《說文新證（下）》，臺北：藝文印書館，2004 年。

〔註48〕季旭昇師，《說文新證（上）》（臺北：藝文印書館，2002 年），頁 33。

〔註49〕羅振玉，《殷虛書契考釋》，北京：北京圖書館出版社，2000 年，線裝一函不分頁。

莊公爲平王卿士」，晉‧杜預注：「卿士，王卿之執政者」。由是可見「卿使（卿事，卿士）」的官職地位不低。

參酌《逸周書》晉‧孔晁注：「嬖御，寵妾也。莊，正也……小謂不法先王也。大作，大事也……言無親小人疾后子」、《禮記》鄭注：「嬖御人，愛妾也。疾，亦非也。莊，后，適夫人齊莊德禮者。嬖御士，愛臣也。莊士，亦謂士之齊莊德禮者，今爲大夫、卿、士」、元‧陳澔《禮記集說》：「疾，毀惡之也；莊，猶正也、敬也。君所取正而加敬之之謂也」所揭經義，簡文所引〈祭公之顧命〉「毋以以小謀敗大圖，毋以嬖御疾莊后，毋以嬖士疾大夫卿士」可譯釋作：「不要因小謀而敗壞大政，不要因爲寵愛地位較卑下的宮人而厭惡莊重的王后；不要因寵愛地位低下的近臣而排斥地位崇高的大夫卿士」。

第伍卷 「慎刑重爵」

第十二章

【簡　文】

　　子曰：【十二】長民者薔（教）之𠙻（以）惪（德），齊之𠙻（以）豊（禮），則民又（有）昱（恥，誠）心①。薔（教）之𠙻（以）正（政），齊之𠙻（以）型（刑），則民又（有）㽙（免）心②。古（故）慈（子）𠙻（以）惡（愛）之，則民又（有）翠（親），信𠙻（以）結之，則民怀＝（不背）③。龍（恭）𠙻（以）立（涖）之，則民又（有）㳂＝（遜心）④。《峕（詩）》員（云）：【十三】「虘（吾）夫＝（大夫）龏（恭）虘（且）僉（儉），林（麻，靡）人不斂（斂）⑤。」〈呂型（刑）〉員（云）：「虻（苗）民非甬（用）霝（命），折（制）𠙻（以）型（刑），隹（惟）复（作）五𥎞（祄，戒）之型（刑）曰㙁（法）⑥▬。」

【討　論】

①. 長民者薔之𠙻惪，齊之𠙻豊，則民又昱心，即「長民者教之以德，齊之以禮，則民有恥（誠）心」，意謂：領導人民的上位者，用道德來教育人民，用禮義來約束人民，人民才會培養出知恥（誠實）的品行。此段今本〈緇衣〉作「夫民教之以德，齊之以禮，則民有格心」。

濬智案

　　今本〈緇衣〉將受教、受齊之賓語「民」前置，將施教、施齊之主語「長民者」

省略。相較今本，楚簡〈緇衣〉此段論述在語法上平易自然許多。

「昱（）」，郭店本作「懽」，今本作「格」

時賢討論

上博原考釋云：「从口从立，《說文》所無。《包山楚簡》2.48 有『昱鄹』，2.41 作『陉』，『昱』字存疑〔註1〕。」上博此字，李零以爲：

> 此字疑同「聑」，而以音近讀爲「恥」（「聑」是清母緝部字，「恥」是透母之部字，讀音相近），郭店本作「歡」，讀爲「勸」，含義有別〔註2〕。

趙建偉則疑其：

> 是「吳心」的訛寫，讀作「娛心」（《詩・絲衣》「不吳不敖」，孔穎達正義：「人自娛樂，必歡嘩爲聲，故以娛爲嘩也。定本娛作吳」）。「娛」、「歡」同訓，「娛心」即「歡心」。「歡心」、「娛心」之詞語爲典籍常見（《文子・道德》「王者得其歡心，爲之奈何」、《孝經・孝治》「故得百姓之歡心」、《史記・樂書》「太史公曰：夫上古明王舉樂者，非以娛心自樂，快意恣欲，將欲爲治也〔註3〕。」

包山簡此字見簡 48，在簡 41、188 則作「鄑」。黃錫全引璽印文字如《古璽文編》卷十三「均」字或从「立」作、「坡」字或从「立」作，以爲「陉」、「昱」所从之「立」，實爲「土」偏旁，字應讀「吐」，作姓氏解〔註4〕；巫雪如以爲包山簡中的「昱（鄑）鄹」爲人名，當是「龏夫人」之家臣〔註5〕。

濬智案

上博「昱」字，趙先生以爲其作「吳」而讀作「娛」。字形上，「吳」，金文作（師酉簋）、（中山王鼎），楚簡作（包 2.167）、（包 2.169），皆與上博此字不甚相似，故我們認爲此字作「吳」而讀作「娛」的機會不大；思想上，〈緇衣〉整篇多半在闡述「上行下效」的政治理想，重點擺在君民如何修德、上下一心，〈緇衣〉最多只是間接點到、希望君上能讓百姓過點政治清平的好日子，倒沒有說到君上在「導之以禮，齊之以德」後能使百姓覺得「歡娛」的。畢竟「禮」、「德」和「刑」、「法」都是限制人類自然性的硬式規定，用「禮」、「德」和「刑」、「法」來限制、

〔註1〕馬承源主編，《上海博物館藏戰國楚竹書（一）》（上海：上海古籍出版社，2001 年11 月），頁 189。

〔註2〕李零，《上博楚簡三篇校讀記》（臺北：萬卷樓，2002 年 3 月），頁 55。

〔註3〕趙建偉，〈「民有娛心」與「民有順心」說〉，簡帛網，2003／08／30。

〔註4〕黃錫全，《湖北出土商周文字輯證》（武昌：武漢大學出版社，1992 年），頁 193。

〔註5〕巫雪如，《包山楚簡姓氏研究》（臺大中文系碩士論文，1996 年 5 月），頁 72。

規勸人民，人民應該「歡娛」不起來。「禮」、「德」和「刑」、「法」兩組概念，前者較順應人情、較有促進民眾心靈提升上的價值，後者較不近人情、較易令社會風氣流於投機取巧，所以儒家乃至於〈緇衣〉作者在政治思想的論述中乃重視「禮」、「德」而輕略「刑」、「法」。總的來看，我們認爲趙先生的申說還可再討論。

「昱」字，季旭昇師以爲以上諸家，似以李零先生之說較好，但季師以爲：

> 李說沒有詳細中明原因，而且訓詁通轉也嫌曲折了些。「昱」字應該釋爲從「口」、「立（來母緝部）」聲，讀爲「恥（透母之部）」，二字聲同爲舌頭音，韻則爲旁對轉（緝之旁對轉，見陳新雄師《古音學發微》1083頁）《論語‧爲政》：「子曰：『道之以政，齊之以刑，民免而無恥；道之以德，齊之以禮，有恥且格。』」今本《禮記‧緇衣》用「格（見母鐸部）」，《郭店》本用「勸（溪母元部）」，與「格」音義俱近。《上博》本用「恥」，都和《論語》可以對應〔註6〕。

師說可從。

不過我們也發現了一個情況，那就是不唯璽印文字中「立」、「土」偏旁如黃錫全所言兩兩混用，楚簡中亦見「立」、「土」形近相訛互用的現象，如楚簡「臧」字（帛丙8.1 ），一般或加「土」羨符（包2.177 ），但包山簡2.205之「臧（）」字，下所從之「土」羨符卻訛成「立」形；包山簡188「坡」字從「立」不從「土」作 ，亦是其例。我們認爲郭店〈老子甲〉簡38「涅」字作 ，右下半「土」形寫近「立」，可能就是「土」形訛成「立」形的過渡字形。是以楚簡「昱」或從「昱」之字，也有可能是從「口」從「土」的「呈」字訛形。不過楚簡「昱（呈）」字，恐怕不是前引黃先生所言，是「吐」字的異體。

查楚簡上「口」下「土」之「呈」不論單獨成字（如郭店簡1.1.10 ），或作爲某字的偏旁（如包山簡2.58 ），多作「呈」使用。若「昱」下爲「土」偏旁之訛寫，則「昱」就是「呈」字的訛形。

那麼，若將上博此字釋作「昱（呈，呈）」字，在包山和上博簡文中又該作何解釋呢？

一、包山簡中的「呈（郢）鄭」

所謂的「呈（郢）鄭」，出現在包山司法受期簡中，一說以爲是「聲夫人」的家臣。「楚聲王」，即楚共（恭）王，其時當在西元前500年左右，而包山簡抄錄時代

〔註6〕季旭昇師審訂、鄔濬智撰，《上海博物館藏戰國楚竹書（一）讀本‧緇衣》（臺北：萬卷樓，2004年6月），頁119。

約當西元前 300 年，值頃襄王時，如果「昱（郢）鄝」係「靐夫人」的家臣，絕活不到頃襄王時來和他人打官司。我們想「呈（郢）鄝」的身份應如劉信芳言：

> 楚國於先王夫人之親屬及其僕役，設有專門的居住地，有專門的職官管理。在先夫人去世後，此類人等繼續留居，侍奉陵寢，被稱之為「某夫人之人」〔註 7〕。

其名作「鄝」，間接也指出了此人之社會階級為僕役（靐夫人陵墓之僕役）。

而包山簡 41 末，留有記錄此次司法訴訟的官員署名——「羕迻公」。「羕迻公」指的是職屬「羕地」而職等為「迻公」的官員〔註 8〕。羕地在古穎河流域中游，為楚縣之一。由此我們可以推敲「昱（郢）鄝」這個人可能在羕地附近活動，才會到羕迻公所屬的官府興訟。

依「呈（郢）鄝」這個姓氏猜想，此人或其先祖可能生於楚「郢都」，因其生身地望以得姓〔註 9〕。歷史上的楚國「郢都」共有三處：最早指「南郢」（今江陵），至頃襄王 21 年（西元前 278 年），秦將白起克之，而遷都舊陳地，稱「陳郢」，而後再遷至「壽郢」。〔註 10〕以包山簡的抄錄時代（西元前 300 年左右）推論，「呈（郢）」其人當值頃襄王時，其生活空間應在當時的楚都－陳郢。這個「陳郢」亦在古穎河流域中游，恰與「羕地」相鄰〔註 11〕，「呈（郢）鄝」其人活動的地域在「陳郢」附近，因故到鄰近的「羕地」官府興訟，其事由「羕迻公」所記，十分合理。

二、上博簡中的「民有呈心」

上博此字，隸定作「呈（呈，定紐耕部）」，讀作「誠（禪紐耕部）」。「呈（呈）」、「誠」韻同，而先秦楚地方言端系與照系有密切關係〔註 12〕，故簡文「呈心」讀作「誠心」沒有太大的問題。「誠心」一詞多見先秦文獻如戰國南儒荀子的〈不苟〉、〈解蔽〉等文章中。而「誠」字，《說文》：「信也」、《玉篇》：「信也、敬也」、《廣韻》：「審也、信也、敬也。」上博簡文「長民者教之以德，齊之以禮，則民有誠心」解作「領導人民的上位者，用道德來教育人民，用禮義來約束人民，人民才會培養出信實忠厚的品行」，亦十分通順。

〔註 7〕劉信芳，《包山楚簡解詁》（臺北：藝文印書館，2002 年），頁 51。

〔註 8〕文炳淳《包山楚簡所見楚官制研究》（臺大中文系碩士論文，1997 年 12 月），頁 161。

〔註 9〕完顏紹元《中國姓名文化》（上海：上海古籍出版社，2001 年），頁 16～17 記古人有以國名、邑名、所生或所居的自然環境或地域名稱為姓者。

〔註 10〕今壽縣，楚遷都細節詳參高介華、劉玉堂《楚國的城市與建築》（漢口：湖北教育出版社，1995 年 8 月），頁 93～152。

〔註 11〕顏世鉉《包山楚簡地名研究》（臺大中文系碩士論文，1997 年 6 月），附圖。

〔註 12〕如楚簡中「等」可通讀作「志」、「蜀」可通讀作「獨」即是，詳見曾昱夫《戰國楚地簡帛音韻研究》（臺大中文系碩士論文，2001 年 6 月），頁 34。

　　至於此「誠」字，爲何在今本〈緇衣〉中作「遜」？今知《論語‧衛靈公》有：「君子義以爲質，禮以行之、孫以出之、信以成之」句，《正義》曰：「此章論子之行也。義以爲質，謂操執以行者，當以義爲體質。文之以禮，然後行之。孫順其言語而出之。守信以成之。能此四者，可謂君子哉！」「孫順」是君子以義爲質所表現在言語方面的態度；「誠信」是君子以義爲質所表現在行爲方面的態度。上博〈緇衣〉用「誠」，而今本〈緇衣〉用「遜」，都是在強調主政者以「德」、「禮」化民，民自然「義以爲質」。至於其心或「誠」或「遜」，只是上博或今本傳者描述之偏重不同，混言之則無異。

②. 民又免心，即「民有免心」，意謂人民亦只會苟且逃避（刑罰）。

「免」，郭店本作「㝵」，今本作「遜」

時賢討論

　　上博原考釋直接隸定作「免」云：「《史記‧樂書》『免席而請』，張守節正義：『免猶避也。』郭店簡作『㝵』。今本作『遜』。『遜』與『免』義近〔註13〕。」上博此字，季旭昇師以爲：「《上博》此字即『冕』之初文……。《郭店》此字則爲『挽』之初文〔註14〕。」

　　郭店此字，李零以爲：

　　　　「免」，整理者不釋，以爲相當今本「遜」字。案此字又見《成之聞
　　　　之》簡23，疑是「娩」字的古寫，「免」與「遜」含義相近〔註15〕。

陳偉以爲：

　　　　這個字大概从「其」得聲，讀作「欺」。傳世本〈緇衣〉此句作「則
　　　　民有遜心」，鄭玄注云：「遜，逃也。」遜另有「欺」的含義。《廣雅‧釋
　　　　詁二》：「遁，欺也。」王念孫疏證云：「賈子《過秦論》云：『姦僞並起，
　　　　而上下相遁。』《淮南子‧脩務訓》：『審於形者，不可遜以狀。』高誘注
　　　　云：『遜，欺也。遜與遁同。』〈緇衣〉云：『教之以政，齊之以刑，則民
　　　　有遜心。』」意思可能是說拿政令、刑罰壓制民眾，民眾會拿欺謾來對付。

〔註13〕馬承源主編，《上海博物館藏戰國楚竹書（一）》（上海：上海古籍出版社，2001年11月），頁189。

〔註14〕季旭昇師審訂、鄔濬智撰，《上海博物館藏戰國楚竹書（一）讀本‧緇衣》（臺北：萬卷樓，2004年6月），頁119。

〔註15〕李零，《郭店楚簡校讀記》增訂本（北京：北京大學出版社，2002年3月），頁65。

這與鄭注有異〔註16〕。

魏宜輝、周言則據望山簡 17、37、38 言及心疾「駭」之簡文字形，以爲郭店此字或與「孩」有關，讀爲「駭」，字義爲「驚駭」〔註17〕，白於藍從之〔註18〕；吳辛丑則以爲「孨」字是望山簡「悉」字省簡而來，此字可能「忍」字的異體，而《汗簡》收有「忌」字異體正作「忎」，《小爾雅・廣言》亦收有「惎，忌也」詁訓一條，故「孨」字有可能就是「忌」字的異寫。吳先生並引《說文》「忌，憎惡也」、「惎，毒也」詁訓「孨」字，以爲簡文「教之以政，齊之以刑，則民有孨心」句意謂上位者用刑法來治理人民，人民就會咒毒、憎惡上位者〔註19〕；王力波同吳辛丑說，並增引《廣雅・釋詁四》：「忌，恐也」、《左傳・昭公六年》：「民則有辟，則不忌於上」杜預注：「勸移於法，故民不畏上」，以爲其與郭店同簡對文之「懂（勸）」意義恰好相對〔註20〕，王寧從之〔註21〕。而稍後白於藍亦同陳偉說，不排除此字可讀爲「欺」而云：

> 从子「丌」聲，「丌」乃《說文》之「丌」字，「丌」字於郭店簡《緇衣》篇中屢見，均用作「其」……「其」字均作「丌」。故（郭店此字）當隸作「孨」。「孨」字雖未見於字書，然循其音義以推求，在簡文中當讀爲「欺」。《說文》：「欺，詐也。」《論語・子罕》：「吾誰欺，欺天乎？」又《戰國策・秦策一》：「反覆東山之君，從以欺秦。」韋昭《注》：「欺，詐也。」故簡文之「民有孨（欺）心」意即民有欺詐之心〔註22〕。

趙建偉則認爲：

> 與上博簡「免心」相對應的郭店簡「孨心」疑讀作「异心」（「其」爲之部字，「异」爲之部入聲的職部字。按：此「异」與「同異」之「異」爲二字，《說文》訓爲「舉」），《尚書・堯典》傳釋「异」爲「已也，退也」，孔穎達正義說「异聲近已，已訓止，是停住之義，故爲退也」。「民有异心」，謂面對法教刑罰，民知戒止而避退之也。此與上博簡及今本的「民有免

〔註16〕陳偉，〈郭店楚簡別釋〉，《江漢考古》1998 第 4 期，頁 67～68。

〔註17〕魏宜輝、周言〈讀郭店楚墓竹簡補記〉，《古文字研究》22 輯，頁 232～233。

〔註18〕白於藍，〈孨字補釋〉，《上博館藏戰國楚竹書研究》（上海：上海古籍出版社，2002 年），頁 456～459。

〔註19〕吳辛丑，《簡帛典籍異文研究》（廣州：中山大學出版社，2002 年 10 月），頁 29～30。

〔註20〕王力波，《郭店楚簡〈緇衣〉校釋》（東北師範大學中文系碩士論文，2002 年 5 月），頁 52。

〔註21〕王寧，〈郭店楚簡《緇衣》文字補釋〉，簡帛網，2002／09／12。

〔註22〕白於藍，〈釋孨、靬〉，《古文字研究》第 22 輯，頁 267。

心」、「民有遁心」相近〔註23〕。

早出之望山簡此字，中山大學古文字學研究室《戰國楚簡研究（四）》引《長沙楚帛書》「孛」，以爲其即「孛（悖）」字；商承祚《戰國楚竹簡匯編》所論亦同〔註24〕。

濬智案

　　師說是，師著〈從《新蔡葛陵》簡談戰國楚簡「**免**」字——兼談《周易》「十年貞不字」〉論之甚詳可參〔註25〕。

　　簡文「長民者教之以德，齊之以禮，則民有緝心。教之以政，齊之以刑，則民有免心」思想，除見於《論語》：「道之以政，齊之以刑，民免而無恥；道之以德，齊之以禮，有恥且格」外，亦見《管子‧君臣下》：「明君在上，忠臣佐之，則<u>齊民以政刑</u>，牽於衣食之利」、《荀子‧富國》：「必將脩禮以齊朝、正法以齊官、<u>平政以齊民</u>，然後節奏齊於朝、百事齊於官、眾庶齊於下」。《韓非子‧八經》亦有類似的論述：「<u>設法度以齊民</u>、信賞罰以盡民能、明誹譽以勸沮。」結合《管子》、《論語》、〈緇衣〉、《荀子》及戰國晚期的《韓非子》來看，可明顯覺察到自春秋到戰國，「德禮」與「刑法」在列國爭霸的大環境影響下，於諸子的政治論述中，地位此消彼長。

③. **伓** =，即「不倍（背）」。

「伓」字

濬智案

　　讀作「倍」，即古文「背」字。《說文》小篆「倍」作**倗**，其右上所從即是「不」形〔註26〕。與簡文此處相同的通假例尚見郭店〈忠信之道〉「信人不伓」讀作「信人不背」、上博〈孔子詩論〉「《浴風》伓」讀作「《谷風》背」、上博〈子羔〉「於伓而生」讀作「於背而生」等。

〔註23〕趙建偉，〈「民有娛心」與「民有順心」說〉，簡帛網，2003／08／30。

〔註24〕詳參程燕，《望山楚簡文字研究》（安徽大學中文系碩士論文，2002 年 5 月 20 月），頁 2～3 相關討論。

〔註25〕季旭昇師，〈從《新蔡葛陵》簡談戰國楚簡「**免**」字——兼談《周易》「十年貞不字」〉，《文字學學術研討會論文集》（臺中：東海大學中國文學系，2004 年 3 月 13 日），頁88～98。

〔註26〕季旭昇師主編，《上海博物館藏戰國楚竹書（二）讀本》（臺北：萬卷樓，2003 年 7 月），頁 38。

④. 㤅心，即「遜心」。

「㤅」，郭店本作「愻」，今本作「孫」

時賢討論

　　上博原考釋云：「中山國《𨟭𥂆壺》銘文『隹㥭（朕）先王』，『㤅』字所从之关與之相同。郭店簡作『愻心』。今本作『孫心』。『㤅心』或可讀爲『遜心』〔註27〕。」沈培鉅細靡遺的引據楚方言、《說文》等文獻資料，證明从「关」之字（包括上博此字）可讀成「尊」、「寸」、「訓」。他並認爲既然从「关」之字能讀成「尊」、「寸」、「訓」等，那麼上博「㤅」字在通假成郭店「愻」、今本「孫」上應該也沒有問題〔註28〕。不過趙建偉以爲：

　　　　與郭店簡及今本的「遜心」相對應的上博簡「㤅心」當讀作「順心」（《說文》在「從人关聲」的字下說「古文以爲訓字」）。「訓」、「順」古通作。今本《緇衣》「遜心」下鄭注說「遜，順也」〔註29〕。

濬智案

　　若從字音上來，沈培讀「㤅」作「愻（孫）」、趙建偉讀「㤅」作「順」，都沒問題。不過清‧俞樾《古書疑義舉例》云：

　　　　《禮記‧緇衣篇》：「信以結之，則民不倍，恭以涖之，則民有孫心。」惠氏棟《九經古義》謂「孫心」當作「愻」。《說文》：「愻，順也。」《書》云：「五品不愻」，今文《尚書》作「訓」，古文《尚書》作「愻」，今孔氏本作「孫」，衛包又改作「遜」，古文亡矣，〈緇衣〉猶存古字耳〔註30〕。

爲了忠於古書原本用字、減少楚簡本與今本〈緇衣〉對讀時的困擾，我們還是將上博「㤅心」讀同郭店、今本「愻（孫）心」。

　　清‧朱彬《禮記訓纂》引呂與叔闡述今本此章「夫民教之以德」至「民有孫心」章義之言曰：

　　　　格者，正也。政者，所以禁民爲非。刑者，所以懲民之爲非，能使之知不善而不爲，亦強制之而已。故民非心悅誠服，欲逃其上而不可得，此所以有遯心，孔子所謂「免而無恥」者也。德禮所以正其本，政刑所以齊

〔註27〕馬承源主編，《上海博物館藏戰國楚竹書（一）》（上海：上海古籍出版社，2001 年 11 月），頁 189。

〔註28〕沈培，〈上博簡緇衣篇「㤅」字解〉，《新出楚簡與儒學思想國際學術研討會論文集》（北京：清華大學思想文化研究所，2002 年 3 月 31 日～4 月 2 日），頁 210～214。

〔註29〕趙建偉，〈「民有娛心」與「民有順心」說〉，簡帛網，2003／08／30。

〔註30〕詳參林尹，《訓詁學概要》（臺北：正中書局，1972 年），頁 21 所引。

其末。苟無其本，則法不足以勝姦。我待之以愛，則彼必親我；待之以信，則彼必不倍我；待之以恭，則彼必能遜。此人情之常然，況君民之間乎？可參。

⑤. 虗夫 ＝冀虗臿，𣓀人不歛，即「吾大夫恭且儉，麗人不斂」，意謂：我的大夫能夠恭敬且節儉，那麼人民就沒有不約束收斂的。

「𣓀人不歛」，郭店作「𣓀人不斂」

「𣓀」字

時賢討論

上博原考釋云：「『𣓀』爲《說文》部首，云：『葩之總名也。𣓀之言微也，微織爲功。象形。』『𣓀人』詞義未詳」。郭店與此同作，原整理者隸定作「𣓀」，讀之作「磨」。郭店此字，劉樂賢以爲：

> 下句「𣓀人不斂」的「𣓀」字，見於《說文解字》，其解釋是：「𣓀，葩之總名也。𣓀之爲言微也，微織爲功，象形。」此字古書罕用，讀音難考；然據許愼「𣓀之爲言微也」，則與「微」的讀音相近。如此，則可以考慮將簡文讀作「微人不斂」。「微」有「無」的意思，「微人不斂」即「無人不斂」。但是，古漢語中似乎未見有「微＋名詞＋不＋動詞」的句子結構。所以，「𣓀」讀爲「微」不一定妥當。「𣓀」字又見於郭店楚簡《六德》第二十七至二十八號簡：「絰（疏）衰齊戊𣓀實，爲昆弟也，爲妻亦然。」整理者所引「裘按」已經指出，《儀禮・喪服》記服兄弟、妻之喪時都有「疏衰裳齊，牡麻経」，並讀簡文的「戊𣓀實」爲「牡麻経」。按：古代戊與牡、實與経讀音相近，確可通假。實、経相通的例子，上引「裘按」已經舉出。戊、牡相通的例子，在郭店楚簡本身就有，例如《老子》甲本第三十四號簡的「牝戊」，今本作「牝牡」。可見，裘先生讀「戊𣓀實」爲「牡麻経」是可信的。從這個用例不難推斷，「𣓀」當與「麻」讀音相近〔註31〕。

黃德寬、徐在國以爲：

> 𣓀即麻之本字。《說文》𣓀，葩之總名。麻與𣓀同。〈緇衣〉36 白珪之石，尚可碞（磨）也。磨字從麻作𣓀。〈成之聞之〉8「君衰絰而處立」

〔註31〕劉樂賢，〈讀郭店楚簡札記三則〉，《中國哲學》第 20 輯，頁 359～361。

句，裘錫圭先生按：衰下一字，其下部即麻所从之㣺，其上部疑是至之省寫。此字似當釋絰麻。麻絰為喪服。立當讀為位。絰所从麻也省作㣺。〈六德〉28「戊（牡）㣺（麻）實（絰）」，麻作㣺，因此㣺人不斂當即麻人不斂。此簡麻當通靡。《呂氏春秋‧任數》：「西服壽靡」，《山海經‧大荒西經》作「壽麻」可證。麻（靡）人不斂」猶「無人不斂」也。《詩‧大雅‧蕩》：「靡不有初，鮮克有終」，《邶風‧泉水》：「有懷于衛，靡日不思」均屬其例〔註32〕。

陳高志據《說文》「㣺，葩之總名也」之訓，視簡文㣺人與前句之大夫為上下對文，為小民、平民而渾言〔註33〕；孔仲溫以為「林人」即「麻人」，是績治麻縷的職官，故此句可解作「負責績治麻縷的官吏，就可以不必向百姓們徵收麻縷的賦斂了」〔註34〕；王寧以為：

> 楚簡此字實「㪊」字之省，《說文》：「㪊，分離也。」《通訓定聲》：「積而能散」，《太玄‧玄告》：『散而聚』，經傳皆以『散』為之。」楚簡之「散而不斂」謂以財物散施於人而不聚斂也〔註35〕。

濬智案

王寧之說乍視可通，但存在著一些問題。若依王說，簡文此處在強調吾大夫自身儉約、散施不聚斂，但「儉約」與「散施」的因果關係何在？且若此處引詩只在說明吾大夫「儉約」而後「散施」的行為，也似毫呼應不了本章「君子德風」、「見賢思齊」的章旨。〈緇衣〉通篇所引《詩》、《書》皆各能呼應其章旨，此章所引，不太有可能例外。

而若「林人不斂」依劉、黃、徐三人說法，義猶「靡人不斂（沒人不聚斂）」，是個雙重否定句，這便滿足不了此處簡文所要表達「上行下效」的意思。因此我們認為孔先生所釋「麻人不斂」較通。簡文「麻人不斂」配合前句「吾大夫恭且儉」，主要在強調上位者若以身作則，下位者便會鵠而從之。

「斂」字

時賢討論

大部份人接受廖名春的看法：

〔註32〕黃德寬、徐在國，〈郭店楚簡文字續考〉，《江漢考古》1999年第2期，頁75。
〔註33〕陳高志，〈讀郭店楚墓竹簡札記〉，《中國哲學》第21輯，頁238。
〔註34〕孔仲溫，〈郭店楚簡《緇衣》字詞補釋〉，《古文字研究》22輯，頁248。
〔註35〕王寧，〈郭店楚簡《緇衣》文字補釋〉，簡帛網，2002／09／12。

　　　　「歛」，「斂」之繁文，其「僉」下有「日」，與「韱」同。郭店楚簡「僉」字下皆有「日」，作「曶」。「斂」，義爲收斂，約束，整肅。《新語‧無爲》：「秦始皇設爲車裂之誅，以斂姦邪。」《漢書‧陳咸傳》：「邵中長吏，皆令閉門自斂，不得踰法〔註36〕。」

但徐寶貴則認爲「斂」字在此句中不能訓作「徵收」，他視：

　　　　此字當是「欽」之假借字……「欽」有「敬」義。……前句寫吾大夫的爲人，後句寫人們對他們的態度。二句譯成白話文是：「吾大夫恭謹又儉約，無人不敬佩〔註37〕。」

潘智案

　　我們以爲就單句的理解而言，徐說未必有誤，但「吾大夫恭且儉」而後「靡人不欽」，只點出下位者看到上位者恭儉行爲時的心理反應。若「吾大夫恭且儉」而後「靡人不斂」，便寫出了下位者欽佩上位者恭儉行爲後接著見賢思齊的動作，如此則似較「靡人不欽」更接近通篇〈緇衣〉不斷在強調的「德化」篇旨。

　　不過在上述眾說之外，另有一種譯釋「林人不斂」的看法值得我們注意，顏世鉉云：

　　　　學者釋「靡人不斂」即「無人不斂」，卻未有進一步的解釋。簡文「斂」字有檢制、收束之意，《孟子‧梁惠王上》：「狗彘食人食而不知檢」，趙《注》云：「言人君但養犬彘，使食人食，不知以法度檢斂也。」《漢書‧食貨志‧贊》所引《孟子》文「檢」作「斂」。《詩‧小雅‧桑扈》鄭《注》：「王者位至尊，天所予，然而不自斂以先王之法，不自難以亡國之戒，則其受福祿亦不多也。」孔《疏》：「斂者，收攝之名。」《孟子‧離婁上》載孟子曰：「恭者不侮人，儉者不奪人。侮奪人之君，惟恐不順焉，惡得爲恭儉？恭儉豈可以聲音笑貌爲哉？」趙岐《章指》：「人君恭儉，率下移風，人臣恭儉，明其廉忠：侮奪之惡，何由干之而錯其心。」《禮記‧樂記》：「恭儉而好禮者，宜歌〈小雅〉。」孔《疏》：「恭謂以禮自恃，儉謂以約自處。」簡文之意爲：吾國大夫能恭敬而儉約，則百姓受其德化，沒有人不自我約束，以制放佚之心〔註38〕。

雖孔仲溫之解可通，然顏說似更佳，故本論文從顏說。

〔註36〕廖名春，《新出楚簡試論》（臺北：臺灣古籍出版公司，2001 年 5 月），頁 63。

〔註37〕徐寶貴，〈郭店楚簡研究三則〉，《新出竹簡與儒學思想國際學術研討會論文集》（北京：清華大學思想文化研究所，2002 年 3 月 31 日～4 月 2 日），頁 186。

〔註38〕顏世鉉，〈郭店楚墓竹簡儒家典籍文字考釋〉，《經學研究論叢》第六輯，頁 175。

簡文所引「吾大夫恭且儉，靡人不斂」，據上博原書注爲逸詩。吳榮曾認爲：

成書於戰國時的多種作品，引用《詩經》很普遍……當時人往往往把和《詩經》無關的有韻諺語、格言當作《詩》來引用。……這類文字肯定和詩三百不屬於一個範疇，但當時人也稱之爲《詩》。……戰國時人常把不屬於《詩經》的一些文字,也標明爲《詩》而加以引用。到漢代則不然，大多數的人對《詩》的引用較嚴格,把不屬於《詩經》的文字材料標上「《詩》云」的例子很少見到〔註39〕。

〈緇衣〉此段所引，或是今本不見的逸詩，也有可能只是當時流行的俗諺。

⑥. 〈呂型〉員：「虍民非甬靁，折𠯑型，隹复五桼之型，曰夵」，即「〈呂刑〉云：苗民非用靈，制以刑，惟作五㓝之刑，曰法」，意謂：〈呂刑〉說：「苗民之君不肯從善，用刑罰來制裁人民，制作了五種殘暴的刑罰，以爲法律。」此段郭店本作「呂型員：非甬𨻰，折以型，隹乍五瘧之𡎖，曰𩁋」、今本作「苗民匪用命，制以刑，惟作五虐之刑，曰法」、《尙書‧呂刑》作「苗民弗用靈，制以刑，惟作五虐之刑，曰法」、《墨子‧尙同中》作「苗民否用練，折則刑，唯作五殺之刑，曰法」。

「虍民」，今本作「苗民」

瀋智案

《尙書》、《墨子》亦作「苗民」。屈萬里《尙書集釋》注曰：

苗民，鄭玄以爲九黎之君，云：「穆王深惡此族三生凶德，故著其惡而謂之民。」（孔氏正義引）。按：《國語‧楚語下》：「其後三苗，復九黎之德。」鄭氏蓋據此爲說。以苗民不應制法，故曰九黎之君。實則民不得有君義，則此苗民，乃包括苗民之君言之也〔註40〕。

「靁」，郭店本作「𨻰」，今本作「命」

瀋智案

「靁」讀作「靈（同《尚書》）」，如翼敦銘「靈終靈始」作「靁終靁始」可證。

〔註39〕吳榮曾，〈〈緇衣〉簡本、今本引《詩》考辨〉，《文史》2002 年第 3 期，頁 14～18。

〔註40〕屈萬里，《尚書集釋》（臺北：聯經出版公司，1983 年 2 月），頁 252。

〔註41〕至於郭店〈緇衣〉、今本〈緇衣〉、《尚書》、《墨子》所用「珵」、「命」、「靈」、「練」各字之間的音義關係，廖名春《新出竹簡試論》論之甚詳可參：

　　「珵」，《禮記‧緇衣》作「命」，《尚書‧呂行》作「靈」，《墨子‧尚同中》作「練」。鄭玄注：「命，謂政令也。」《法言‧重黎》：「人無爲秦也，喪其靈久矣。」于省吾曰：「靈、令古字通……金文令命同字……言秦之喪失其命久矣。」案于「靈、令古字通……金文令命同字」説是，釋「靈」爲「政令」之「命」則誤矣。朱駿聲曰：「令，叚借爲靈。實爲良。令、靈、良皆雙聲。」《爾雅‧釋詁》：「令，善也。」靈叚借爲良。《廣雅‧釋詁一》「靈，善也」即《爾雅》之「令，善也。」其説是。楚簡之「珵」字，《郭店楚墓竹簡》説「此處不知用爲何義」。其實「珵」乃「至」之繁文，而「至」有「善」義。《玉篇‧至部》：「至，善也。」《詩‧小雅‧節南山》「不弔昊天」毛傳：「弔，至。」鄭玄箋：「至，猶善也，不善乎昊天，愬之也。」《周禮‧考工記‧弓人》：「覆之而角至，謂之句弓。」鄭玄注：「至，猶善也。」《管子‧法法》：「夫至用民者，殺之危之，勞之苦之，饑之渴之。」尹知章注：「至，善也」疑「至」與「弔」近，「弔」通「淑」，故有善義。由此看，鄭玄釋〈緇衣〉之「命」爲「政令」，于省吾釋《法言》之「靈」爲「政令」之「命」都是錯的。事實上，「令命同字」，〈緇衣〉之「命」即「令」，「令」與「靈」，皆有善義；楚簡之「珵」即「至」，「至」有善義，義同故能互用。畢沅曰：「靈練，……音同。」錢大昕曰：「靈練聲相近。」段玉裁云：「靈作練者，雙聲也。依《墨子》上下文觀之，練亦訓善，與孔正同〔註42〕。」

今本〈緇衣〉「苗民匪用命」，已往學者或釋「命」爲「命令」，今對照郭店「珵」、上博「霝」，知今本〈緇衣〉「命」只能通「令」，釋爲「善」。

上博「折（𣂇）」，郭店本作亦作「折（𢳍）」，今本作「制」

時賢討論

　　上博原書考釋云：「『折』、『制』實同字，經典分爲兩字。《尚書‧呂刑》『制以刑』，《墨子‧尚同中》作『折則刑』。畢沅校注：『折、制音同』〔註43〕。」郭店此

〔註41〕朱廷獻，《尚書異文集證》（臺北：中華書局，1970 年 6 月），頁 281。

〔註42〕廖名春，《新出竹簡試論》（臺北：古籍出版公司，2001 年 5 月），頁 89。

〔註43〕馬承源主編，《上海博物館藏戰國楚竹書（一）》（上海：上海古籍出版社，2001 年 11 月），頁 190。

字，原整理者隸作「折」何琳儀隸作「斬」〔註44〕；陳偉武隸作「斲」〔註45〕。

濬智案

「折」，甲骨文作 ![字形]（前 4.8.6）、![字形]（京津 2737），金文作 ![字形]（小盂鼎）、![字形]（齊侯壺），楚簡作 ![字形]（帛丙 10.3）。連同上博「折」字字形觀之，郭店此字應是一個將「折」訛寫近「朝」字（如楚帛書甲本 8.6 ![字形]）的錯字，如此才導致何、陳兩位先生誤釋。

「祆」，郭店本作「癇」，今本作「虐」

時賢討論

上博原書考釋云：「从虍从示，《說文》所無。郭店簡作『廬（鄒按：誤，當作「癇」）』，今本作『虐（鄒按：當作「虐」）』。」〔註46〕李零以爲：「楚簡下半所從『乎』有時與『示』相近，此字相當於『虖』，『示』是『乎』的訛變」〔註47〕；黃人二則認爲：「上博簡之『虖』字，與『虐』字古音屬泥母宵部懸遠，故疑意義上與「虐」同〔註48〕。」

濬智案

經查上古「虖」屬曉紐魚部，「癇」屬疑紐藥部，二字古音並不近，李零之說待商。細審上博此字（![字形]）上部與一般楚簡如同篇〈緇衣〉簡 4、9、14「虍（![字形]）」、「虐（![字形]）」、「虢（![字形]）」等字上部「虍」偏旁的寫法不甚相同，反而與古文字「忎（![字形]愛）」字，如中山王壺![字形]、同篇〈緇衣〉簡 13![字形]、上博〈孔子詩論〉簡 17![字形]所从之「旡」接近。因而我們認爲上博此字應从「旡」从「示」，隸作「祆」而讀作「祄」。「祆」从「旡」得聲，古屬見紐物部，「祄」爲見紐月部，二字聲同韻近。《四聲篇海》：「祄，俗戒。」《爾雅·釋訓》：「兢兢憴憴，戒也。」簡文「五祆之法」即「五種讓人民兢兢憴憴的法律」。

「五祆」，今本作「五虐」，《尙書·呂刑》孔傳：「三苗之主，頑兇若民，敢行虐刑，以殺戮無罪，於是始大爲截人耳鼻，椓陰，黥面，以加無辜，故曰『五虐』。」

〔註44〕何琳儀，〈郭店竹簡選釋〉，《文物研究》第 12 輯，頁 198。

〔註45〕陳偉武，〈舊釋「折」及從「折」之字評議——兼論「愼德」和「愻終」問題〉，《古文字研究》第 22 輯，頁 251。

〔註46〕馬承源主編，《上海博物館藏戰國楚竹書（一）》（上海：上海古籍出版社，2001 年 11 月），頁 190。

〔註47〕李零，《上博楚簡三篇校讀記》（臺北：萬卷樓，2002 年 3 月），頁 56。

〔註48〕黃人二，《上海博物館藏戰國楚竹書（一）研究》（武漢大學博士論文，2002 年），頁 140。

視「五虐」之細節，的確令人兢兢慄慄。楚簡〈緇衣〉雖不用「虐」而用「夵（衸）」，亦能透顯出此處簡文所需之「兢兢慄慄」義。至於《墨子》此字用「殺」，查《說文》：「殺，戮也」、「殺，疾也」、《廣韻》：「殺，疾也、猛也」；「虐」，《說文》：「殘也」、《六書故》：「殘酷也」。知以「殺」代「虐／衸」，應是同義替用。

「金」，郭店本作「坴」，今本作「法」

時賢討論

　　上博原考釋云：「从全从止。『全』古『百』字，見中山國《䣄釶壺》及《中山王兆域圖》銘文及東周錢幣文字〔註49〕。」白於藍以為：

> 「金」字原篆作「坴」，乃「法」字古寫。「法」字《說文》古文作「佥」，《汗簡》引《石經》作「佥」，又作「金」，《古文四聲韻》引《石經》作「佥」，又引《樊元生碑》作「金」。以上這些古文形體與上海簡之「坴」十分接近，故「坴」當即「法」之古文無疑。該字上部所從之「全」，乃「全」字，並非「百」字，「百」字與此形近者乃晉系文字的寫法，楚文字中「百」字習見，從未見有作此形者。《說文》：「全，完也。从入从工。全，篆文全从玉，純玉曰全。」「全」與上引「法」字各古文形體上部所從形近，「全」則與上海簡之「坴」上部所從形同。另包山楚簡中「全」字很常見，作「全」（簡二四四、二二七等），亦作「金」（簡二一〇）、「全」（簡二四一），亦可參。至於「法」字何以會作「坴」，從全從止，尚待考證〔註50〕。

李零以為：

> 原書以為從止從全，其實是從止從佥，「佥」即「坴」字的古文（《説文》卷十上、《汗簡》第八頁背和第二十六頁背、《古文四聲韻》卷五第二十九頁背）。古文「坴」應分析為從⺊從乏（比較正規的寫法是把「乏」字的最上一筆寫成斜劃，但不太正規的寫法則類似於「定」或「全」字），實即「定」字（參看中山王墓《兆域圖》的「定」字），並非「全」字〔註51〕。

濬智案

　　白於藍以《說文》所收「全」之古形作「全」，聯繫了《汗簡》、《古文四聲韻》古「法」字與上博此字。但白氏無法解釋古「法」字為何從「全」。而李零將此字上

〔註49〕馬承源主編，《上海博物館藏戰國楚竹書（一）》（上海：上海古籍，2001年11月），頁190。

〔註50〕白於藍，〈《上海博物館藏楚竹書（一）》釋注商榷〉，簡帛網，2002／01／08。

〔註51〕李零，《上博楚簡三篇校讀記》（臺北：萬卷樓，2002年3月），頁56。

部視作「法」之古文「佥」，並引中山王墓《兆域圖》「空」字形爲證，其說合理可參。

簡文「豝民非甬霝，折㠯型，隹复五朁之型曰夆」見《尙書‧呂刑》，茲節錄相關原文如下，裨供參考：

> 惟呂命：王享國百年，耄荒；度作刑以詰四方。王曰：「若古有訓，蚩尤惟始作亂，延及于平民；罔不寇賊，鴟義姦宄，奪攘矯虔。<u>苗民弗用靈，制以刑，惟作五虐之刑曰法</u>，殺戮無辜。爰始淫爲劓、刵、椓、黥，越茲麗刑并制，罔差有辭。民興胥漸，泯泯棼棼，罔中于信，以覆詛盟。虐威庶戮，方告無辜于上。上帝監民，罔有馨香德，刑發聞惟腥。皇帝哀矜庶戮之不辜，報虐以威，遏絕苗民，無世在下。乃命重、黎，絕地天通，罔有降格。群后之逮在下，明明棐常，鰥寡無蓋。皇帝清問下民，鰥寡有辭于苗。德威惟畏，德明惟明。

《尙書‧呂刑》孔傳：「三曲之君習蚩尤之惡，不用善化民，而制以重刑。惟爲五虐之刑，自謂得法。蚩尤黃帝所滅，三苗帝堯所誅，言異世而同惡」；《禮記》鄭注：「高辛氏之末，諸侯有三苗者作亂，其治民不用政令，專制御之以嚴刑，乃作五虐蚩尤之刑，以是爲法。於是民皆爲惡，起倍畔也。三苗由此見滅無後世，由不任德。」

第十三章

【簡　文】

子曰：正（政）之不行，蓍（教）之不壂（成）也——則刑罰不足
恥也，而爵祿不足勸【十四】也①。古（故）上不可目（以）埶（褻）
型（刑）而翌（輕）抄（爵）②。《康㝬（誥）》員（云）：「敬明乃罰③。」
〈呂型（刑）〉員（云）：「膰（播）型（刑）之由（迪）④■。」

【討　論】

①. 濬智案

　　原書整理者依殘簡長度判斷，以爲此處仍有 11 個缺字。今知上博〈緇衣〉完簡
簡長約在 54.3 公分左右，抄寫時不留天地空白。本簡殘長 41.6 公分，殘存 40 字，
則平均每字使用 1 公分抄寫，是知此處應有（54.3～41.6）／1.2≒13 個缺字。今以
郭店〈緇衣〉對覈，補入「則刑罰不足恥也，而爵祿不足勸」13 個字。

　　正之不行，蓍之不壂也——則刑罰不足恥也，而爵祿不足勸也，即「政之不行，
教之不成也——則刑罰不足恥也，而爵祿不足勸」，意謂：政令無法貫徹推行，教化
失敗不成功，如此則刑罰不足以使作錯事的人感到恥辱，爵祿也不足以勸勉人民向
善。《禮記》鄭注：「言政教所以明刑罰」所言是，但《禮記・緇衣》正義引皇氏云：
「言在上政令所以不行，教化所以不成者，祇由君上爵祿加於小人，不足勸人爲善
也；由刑罰加於無罪之人，不足恥其爲惡」大旨不錯，只是「刑罰加於無罪之人，
不足恥其爲惡」不好理解。這句話應該是指無罪之人本來無惡，其不恥其爲「惡」，
實是濫施刑罰之故。

　　上博本後兩句殘，據郭店本補。郭店本作「正之不行，蓍之不壂也——則埜罰
不足恥，而雀祿不足懽也」，今本作「政之不行也，教之不成也——爵祿不足勸也，
刑罰不足恥也」。

②. 古上不可目埶型而翌抄，即「故上不可以褻刑而輕爵」，意謂：所以
　　執政的人，不過度依賴刑罰，也不輕易地將爵祿賞賜給人。

「埶」，郭店本作「執」，今本作「褻」

瀋智案

　　「㪔」即「埶」之繁體，與「褻」所從相同，讀作「褻」。「褻」，《說文》：「私服」，段注：「引伸爲凡昵狎之稱，假借爲媟字。」「媟」，《說文》：「嬻也。」段注：「方言曰：『媟，狎也。』」「褻」字原義爲貼身衣物，有義借代「媟」，而有親狎之義。而簡文「褻刑」之「褻」則由「親狎」義引伸而有「狎近慢侮」之義。

「抄（）」，郭店本作「雀」，今本作「爵」

時賢討論

　　上博原考釋云：「字形从垡从少，『垡』字中增『少』字。《說文》所無，與郭店簡『雀』字對應〔註1〕。」姜廣輝贊成原書的隸定，他解釋上博此字的造字本義道：

　　　　在上古，氏雖爲姓之支系，但又與「姓」有別，即「姓」所以別婚姻，而「氏」所以別貴賤。……「垡」从氏从丁（下），下爲木本，本大則枝葉蕃而庇蔭廣。……古音「少」心母宵部，「爵」精母藥部，精、心旁紐雙聲，藥、宵對轉疊韻。……也許是因爲此字包含了濃重的血緣論的意味，不合後來反對「世卿世祿」的時代思潮，遂廢而不用〔註2〕。

徐在國、黃德寬則以爲：「此字應釋爲『爵』當源於 （縣妃簋）、（「觴」字所从，觴仲多壺）、（「觴」字所从，觴姬簋）等形〔註3〕。」

　　馮勝君則云：

　　　　字應分析爲从斗、少聲，隸定爲「抄」，讀爲「爵」。可以參照戰國文字中「斗」字的寫法……「爵」作爲一種酒器，以斗爲意符也很合理〔註4〕。

劉彬徽則認爲此字所从「」：

　　　　應是「隹」字的簡化。「隹」之右邊部件由「圭」形簡化、濃縮成「十」形。……這樣看來，將「」形隸定爲「隹」、將「」隸定爲「雀」，應是一種有別於前舉隸定爲「抄」的一個新的考釋意見，而讀爲爵則是共同的看法。

劉氏因此認爲此字應是「雀」字的異體。而包山楚墓出土一種飲器，似爵而飾以鳥

〔註1〕馬承源主編，《上海博物館藏戰國楚竹書（一）》（上海：上海古籍出版社，2001 年11 月），頁 191。

〔註2〕姜廣輝，〈釋垡〉，《國際簡帛研究通訊》第 2 卷第 4 期，頁 14〜15。

〔註3〕徐在國、黃德寬，〈《上海博物館戰國楚竹書（一）·緇衣、性情論》釋文補正〉，《古籍整理研究學刊》2002 年第 2 期，頁 3。

〔註4〕馮勝君，〈讀上博簡緇衣箚記二則〉，《上博館藏戰國楚竹書研究》（上海：上海古籍出版社，2002 年），頁 452。

嘴形狀物，此器一說為「雀」。劉先生據以假設「雀」器與「爵」器可能有若干關聯〔註5〕。

濬智案

　　「隼」，甲骨文作 （菁3.1）（京津2512），金文作 （牆盤）、（姑姑簋），楚簡作 （帛甲1.15），與此字所從似乎不同，故我們對姜先生之字形分析採保留的態度；至於劉先生認為此字下部應是「隹」三橫劃省成點筆的看法頗有新意，但其所舉的平行例證恐有問題。眾知古文字「主」本象神主（一說燈炷），後來下部有作「丁」也有作「王」形，「王」形未必是「丁」形繁化之故；而「豐」字象祭物滿盛，字形上部象祭器所盛之物的「丰」偏旁，筆劃可多可少，亦未必如劉先生言是由三橫筆省作點筆。是以劉先生所舉的二個平行證據還可以再討論。

　　上博〈周易〉簡42有「斟（）」字，所從「斗」與〈周易〉簡51「斗（，从斗从主）」字形與上博「鈔」所從同，故本論文以為上博此字釋「爵」應無問題。上博从「斗」从「少（審紐宵部）」聲，與「爵（精紐藥部）」字聲近，韻則為陰入對轉，應係楚系「爵」形聲化的特殊寫法。

　　另包山簡266記載大胇之祭所用的青銅禮器中有一酒器名字「」。望山二號墓簡45有一字作 ，字形雖稍殘，但仍可看出其與包山簡266同形。包山此字，李家浩釋「瓚」，李零則釋作「雀」，讀作「爵」（李家浩、李零的看法，可參李零〈讀《楚系簡帛文字編》〉）〔註6〕。今以上博「鈔」、「斟」、「斗」字視之，知其從「斗」从「毛（明紐宵部）」聲，亦應釋作「爵」。

③. 〈康[害]〉員：「敬明乃罰」，即「〈康誥〉云：『敬明乃罰』」，意謂：〈康誥〉說：「要用敬慎而公平的態度來施用刑罰。」

濬智案

　　簡文「敬明乃罰」，引自今本《尚書‧康誥》。清‧皮錫瑞《今文尚書考證》：「《禮記‧大學》引作新民」〔註7〕、清‧孫星衍《尚書今古文注疏》：「〈緇衣〉引經，『明』作『民』」。《禮記‧大學》「敬明」作「新民」應是音近訛誤；至於孫星衍所言及之〈緇衣〉引經異文，今本不見，未知其意。

〔註5〕劉彬徽，〈讀上博楚簡小識〉，《考古與文物》2003年第4期，頁92～93。
〔註6〕李零，〈讀楚系簡帛文字編〉，《出土文獻研究》第5期，1999年8月，頁155。
〔註7〕（清）皮錫瑞，《今文尚書考證》，收入《四部要籍注疏叢刊——尚書》（北京：中華書局，1998年8月），下不另注。

簡文「敬明乃罰」見《尚書‧康誥》，茲引部份原文如下，裨供參考：

王曰：「嗚呼！封。<u>敬明乃罰</u>。人有小罪非眚，乃惟終，自作不典：
式爾，有厥罪小，乃不可不殺。乃有大罪非終，乃惟眚災適爾，既道極
厥辜，時乃不可殺。」王曰：「嗚呼！封。有敘時，乃大明服，惟民其敕
懋和。若有疾，惟民其畢棄咎。若保赤子，惟民其康乂。非汝封刑人殺
人，無或刑人殺人；非汝封又曰劓刵人，無或劓刵人。」王曰：「外事，
汝陳時臬司，師茲殷罰有倫。」又曰：「要囚，服念五六日，至于旬時，
丕蔽要囚。」王曰：「汝陳時臬事，罰蔽殷彝，用其義刑義殺，勿庸以次
汝封。乃汝盡遜，曰時敘；惟曰未有遜事。已，汝惟小子，未其有若汝
封之心；朕心朕德惟乃知。凡民自得罪，寇攘姦宄，殺越人于貨，暋不
畏死：罔弗憝。」

書《序》云：「成王既伐管叔、蔡叔，以殷餘民封康叔，作〈康誥〉、〈酒誥〉、〈梓材〉。」
參酌《尚書》孔傳：「凡行刑罰，汝必敬明之」、《尚書正義》：「敬明汝所行刑罰，須
明其犯意」、屈萬里《尚書集釋》：「敬，謹。明，明察。乃，汝」〔註8〕所揭經義，
簡文「敬明乃罰」可譯釋作：「用敬慎而公平的態度來施用刑罰」。

④. 〈呂型〉員：「膰型之由」：即「〈呂刑〉云：『播刑之迪』」，意謂：〈呂
刑〉云：「施用刑罰，一定要合乎公道。」

「膰（ ）」，郭店本亦作「膰」，今本作「播」

時賢討論

上博原考釋云：「『蹯』之古字。《正字通》：『番，古蹯字〔註9〕。』」黃德寬、
徐在國以爲字：「當分析爲从『冂』『采』聲，乃『番』字古文。《說文》番字古文作
，當源於 形。」〔註10〕上博此字李零以爲：

其實這是《說文》卷二上采部「番」字的古文（字从丑作，其實是從
爪作），字與「蹯」、「播」等相通。參看《汗簡》第六頁正、八十頁正和
《古文四聲韻》卷三第十五頁背「番」字（從丑、从采），《古文四聲韻》

〔註8〕屈萬里，《尚書集釋》（臺北：聯經出版公司，1983年2月），頁149。
〔註9〕馬承源主編，《上海博物館藏戰國楚竹書（一）》（上海：上海古籍出版社，2001年
11月），頁191。
〔註10〕黃德寬、徐在國，〈《上海博物館戰國楚竹書（一）‧緇衣、性情論》釋文補正〉，《古籍
整理研究學刊》2002年第2期，頁3。

卷四第卅一頁背（注意《籀韻》所引）和《玉篇‧丑部》「播」字（從匚、從釆），同「播」。此字，郭店本的釋文是隸定爲從番、從月，所謂月旁可能是匚旁的變形〔註11〕。

陳斯鵬則認爲：

> 此字郭店簡寫成從番從月，今本作「播」。頗疑「番」本象以手播種于田之形，即「播」之本字。益以「月」旁屬于加注聲符。「番」爲元部字，與「月」字爲對轉。上博簡省丨田」，亦爲「播」之異構。《正字通》所謂古文「蹯」，實即源于這種寫法的「播」字〔註12〕。

羅凡晸學長從之〔註13〕。

濬智案

此字上博從「匚」，無所取義，當以郭店此字爲正，各家針對郭店此字所釋，皆不得要領，此字應從肉、番聲，戰國文字「月」與「肉」同形，「肉」字或於右上方加別嫌符號，或不加；上博此字則「肉」形省爲「匚」形。是此字當隸定作「膰」，《穀梁傳‧定公十四年》：「生曰脤，熟曰膰。」「膰」於〈緇衣〉中讀爲「播」〔註14〕。

「播」，《禮記‧緇衣》鄭注：「播，猶施也。」簡文「播刑」即「施刑」。今本「播」字下衍一「不」字，楊樹達認爲今本這裡的「不」字不是衍文，而是同「丕」字，句中虛詞，無義〔註15〕；廖名春先認爲：「『不』字乃爲戰國中期之人所增」〔註16〕；李銳則云：

> 王引之《經傳釋詞》：「《緇衣》引《甫刑》口：『播刑之不迪』，不，語詞，不迪，迪也。故古文《尚書》作『播刑之迪』，鄭以不爲衍文，失之。」裴學海《古書虛字集釋》從王引之說，又補充認爲不字或作丕。郭店簡、上海簡注並誤〔註17〕。

我們以爲傳世今本〈緇衣〉歷眾人之手，傳抄難免有誤，而古本〈緇衣〉較傳本接

〔註11〕李零，《上博楚簡三篇校讀記》（臺北：萬卷樓，2002 年 3 月），頁 56～57。

〔註12〕陳斯鵬，〈初讀上博楚簡〉，簡帛網，2002／02／05。

〔註13〕羅凡晸學長，《古文字資料庫建構研究——以《上海博物館藏戰國楚竹書（一）》爲例》（臺灣師範大學國文系博士論文），頁 185。

〔註14〕季旭昇師審訂、鄒濬智撰，《上海博物館藏戰國楚竹書（一）讀本‧緇衣》（臺北：萬卷樓，2004 年 6 月），頁 125〔旭昇案〕。

〔註15〕詳《詞詮》（北京：中華書局，1979 年），頁 14～15。

〔註16〕廖名春，〈郭店楚簡引書論書考〉，《郭店楚簡國際學術研討會論文集》（武漢：湖北人民出版社，2000 年），頁 114～115。

〔註17〕李銳，〈郭店楚墓竹簡補釋〉，《華學》第 6 輯，頁 85～86。

近原始〈緇衣〉面貌。今李銳捨棄較近原始〈緇衣〉之楚簡古本而信從輾轉傳抄之今本〈緇衣〉，並以反質古本〈緇衣〉漏字，不甚合理。且古文「丕」字作爲有義實詞者多〔註18〕，作無義虛詞者少，李先生以少駁多，其說或違常情。所以本論文仍依鄭注：「不，衍字耳」及楚簡〈緇衣〉寫錄的情況，視今傳本〈緇衣〉此處「不」字爲衍文，當刪。

《禮記》鄭注「迪」：「道也，言施行之道。」連同上引經解，我們可將簡文「播刑之迪」譯釋作：「施用刑罰，一定要合乎公道」。至於《書集傳》、《集說》將「迪」解作「啓迪」，以爲「伯夷布刑以啓迪斯民」，乍見可通，但就文法，「迪」於此應作名詞而不應作動詞「啓迪」解；就文義，「刑」何能啓迪人民？要文法文義上釋「迪」作「啓迪」未妥，茲不取。

「膰型之由」，今見《尙書‧呂（甫）刑》，茲節錄部份相關原文如下，裨供參考：

> 王曰：「嗟！四方司政典獄。非爾惟作天牧？今爾何監，非時伯夷播刑之迪？其今爾何懲？惟時苗民，匪察于獄之麗：罔擇吉人，觀于五刑之中；惟時庶威奪貨，斷制五刑，以亂無辜。上帝不蠲，降咎于苗；苗民無辭于罰，乃絕厥世。」

《禮記正義》解釋〈緇衣〉本章引《尙書‧康誥、呂刑》之因時云：

> 《康誥》曰：「敬明乃罰」者，證刑罰不可也。周公作《康誥》，誥康叔云：「女所施刑罰，必敬而明之也。」……《呂刑》曰：「播刑之不迪」……此穆王戒群臣云：「今爾何監，非是伯夷布刑之道。」言所爲監鏡者，皆是伯夷布刑之道。引之者，證重刑之義也。

至此，上博〈緇衣〉全篇共引用《尙書‧呂刑》達三處：

簡八：一人有慶，萬民賴之。

簡十四：苗民非用命，制以刑，惟作五𧗽之刑曰法。

簡十五：播刑之迪。

第一、三句與郭店、今本〈緇衣〉、《尙書‧呂刑》，除了個別用字略有小異外，出入不大。但郭店〈緇衣〉所引第二句作「非用命，制以刑，惟作五虐之刑曰法」，明顯比上博、今本〈緇衣〉、《尙書‧呂刑》少了「苗民」二字。晁福林針對這個現

〔註18〕 徐中舒主編，《漢語大字典》（四川辭書出版社／湖北辭書出版社，1986 年 10 月），頁 15 記「丕」字有「大（形容詞）」、「遵奉（動詞）」、「於是（連詞）」、「發語詞（助詞）」、「丕（姓）」等五義，其中作「發語詞（助詞）」者用在句首發語詞：「《書‧酒誥》曰：『丕惟曰：「爾克永觀省，作稽中德。」』」

象解釋道：

> 《尚書·呂刑》所述的原意是以苗民被滅絕的例證說明制作五刑的必
> 要性：「若古有訓，蚩尤惟始作亂，延及於平民，罔不寇賊，鴟義奸宄，
> 苗民弗用靈，制以刑，惟作五虐之刑曰法」，「上帝不蠲，降咎於苗。苗民
> 無辭於罰，乃絕厥世。」原來，依《呂刑》篇之意，五刑起源於對於不聽
> 上帝命令的苗民的懲罰，五刑的條律規定達到三千之多（「五刑之屬三
> 千」）。《呂刑》雖然也提到「朕敬於刑，有德惟刑」，但其著眼點還是於以
> 刑制民。《呂刑》多處提到五刑源於對苗民的懲罰，可見「苗民」是為《呂
> 刑》篇的本文，而郭店簡所引則只是泛指的「民」……由簡文可知，《緇
> 衣》篇（郭店〈緇衣〉）是在泛論治民問題，並非討論五刑的起源。簡文
> 所述《呂刑》之語是在說明，如果民眾不聽君主盡心盡意的「五至」教化，
> 那才可以用刑罰來處理他們。《緇衣》篇（郭店〈緇衣〉）是在說明教而後
> 刑的道理，與今本《呂刑》篇的主旨並不一致〔註19〕。

晁氏更進將這種郭店〈緇衣〉與《尚書·呂刑》文字出入的現象，作了如下的解讀：

> 簡文（郭店〈緇衣〉）與《尚書·呂刑》、傳世本《緇衣》篇的區別，
> 表明簡文的時代引用《呂刑》尚未對經意有較大更動，而傳世本《緇衣》
> 則增字解經，表明在戰國後期儒家學派對於法家思想的融匯〔註20〕。

晁先生之言雖然係對郭店〈緇衣〉而發，但我們從中利用其論證思維，配合王金凌〈《禮記·緇衣》今本與郭店、上博楚簡比論〉一文的結論：

> 今本第三章（郭店、上博第十二章）既出於《論語·為政》，旨趣應
> 是禮重於刑，而所引《尚書》又刑重於禮，透露儒家思想與時而變。而此
> 變啟於《荀子》，《荀子·王制》已有「勉之以慶賞，懲之以刑罰」之說。
> 今本第十九章所用「類」概念與「精」、「情」義正是承荀子而來。凡此皆
> 與清人自師承論荀卿傳經學之說相合〔註21〕。

我們在此提出一種猜測：較郭店〈緇衣〉多引了「苗民」二字的上博〈緇衣〉，它有可能：

　　一、是重視德禮佃卻開始傾向贊成刑法之儒家荀派先聲所抄錄〔註22〕。

〔註19〕晁福林，〈郭店楚簡〈緇衣〉與《尚書·呂刑》〉，《史學史研究》2002 年第 2 期，頁 27。
〔註20〕晁福林，〈郭店楚簡〈緇衣〉與《尚書·呂刑》〉，《史學史研究》2002 年第 2 期，頁 28。
〔註21〕王金凌，〈《禮記·緇衣》今本與郭店、上博楚簡比論〉，《新出楚簡與儒家思想論文集》
　　　（臺北縣：輔仁大學文學院，2002 年 7 月）頁 33。
〔註22〕亦可見本論文第二部份第十二章註②文末針對《管子》、《論語》、〈緇衣〉、《荀子》、
　　　《韓非子》思想中「德禮」、「刑法」消長現象的相關討論。

二、沾染的法家習氣較重，它抄錄時代略晚於郭店〈緇衣〉〔註23〕。

〔註23〕依墓葬形制與碳十四測定，郭店〈緇衣〉抄錄時代有可能略早於上博〈緇衣〉。說詳本論文第三部份「楚簡〈緇衣〉作者考辨」。

第陸卷　「謹言慎行」

第十四章

【簡　文】

　　子曰：王言女（如）茲（絲），丌（其）出女（如）緝①，王言女（如）索，丌（其）出如緯。故大人不倡流②。《詩》云：「愼爾出話③，【十五】敬尒（爾）悺（威）義（儀）④▃。」

【討　論】

①. 王言如茲，丌出女緝，即「王言如絲，其出如緝」，意謂：君王說的，原本只有絲那麼細的意思，但傳到了臣民耳裡，卻變得像釣繳一樣粗大。

「茲」，郭店本作「絲」，今本作「絲」

濬智案

　　「茲」爲「絲」之省，「絲」爲「聯繫」之「聯」的本字〔註1〕，於此用同「絲」。

「緝（ 🜸 ）」，與郭店本 🜸 字同而形略異，今本作「綸」

時賢討論

<hr>

〔註1〕裘錫圭，〈戰國璽印文字考釋三篇〉，《古文字論集》（北京：中華書局，1992年8月），頁473～479。

上博原考釋云：「《集韻》：『緡，或作緢。』《爾雅・釋言》：『緡，綸也。』《廣韻》：『緡，釣魚綸也。』《詩・召南・何彼穠矣》『其釣維何，維絲伊緡』，毛亨傳：『緡，綸也。』『緡』、『綸』義同〔註 2〕。」郭店此字，裘錫圭將之隸作「緡」（即「緢」），並言：「『緡』與『綸』都可當釣魚的絲繩講，《緇衣》鄭注解『綸』爲『綬』，似非。」〔註3〕；劉信芳則隸之作「結」，以爲：「『結』即『綖』之異構，《說文》：『綖，系授也。』『其出如綖』者，言君王之言，始出如絲，傳出則被誇大，已如系綬矣」〔註4〕；王寧從劉說隸之作「結」，但讀作「繩」〔註5〕。

濬智案

「昏（昏）」，甲骨文作 (粹 715)、 (佚 292)，金文作 (毛公曆鼎)，楚簡作 (郭店 4.3)、 (郭店 7.22)，與郭店、上博此字所從相同，茲以楚簡〈緇衣〉原考釋與裘說爲是。

查「綬」，《說文》：「韍維也」；「綸」，《說文》：「青絲授也」、《龍龕手鏡》：「絡絲也」；「緡」，《說文》：「緡，釣魚繳也」、《玉篇》：「緡，絲緒釣繳也」。鄭注「綸」爲「綬」未必有誤。簡本作「緡」，今本作「綸」，應是同義字的替用。

②. 王言女索，丌出如緯。古大人不倡流，即「王言如索，其出如紼。故大人不倡流」，意謂：如果君王說的話像繩索那麼粗大，傳到臣民耳裡，就要變得像粗麻索一樣大。所以執政的人，不要隨隨便便講些沒有根據的話。

「索」字，郭店本亦作「索」，今本作「綸」

濬智案

「索」，《說文》：「艸有莖葉，可作繩索。」段注引《爾雅》曰：「紼綍也，謂大索。」

郭店「緯」字，今本作「綍」

〔註 2〕馬承源主編，《上海博物館藏戰國楚竹書（一）》（上海：上海古籍出版社，2001 年 11 月），頁 191。

〔註 3〕荊門市博物館，《郭店楚墓竹簡》（北京：文物出版社，1998 年 5 月），頁 135「裘按」。

〔註 4〕劉信芳，〈郭店簡〈緇衣〉解詁〉，《郭店楚簡國際學術研討會論文集》（武漢：湖北人民出版社，2000 年），頁 174。

〔註 5〕王寧，〈郭店楚簡《緇衣》文字補釋〉，簡帛網，2002／09／12。

時賢討論

　　郭店原考釋：「借作『紼』。今本作『綍』。」裘錫圭按語：「『紼』、『綍』二字，字書以爲一字異體，『聿』、『弗』皆物部字。又疑『緯』从的『聿』當讀爲『筆』。『筆』、『紼』聲韻皆近〔註6〕。」

潘智案

　　「綍」，《禮記》鄭玄注：「引棺素也」，閩、監、毛本、石經、岳本、嘉靖本、衛氏《集說》同，《釋文》作「紼」〔註7〕。「紼」，大徐本《說文》：「亂系也」、《詩・小雅・采菽》：「汎汎楊舟，紼纚維之」，毛《傳》：「紼，繂也」，《正義》：「繂，大索也。」不論將「緯」讀作「紼」或「綍」，皆意指「大索」。

郭店「倡」字，今本亦作「倡」

潘智案

　　《說文》：「樂也。」段注引鄭司農言：「樂師主倡也，昌當爲倡」，段氏並按：「昌當爲唱。」引伸而有「提倡」義。「流」，《荀子・致仕》：「凡流言、流說、流事、流謀、流譽、流愬，不官而衡至者，君子慎之」，楊倞注：「流者，無根源之謂。」「流」亦常與「言」字結合成偏正結構名詞，意即「沒有根據的讒言」。如《荀子・大略》：

　　　流言滅之，貨色遠之。禍之所由生也，生自纖纖也。是故君子蚤絕
　　之。……是非疑，則度之以遠事，驗之以近物，參之以平心，流言止焉，
　　惡言死焉。

《禮記・儒行》：

　　　　往者不悔，來者不豫。過言不再，流言不極。不斷其威，不習其謀，
　　其特立有如此者。

何以郭店〈緇衣〉作「流」不作「流言」、今本〈緇衣〉相應處作「游言」？我們認爲有以下幾種解釋：

一、《說文通訓定聲・孚部》：「流，叚借爲游」，如《馬王堆漢墓帛書・道原》「魚得而流」、《禮記・緇衣》鄭玄注：「游猶浮也，不可用之言也」。楚簡「流」字，在今本〈緇衣〉裡作「游言」應是義近通用。

二、先秦儒家如荀子與《禮記・儒行》的繼承者已習慣使用「流言」一詞，故我們不排郭店此處簡文可能漏抄了「言」字。

〔註6〕荊門市博物館，《郭店楚墓竹簡》（北京：文物出版社，1998 年 5 月），頁 135「裘按」。
〔註7〕李學勤等編，《十三經注疏》標點本（北京：北京大學出版社，1999 年 12 月），頁
　　　1504 注 5。

三、郭店「不倡流」之「流」字已足具「無根源之謂」的意涵，今本增加「言」字，
也有可能是後人增字解經的結果。

參酌《禮記正義》：「游言，謂浮游虛漫之言，不可依用。出言，則民皆師法，
故尊大之人不倡道此游言，恐人依象之」、元・陳澔《禮記集說》：「大人，王公之謂
也。游言，無根不定之言也。《易》曰：『誣善之人其辭游。』為人上者，倡之以誠
愨篤實之言，天下猶有欺詐以罔上者。苟以游言倡之，則天下蕩然虛之風作矣，可
不慎乎？」所揭經義，簡文「大人不倡流」可譯釋作：「執政的人，不要隨隨便便講
些沒有根據的話」。

③．濬智案

原書整理者依殘簡長度判斷，以為此處仍有 15 個缺字。今知上博〈緇衣〉完簡
簡長約在 54.3 公分左右，抄寫時不留天地空白。本簡殘長 40.8 公分，殘存 40 字，
則平均每字使用 1 公分抄寫，是知此處應有（54.3～40.8）／1≒13 個缺字。但以郭
店〈緇衣〉對覈，此處應殘去「出如綍。故大人不倡流。《詩》云：『慎爾出話』15
個字。若以本篇竹簡最小字形長度－第十七簡平均每字使用 0.96 公分－來判斷，此
處殘去之簡長應該還是可以抄入 15 個字。故本論文仍據郭店〈緇衣〉補足此處缺文。

④．慎尒出話，敬尒威義，即「慎爾出話，敬爾威儀」，意謂：謹慎你所
說的話，恭敬小心你的威儀。

「威」，郭店〈緇衣〉作「悡」，今本作「威」

濬智案

「悡」一般表「敬畏」之「畏」，如郭店〈性之命出〉簡 60「凡於路毋悡（畏），
毋獨言」。但古文字「畏（悡）」、「威」常通用，如大盂鼎「畏天畏（威）」等〔註8〕，
故郭店「悡」字仍讀作「威」，與上博、今本〈緇衣〉通同。

簡文所引「慎爾出話，敬尔悡義」詩句見今本《詩・大雅・抑》，原詩見第六章
註④。參酌《毛詩正義》：「當謹慎爾王所出之教令，又當恭敬爾在朝之威儀，使教
令威儀無不安善。言使之皆安善也」、《禮記正義》：「謹慎爾所出之善言，以為政教；

〔註8〕季旭昇師主編，《上海博物館藏戰國楚竹書（二）讀本》（臺北：萬卷樓，2003 年 7
月），179。

恭敬爾之威儀，爲人所法則」所揭經義，此段簡文可譯釋作：「謹慎注意自己的言語，恭敬小心你的威儀」。至於〈緇衣〉本章爲何引此詩句？《禮記正義》曰：「引證言慮其所終」。「言慮其所終」也就是《說苑‧君道》在引此詩之前所云：

　　言出於身，加於民，行發乎邇，見乎遠。言行，君子之樞機。樞機之發，榮辱之主，君子之所以動天地，可不慎乎。天地動而萬物變化。

第十五章

【簡　文】

　　子曰：可言不可行，孝＿（君子）弗言；可行不可言，孝＿（君子）弗行。則民言不詹（危）行＿（行，行）不詹（危）言①。《甹（詩）》員（云）：「咠（淑）訢（慎）尓（爾）止，不侃于儀②。【十六】

【討　論】

①. 民言不詹行＿不詹言，即「民言不危行，行不危言」，意謂：他們所說的話就不會違背他們所做的事，而他們所做的事也不會違背他們所說的話

「詹（𩚵）」，郭店本作「陒」，今本作「危」

時賢討論

　　上博原考釋云：「从石从今。《說文》所無〔註1〕。」郭店「陒」字，原考釋云：「陒，今本作『危』，鄭注：『危猶高也。』簡文此字从『秝』省。」裘錫圭按：「字當从『禾』聲，讀爲『危』，『禾』、『危』古音相近〔註2〕。」郭店此字，學者多從裘說而各自發揮。

　　上博此字，陳斯鵬以爲：

　　　　字當從「今」得聲，疑讀爲「侵」。《莊子‧駢拇》：「待繩約膠漆而固者，是侵其德者也。」成玄英疏：「侵，傷也。」「言不侵行，行不侵言」，即不因言傷行，也不因行傷言之意〔註3〕。

黃錫全以爲：

　　　　此字就是厃即「危」字。《說文》：「厃，仰也。从人在厂上。」「厂，山石之岩，人可居。」是从石與从厂義近。其上人形下之「二」乃趁隙所加飾筆〔註4〕。

〔註1〕馬承源主編，《上海博物館藏戰國楚竹書（一）》（上海：上海古籍出版社，2001 年11 月），頁 192。

〔註2〕荊門市博物館，《郭店楚墓竹簡》（北京：文物出版社，1998 年 5 月），頁 135「裘按」。

〔註3〕陳斯鵬，〈初讀上博楚簡〉，簡帛網，2002／02／05。

〔註4〕黃錫全，〈讀上博楚簡札記〉，《新出竹簡與儒學思想國際學術研討會論文集》（北京：

黃德寬、徐在國以爲：

> 從字形看像是从「今」从「石」，但從今本《緇衣》與之相對之字作「危」考慮，此字可徑釋爲「危」。可分析爲人站在石上，以會危險之意。「今」所从的「　=」可視爲飾點〔註5〕。

李零認爲此字依原釋作从「今」从「石」，可能是「危」字的錯寫〔註6〕；趙平安則云：

> 𠂔字。《說文》分析爲「從人在厂上」，表示危高義。二和口都是羨劃，戰國文字常見。同時加上這兩種羨劃，與郭店簡《語叢一》二的「命」、《老子甲種》八的「達」相類〔註7〕。

顏世鉉以爲其从「今」聲，可讀作「岑」：

> 《方言》卷十二：「岑，高也。」郭注：「岑崟，峻貌。」《說文》：「岑，山小而高。」《孟子‧告子下》：「方寸之木可使高於岑樓〔註8〕。」

楊澤生以爲此字有幾種讀法：

> 第一種是从「石」「今」聲。然則此字應从陳斯鵬先生讀作「𥔒」，意爲傷害，第二種可能是从「今」「石」聲。由於「蠹」字的聲旁「橐」从「石」聲，故此字可以讀作「蠹」，表示損害、危害、敗壞〔註9〕。

趙建偉認爲上博此字除讀「岑」，有高大義外，也可能讀作「矜」：「《廣雅‧釋詁一》『矜，大也』、《方言‧十二》『岑，高也，大也』。就是大過、高過的意思」〔註10〕；史杰鵬對上述看法多有保留，但亦與趙平安一樣，認爲上博此字是相當於「𠂔」的字，他進一步通其音假，認爲上博此字：

> 讀爲「險」，上古音「險」爲曉母談部字，從「今」聲的字多在見母侵部，見、曉兩母皆爲喉音，談、侵兩部旁轉，可以通假。……古代「險」也有「危」、「高」的意思。《玉篇‧阜部》：「險，高也。」又「險，危也。」《孔子家語‧弟子行》：「若商者，其可謂不險矣。」王肅注：「險，危也。」可見「危」和「險」兩個字在古代是有很密切聯繫的……當然，在古書

清華大學思想文化研究所，2002 年 3 月 31 日～4 月 2 日），頁 30。
〔註 5〕黃德寬、徐在國，〈《上海博物館戰國楚竹書（一）‧緇衣、性情論》釋文補正〉，《古籍整理研究學刊》2002 年第 2 期，頁 225。
〔註 6〕李零，《上博楚簡三篇校讀記》（臺北：萬卷樓，2002 年 3 月），頁 57。
〔註 7〕趙平安，〈上博緇衣簡字詁四篇〉，《上博館藏戰國楚竹書研究》（上海：上海古籍出版社，2002 年），頁 441。
〔註 8〕顏世鉉，〈上博楚竹書散論（二）〉，簡帛網，2002／04／08。
〔註 9〕楊澤生，〈上海博物館所藏楚簡文字雜說〉，《江漢考古》2002 第 3 期，頁 79。
〔註 10〕趙建偉，〈讀上博簡《緇衣》札記〉，簡帛網，2003／09／09。

中，「險」多作爲形容詞和名詞用。但是，「險」字作爲動詞用的例子也不是沒有的，如《國語·晉語一》：「則必惡其心而害其身矣。惡其心，必內險之；害其身，必外危之。」韋昭注：「險，危也。」這句話正好是用「險」和「危」對文，更加證明了我們的判斷有可能是對的。……「危」、「險」兩個字在古代還有傾斜的意思。如《廣雅·釋詁二》：「險，邪也。」《新書·道術》：「反平爲險。」又《廣韻·支韻》：「危，不正也。」《文子·上德》：「尺雖齊必有危。」都是從「高」這個意義引申來的，因爲高就未免有傾側的危險，這和古人「無平不陂無往不復」的哲學思想是相契的……〔註11〕。

大西克也〈試論上博楚簡緇衣中的「舍」字及相關諸字〉一文則全面性的探討戰國的「产」字，其云：

> 戰國文字中的「产」字共有四種寫法，甲形从人在山，傳抄古文和古璽中多見此形；乙形从人在厂，即《說文》之「产」字；丙形从人在石；丁形从人在几。這些變體的構形原理都一致，人在某種東西之上，目的是瞻望遠處、高處或取高處之物。現在回頭看上博《緇衣》的舍字。黃錫全等先生釋其爲「产」，我想這個看法是正確的〔註12〕。

濬智案

郭店此字依裘釋可。上博此字，上部可能是「今」，也可能是「勻」〔註13〕。「今」、「勻」外圍寫得像「宀」的構件又偶與「勹」混〔註14〕。而「勹」又由側「人」得形。所以我們懷疑上博此字上部係側「人」形的訛寫。結合「厂」構件後，上部應隸作「产」。雖然有人以爲此字下部應从「石」、與「厂」係同意互換，但我們認爲這也有可能是此字原作「产」，表「危」之意已足，後來的抄寫者爲求字形平衡美觀，趁隙寫入「二」、「口」羨符，使此字下部變成「石」形。然不論此字下部作「厂」或「石」，均不妨礙我們將此字讀作「产（危）」。

時賢或視此字从「今」、从「石」得聲，要皆可信，但就章句釋義言，終不若讀其爲「产（危）」來得明白直接。

參酌《禮記》鄭注：「危，猶高也。言不高於行，行不高於言，言行相應也」、

〔註11〕史杰鵬，〈談上博簡的从今从石之字〉，簡帛網，2003／05／01。

〔註12〕大西克也，〈試論上博楚簡緇衣中的「舍」字及相關諸字〉，《第四屆國際中國古文字學研討會論文集》（香港：香港中文大學，2003 年 10 月），頁 334。

〔註13〕楚文字「今」、「勻」有同形現象存在，見陳嘉凌學姐，《楚系簡帛字根研究》（臺師大國文系碩士論文，2002 年 6 月），頁 157、265。

〔註14〕陳嘉凌學姐，《楚系簡帛字根研究》（臺師大國文系碩士論文，2002 年 6 月），頁 34。

元·陳澔《禮記集說》：「君子弗言弗行，則言行不越乎中，民將效之。言不敢高於行，而言之必可行也；行不敢高於言，而必爲可繼之道也」、清·朱彬《禮記訓纂》引王引之言：「危，讀爲詭。詭者，違也，反也。言君子言行相顧，則民言不違行，行不違言矣。古字詭與危通」所揭經義，簡文「民言不危行，行不危言」可譯釋作：「他們所說的話就不會違背他們所做的事，而他們所做的事也不會違背他們所說的話」。

②. 濬智案

原書整理者依殘簡長度判斷，以爲此處仍有 14 個缺字。今知上博〈緇衣〉完簡簡長約在 54.3 公分左右，抄寫時不留天地空白。本簡殘長 40.3 公分，殘存 42 字，則平均每字使用 0.96 公分抄寫，是知此處應有（54.3～40.3）／0.96≒14～15 個缺字。今據郭店〈緇衣〉，在抄錄於第十六簡簡末的第十五章篇末補入「于儀」2 個字，在同抄於第十六簡簡末的第十六章篇首補入「子曰：君子道人以言，而壐（恆）以行」12 個字，計共補入 14 個字。

上博「侃」，郭店本亦作「侃」，今本作「愆」

濬智案

「侃」可讀「愆」。「愆」，《禮記》鄭玄注：「過也。」《詩·大雅·抑》作「愆」，《說文》：「愆，過也，从心衍聲。寒，或从寒省。愆，籀文。」《禮記·緇衣》作「愆」，《詩》作「愆」，係同字異體互用。

「雪靳尔止，不侃于儀」詩句見今本《詩·大雅·抑》，原詩見第六章註④。此段引詩，依鄭《箋》：「又當善愼女之容止，不可過差於威儀」、余培林師《詩經正詁（下）》：「言汝當善愼汝之容止，以無損汝之威儀也」〔註15〕所揭經義，可譯釋作：「謹愼注意你的舉止，不要損害你的威儀」。

何以〈緇衣〉本章引用此詩？清·孫希旦《禮記集解》引呂大臨之言解釋道：「引詩，言爲人上者，當善愼其容止，不過於先王《曲禮》之儀，以證言行之不可過也。」

〔註15〕余培林師，《詩經正詁（下）》（臺北：三民書局，1995 年 10 月），頁 438。

第十六章

【簡　文】

子曰：君子道人以言，而戥（恆）以行①。古（故）言則慮丌（其）所多（終），行則旨（稽）丌（其）所幣（弊）②，則民釿（慎）於言而敽（謹）於行。《岩（詩）》員（云）：「穆 ＝文王，於幾（緝）義（熙）〔敬〕止③　。」

【討　論】

①. 濬智案

此處疑有殘簡，郭店本作「君子道人以言，而戥以行」，今本作「君子道人以言，而禁人以行」。因〈緇衣〉通篇強調「化民」而未言及「禁民」，故本文擇郭店〈緇衣〉簡文補入。補入字數所據原因請參第十五章注②。

郭店「戥」字，今本作「禁」

時賢討論

郭店原考釋云：「戥，其上部爲《說文》恆字古文，疑讀作恆〔註1〕。」至於郭店「戥」字的詁訓，陳偉以爲：

> 在楚簡中，「亙」字往往寫作亘。老子甲「至虛，亘也。」注 57 云：亘，各本均作極。簡文「恒」……與「亙」字形近易混，老子乙「莫智其亘」注 3 云：「亘，今本作極。從此章用韻看，當以作極爲是。」這處簡文恐亦是亙字。今本緇衣此句作「而禁人以行」。鄭玄注：「禁，猶謹也。」從亙得聲之字有極。《說文》：「極，急性也。从心，亙聲。一曰謹重貌。」字義與禁相關。又禁有忌的意思。而從亙得聲的極與忌在古書中屢見通假〔註2〕。

劉信芳以爲「戥」是「亙」的繁形。《說文》從「亙」之「桓」訓作「竟（境）」，所以他以爲今本「禁」可能是「亙」或「竟」之音訛〔註3〕。王力波引《文選‧左思

〔註 1〕荊門市博物館，《郭店楚墓竹簡》（北京：文物出版社，1998 年 5 月），頁 135。
〔註 2〕陳偉，〈郭店楚簡別釋〉，《江漢考古》1998 年第 4 期，頁 68。
〔註 3〕劉信芳，〈郭店楚簡〈緇衣〉解詁〉，《郭店楚簡國際學術研討會論文集》（武漢：湖北人民出版社，2000 年），頁 175。

〈吳都賦〉》：「樹以青槐，亙以綠水」李善注：「亙，引也」，以爲此字有「引導」義〔註4〕。

濬智案

　　陳偉將此字釋作「亟」，讀同今本「禁」，此說雖可，但據季旭昇師：「『恆』字在甲文及金文多作『亙』，從『月』，徐灝《說文段注箋》以爲『月之牛體如弦栖兩端，故謂之弦。月盈則缺，唯弦時多，故謂之恆，而訓爲常，故祇作亙』」〔註5〕，則郭店此字卜部應還係「亙」，讀作「恆」。

　　陳偉、劉信芳皆將此字讀作「禁」，則簡文「禁人以行」有二種涵意：

一、《廣雅‧釋詁三》：「禁，止也。」簡文意指「（君子）以行爲禁止人民」。

二、《禮記‧緇衣》：「君子道人以言而禁人以行」，鄭注：「禁，猶謹也。」簡文意指「（君子）以行爲約束人民」。

　　視此二種解釋，於文理皆驟不可通。又〈緇衣〉本章主旨重在「君子德風」，若此處作「禁」，亦與本章主旨、〈緇衣〉全篇主軸所強調的「德化」觀念相違。這樣看來，「亟（恆）」字還是依王力波說，表引導義較佳。至於今本〈緇衣〉不用「恆」而「禁」，可能即如劉信芳所說，因「亙」、「竟」、「禁」音近而輾轉誤抄。

②. 旨丌所幣，即「稽其所弊」，意謂：稽考它的流弊。此段郭店本作「餂丌所幣」，今本作「稽其所蔽」。

「幣」，郭店作「幣」，今本作「蔽」

濬智案

　　上博此字依形當應隸作「幣」，原考釋巡作「蔽」，當正〔註6〕。

③. 〈峕員〉：「穆 =文王，於幾義〔敬〕止」，即「詩云：穆穆文王，於緝熙〔敬〕止」，意謂：《詩經》上說：「具有美德的文王，啊！他是那麼地光明磊落又恭敬。」此段郭店本作「寺員：穆 =文王，於俱逅

〔註4〕王力波，《郭店楚簡〈緇衣〉校釋》（東北師範大學中文系碩士論文，2002年5月）頁62。

〔註5〕季旭昇師，《說文新證（上）》（臺北：藝文印書館，2002年），頁491。

〔註6〕季旭昇師審訂、鄒濬智撰，《上海博物館藏戰國楚竹書（一）讀本‧緇衣》（臺北：萬卷樓，2004年6月），頁130。

敬辿」，今本此段作「《詩》云：『慎爾出話，敬爾威儀。』《大雅》曰：
『穆穆文王，於緝熙敬止。』」

「幾義」，郭店本作「俱逻」，今本作「緝熙」

瀋智案

　　「幾（🐛）」字下部訛近「我」形，或因下涉「義」字所从之「我」偏旁所致；
「緝」，《說文》：「績也」，段注：「又引申爲積厚流光之稱。」《爾雅·釋詁》：「緝，
光也。」《國語·周語》：「緝熙，皆明也。」《大雅·文王》傳：「緝熙，光明也。」

　　「幾（見紐微部）義（疑紐歌部）」，對照郭店本與今本〈緇衣〉、《毛詩·文王》，
當讀爲「緝（清紐緝部）熙（曉紐之部）」，「緝熙」、「幾義」二詞之聲韻雖稍有距離，
但均當視爲聯綿詞，應該可以允許有較大的音變幅度〔註7〕。而上博「義」字後較
郭店與今本少一「敬」字，疑是漏抄，今補。

「止（🐛）」，郭店本與今本亦作「止」

瀋智案

　　上博原書釋文釋作「之」。經查其字形與上博〈緇衣〉全篇卅四個「之」字如簡
11🐛、16🐛等全然不同，而與〈緇衣〉簡16等「止（🐛）」字同作。又今本《詩
經》、〈緇衣〉此字亦作「止」，是知原書釋文有誤，此字應作「止」。「止」，朱熹《詩
集傳》：「語詞。」「穆 =文王，於幾義〔敬〕止」詩句今見《詩·大雅·文王》，原
詩見第一章註④。

　　參酌上引經解與鄭《箋》：「穆穆乎文王，有天子之容。於美乎！又能敬其光明
之德」、《禮記正義》：「言文王之德，嗚呼光明乎，又敬其容止」、余培林師《詩經正
詁（下）》：「言文王能光大其敬慎之德」〔註8〕所揭經義，簡文「穆穆文王，於緝熙
敬止」可譯釋作「具有美德的文王，啊！行爲磊落，具有光明的美德。」至於〈緇
衣〉此章引用此詩？《禮記正義》解釋道：「證在上當敬其言行也。」

〔註7〕季旭昇師審訂、鄒瀋智撰，《上海博物館藏戰國楚竹書（一）讀本·緇衣》（臺北：
　　　　萬卷樓，2004年6月），頁130～131。
〔註8〕余培林師，《詩經正詁（下）》（臺北：三民書局，1995年10月），頁319。

第十七章

【簡　文】

　　子曰：言衒（率，從）行之，則行不可匿①。古（故）孝 ＿（君子）募（顧）言而行②，㠯（以）盛（成）丌（其）信，則民不【十七】能大丌（其）頌（美）而少（小）丌（其）亞（惡）。《大虘（雅）》員（云）：「白珪（圭）之砧（玷）尚可磊（磨），此言之砧（玷）不可爲③。」《少（小）虘（雅）》員（云）：「躳（允）也君子，墨（展）也大盛（成）④。」〈君奭〉員（云）：「昔在上帝，割紳觀文王德，其【十八】集大命于氏（是）身⑤ ▃ 。」

【討　論】

①. 言衒行之，則行不可匿，即「言率／從行之，則行不可匿」，意謂：說的話都會照著去做，那麼行爲就不可掩藏。此段郭店本作「言從行之，則行不可匿」，今本作「言從而行之，則言不可飾也；行從而言之，則行不可飾也」。

「衒」，郭店本與今本皆作「從」

時賢討論

　　上博原考釋云：「即『率』字〔註1〕。」陳偉以爲：

　　　　此字的中間部分應該是「人」字，只是與常見寫法略有不同而已。而在郭店簡原定名《成之聞之》的簡書中，即有類似寫法的「人」字（七號簡、九號簡）。因而此字大概就是在郭店簡中多次出現的左旁爲彳，右旁爲亍，而中間作「人」的「道」字〔註2〕。

黃人二則疑：

　　中間所從者爲「幺」，讀爲「由」，古音一在宵部，一在幽部，旁轉通假。「言從行之」，乃言語一旦說出，就要照著所說而付諸行動；「言由行之」之「由」亦訓從、

〔註1〕馬承源主編，《上海博物館藏戰國楚竹書（一）》（上海：上海古籍出版社，2001 年 11 月），頁 193。

〔註2〕陳偉，〈上博、郭店二本〈緇衣〉對讀〉，《上博館藏戰國楚竹書研究》（上海：上海古籍出版社，2002 年），頁 423。

行，若《孟子・萬章下》：「惟君子能由是路」、《告子上》：「舍其路而弗由」、《離婁上》：「舍正路而不由」之「由」〔註3〕。

濬智案

　　細審此字中間確實從「幺」，陳偉之所以誤隸，可能是忽略了「幺」下半的殘泐墨跡所致。郭店楚簡常見從「行」之「率」字（如郭 10.28 ⿰ 、12.8 ⿰ 等）。至於郭店〈緇衣〉此字與今本同作「從（ ⿰ ）」，三種版本〈緇衣〉用字差異的可能原因有二：

一、上博〈緇衣〉抄手將原始〈緇衣〉之「從」字右旁所從之側「人」形看成「丁」，結合「從」字左旁所從「彳」，將整個「從」字錯看成「衒」字（楚簡「率」字），進而抄成「衒」省形的「衍」。

二、原始〈緇衣〉此字係作「衒」字無誤，而郭店與今本〈緇衣〉抄者或在抄錄時將「幺」或「丁」看成側「人」形，而誤抄成「從」字。

　　若依文意，此處究竟是「從」訛寫作「衒（衍，率）」，亦或是「衒（衍，率）」訛寫作「從」呢？要解決這個問題，我們必須從簡文「言X行之」與本章章旨的關聯上來作分析。

　　今知〈緇衣〉此章主旨在「顧言而行」、「言行相符」，簡而言之就是「出言」而後「實踐」之。「言」和「行」的關係是「言」先「行」後、「言」是「行」的準尺。

　　查「率」，《爾雅・釋詁上》：「循也」、《小爾雅・廣詁》：「勸也」。若原始〈緇衣〉此處原先作「率」，而「率」表「依循義」，則「言」和「行」的關係變成「行」先「言」後、「行」是「言」的準尺。如此則與〈緇衣〉本章章旨不合。不過「率」也有「率領義」，如《詩經・周頌・噫嘻》：「率時農夫，播厥百穀」中之「率」，《廣韻・質韻》亦云：「率，領也。」如此則「言率行之」便符合〈緇衣〉本章「顧言而行」、「言行相符」的章旨。

　　查「從」，《說文》：「隨行也」，《書・湯誓》：「夏師敗績，湯遂從之」，孔傳：「從，謂逐討之」。若原始〈緇衣〉此處原先作「從」，而「從」表「隨從義」，則「言」和「行」的關係亦變成「行」先「言」後、「行」是「言」的準尺。如此則與〈緇衣〉本章章旨不合。但我們查到《韓非子・難三》：「夫六晉之時，魏宣子最強，滅范、中行，而從韓魏之兵以伐趙」，《集釋》：「『而』與『又』同義，『從』與『率』同義……謂身率諸侯之君也」〔註4〕，知「從」也有「率領義」，如此則「言從行之」亦符合

〔註3〕黃人二，《上海博物館藏戰國楚竹書（一）研究》（武漢大學博士論文，2002年），頁147。

〔註4〕陳啓天，《韓非子校釋》（臺北：臺灣商務印書館，1994年11月七版），頁361～362。

〈緇衣〉本章「顧言而行」、「言行相符」的章旨。

「率」、「從」二字都具有「率領義」，則〈緇衣〉簡文此處不論作「言率行之」或「言從行之」，都能通暢文義，都能使本句與本章章旨接軌。因而上博作「率」、郭店與今本作「從」的異文現象，我們除了以「字形互訛」來解釋外，也不妨將三種版本〈緇衣〉的「率」、「從」異文看成是經典抄寫過程中的同義字替用現象〔註5〕。

古今本〈緇衣〉此處字句繁省不同，楚簡〈緇衣〉作「言率／從行之，則行不可匿」，重點在「慎言守信」；今本〈緇衣〉作「言從而行之，則言不可飾也。行從而言之，則行不可飾也」，重點在「言行合一」，文雖繁簡不同，然其理則近。

參酌《禮記》鄭注：「以行為驗，虛言無益於善也」、元‧陳澔《禮記集說》：「言順於理而行之，則言為可用，而非文飾之言矣；行順於理而言之，則行為可稱，而非文飾之行矣」、清‧孫希旦《禮記集解》：「君子之言，必從而行之，故言不可飾，飾則言不顧行矣。君子之行，必從而言之，故行不可飾，飾則行不顧言矣」所揭經義，簡文此段可譯釋作：「說的話都會照著去做，那麼行為就不可掩藏」。

②. 君子募言而行，即「君子顧言而行」，意謂：君子不必多講話，只照著他講的做。

「募」，郭店本作「賏」，今本作「寡」

時賢討論

上博原考釋云：「即『寡』字，與『顧』通。《說文通訓定聲》：『寡，叚借為顧。』郭店簡作『賏』，從見。今本『故君子寡言而行』，鄭玄注：『寡常（鄒按：應作「當」）為顧聲之誤也。』〔註6〕」郭店「賏」字，裘錫圭按：「此字今本作『寡』，但鄭注認為『寡當為顧，聲之誤也』。簡文此字從『見』（鄒按：亦可謂從「視」，偏旁中二字一般不別），當釋為『顧』，可證鄭注確〔註7〕。」

濬智案

〔註5〕季旭昇師以為「率」字亦有「皆」義，他引《漢書‧宣帝紀》注：「率者總計之言也」之文例，認為「言率行之」即「言皆行之」。《郭店》本作「言從行之」，似不如上博本文義明暢。今本作「言從而行之，則言不可飾也；行從而言之，則行不可飾也」，益覺辭費而意晦（季旭昇師審訂、鄒濬智撰，《上海博物館藏戰國楚竹書（一）讀本‧緇衣》，臺北：萬卷樓，2004 年 6 月，頁 132）。說亦可參。

〔註6〕馬承源主編，《上海博物館藏戰國楚竹書（一）》（上海：上海古籍出版社，2001 年 11 月），頁 193。

〔註7〕荊門市博物館，《郭店楚墓竹簡》（北京：文物出版社，1998 年 5 月），頁 135「裘按」。

清‧俞樾《禮記鄭讀考》云：「《玉篇》：『寡，古瓦切』；『顧，古布切』，『寡』與『古』雙聲，『顧』與『古』亦雙聲，故寡轉爲顧。」

③. 白珪之砧尙可磊，此言之砧不可爲，即「白圭之玷尙可磨，此言之玷不可爲」，意謂：白玉之圭有瑕疵，還可磨光處理掉；但若說話出現缺失，就很難挽回。

濬智案

此詩句見今本《詩‧大雅‧抑》，原詩見第六章註④。清‧王先謙《詩三家義集疏》所收韓《詩》「玷」字作「刮」。「刮」，《說文》：「缺也」，段注：「『刮』、『玷』古今字。」

參酌毛《傳》：「玷，缺也」、鄭《箋》：「斯，此也。玉之缺，尙可磨鑢而平，人君政教一失，誰能反覆之？」此段簡文可譯釋作：「白玉之圭有瑕疵，還可磨光處理掉；但若說話出現缺失，就很難挽回」。此詩尙見《左傳‧僖公九年》、《史記‧晉世家》等。而《說苑‧談叢》引此詩前的一段話：

> 口者關也，舌者機也，出言不當，四馬不能追也。口者關也，舌者兵也，出言不當，反自傷也。言出於己，不可止於人。行發於邇，不可止於遠。夫言行者，君子之樞機。樞機之發，榮辱之本也，可不愼乎？

可爲此詩句之註腳。

④. 躳也君子，塦也大城，即「允也君子，展也大成」，意謂：信實的君子，因其信實，才能有大成就。

「躳（ 𦣻 ）」，郭店本亦作「躳」，今本作「允」

時賢討論

上博原考釋隸作「㚖」〔註8〕。

濬智案

此字下部爲「身」形，字實爲「躳」。「躳」從「𠂤」讀同今本「允」。

〔註8〕馬承源主編，《上海博物館藏戰國楚竹書（一）》（上海：上海古籍出版社，2001 年 11 月），頁 194。

「塦（）」，郭店本作「塦」，今本作「展」

時賢討論

上博原考釋隸定作「塦」，並於釋文中夾注通「則」〔註9〕。郭店原考釋云：「聖，簡文从『厂』从『土』从『則』省，讀作『則』。《爾雅‧釋詁》：『則，法也』。」裘錫圭按語：「間文『也』上一字似當釋『塦』，『塦』、『展』音近可通〔註10〕。」

楚簡〈緇衣〉此字，楊澤生認爲：

> 上博所藏《緇衣》此字上部爲「鼎」的變形，也是聲旁。古音「鼎」在端母耕部，「展」在端母元部，它們聲母相同，而韻母所屬的「耕」、「元」二部關係密切，通用的例子非常多〔註11〕。

李零認爲：

> 郭店本從石從貝從土……我們懷疑，此字可能是「塦」字的誤寫，因爲眞正的「塦」字，很可能是《唐虞之道》篇用爲「禪」字的那個字所從。上海本，寫法與郭店本相似，上從貝下從土。

同時李氏在整理上博〈容成氏〉時，聯想到〈容成氏〉簡39「賵」字說不定和郭店「塦」字有關係〔註12〕。

趙平安云：

> 從《十鐘山房印舉》（3之11、3之21）「纏」所從塦的寫法看，裘先生的意見無疑是正確的。和郭店簡「塦」字比較，只是少一個广而已〔註13〕。

不過廖名春一開始就懷疑郭店此字應該不能隸定作「塦」，因爲「『塦』字《說文》云『从广里八土』，而簡文中間不像『里』而更像『則』省。」〔註14〕

濬智案

細察楚簡此字中間部份，實不能獨立爲「火」構件。原書隸定作「灻」的部份，應是楚系文字「則」的省寫，如郭店7.21、11.20等。日人芳賀良信、廣瀨薰雄二位先生在考釋郭店〈緇衣〉「則君不疑其臣」句時，據《汗簡》（）、《古文四聲

〔註 9〕馬承源主編，《上海博物館藏戰國楚竹書（一）》（上海：上海古籍出版社，2001 年 11 月），頁 194。

〔註10〕荊門市博物館，《郭店楚墓竹簡》（北京：文物出版社，1998 年 5 月），頁 135。

〔註11〕楊澤生，〈上海博物館所藏楚簡文字雜說〉，《江漢考古》2002 第 3 期，頁 79～80。

〔註12〕李零，《上博楚簡三篇校讀記》（臺北：萬卷樓，2002 年 3 月），頁 58。

〔註13〕趙平安，〈上博藏緇衣簡字詁四篇〉，《上博館藏戰國楚竹書研究》（上海：上海古籍出版社，2002 年），頁 441。

〔註14〕廖名春，《新出楚簡試論》（臺北：臺灣古籍出版公司，2001 年 5 月），頁 65。

韻》（古孝經 、古老子 ），亦認爲楚簡寫似「炅」的字形，應該作「則」字解比較好〔註15〕。不過此字雖然依形可視作「則」省，但此字和趙平安所舉漢印「纏」字偏旁形體也極爲相近。依形，「則」省、「廛」省二釋皆可；依音，則釋「廛」省較佳。「廛（澄紐元部）」、「展（知紐元部）」二字聲近韻同，可以通讀。「廛」讀同今本「展」。

簡文所引「躬也君子，墨也大墜」，詩句見今本《詩·小雅·車攻》：

我車既攻，我馬既同。四牡龐龐，駕言徂東。

田車既好，四牡孔阜。東有甫草，駕言行狩。

之子于苗，選徒囂囂。建旐設旄，搏獸于敖。

駕彼四牡，四牡奕奕。赤茀金舄，會同有繹。

決拾既佽，弓矢既調。射夫既同，助我舉柴。

四黃既駕，兩驂不猗。不失其馳，舍矢如破。

蕭蕭馬鳴，悠悠旆旌。徒御不驚，大庖不盈。

之子于征，有聞無聲。<u>允矣君子，展也大成</u>。

詩《序》：「車攻，宣王復古也。宣王能內脩政事，外攘夷狄，復文武之境土，脩車馬、備器械，復會諸侯於東都，因田獵而選車徒焉。」依《禮記·緇衣》鄭玄注：「允，信也；展，誠也」、鄭《箋》：「允，信；展，誠也。大成，謂致太平也。」，此段簡文可譯釋爲「信實的君子，因其信實，才能有大成就。」

⑤．昔在上帝，割紳觀文王德，其集大命于氒身，即「昔在上帝，割紳觀文王德，其集大命于是身」，意謂：從前上帝實在是不斷地觀察文王的德行，之後才把天命集中降賜在他身上。

濬智案

原書整理者依殘簡長度判斷，以爲此處仍有 11 個缺字。今知上博〈緇衣〉完簡簡長約在 54.3 公分左右，抄寫時不留天地空白。本簡殘長 40.5 公分，殘存 39 字，則平均每字使用 1 公分抄寫，是知此處應有（54.3～40.5）／1≒13～14 個缺字。今以郭店〈緇衣〉對勘，補入「昔在上帝，割紳觀文王德，其」11 個字。至於簡本、傳世〈緇衣〉與今本《尚書·君奭》此處，與本簡殘去之字數相較，有 2 至 3 個字

〔註15〕東京大學郭店楚簡研究會編，《郭店楚簡之思想史的研究》第三卷（東京：東京大學文學部中國思想文化學研究室，2000 年 1 月 20 日），頁 19。

的出入,闕疑待考。

郭店本「昔在」,今本作「在昔」

濬智案

　　今本《尚書.君奭》亦作「在昔」,清.段玉裁《古文尚書撰異》:「今本『在昔』,宋本『昔在』,疏云:『往昔之時在上天,則宜從「昔在」。』」其說是也。

郭店本「割」,今本作「周」

濬智案

　　屈萬里《尚書集釋》云:

　　　　金履祥《書經注》云:「割申勸,……或作周田觀。周字似害,必害字也。」于氏《尚書新證》云:「格伯𣪘周作**𡊮**,師害𣪘害作**𡊮**,形似易渾。〈堯典〉:『洪水方割。』鄭《詩譜疏》引作害」按:周乃害字之誤,金于二氏所論甚諦。割、害古通〔註16〕。

「周」,古字形與「害」近,今本〈緇衣〉錯將「割」訛抄作「周」。

郭店本「紳」,今本作「田」

時賢討論

　　廖名春云:

　　　　「紳」爲「申」之借。曾運乾曰:「申,《緇衣》讀田、博士讀率,率轉爲亂,並形之誤也。古文作申不誤。申,重也。」其說是。蔡侯墓銅器銘文有「**𤔲**」,于省吾釋作「申」。「**𤔲**」是「**𤕨**」字異體。裘錫圭釋「**𤕨**」爲「申」。可見古「申」字多有形符「受」,故今文《尚書》博士夏侯、歐陽將其誤讀爲「亂」;其從「田」聲,故《禮記.緇衣》從聲寫作「田」〔註17〕。

濬智案

　　廖先生所言是。另「紳」字古或有寫似從「田」偏旁者,如紳父盤「紳」字作**𤳆**、包山簡150「紳」字作**𤲃**等。而有些時侯「紳」與「陳(從田)」字也常替代互用,如上博〈緇衣〉所引僞《古文尚書.君陳》作〈君連〉。

　　總此,知今本「周田」極可能是爲簡本「割紳」之誤抄。鄭玄改:「周田」爲「割

〔註16〕屈萬里,《尚書集釋》(臺北:聯經出版公司,1983年2月),頁208。
〔註17〕廖名春,《新出楚簡試論》(臺北:臺灣古籍出版公司,2001年5月),頁91。

申」，可謂卓見。

郭店「觀」，今本亦作「觀」

濬智案

　　今本《尚書·君奭》作「勸」，屈萬里《尚書今註今譯》注：「勸，當爲觀。」〔註18〕要之東周的知識份子的宇宙觀係將「上帝」視爲一客觀運作大自然的主宰，所謂「上帝板板」、「上天不仁，以萬物爲芻狗」是也。故上帝不會以任何有形或無形的力量去主動勸勉執政者，只是冷眼旁觀。因此今文《尚書》此處應從〈緇衣〉所引，改作「觀」字爲宜。

「文王」，今本亦作「文王」

時賢討論

　　廖名春言：

　　　　清儒以金文爲據，進一步從字形上解決了此問題。「文」之所以訛爲「寧」，是因爲早期的「文」字中有「心」，以致訛爲「㝉」，再訛爲寧〔註19〕。

濬智案

　　今文《尚書·君奭》作「寧王」，清儒如王懿榮、吳大澂等早已據金文改〈大誥〉、〈君奭〉中的「寧王」爲「文王」。裘錫圭也曾討論過，詳見其〈談談清末學者利用金文校勘《尚書》的一個重要發現〉〔註20〕。

「大命」，三本〈緇衣〉同

濬智案

　　今本《尚書》亦作「大命」。「大命」在先秦約有下述若干意涵：

一、天賦的政權、國祚－如《尚書·太甲上》：「天監厥德，用集大命，撫綏萬方」，孔傳：「天視湯德，集王命於其身。」其他如《詩·大雅·蕩》：「雖無老成人，尚有典刑，曾是莫聽，大命以傾」、《國語·晉語三》：「不更厥貞，大命其傾」、《尚書·顧命》：「王曰：嗚呼，疾大漸，惟幾。病日臻，既彌留，恐不獲誓言嗣。茲予審訓命汝。昔君文王武王，宣重光，奠麗陳教，則肄肄不違，用克達殷集大命」等文中之「大命」亦皆具此意。

〔註18〕屈萬里，《尚書今註今譯》（臺北：商務印書館，1993年），頁145。
〔註19〕廖名春，《新出楚簡試論》（臺北：臺灣古籍出版公司，2001年5月），頁92。
〔註20〕裘錫圭，《古代文史研究新探》（南京：江蘇古籍出版社，1992年6月），頁73～80。

二、自然的生命周期－如《韓非子・揚權》：「天有大命」，陳奇猷《集釋》：「大命，
　　自然之數」、《莊子・列御寇》：「達生之情者傀，達於知者肖，達大命者隨，達
　　小命者遭」，成玄英疏：「大命，大年。假如彭祖壽考，隨而順之，亦不厭其長
　　久以爲勞苦也。」其他如《韓非子・難一》：「仲父病。不幸卒於大命，將奚以
　　告寡人」、《左傳・哀公十五年》：「使人逢天之慼，大命隕隊，絕世于良」等文
　　中之「大命」亦皆具此意。

三、天子、君之令、先王遺命－如《周禮・夏官・大僕》：「大，僕掌正王之服位，
　　出入王之大命」，鄭玄注：「出大命，王之教也。」其他如《尚書・盤庚下》：「曰：
　　無戲怠，懋建大命」、《尚書・大誥》：「肆予曷敢不越卬敉寧王大命」、《左傳。
　　成公二年》：「吾子布大命於諸侯」等文中之「大命」亦皆具此意。

四、軍令－如《左傳・襄公三年》：「吾子之討軍禮也。寡人有弟，弗能教訓使干大
　　命」，楊伯峻注：「大命謂軍令」。

　　依《禮記》鄭注：「謂命之使王天下也」，簡文此處「大命」義涵應是第一類，
指「天賦的政權、國祚」。

「氏身」，郭店本作「厈身」，今本作「厥躬」

濬智案

　　內野本、八行本〈君奭〉作「厥身」〔註21〕，唐石經本、足利本、天正本、書
古文訓本作「厥躬」，則上博本作「氏身」恐爲形近筆誤，但「厈（厥）」誤作「氏
（是）」後文義亦可通。

　　簡文所引「昔在上帝，割紳觀文王德，其集大命于氏身」句見今本《尚書・君
奭》，茲節錄部份相關原文如下，裨供參考：

　　　　公曰：「君奭！在昔，上帝割申勸寧王之德，其集大命於厥躬。惟文
　　王尚克修和我有夏，亦惟有若虢叔，有若閎夭，有若散宜生，有若泰顚，
　　有若南宮括。又曰：無能往來茲迪彝教，文王蔑德降于國人。亦惟純佑秉
　　德，迪知天威，乃惟時昭文王；迪見冒聞于上帝，惟時受有殷命哉。武王
　　惟茲四人，尚迪有祿。後暨武王，誕將天威，咸劉厥敵。惟茲四人，昭武
　　王惟冒，丕單稱德。今在予小子旦，若游大川，予往暨汝奭其濟。小子同
　　未，在位誕無我責。收罔勗不及，耇造德不降；我則鳴鳥不聞，矧曰其有
　　能格？」

　　書《序》云：「召公爲保，周公爲師，相成王左右。召公不說，周公作〈君奭〉。」

─────────

敦煌本與內野本〈君奭〉「王之德」作「王德」〔註22〕，與簡本同。

　　參酌宋‧蔡沈《書集傳》：「申，重……而集大命於其身，使有天下也」、屈萬里《尚書今註今譯》：「割，蓋也……申，重複」〔註23〕、《禮記》鄭注：「言文王有誠信之德，天蓋申勸之，集大命於是身」、《禮記正義》：「言文王有誠信之德，故上天蓋申重獎勸王文王德」所揭經義，簡文「昔在上帝，割紳觀文王德，其集大命于是身」可譯釋作：「從前上帝實在是不斷地觀察文王的德行，之後才把天命集中降賜在他身上」。

〔註22〕屈萬里，《尚書異文彙錄》（臺北：聯經出版公司，1983年），頁118。
〔註23〕屈萬里，《尚書今註今譯》（臺北：商務印書館，1993年），頁145。

第十八章

【簡　文】

子曰：君子言又（有）勿（物），行又（有）陞（格）①，此目（以）生不可敚（奪）志，死不可敚（奪）名②。古（故）君子多聒（聞），齊（質）而守之，多昔（志），齊（質）而睪（親）之，青（精）盇（知），陞（格）而行之③。【十九】《詩》曰：「淑④人君子，丌（其）義（儀）一也。」〈君迪（陳）〉員（云）：「出內（入）自尔（爾）帀（師）雩（虞），庶言同⑤▬。」

【討　論】

①. 君子言又勿，行又陞，即「君子言有物，行有格」，意謂：君子講話言之有物，作事端正、循規蹈矩。

「陞（圖）」，郭店本作「迖」，今本作「格」

時賢討論

上博原考釋云：「《說文》所無。戰國元阿左戟、新郚戟銘文之『戟』字皆从**𡙡**，以爲聲符，此亦爲字之聲符。**𡙡**，《說文》：『讀若介』〔註1〕。」

上博「陞」字，孟蓬生以爲此字所从「**𡙡**」與《說文》所收的「**𡙡**」是形同音同但字義不同的同形字。並舉《說文·戈部》的「𢧢」、《郭店·成之聞之》的「霹」字，認爲「**𡙡**」都只單純的作聲符使用，在字中並不帶任何意義。同時他舉了許多文獻通假的例子，以爲「**𡙡**」可能是「弟」的變形。孟氏並認爲：

> 「陞」字從阜、從土，讀音與「格」字相同。以「陞」字例之，該字
> 也許可以認爲是訓登（陞）之「格」的本字。《爾雅·釋詁》：「格，陞也。」
> 《尚書·呂刑》「庶有格命」，鄭注：「格，登也〔註2〕。」

〔註1〕馬承源主編，《上海博物館藏戰國楚竹書（一）》（上海：上海古籍出版社，2001 年 11 月），頁 195。

〔註2〕孟蓬生，〈上博簡〈緇衣〉三解〉，《上博館藏戰國楚竹書研究》（上海：上海古籍出版社，2002 年），頁 444～447。

陳秉新則以爲此字當是古「陜」字。可讀作「格」〔註3〕。

　　郭店「迲（**迲**）」字，顏世鉉以爲：

　　　　此爲「戟」字異體；包山楚簡也有戟字，簡六一：「戠找」，簡二六九：
　　「車找」，簡二七三「二找」，作**戟**、**戟**、**戟**。《汗簡》有「格」字作**格**，
　　黃錫全先生說：「按兵器戟上有字……形與此全同，應釋爲戟（格），假爲
　　戟。格（戟）、戟同屬見母鐸部。戟字《說文》失收。」楊樹達〈滕侯戟
　　跋〉則說：「按戟爲會意字，銘文作戟，从戈，各聲，爲形聲字，戟之或
　　作也。从各聲者，各與戟古音相同故也。」可知找爲戟字異體，而戟（格）
　　則可讀作戟。《說文》：「戟，有枝兵也。」「挌，枝挌也，从手各聲。」《釋
　　名·釋兵》：「戟，格也，旁有枝格也。」戟和格除音近可通外，似乎也有
　　意義引申的關係。而格又有「來」、「至」之義，《詩·大雅·抑》：「神之
　　格思」，毛《傳》：「格，至也。」《禮記·大學》：「致知在格物」，鄭《注》：
　　「格，來也。」疑《郭簡》的「迲」是從「辵」、從「找（戟）」省所造之
　　「格」字，從「辵」表「格」有「來」、「至」之義；亦即「迲」釋作「格」，
　　又可讀爲「略」〔註4〕。

陳高志以爲：「竹簡本與今本之異，屬同義詞的代換。迲字從丯，丯之義爲契、爲割，
引申後而有法度之義。同簡 39 應隸作恪，今本作略，亦讀爲恪」〔註5〕；張光裕師
主編，陳偉武、袁國華師助編《郭店文字考釋匯編》則補充說明兵器銘文「戟」字
或作「戟」，或作「找」，陶文或作「𢦏」，文字中「各」聲符偏旁得與「丯」聲符偏
旁互作，而郭店「迲」字即可看成是「挌」、「逤」之異體〔註6〕。

濬智案

　　若依孟氏之言，則郭店該字即爲「逆」之異體，「逆」有「迎」意。「逆」，《孫
子·軍爭》：「故用兵之法，高陵勿向，北丘勿逆」，杜牧注：「逆者，迎也」、李零注：
「逆，簡本、《通典》卷 156、《御覽》卷 270、306 引作『迎』」。〔註7〕以「迎」意
置入〈緇衣〉此處文句，將無法通讀。又「逆」字，甲骨文作**逆**（甲 896）、**逆**（前
5.26.5），金文作**逆**（宗周鐘）、**逆**（九年衛鼎），楚簡作**逆**（包山簡 2.71）、**逆**（包

〔註3〕陳秉新，〈《上海博物館藏戰國楚竹書（一）》補釋〉，《東南文化》2003 年第 9 期，頁
　　　81。
〔註4〕顏世鉉，〈郭店楚簡淺釋〉，《張以仁先生七秩壽慶論文集》（臺北：學生書局，1999
　　　年），頁 385～387。
〔註5〕陳高志，〈讀郭店楚墓竹簡札記〉《中國哲學》第 21 輯，頁 240～243。
〔註6〕張光裕師主編，陳偉武、袁國華師助編，《郭店文字考釋匯編》，待刊。
〔註7〕李零，《吳孫子發微》（北京，中華書局，1997 年），頁 83。

山簡 2.75），明顯與郭店此字字形有段距離，故此字實非如孟氏之言爲「逆」字。季旭昇師據李運富《楚國簡帛文字構形系統研究》頁91，指出：

> 「毛、丰、屯、乇、反、衰」等偏旁形體相近，易被誤認。所以《郭店》楚簡〈緇衣〉「迖」、「陸」字已往有一些異說，其實《上博》、《郭店》此字所從「丰」形都很好認。戰國元阿左戟、新邵戟銘文之「戟」字皆從「丰」，以爲聲符，「陸」、「迖」從「丰（古拜切，見紐月部）」聲、「格（見紐鐸部）」，二字聲同韻近，可以通假〔註8〕。

師說是。我們以爲郭店此字由「丰」得聲，可讀同今本「格」，而上博「陸」字從「丰」得聲，亦能讀同今本「格」。

「格」字，當依《禮記‧緇衣》鄭注：「舊法也」、《論語‧爲政》：「有恥且格」朱熹集註：「格，至也，言躬身行以率之，則民固有所觀感而興起矣……一說，格，正也」解。

而兩種楚簡〈緇衣〉同章同簡另有「迖而行之」、「陸而行之」。今本作「略而行之」，《禮記正義》云：「精細而知，熟慮於眾，要略而行之。此皆謂聞見雖多，執守簡要也」、元‧陳澔《禮記集說》：「當精思以求其至約而行之。略者，約也。此皆義壹行類之道也」，釋義大旨不差，但釋「略」爲「簡要」，不夠精當。今本「略而行之」與上文「行有格也」應係同義，「略」應讀「格」；簡本作「陸（迖）」，在「行有陸（迖）也」讀「格」，在「陸（迖）而行之」也應讀「格」，釋爲「正也」。

參酌上述經解與《禮記正義》：「物，謂事之徵驗；格，謂舊有法式。言必須有徵驗，行必須有舊法式」、元‧陳澔《禮記集說》：「呂氏曰：『有物則非失實之言，有格則無踰矩之行』」，簡文「君子言有物，行有格」所揭經義，我們可將簡文「君子言有物，行有格」譯釋作：「君子講話言之有物，作事端正、循規蹈矩」。

②. 此𣏗生不可敓志，死不可敓名，即「此以生不可奪志，死不可奪名」，意謂：因此，在世時其志向不會被動搖，死後其君子的美名亦不至於被剝奪。

「敓」，郭店本亦作「敓」，今本作「奪」
時賢討論

〔註8〕季旭昇師審訂、鄒濬智撰，《上海博物館藏戰國楚竹書（一）讀本‧緇衣》（臺北：萬卷樓，2004年6月），頁136。

上博原考釋云：「《說文》：『从攴、兌聲』，『敓，彊取也。』」〔註9〕」

濬智案

「敓」字，段玉裁注：「此是爭敓正字，後人假奪爲敓，奪行而敓廢矣。」此字亦多見於其他楚簡中，或假借作「說」或「悅」〔註10〕。

參酌《禮記正義》：「『生則不可奪志，死則不可奪名』。言名、志俱善，欲奪不可也」、清·朱彬《禮記訓纂》：「胡邦衡曰：『……志者終身所尚，故生不奪志；名欲立於後世，故死不奪名』」所揭經義，簡文「此以生不可奪志，死不可奪名」可譯釋作：「因此，在世時其志向不會被動搖，死後其君子的美名亦不至於被剝奪」。

③. 古君子多聑，齊而守之；多昝，齊而罕之；青越，埶而行之，即「故君子多聞，質而守之；多志，齊而親之；精知，格而行之」，意謂：所以君子多聽，選擇最好的來遵守；多記，選擇最好的來接近；精細地認識，選擇最正確的來實行。

「齊」，郭店本亦作「齊」，今本作「質」

時賢討論

上博原書無注，而郭店原考釋云：「齊，《詩·小雅·小宛》『人之齊聖』傳：『正也。』今本作『質』。裘案：『齊』、『質』古音相近〔註11〕。」

濬智案

「齊」古屬從紐脂部，今本作「質」，古屬知紐質部。「齊」、「質」聲皆在齒音，韻則僅陰入之別，故可通轉。簡文下句「齊」字亦同。「質」，《禮記》鄭注：「質，猶少也。」鄭注釋義與本章「言有物而行有格」的主旨不是很吻合。查《周禮·詛祝》注：「質，本也」、《易·繫辭下傳》「以爲質也」，虞注：「質，正也」，「質」之字義應與簡本「齊」相同。「齊」、「質」的意思都是「以最高標準來整齊（選擇）」，與簡文下引詩「其儀一也」的「一」命義一樣〔註12〕。

〔註9〕馬承源主編，《上海博物館藏戰國楚竹書（一）》（上海：上海古籍出版社，2001年11月），頁195。

〔註10〕季旭昇師主編，《上海博物館藏戰國楚竹書（二）讀本》（臺北：萬卷樓，2003年7月），頁178。

〔註11〕荊門市博物館，《郭店楚墓竹簡》（北京：文物出版社，1998年5月），頁136。

〔註12〕季旭昇師審訂、鄒濬智撰，《上海博物館藏戰國楚竹書（一）讀本·緇衣》（臺北：萬卷樓，2004年6月），頁136～137〔旭昇案〕。

參酌前述經解與清‧孫希旦《禮記集解》：「多聞，所聞欲博也……守之者，服膺弗失也」所揭經義，簡文「故君子多聞，質而守之」可譯釋作：「所以君子多聽，選擇最好的來遵守」。

「旹」，郭店本與今本皆作「志」

濬智案

「旹」從「目」「之」聲，可讀爲「志」。《禮記》鄭注：「多志，謂博交汎愛人也」、《禮記正義》：「謂多以志意博交汎愛，亦質少而親之」。事實上「志」字應如清‧孫希旦《禮記集解》言：「多志，多見而識之也……親之者，學問不厭也」，以「識」、「學習」、「記憶」義來理解就行。

簡文「多志，質而親之」可譯釋作：「多記，選擇最好的來接近」。

④．**濬智案**

原書整理者依殘簡長度判斷，以爲第二十簡簡首有 3、簡末有 14 個，共計 17 個缺字。今知上博〈緇衣〉完簡簡長約在 54.3 公分左右，抄寫時不留天地空白。本簡殘長 32.5 公分，殘存 32 字，則平均每字使用 1 公分抄寫，是知此處應有（54.3～32.5）／1≒21～22 個缺字。但本簡第一字半殘，導致納入計算之殘去的缺簡較實際爲長，故本簡此處應殘去約 21 字。今以郭店〈緇衣〉對覈，於簡首缺文補入「《詩》云：淑」3 個字，於簡末缺文補入「現其敝，人苟有言，必聞其聲，苟有行」14 個字，計共補入 17 字。至於簡本、傳世〈緇衣〉（作「見其敝，人苟或言之，必聞其聲，苟或行」計 15 個字）此處，與本簡簡末殘去之字數（18 個）相較，有 3 至 4 個字的出入，闕疑待考。

簡文所引「淑人君子，丌義一也」詩句見今本《詩‧曹風‧鳲鳩》，作「淑人君子，其儀一兮」，〈鳲鳩〉原詩見第三章註④。《禮記正義》言〈緇衣〉引此詩在「證爲政道須齊一也」，《禮記集解》則度其引此詩之意當在「言儀度當歸於純一，所謂『略而行之』也。」

參酌鄭《箋》：「善人君子，其執義當如一也」、孔疏：「彼善人君子在民上，其執義均平，用心如壹」所揭經義，此段引詩可譯釋作：「有品德的君子呀，你的德行是純一不二的」。

典籍文獻引有〈鳲鳩〉此二句者尚有：《荀子‧勸學》、《韓詩外傳》卷二、《淮

南子‧詮言》、《說苑‧反質》、《列女傳》等。而《淮南子‧詮言》在引此詩後的一
段話：

> 君子之所以理萬物者，一儀也。以一儀理物，天心也……誠者一也。
> 一者質也。君子雖有外文，必不離內質矣。

可爲此詩句之註腳。

⑤. 出內自尔帀雽，庶言同，即「出入自爾師虞，庶言同」，意謂：內外
（政令）都要出自你們眾人的考慮，眾人的意見都要一致。

此句並見僞《古文尚書‧君陳》，原文見本論文第二部份第十章註 ④。《禮記正
義》謂〈緇衣〉引此在「以明凡事必之眾，所謂『質而守之，質而親之』也」。

「帀雽」，郭店本作「帀于」今本作「師虞」
時賢討論

林素清以爲：

> 書古文訓本作「𣁈𣁈」，師作𣁈，與《魏三體石經》古文近（僖公二
> 十八年），「𣁈」字疑旅字古文之形訛。于、雽、虞、魯、旅，音近可通假
> 〔註13〕。

濬智案

「師」，依上下文句應作名詞用，據《禮記》鄭注：「師、庶，皆眾也」、《詩‧
大雅‧文王》：「殷之未喪師」，鄭《箋》：「師，眾也」、《漢書‧禮樂志》：「礚礚即即，
師象山則」，顏師古引孟康曰：「師，眾也」等注疏，應解作「眾人」；「虞」，依上下
文句，應作動詞用，據《禮記》鄭注：「虞，度也」、《爾雅‧釋言》：「虞，度也」，
等注疏，應解作「考慮」。準此，則「師虞」應譯釋作「眾人的考慮」。

至於林素清之言，季旭昇師以爲：

> 林說可從。《說文解字》以「𣁈」爲「旅」之古文，段注云：「石經古
> 文『虞』作『𣁈』，魯作『𣁈』。」《禮記》鄭注：「師、庶皆眾也。虞，度
> 也。」古本《尚書》「師𣁈」之「𣁈」即「旅（來紐魚部）」，應讀「慮（來
> 紐魚部）」。《郭店》本之「于（匣紐魚部）」、《上博》本之「雽（匣紐魚部）」、
> 今本之「虞（疑紐魚部）」、古本《尚書》之「魯（來紐魚部）」，聲近韻同

〔註13〕林素清，〈利用出土戰國楚竹書資料檢討《尚書》異文及相關問題〉，《龍宇純先生七
秩晉五壽慶論文集》（臺北：學生書局，2002 年 11 月），頁 95。

（「盧」屬來紐，而從「虍」聲，可證）。諸字均應讀爲「慮」，「慮」與《禮
記》鄭注「度也」同義〔註14〕。

師說是。不過〈君陳〉「師虞」作「師旅」的異文現象，未必只能從聲音通假上來作
解釋。《詩經・大雅・常武》有「王謂尹氏，命程伯休父，左右陳行，戒我師旅：『率
彼淮浦，省此徐土，不留不處。三事就緒』」、《左傳・襄公十年》有「今自王叔之相
也，政以賄成，而刑放於寵；官之師旅，不勝其富。吾能無筆門閨竇乎？唯大國圖
之。」可見「師旅」一詞於先秦爲一慣用且固化之並列式複音節名詞。而「旅」，《說
文》：「軍之五百人爲旅」、《爾雅》：「旅，眾也」、《左傳・昭公三年》：「小人之利也，
敢煩里旅」，杜預注：「旅，眾也」。由是可知「虞」寫作「旅」，或許是衍上「師」
字字義而誤。

而在此處文句的命題限制內，「師虞」除了解作「眾人的考慮」外，似乎還存在
另一種解釋的可能。「師」字作名詞用，除解作「眾人」外，亦是職官銜，如《周禮・
天官・序官》：「甸師，下士二人」，鄭玄注：「郊外曰甸，師猶長也」、《史記・周本
紀》：「師箴，瞍賦，矇誦」，張守節《正義》：「師，樂太師也」。其他如《論語・衛
靈公》中的「師冕」、《周禮・春官・大宗伯》中的「風師、雨師」亦皆是官職名；
而「虞」字，除作動詞用、解作「度慮」外，亦是職官銜，如《書・舜典》：「咨益，
朕作朕虞」，孔傳：「虞，掌山澤之官」、《史記・貨殖列傳》：「……虞不出而敗匱
少……」，郭沫若：「虞即《周禮》的山虞、澤虞」〔註15〕等所釋。在先秦時代，「師」、
「虞」二字都能表官職名。若依《尚書》孔傳，「師虞」皆是「爾」的「謀政」對象，
而「爾」又是書《序》：「周公既沒，命君陳分正東郊成周」中受王命的「君陳」，則
將「師虞」釋作接受大臣「君陳」所官轄的「職掌內外的大小官員」，於《尚書》、〈緇
衣〉上下文義亦可通。

參酌《尚書》孔傳：「謀其政，無有不先慮其難，有所廢，有所起。出納之事，
當用汝眾言度之。眾言同，則陳而布之。禁其專」、宋・蔡沈《書集傳》：「師眾虞度
也。言圖謀其政，無小無大，莫或不致其難。有所當廢，有所當興，必出入反覆，
與眾共虞度之。眾論既同，則又紬繹而深思之，而後行也」、《禮記》鄭注：「言出內
政教，當由女眾之所謀度，眾言同，乃行之，政教當由一也」所揭經義，此段引書
可譯釋作：「內外（政令）都要出自你們眾人的考慮，眾人的意見都要一致」

〔註14〕季旭昇師審訂、鄒濬智撰，《上海博物館藏戰國楚竹書（一）讀本・緇衣》（臺北：萬
　　　卷樓，2004 年 6 月），頁 137。
〔註15〕郭沫若，《奴隸制時代，奴隸制的下限在春秋與戰國之交》，收入《中國現代學術經典・
　　　郭沫若卷》，石家莊：河北教育出版社，1996 年 8 月。

第柒卷　「道德修養」

第十九章

【簡　文】

　　子曰：句（茍）又（有）車，朮（必）現（見）丌（其）鑿（轍）①，句（茍）又（有）衣，朮（必）現（見）其帝（蔽），人茍有言，必聞其聲，茍有行【二十】朮（必）現（見）丌（其）成②。《岂（詩）》員（云）：「備（服）之亡（無）臭（厭）③▅。」

【討　論】

①. 句又車，朮現丌鑿，即「茍有車，必見其轍」，意謂：如果有車子，好好地駕駛，一定可以見到它通往目的地的車轍。

「朮」，郭店本與今本皆作「必」

瀋智案

　　「朮」在楚簡中多讀作「必」〔註1〕，郭店本與今本此字也作「必」，依上下文義，上博此字應讀作「必」。

「鑿（ ）」，郭店本作「畋（ ）」，今本作「軾」

時賢討論

〔註1〕見李零，〈郭店楚簡校讀記〉，《道家文化研究》17 輯，頁 455～542 對郭店諸「朮」字的釋讀。

上博此字，較郭店「敔」字多一「車」旁。黃人二考慮此處後兩句句尾「聲」、「成」押韻，並參酌郭店本與今本補入的「苟有衣，必見其敝」句，以爲上博此字讀作「弼（第）」較佳〔註2〕；而趙建偉在懷疑上博簡此字即是「弼」字或體之外，並認爲「弼」有讀作「軾」的可能：

> 「弼」字所從的聲符《說文》說「一曰讀若誓」。上博簡聲符爲「讀若誓」的這個字疑當借爲「軾」。軾、誓聲紐相近，軾爲職部字（《段注說文》中爲古音一部），誓（及弼）爲月部字（《段注說文》中爲古音十五部），職部（一部）、月部（十五部）字古常相通。如：「厥」爲月部字（十五部），聲假爲「其」（職部陰聲字，古音一部）。此其證一也。「世」爲月部字（十五部），在《讒鼎銘》中與「怠」（職部陰聲字，古音一部）合韻（見《段注說文‧六書音韻表》）。此其證二也。此句上下文在今本中作「苟有車，必見其軾；苟有衣，必見其敝；人或言之，必聞其聲；苟或行之，必見其成」。此八句爲韻文。聲、成，耕部爲韻；軾（職部字，古音一部）、敝（月部字，古音十五部）爲職、月合韻。此其證三也〔註3〕。

郭店「敔」字，郭店原考釋云：

> 敔，從朱德熙先生釋（〈長沙帛書考釋〉，《古文字研究》第十九輯）。敔，於此讀作「弼」，字亦通作「第」。《詩‧衛風‧碩人》「翟茀以朝」傳：「茀，蔽也。」即車蔽〔註4〕。

裘錫圭認爲此字從「曷」得聲，似可讀作「蓋」〔註5〕；李零〔註6〕、劉信芳將郭店此字讀作「轍」〔註7〕；涂宗流、劉祖信則解釋此句：

> 「苟有車，必見其第」，「第」，音 fú，古代車廂前後遮蔽物。車自遠處來，人們首先看到的是第。句意爲：如果有車，必定能見到車第〔註8〕。

陳高志以爲：

> 仔細查看簡文，「酉」字上方二筆，並作迴轉倒曲狀，此字應隸作「酘」，

〔註2〕黃人二，《上海博物館藏戰國楚竹書（一）研究》（武漢大學博士論文，2002 年），頁153。

〔註3〕趙建偉，〈讀上博簡《緇衣》札記〉，簡帛網，2003／09／09。

〔註4〕荊門市博物館，《郭店楚墓竹簡》（北京：文物出版社，1998 年 5 月），頁 136。

〔註5〕荊門市博物館，《郭店楚墓竹簡》（北京：文物出版社，1998 年 5 月），頁 136「裘按」。

〔註6〕李零，《郭店楚簡校讀記》增訂本（北京：北京大學出版社，2002 年 3 月），頁 65。

〔註7〕劉信芳，〈郭店簡〈緇衣〉解詁〉，《郭店楚簡國際學術研討會論文集》（武漢：湖北人民出版社，2000 年），頁 177。

〔註8〕涂宗流、劉祖信〈郭店楚簡緇衣通釋〉，《郭店楚簡國際學術研討會論文集》（武漢：湖北人民出版社，2000 年），頁 194。

甲金文「酉」字未見，楚系文字多見从西之字群，此字所从實是尊字上半的「酉」，字隸作「敳」而讀作「楢」，从攴之字幾乎都有敲打擊扑之義。《說文・木部》：「楢，柔木也，工官以爲耎輪。」段玉裁《注》：「工官，若周之輪人，漢之考工室也耎輪者，安車之輪也。郭注《山海經》云：楢，剛木，中車材。」剛即柔木，蓋此木堅韌，故柔剛異稱而同實耳。」段《注》之見解實難令人滿意。所謂「柔木」之說，應成「煣木爲輪」解釋，柔以與揉、鞣皆出於語言之孳生。《周易・說卦》：「坎爲水，爲溝瀆，爲隱伏，爲矯鞣。」孔《疏》：「使曲者直爲矯，使直者曲爲鞣。」《急就篇》顏師古《注》說：「鞣，車軔也，關西謂之鞣，言其柔曲也。」將「敳」視爲輪。簡文「苟有車必見其輪」，與今本「苟有車必見其軾」對照而讀，其文意是非常順暢的〔註9〕。

劉曉東將此字讀爲「鑾（鐼）」，並引：

　　《詩・小雅・車舝》「間關車之舝兮」，毛傳「間關，設舝也」，正義云：「舝無事則脫，行乃設之。」有車必見其敳（舝），猶言必見其行也〔註10〕。

日人近藤浩之雖從陳高志之考釋，但以爲「敳」字應釋作「楢」而讀作「輶」。「輶」字，《說文》：「輕車也」〔註11〕。

張富海以爲：

　　此字又見於《郭店・語叢四》，讀爲「轍」也很合適。《古文四聲韻・薛韻》所引古《老子》(𥯤) 和《義雲章》(𥰤) 之「轍」字右所从與此字左旁形近，疑敳就應釋爲敳〔註12〕。

徐在國同意張說。〔註13〕白於藍則以爲此字從「呂」得聲，可讀作「𥰡」，他並引：

　　《爾雅・釋器》：「與革前謂之靷，後謂之第；竹前謂之蔽。」郭璞《注》：「(𥰡)，以簟衣軾。(蔽)，以簟衣後戶。」郝懿行《義疏》：「竹者，簟也。」《說文》：「簟，竹席也。」𥰡者，《詩》《正義》引李巡曰：「竹前，謂編

〔註9〕陳高志，〈郭店楚墓竹簡緇衣篇部分文字隸定檢討〉，《張以仁先生七秩壽慶論文集》（臺北：學生書局，1999 年），頁 367～369。

〔註10〕劉曉東，〈郭店楚簡緇衣初探〉，《蘭州大學學報》2000 年第 4 期，頁 115。

〔註11〕東京大學郭店楚簡研究會編，《郭店楚簡之思想史的研究》第四卷（東京：東京大學文學部中國思想文化學研究室，2000 年 6 月 1 日），頁 92。

〔註12〕張富海，《郭店楚簡〈緇衣〉篇研究》（北京大學碩士論文，2002 年），頁 30。

〔註13〕徐在國，〈釋楚簡「敳」及相關字〉，「中國南方文明」學術研討會。臺北：中央研究院歷史語言研究所，2003 年 12 月 19～20 日。

竹當車前以用擁蔽，名之曰禦。禦，止也。」孫炎曰：「禦，以簟爲車飾也。」毛《傳》：「簟，方文席也。」可見，禦是一種遮擋在車前的簟席。

　　郭店簡《緇衣》句「句（苟）又（有），車必見其禦」，今本作「苟有車，必見其軾」。上引《爾雅》郭璞《注》：「（禦），以簟衣軾。」此說雖然不是十分確切，但亦可從中看出禦和軾的關係是十分密切的。可以說，禦是遮擋在軾前的一種簟席，所以郭璞將其理解爲「以簟衣軾」。也正因爲如此，對於車外之人來說，軾前若有禦遮擋，便只能看到禦，而無法看到軾。故而簡本《緇衣》遂將今本中「苟有車，必見其軾」之「軾」改爲「禦」〔註14〕。

濬智案

　　時賢考釋郭店、上博此字之眾說，約可大分爲二類：一以爲此楚簡組字從「曷」得聲，可讀爲「弻」、「蓋」、「第」、「鞂」等；一以爲此字從「敄」，可讀爲「軷」。然諸說皆有據，一時尚難以論斷。此字早見《楚帛書》丙 1.5「武□□亓敄」，辭殘難定。

　　不過郭店此字又見郭店〈語叢四〉簡 10，作「車敄之荃酓，不見江湖之水」，由〈語叢四〉此句來討論，或許能幫助我們釐清楚簡〈緇衣〉「敄（槃）」字之字義。

　　〈語叢四〉「敄」，李零讀作「醢」，並將〈語叢四〉此段隸定爲「車轍之醢醢，不見江湖之水」，語譯爲「掉在車轍中的肉羹，它那點汁水怎麼同江河之水相比」〔註15〕；顏世鉉則認爲「荃酓」可能讀爲「閉宥」或「密宥」，有拘宥、蔽宥之意〔註16〕。李、顏兩家所釋和「江湖之水」的關係都略顯勉強。

　　劉信芳和陳偉則將〈語叢四〉此字讀作「轍」，劉先生云：「車轍之鯏、鮪，猶《莊子‧外物》車轍之鮒魚。蓋車轍之魚，不可見到江湖之水」〔註17〕；陳先生亦引《莊子‧外物》，將此段隸釋爲「車轍之鮒鮞，不見江湖之水」，他並說《易‧井》「井谷射鮒」虞翻注：「鮒，小鮮」、說「鮞」通作「鰍」，通常指泥鰍〔註18〕。劉、陳兩二破讀雖稍異，但他們都想將〈語叢四〉此句與《莊子‧外物》「車轍之鮒魚」拉上關係。

　　爲求論述方便起見，我們先將《莊子‧外物》相關原文節錄如下：

〔註14〕白於藍，〈釋敄〉，《古文字研究》第 24 輯，頁 256。
〔註15〕李零，〈郭店楚簡校讀記〉，《道家文化研究》17 輯，頁 480。
〔註16〕顏世鉉，〈幾條周家臺秦簡「祝由方」的討論〉，「『中國南方文明』學術研討會」論文（臺北：中央研究院歷史語言研究所，2003 年 12 月 19～20 日），頁 11。
〔註17〕劉信芳，〈郭店簡《語叢》文字試解〉，《簡帛研究 2001》，頁 205。
〔註18〕陳偉，《郭店竹書別釋》（武漢：湖北教育出版社，2002 年 1 月），頁 235～236。

莊周忿然作色曰：「周昨來，有中道而呼者。周顧視車轍中，有鮒魚焉。周問之曰：『鮒魚來！子何爲者邪？』對曰：『我，東海之波臣也。君豈有斗升之水而活我哉？』（唐·成玄英疏：「波浪小臣，困於車轍」）周曰：『諾。我且南遊吳越之王，激西江之水而迎子，可乎？』鮒魚忿然作色曰：『吾失我常與，我无所處。吾得斗升之水然活耳，君乃言此，曾不如早索我於枯魚之肆！』」

仔細的閱讀完《莊子·外物》此段後，我們明顯知道「鮒魚」受限於「車轍」這個狹小空間，並非自然界的常態，是偶然落難－車轍縱然積水，然其乍乾乍潤、車乍來乍往，自然常態上無法生魚、活魚。審與《郭店·語叢四》「車敠之莖酳，不見江湖之水」相對應之下半段作「匹婦愚夫，不知其鄉之小人、君子」。用修辭學的方法來分析此複句，前一組句子應爲「喻體」，後一組句子當爲「本體」。「車敠之莖酳」應與「匹婦愚夫」涵意相當－都表「見識受到限制」義。不論「莖酳」，是「鮒鮞」或是「鮂鮞」，正常情況下都不會存活在車轍積水中。以非常態之「車轍鮒鮞（鮂鮞）」比喻常態的鄉之「匹婦愚夫」，似乎不太合理。

我們認爲「莖」還是讀「鮒」，《易·井》釋文謂「子夏傳謂蝦蟆」，即蛙之一種。「酳」讀「魚」。「鮒魚」指的應該是「娃娃魚」、「蝦蟆」、「蛙」一類的兩棲動物，故簡文本句可釋爲「棲身車轍積水中的蝦蟆，見不到江湖之類的大水」。

據上文推論，兼參張富海所提出的《古文四聲韻》「轍」字字形，楚簡〈緇衣〉「車敠（轚）」似以釋作「車轍」較佳。而「轍（澄紐月部）」，今本〈緇衣〉作「軾（審紐職部）」，二字上古聲均在舌頭音，韻部月職旁轉雖不多見，但確有其例﹝註19﹞。今本應係改「轍」作音義俱近的「軾」。

至於白於藍以爲楚簡此組字可能從「呂」得聲而讀之作「禦」。雖然讀「敠」、「轚」作「禦」，在楚簡〈緇衣〉裡解釋得通，但若將之置於〈語叢四〉相關簡文中，則於義有礙，茲以白說待商。

依上述申說，參酌《禮記正義》：「人苟稱家有車，必見其車有載於物，不可虛也。言有車無載也」、元·陳澔《禮記集說》：「登車而有所禮則憑軾，有軾則有車。無車則何所憑而式之乎？」所揭經義，簡文「苟有車，必見其轍」可譯釋作：「如果有車了，好好地駕駛，一定可以見到它通往目的地的車轍」。

﹝註19﹞陳新雄師，《古音學發微》（嘉新水泥公司文化基金會研究論文第一八七種，1972年1月），頁1058。

②．濬智案

今以郭店〈緇衣〉對覈，補入「現其敝，人苟有言，必聞其聲，苟有行」14 個字。原因詳見本論文第二部份第十八章註④。

「苟有衣，必見其敝」，依《禮記》鄭注：「敝，敗衣也。衣或在內，新時不見」，《禮記正義》：「人苟稱家有衣，必見其所著之衣，有終敝破也，不虛稱有衣而無敝也」來理解，語滯義礙。查「敝」，《說文》：「帗也」，「帗」，《說文》：「一幅巾也」、《方言‧卷二》：「帗縷，毳也」，郭璞注「帗」曰：「謂物之扞蔽也」，錢繹箋疏：「帗，通作被，亦作帗。」《方言‧卷四》：「蔽縷，江淮之間或謂之被，魏宋南楚之間謂之大巾，自關東西謂之蔽縷。被、帗並與帗通。」「敝」似指「帗巾」。劉釗則將「敝」讀作「黻」，解作「衣服上的花紋」〔註 20〕。

不過考慮到不是所有的衣服都有「帗巾」或「黻紋」，因此「斋（即幣）」字似以讀「蔽」較佳。「蔽」即「遮蔽」。本章「苟有車必見其轍，苟有衣必見其蔽，人苟有言必聞其聲，苟有行必見其成」四句，重點其實在第四句，意思是說：只要依循正道，持之以恆地去做，一定可以有成績。前三句都是第四句的襯托，意思是：如果有車子，好好地駕駛，一定可以見到它通往目的地的車轍；如果有衣服，好好地穿著，一定可以見到它有遮蔽人體的功能；如果要發言，好好地講，人們一定可以聽到他所說的話。準此，「斋」可迆讀爲「蔽」〔註 21〕。

③．備之亡臭，即「服之無厭」，意謂：努力從事也不厭倦。

「備」，郭店本亦作「備」，今本作「服」

濬智案

「備」通「服」，《爾雅‧釋詁上》：「服，事也」、清‧莊有可《禮記集說》：「服猶事也」。

「臭」，郭店本作「惸」，今本作「斁」

時賢討論

上博原考釋云：「『臭』字從白從矢，或從日從矢，與『斁』同爲一字，牆盤銘

〔註 20〕劉釗，《郭店楚簡校釋》（福州：福建人民出版社，2003 年 12 月），頁 65。

〔註 21〕季旭昇師審訂、鄒濬智撰，《上海博物館藏戰國楚竹書（一）讀本‧緇衣》（臺北：萬卷樓，2004 年 6 月），頁 140〔旭昇案〕。

文『亡昊』即『亡斁』。郭店簡作『亡懌』，今本作『無斁』。〔註22〕」

潘智案

　　此字亦早見於甲、金文，季旭昇師云：

　　　　　　……此字從目、射聲，則甲骨文從目、從矢，矢似可視為「射」省聲。……

　　牆盤「目」訛為「日」形……中山王方壺「目」訛與「角」形相近，戰國

　　楚文字或訛為「囟」，下部則多訛為「夲」〔註23〕。

師說是。「昊」讀作「厭」。此字今本〈緇衣〉與王逸《楚辭》注引詩作「射」、今本《詩經》作「斁」。「射」，《經典釋文》：「音斁」；「斁」，《經典釋文》：「本又作獤」、《毛傳》：「厭也。」清・陳喬樅《詩經四家異文考》按：「獤乃斁之俗體。斁字訓厭，俗以厭字從犬，故獤字亦從犬作獤耳。」

　　簡文「備之亡昊」今見《詩・周南・葛覃》：

　　葛之覃兮，施于中谷，維葉萋萋。黃鳥于飛，集于灌木，其鳴喈喈。

　　葛之覃兮，施于中谷，維葉莫莫。是刈是濩，為絺為綌，<u>服之無斁</u>。

　　言告師氏，言告言歸，薄汙我私。薄澣我衣，害澣害否，歸寧父母。

詩《序》云：「〈葛覃〉，后妃之本也。后妃在父母家，則志在於女功之事，躬儉節用，服澣濯之衣，尊敬師傅，則可以歸安父母，化天下以婦道也。」清・王先謙《三家詩義集疏》言〈葛覃〉詩旨時則引徐璈語說：

　　　　徐璈云：「賦意蓋以葛之長大而可為絺綌，如女之及時而當歸於夫家，

　　刈濩汙澣且以見婦功之教成也。故與《摽梅》並稱。是亦士大夫婚姻之詩，

　　與何休謂歸寧非諸侯夫人之禮者義同，魯家之訓也。」愚案，徐說是也。

依王氏說，知詩之主人翁未必如詩《序》所言為后妃，而〈葛覃〉全詩詩旨亦與〈緇衣〉此章章旨全然無關，〈緇衣〉作者引此詩句顯然是「斷章取義」。引詩「斷章取義」的現象在儒家典籍中並不罕見，除〈緇衣〉、儒家傳世典籍若干篇章所引《詩》、《書》有此情形外，上博〈民之父母〉等儒簡中亦有若干引詩「斷章取義」的現象存在〔註24〕。

　　參酌《禮記》鄭注：「凡人舉事，必有後驗」、清・莊有可《禮記集說》：「習絺綌之事，而無厭倦之心……言人當終身以慎言慎行為事，不可厭怠也」等經解與上

〔註22〕馬承源主編，《上海博物館藏戰國楚竹書（一）》（上海：上海古籍出版社，2001 年 11 月），頁 196。

〔註23〕詳季旭昇師，《說文新證（下）》，臺北：藝文印書館，2004 年。

〔註24〕〈民之父母〉簡 8〜9 主要在申論「無體之禮」，但簡文所引《詩・邶風・柏舟》「威儀棣棣，不可選也」詩句原意在「誇耀自己的德行威儀」，而〈民之父母〉的作者卻仍自斷取引之，顯然作者並不理會其引之詩原來本旨。

述字詁，我們可將簡文「服之無厭」譯釋作：「戮力從事也不厭倦（，終究會見到成果）。」

至於〈緇衣〉此章何以引此詩句？《禮記正義》解釋道：

《葛覃》曰：服之無斁者，此《周南‧葛覃》之篇……《詩》之本義……

言君子實得其服而不虛也，引之者，證人之所行終須有效也。

第二十章

【簡　文】

　　子曰：厶（私）惠不裛（懷）惪（德），君子不自蕾（留）安（焉）①。《峕（詩）》員（云）：「人之玕（好）我，貼（示）我周行②▇。」

【討　論】

①. 厶惠不裛惪，君子不自蕾安，即「私惠不懷德，君子不自留焉」，意謂：私自以恩惠加於人，不合乎公德的，君子不會接受。

「裛（　）」，郭店本作「壘（　）」，今本作「歸」

時賢討論

　　陳偉以爲郭店此字當是「壞」字的訛體，讀作「懷」〔註1〕；裘錫圭與陳偉說同〔註2〕；李零亦從之〔註3〕；而魏宜輝、周言則以爲此字未必是錯字，因爲《集韻》解「裛」：「爾紹切，音擾，義同。」若將郭店簡文中之「壘」讀作「擾」訓「亂」，則「私惠不壘德，君子不自留焉」可理解爲：「私惠不能亂君子之德行，乃因君子不留私惠之故」〔註4〕；劉桓讀此字爲：

　　　　裛，裛字見於《說文》。裛字通於裛和嬲，但此解仍難通。《集韻》訓
　　　　裛「爾紹切，音擾，義同。」……《禮記‧緇衣》鄭注謂：「歸，或爲懷」，
　　　　這個懷字顯然是裛字之誤，楚簡足證其誤。作「歸」亦不確〔註5〕。

何琳儀則讀此字作：

　　　　「撓」。《呂氏春秋‧離俗》「飛兔要裛」，注「裛字讀如曲撓之撓」。《淮
　　　　南子‧原道》「馳要裛」，注「裛讀撓弱之撓。」是其佐證。《呂氏春秋‧
　　　　知度》「枉辟邪撓之人退矣」，注「撓，曲也。」今本《緇衣》「壞」作「歸」，
　　　　注「歸，或爲懷。」按，簡本「壞」與「壞」形近，故訛作「懷」，又音

〔註1〕陳偉，〈郭店楚簡別釋〉，《江漢考古》1998 年第 4 期，頁 68。
〔註2〕裘錫圭，〈談談上博簡和郭店簡中的錯別字〉，《新出楚簡與儒學思想國際學術研討會論文集》（北京：清華大學思想文化研究所，2002 年 3 月 31 日～4 月 2 日），頁 15。
〔註3〕李零，《郭店楚簡校讀記》增訂本（北京：北京大學出版社，2002 年 3 月），頁 67。
〔註4〕魏宜輝、周言〈讀郭店楚墓竹簡札記〉，《古文字研究》22 輯，頁 234。
〔註5〕劉桓，〈讀郭店楚墓竹簡札記〉，《簡帛研究 2001》，頁 62。

變作「歸」〔註6〕。

而王力波認爲《說文》「懷」字作「懷」，與簡文十分接近，所不同者，一从「心」，一从「土」，故郭店此字還是可以讀作今本「懷」〔註7〕；黃人二考釋上博此字時亦近王說〔註8〕；季旭昇師討論楚簡〈緇衣〉此字時說：

> 「褱（褱）」和「壞（壞）」的不同，各家説法不同。如果各依其字解釋，二字釋義實相對反；釋爲訛寫，字形有點接近又不是很接近。《説文》釋「褱」爲「從衣、眔聲」，恐有可商。「褱（匣紐微部）」，「眔（徒合切，定紐緝部）」，二字聲韻俱異，「眔」字很難當作「褱」字的聲符。不過，甲骨文「眔」字讀同後世的「暨（其冀切，群紐沒部），與「褱」聲韻俱近，卻又可以當做「褱」的聲符。另外，「衣（影紐微部）」與「褱」聲音條件更接近，可能「褱」字從「衣」也有兼聲的作用。「壞」當讀同「褱」，《説文》音「奴鳥切（泥紐宵部）」，除《郭店》「壞」外，「褱」字目前只見於秦系文字，二十等爵中的第三等叫做「簪褱」。疑楚系此字與秦系爲同形異字，《郭店》此字或當從馬、衣聲，則與「褱」爲同音通假〔註9〕。

濬智案

師說可從。另外我們知道楚簡「馬」字約有二形：其一如包山簡 2.38「駕（駕）」字所从；其二如包山簡 2.267「薦（薦）」所从。而「眔」之金文作（師晨鼎）、（五祀衛鼎），與楚「馬」字第一形相似，或許因此造成郭店抄手將「褱」抄成「褱」。至於上博此字，明顯即是「褱」，讀作「懷」。「懷」，今本此字作「歸」，鄭玄注：「……『歸』或爲『懷』。」清·俞樾《禮記異文箋》：

> 按「懷」與『歸』義通，《詩·匪風篇》：「懷之好音」、〈皇矣篇〉：「予懷明德」，毛傳並曰：「懷，歸也」；〈泮水篇〉：「懷我好音」，鄭箋云：「懷，歸也。」孔安國注《論語》、杜預注《左傳》並有此文，《文選·上林賦》：「泊潰漂疾，悠遠長懷，寂漻無聲，肆乎永歸。」郭璞注曰：「懷亦歸變

〔註6〕何琳儀，〈郭店竹簡選釋〉，《簡帛研究2001》，頁161～162。

〔註7〕王力波，《郭店楚簡〈緇衣〉校釋》（東北師範大學中文系碩士論文，2002年5月），頁73。

〔註8〕黃人二，《上海博物館藏戰國楚竹書（一）研究》（武漢大學博士論文，2002年），頁155。

〔註9〕季旭昇師審訂、鄒濬智等合撰，《上海博物館藏戰國楚竹書（一）讀本》（臺北：萬卷樓，2004年6月），頁143。

文。」是「歸」與「懷」通之證〔註10〕。

參酌《禮記》鄭注：「謂不以公禮相慶賀，時以小物相問遺也，言其物不可以爲德」、《禮記正義》：「言人以私小恩惠相問遺，不歸依道德，如此者，君子之人不用留意於此等之人，言不受其惠也」、元‧陳澔《禮記集說》：「人有私惠於我，而不合於德義之公，君子決不留之於己也」、明‧黃道周《緇衣集傳》：「小人爵祿以爲私愛惡，以爲已所營，不過便逸之計，所言不出目前之利」、清‧莊有可《禮記集說》：「私惠，以私意相厚也；不歸德，不以德義爲主也」、清‧孫希旦《禮記集解》所解：「君子愛人以德，苟有私惠於我，而不歸於德義之公，則君子不以其身留之」所揭經義，簡文「私惠不懷惠，君子不自留安」似可譯釋作：「私自以恩惠加於人，不合乎公德的，君子不會接受」。

②. 人之玵我，貼我周行，即「人之好我，示我周行」，意謂：人們對我好，會以忠信之大道指示我。此段簡文見今本《詩‧小雅‧鹿鳴》：

呦呦鹿鳴，食野之苹。我有嘉賓，鼓瑟吹笙。

吹笙鼓簧，承筐是將。<u>人之好我，示我周行</u>。

呦呦鹿鳴，食野之蒿。我有嘉賓，德音孔昭。

視民不恌，君子是則是傚。我有旨酒，嘉賓式燕以敖。

呦呦鹿鳴，食野之芩。我有嘉賓，鼓瑟鼓琴。

鼓瑟鼓琴，和樂且湛。我有旨酒，以燕樂嘉賓之心。

《孔子詩論》議其詩旨云：「〈鹿鳴〉以樂始而會，以道交，見善而效，終乎不厭人」，詩《序》云：「燕群臣嘉賓也。既飲食之，又實幣帛筐篚，以將其厚意，然後忠臣嘉賓得盡其心矣。」

「貼」，郭店本作「旨」，今本作「示」

時賢討論

郭店原考釋云：「似讀作『指』。《爾雅‧釋言》：『指，示也』。今本作『示』。」

濬智案

上博此字从「旨（照紐脂部）」从「見（寫作「視」，禪紐脂部）」。諸字韻皆同部，聲皆古舌頭音，其實均應讀爲「示（神紐脂部）」。「示」，鄭《箋》：「當作寘，

〔註10〕（清）俞樾《禮記異文箋》，《清儒禮記彙解》下冊（臺北：鼎文書局 1972 年 4 月，頁 695），下不另注。

賓、置也。」

「好」，《毛詩正義》：「愛也」；「周行」，毛《傳》：「周，至。行，道也」、鄭《箋》：「周之列位也」、朱熹《詩集傳》：「周行，大道也。」但《禮記‧緇衣》鄭注：「行，道也。言示我以忠信之道」、《毛詩正義》：「愛好於我，示我以忠信之道也」所揭經義與詩箋不同。以三本〈緇衣〉引詩用意來看，當以毛傳、《禮記》鄭注爲是。故簡文「人之好我，示我周行」當譯釋作：「人們對我好，會指示我公德大道呀！」

第二十一章

【簡　文】

　　子曰：隹（惟）孚＿（君子）能盰（好）丌（其）匹，少（小）人
歔（豈）能盰（好）丌（其）匹。①【二十一】古（故）孚＿（君子）
之督（友）也又（有）替（向），丌（其）惡也又（有）方②，此曰（以）
迡（邇）者不惑，而遠者不惡（疑）。《峕（詩）》員（云）：「君子盰（好）
敊（逑）③＿。」

【討　論】

①. 隹孚＿能盰丌匹，少人歔能盰丌匹，即「惟君子能好其匹，小人豈能
　好其匹」，意謂：只有君子能愛好與其具有相當德能的人，而小人豈
　會眞的愛好與其同類的人。

「匹（仄）」，郭店本作「駟」，今本作「正」

時賢討論

　　上博原考釋亦隸此字爲「匹」，惟未解釋，郭店原考釋云：「駟，讀作匹」〔註1〕。
此字亦見《郭店‧唐虞之道》簡18，裘錫圭注云：「據文義，『仄夫』似應爲『匹夫』
之誤寫」〔註2〕；袁國華師〈郭店楚墓竹簡從匕諸字以及與此相關的詞語考釋〉謂
此字從「匹」省，「匕」聲反寫〔註3〕。

濬智案

　　依《禮記‧緇衣》鄭注：「正當爲匹，字之誤也，匹謂知識朋友」、清‧俞樾《禮
記鄭讀考》：

　　　　按《周易‧后‧象傳》注：「正亦作匹。」據王氏此注本解說「天地
　相遇，品物咸章」，則當以作匹爲是。正亦匹之誤，與此一例。宣公三年
　《公羊傳》：「自内出者無匹不行，自外至者無主不止」，《莊子‧天運篇》
　曰：「中無主而不止，外無正而不行」，又〈則陽篇〉曰：「自外入者有主

〔註1〕荊門市博物館，《郭店楚墓竹簡》（北京：文物出版社，1998 年 5 月），頁 136。
〔註2〕荊門市博物館，《郭店楚墓竹簡》（北京：文物出版社，1998 年 5 月），頁 159「裘按」。
〔註3〕詳見袁國華師，〈郭店楚墓竹簡從匕諸字以及與此相關的詞語考釋〉，《中央研究院歷
　　史語言研究所集刊》第七十四本第一份，2003 年 3 月。頁 25～26。

而不執，由中出者有正而不距」，正亦當作匹〔註4〕。

與清・陳喬樅《禮記鄭讀考》：

> 按正、匹以形近而誤，〈禮器〉：「是故君子太牢而祭謂之禮，匹士太牢而祭謂之攘。」《釋文》云：「匹士本或作正士。」孔氏《正義》曰：「匹士，士也。」庾蔚之云：「士言其微賤不得特使爲介，乃行，故謂之匹也。」《白虎通》曰：「庶人稱匹夫者，匹偶也，與其妻偶，陰陽相成也。」故《論語》曰：「匹夫匹婦」，檢於禮本時，有「匹」字作「正」字者，有通者，云天子大夫常祭太牢，故此文云大夫太牢，謂之禮正也，若諸侯大夫自常祭少牢加一等乃太牢耳，少牢饋食是諸侯大夫禮也，崔氏亦用此義，然盧王禮本並作「匹」字矣，今定本及諸本並作「正」字，熊氏依此本而爲「正」字，恐誤也，喬樅謂此節下文引《詩》云：「君子好仇」注云：「仇，匹也。」則「正」字據義當是「匹」，其誤與〈禮器〉今本同〔註5〕。

當以裘說爲是。然袁師之說亦不失爲一解。要之上博〈緇衣〉此字作「匹」無疑。

「匹」在先秦有下列各義：

一、四丈——《說文》：「匹，四丈也。」

二、相當——《廣雅・釋詁四》：「匹，二也。」

三、配合——《公羊傳・宣公三年》：「無匹不行」，何休注：「匹，合也。」

四、同類——《詩・大雅・假樂》：「率由群匹」，朱熹注：「匹，類也。」

五、單一（量詞）——《左傳・僖公三十三年》：「匹馬隻輪無反者」，何休注：「匹馬，一馬也。」

簡文「匹」字應兼具第二、三、四義。

② 孝＿之睿也又替，丌惡也又方，即「君子之友也有向，其惡也有方」，意謂：君子所親近的，有特定的對象；所憎惡的，也有特定的對象。

「替（ 🔥 ）」，郭店本作「向」，今本作「鄉」

時賢討論

上博原考釋隸定作「替」而無說。顏世鉉以爲：

〔註4〕（清）俞樾，《禮記鄭讀考》，收入楊家駱主編，《清儒禮記彙解》（臺北：鼎文書局，1972年4月，頁695），下不另注。

〔註5〕（清）陳喬樅，《禮記鄭讀考》，收入《皇清經解續編》（臺北：復興書局，1974年），頁2898。下不另注。

此字當釋爲「相」，《古文四聲韻》卷二「相」字，引《古老子》作![字],
上從「目」，下從「木」；簡文則是上從二「木」，下從「目」。兩者所從之
「目」形相同；而從一「木」與從二「木」，其義無別。《說文》：「相，省
視也。從目木。《易》曰：『地可觀者，莫可觀於木。』」段注：「此引《易》
說 從目木之意也。目所視多矣，而從木者，地上可觀者莫如木也。」簡
文「相」讀爲「嚮」或「向」〔註6〕。

冀小軍贊成上博原書之隸定，他並認爲：

> 暜當從「![字]」得聲。「![字]」、「麻」讀音相近，所以暜也可看作從「麻」
> 聲。……上博簡中跟今本「鄉」相當的這個「暜」字，無疑也應該讀爲
> 「鄉」〔註7〕。

徐在國、黃德寬以爲：「此字應分析爲從『![字]』從『甘』，「香」字異體，香、鄉古音
均爲曉紐陽部字，此蓋假香爲鄉」〔註8〕；趙平安之想法亦近徐在國、黃德寬二人，
其云：

> 「香」字漢印每從禾（《漢印證》7.12），華山廟碑從兩禾，古文字
> 中木與禾往往通用（如西周金文穌，禾或從木作），因此![字]可以理解爲兩
> 禾，![字]可以理解爲「香」的異寫。《玉篇・艸部》：「薌，穀氣，亦作香。」
> 《儀禮・士虞禮》「香合嘉薦」，《釋文》：「香本又作薌。」是「香」可讀
> 作鄉〔註9〕。

李零、林素清則直截視此字係「向」字的錯寫〔註10〕；黃人二除了視其爲「向」
字的錯寫外，並認爲上博簡此字之所以寫錯，有可能是受到同簡其他「友」字影
響〔註11〕。

濬智案

與上博簡文結構相近的文例尚見郭店〈緇衣〉同章之「又（有）向（鄉）」與郭

〔註 6〕顏世鉉，〈上博楚竹書散論（二）〉，簡帛網，2002／04／08。

〔註 7〕冀小軍，〈釋簡中的向字〉，簡帛網，2002／07／21。

〔註 8〕徐在國、黃德寬，〈《上海博物館戰國楚竹書（一）・緇衣、性情論》釋文補正〉，《古
籍整理研究學刊》2002 年第 2 期，頁 4。

〔註 9〕趙平安，〈上博藏《緇衣》簡字詁四篇〉，《上博館藏戰國楚竹書研究》（上海：上海
古籍出版社，2002 年），頁 442。

〔註10〕李零，《上博楚簡三篇校讀記》（臺北：萬卷樓，2002 年 3 月），頁 49；林素清，〈郭店、
上博《緇衣》簡之比較〉。中央研究院歷史語言研究所文字學組 91 年度第 13 次講論
會論文，頁 20。

〔註11〕黃人二，《上海博物館藏戰國楚竹書（一）研究》（武漢大學博士論文，2002 年），頁
157。

店〈六德〉簡2、3「又（有）向（鄉）」。郭店〈緇衣〉、〈六德〉二處簡文之「向」字，其字形分作𦥑、𦣞，與上博「𣎴」字形近易混，所以部份學者懷疑上博此字或係「向」字的錯寫，這是可以理解的。不過「香」字從「禾甘」會意，或從「麻甘」會意，視上博此字作「香」也都說得通。雖然目前證據還嫌不夠，但諸說之中以釋此字作「香」讀「向」較爲合理。故本論文暫視上博此字爲從「林」從「甘」之「𣎴」，讀作「向」。

簡文「故君子之友也有向，其惡也有方」意近《論語‧爲政》：「君子周而不比，小人比而不周。」參酌上引經解，我們可將此段簡文譯釋作：「因此君子所親近的，有特定的對象；所憎惡的，也有特定的對象」。

③. **君子好𣀖，即「君子好逑」，意謂：君子喜歡德行與之相配的朋友。**

「𣀖（🔣）」，郭店本作「𢾰」，今本作「仇」

時賢討論

　　上博原考釋隸作「𡐨」，注云：「字不識。郭店簡作『𢾰』釋『逑』。今本作『仇』。」〔註12〕劉信芳以爲上博此字從「來」從「攴」〔註13〕；陳斯鵬進而以李零早先校讀郭店此字的說法〔註14〕爲基礎，說道：

　　　　李零指出「來」、「求」混，至確。「來」、「求」之混，不僅因爲形近，而且音亦通。上古之、幽二部關係十分密切。頗疑「𣀖」即「救」之異構，讀作「仇」。「𣀖」與「𢾰」當爲一字，亦「救」字異體，在簡文中讀爲「逑」〔註15〕。

徐在國、黃德寬、陳偉則以爲上博此字是從「攴」「棗」聲的「𣀖」字〔註16〕。

〔註12〕馬承源主編，《上海博物館藏戰國楚竹書（一）》（上海：上海古籍出版社，2001年11月），頁198。

〔註13〕劉信芳，〈關於上博藏楚簡的幾點討論意見〉，《新出竹簡與儒學思想國際學術研討會論文集》（北京：清華大學思想文化研究所，2002年3月31日～4月2日），頁37。

〔註14〕李零，《郭店楚簡校讀記》增訂本（北京：北京大學出版社，2002年3月）頁76～77以爲：「簡文中的『求』字，它有兩種寫法，一種是作偏旁（聲旁），來源是甲骨、金文中專門表示『祈求』之義的『求』字（字形象兩手捧穀類農作物），它的比較簡略的寫法（省去雙手），早在西周時期就與『來』字容易混淆。另一種單獨出現的『求』字，來源則是甲骨、金文中專門表示『裘皮（鄭按：季旭昇師以爲「蛛蟲」之「蛛」）之義的『裘』字。』」此說亦極可參。

〔註15〕陳斯鵬，〈初讀上博楚簡〉，簡帛網，2002／02／05。

〔註16〕徐在國、黃德寬，〈《上海博物館戰國楚竹書（一）‧緇衣、性情論》釋文補正〉，《古

濬智案

郭店此字作 **栽**，經查包山簡 138 反面「栽」字作 **栽**、**栽**，與郭店此字同，故郭店此字應作「栽」。至於上博此字，經查上博〈緇衣〉通篇墨節，全同此字右下部所作，整理者將墨節混入「又」而隸其右下構件爲「土」，不當，全字右部構件當作「攴」。而上博此字左部構件形似「來」省，故此字應可隸作「栽」。

但戰國楚簡文字从「來」、「棘」者，字形混似〔註17〕，因而郭店與上博此字該从「米」或「棘」，仍有討論的空間。如隸定上博此字从「來（來紐之部）」，可。但如此則只與「逑（今本《詩經》，群紐幽部）」、「仇（今本〈緇衣〉，群紐幽部）」存在韻部上的旁轉關係；但若將郭店與上博此字都理解成从「棘（精紐幽部）」省聲〔註18〕，則「栽」、「栽」兩字除與「仇」、「逑」同屬幽部外，聲母上之關係，亦較將上博該字隸作「米」來得接近。〔註19〕是以上博此字應隸定作「栽」爲宜。

而上文所引包山簡 138 反 **栽**、**栽** 字，我們據其所在之簡文「白趄之 **栽** 敘於之所諓」與其 **栽**，又愭不可諓」上下文義，知此二字應讀作「仇」。爲了使包山簡此二字更易通讀爲「仇」字，我們亦將之改釋爲从「棘」省从「戈」的「栽」。

簡文所引「君子好栽」見今本《詩經‧周南‧關雎》：

關關雎鳩，在河之洲。窈窕淑女，<u>君子好逑</u>。
參差荇菜，左右流之。窈窕淑女，寤寐求之。
求之不得，寤寐思服。悠哉悠哉！輾轉反側。
參差荇菜，左右采之。窈窕淑女，琴瑟友之。
參差荇菜，左右芼之。窈窕淑女，鍾鼓樂之。

《孔子詩論》議其詩旨云：「關雎之改，則其思益矣，關雎以色喻於禮」，詩《序》云：「〈關雎〉，后妃之德也，風之始也，所以風天下而正夫婦也，故用之鄉人焉，用之邦國焉。」其中「好」字，一般人多解作「美好（形容詞）」或「愛好（動詞）」，但聞一多以爲：

子己巳古爲一字……《大戴禮記‧保傅篇》「及太子少長，知妃色」，

籍整理研究學刊》2002 年第 2 期，頁 4；陳偉，〈上博、郭店二本〈緇衣〉對讀〉，《上博館藏戰國楚竹書研究》（上海：上海古籍出版社，2002 年），頁 421。

〔註17〕參何琳儀，《戰國古文字典》（北京：中華書局，1998 年），頁 79〜83 所列「來」、「棘」字形。

〔註18〕參蘇建州學長，〈從「棘」、「棘」的文字構形談關於形近混用解釋之商榷〉，臺中：「中區文字學座談會」會議論文，頁 2，又見《中國學術年刊》第 24 期，頁 117〜159,385。

〔註19〕上古精系、見系聲母關係或有相涉，如「告」屬見紐覺部，但从「告」之「造」卻爲從紐幽部。

《新書‧保傳篇》作「好色」……因之，《詩》之「好仇」字雖作好，義則或當爲妃。仇，匹也，好訓爲妃者，妃亦匹也，故《詩》以「好仇」二字連用……「好仇」之語，經傳亦有直作「妃仇」者。《左傳‧桓二年》：「嘉耦曰妃，怨耦曰仇。」「妃仇」當爲古之成語，二字平列，不分反正，左氏所說，殆非其朔。字一作「娝𣐣」。《太玄》五《內》初一「僅於娝𣐣」，范望注曰：「𣐣，匹也」，《釋文》曰：「娝𣐣古妃仇字。」一作匹儔。曹大家《雀賦》「乃鳳皇之匹儔」，曹植《贈王粲詩》「哀鳴求匹儔」。妃與匹，仇與儔，聲義並同，「匹儔」與「妃仇」實一語也。又作疋儔。《古文苑》杜篤《首陽山賦》「州域鄉黨疋儔」。妃仇，娝𣐣，匹儔，疋儔，字有古今，義無二致。要皆「好仇」之云仍耳〔註20〕。

聞說不失爲一解。而「逑」字，毛《傳》：「匹也。言后妃有關雎之德，是幽閒貞專之善女，宜爲君子之好匹」，鄭《箋》：「怨耦曰仇。」魯《詩》、齊《詩》、今本〈緇衣〉、《漢書‧匡衡疏》、《爾雅‧釋詁》作「君子好仇」〔註21〕。《文選‧班固西都賦》作：「君子好求」。詩文此字有作「逑」、「求」、「仇」者，清‧陳喬樅《詩經四家異文考》解釋道：

> 孔穎達《正義》云：「詩本作逑，《爾雅》多作仇字，異音義同。」今據鄭君以怨耦釋仇字，則詩箋本不作好逑也……《後漢書‧應奉傳》云：「宜思關雎之所求。」又孫炎《爾雅》注云：「相求之匹，是其所據詩本有作好求者。

于省吾《澤螺居詩經新證》云：

> 《左傳》桓二年稱「嘉耦曰妃，怨耦曰仇」，爲鄭箋所本。毛傳訓逑爲匹是對的，鄭箋根據魯詩說，以「和好眾妾之怨者」爲言，殊爲牽強。《說文》謂「怨匹爲逑」；又「仇，讎也，從人九聲」；又「雔，雙鳥也，從二隹」；又「讎，猶𧭈（應）也，從言雔聲」。段玉裁《說文》仇字注：「仇爲怨匹，亦爲嘉偶，如亂之爲治，若之爲快也」；又雔字注：「按釋詁，仇、敵、妃、知、儀，匹也，此讎字作雔，則義尤切」；又讎字注：「讎者以言對之，詩云無言不讎是也」；「仇、讎本皆兼善惡言之，後乃專謂怨爲讎矣。」按逑、仇、雔、讎等字古每通用，但哪一個是本字，哪一個是借字，一向糾結莫辨。商代金文人雔字屢見，均作𨾛，象兩鳥相向形；又商周金文中均有讎字，中間從言，兩側象兩鳥相反形。兩鳥相向與相反都具

〔註20〕 聞一多，《詩經研究‧詩經新義》（成都：巴蜀書社，2002 年 12 月），頁 97～98。
〔註21〕 《禮記》鄭注：「仇，匹也」，《禮記正義》：「言君子能愛好其朋友匹偶」。

有左右相對之義，故典籍中多訓作匹。雔爲儔的孳乳字，雔訓應故从言，相應也由相對之義所引伸，相對無善惡之分。《說文》作雔、讎，兩隹均作一順形，這樣就完全失掉了造字的本義。故《爾雅・釋詁》也訓讎爲匹。至於仇與逑之訓匹，均係後起的借字。這就是儔、雔與仇、逑的演化和通轉的規律〔註22〕。

據此可知詩文此處諸異文應皆是「雔」字之音衍。

「君子好仇」本指君子與淑女德容相配，在此引申指君子與同道相交，相得益彰。此處之「好仇」極似《詩・兔罝》「赳赳武夫，公侯好仇」之「好仇」，經義亦如〈性情論〉簡25～26「同方而交，以道者也」、「同悅而交，以德者也」。

〔註22〕于省吾，《澤螺居詩經新證》（北京：中華書局，1982年11月），頁97～98。

第二十二章

【簡　文】

　　子曰：「翌（輕）**㣇**（絕）貧賤而砫（重）**㣇**（絕）賻（富）貴，則肝（好）息（仁）不【二十二】叚（堅）而惡 ＿（惡惡）不厧（著）也①。人隹（雖）曰不利，虛（吾）弗信之矣。《峕（詩）》員（云）：「堲（朋）各（友）卣（攸）図 ＝（攝，攝）㠯（以）威義（儀）②▬。」

【討　論】

①. **翌㣇**貧賤而砫**㣇**賻貴，則肝息不叚而惡 ＿不厧也，即「輕絕貧賤而重絕富貴，則好仁不堅而惡惡不著也」，意謂：貧賤的朋友能與之輕易地絕交，富貴的朋友卻愼重、一再拖延之後才與之絕交，這樣的人好仁之心不堅，惡惡之行不明顯。

「砫（ ）」，郭店本亦作「砫（ ）」，今本作「重」

時賢討論

　　上博原考釋隸定作「屋」，並云：「疑『厚』之異體〔註1〕。」上博此字，李零、劉樂賢、徐在國、黃德寬、林素清諸先生一致認爲是从石从主的「冢」字異體〔註2〕；郭店此字，崔仁義以其或爲「砫」〔註3〕；劉信芳以爲可讀「重」〔註4〕。

濬智案

　　楚簡〈緇衣〉此字隸作「屋」不宜，應隸作「砫」，與郭店同爲「冢」之異構，可通讀爲「重」，與上文「翌（輕）絕貧賤」之「翌（輕）」字對文。古文「輕」、「重」

〔註1〕馬承源主編，《上海博物館藏戰國楚竹書（一）》（上海：上海古籍出版社，2001 年11 月），頁 198。

〔註2〕李零，《上博楚簡三篇校讀記》（臺北：萬卷樓，2002 年 3 月），頁 60；劉樂賢，〈讀上博簡劄記〉，《上博館藏戰國楚竹書研究》（上海：上海古籍出版社，2002 年），頁386；徐在國、黃德寬，〈《上海博物館戰國楚竹書（一）‧緇衣、性情論》釋文補正〉，《古籍整理研究學刊》2002 年第 2 期，頁 4；林素清，〈郭店、上博《緇衣》簡之比較〉，中央研究院歷史語言研究所文字學組 91 年度第 13 次講論會論文，頁 21。

〔註3〕崔仁義，《荊門郭店楚簡老子研究》（北京：科學出版社，1998 年），頁 63。

〔註4〕劉信芳，〈荊門郭店楚簡老子文字考釋〉，《中國古文字研究》（北京：文雅堂，1999年），頁 104。

對文者常見，如《禮記‧王制》：「輕任并，重任分」、《孟子‧告子下》：「欲輕之於堯舜之道者，大貉小貉也；欲重之於堯舜之道者，大桀小桀也」即是。

「厦（ ）」，郭店本作「紵」，今本作「著」

時賢討論

上博原考釋云：「字待考。从厇从見，厇、宅通爲字之聲鈕。《說文》所無〔註5〕。」

濬智案

上博、郭店「厦」、「紵」兩字所从「乇（透紐鐸部）」與「著（定紐鐸部）」聲近韻同，故上博「厦」、郭店「紵」皆可讀作今本「著」。至於「著」之字義，應同《禮記‧大學》：「揜其不善而著其善」、《楚辭‧遠遊》：「名聲著而日延」中的「著」字一樣，表「明顯」義。

②. 埅㭊卣図 ＝曰威義，即「朋友攸攝，攝以威儀」，意謂：朋友之間所憑藉以互相扶持的，就是那言行威儀。

「図」，郭店本作「㗊」，今本作「攝」

時賢討論

上博原考釋云：「《說文》『図，下取物縮藏之。从又从□，讀若聶』，段玉裁注：『謂攝取也』，『下取，故从又』，『縮藏之，故从□』。《玉篇》：『図，手取物也』。《廣韻》釋同〔註6〕。」

濬智案

「図（女洽切，娘紐緝部）」，讀若「聶（娘紐葉部）」，「㗊」從「耴（端紐葉部）」，學者皆讀「攝（審紐葉部）」，聲韻俱可通。另季旭昇師以爲：

> 《上博‧緇衣》「 」字與今本〈緇衣〉比對，釋爲《說文》「図」字，應無可疑。但《說文》釋此字爲「從又從口」，恐有可商。戰國楚文字「口」旁與此不同形，如《包》2「圍」字作「 」，外所從「口」與楚系「図」字所從明顯不同。疑此字應釋爲從「卬（卤之初文）」從「又」會意。「卬

〔註5〕馬承源主編，《上海博物館藏戰國楚竹書（一）》（上海：上海古籍出版社，2001 年11 月），頁 198。

〔註6〕馬承源主編，《上海博物館藏戰國楚竹書（一）》（上海：上海古籍出版社，2001 年11 月），頁 198～199。

（📦，匣紐侵部）」可能也兼聲，「🔲」、「🔲」韻屬陰陽對轉〔註7〕。師說可參。

簡文所引「🔲🔲🔲🔲 ＝曰威義」詩句見今本《詩‧大雅‧既醉》，本論文節錄部份與簡文相關之原文如下：

> 既醉以酒，既飽以德。君子萬年，介爾景福。
> 既醉以酒，爾殽既將。君子萬年，介爾昭明。
> 昭明有融，高朗令終。令終有俶，公尸嘉告。
> 其告維何？籩豆靜嘉。<u>朋友攸攝，攝以威儀。</u>
> 威儀孔時，君子有孝子。孝子不匱，永錫爾類。
> 其類維何？室家之壼。君子萬年，永錫祚胤。
> 其胤維何？天被爾祿。君子萬年，景命有僕。
> 其僕維何？釐爾女士。釐爾女士，從以孫子。

詩《序》云：「大平也。醉酒飽德，人有士君子之行焉。」

「朋友攸攝，攝以威儀」，毛《傳》：「言相攝佐者，以威儀也」，鄭《箋》：「朋友，謂群臣同志好者也。言成王之臣，皆有仁孝士君子之行，其所以相攝佐威儀之事。」《禮記》鄭注：「言朋友以禮義相攝正，不以貧富貴賤之利也」，孔疏：「此《大雅‧既醉》之篇，美成王之時大平之詩。於時朋友群臣，所以禮義相攝佐之時以威儀也。言不以富貴貧賤而求利者。」據上揭諸家經解，我們可將簡文此段引詩譯釋作：「朋友之間所憑藉以互相扶持的，就是那言行威儀」。

〔註7〕季旭昇師審訂、鄔濬智撰，《上海博物館藏戰國楚竹書（一）讀本‧緇衣》（臺北：萬卷樓，2004年6月），頁148。

第二十三章

【簡　文】

子曰：宋人又（有）言曰：「人而亡（無）死（恆），不可爲卜筮。」古之遺言與？龜筮猶弗知，而況於人乎？《詩①【二十三】員（云）》：「我昆〔龜〕既獸（厭），不我告猷②＿。」【二十四】

【討　論】

①. 宋人又言曰：「人而亡死，不可以爲卜筮。」古之遺言與？龜筮猶不能知也，而況於人乎！即「宋人有言：『人而無恒，不可爲卜筮』，古之遺言歟！龜筮猶弗知，而況於人乎！」，意謂：宋人說：「人而無恆，連卜筮都不用求了。」這大概是古人遺下的諺語吧！那種人連龜筮都不能懂他，何況是人呢！

濬智案

依殘簡長度判斷，第二十三簡簡尾應有 8 個、二十四簡簡首應有 15，共計 23 個缺字。今知第二十三簡簡殘長 43 公分、殘存 38 字，則此簡平均每字使用 1.1 公分書寫，是知此處應有（54.3〜43）／1.1≒10 個缺字。今以郭店〈緇衣〉對覈，補入「不可爲卜筮也。其古之遺」10 個字。至於第二十四簡爲本篇最末簡。因此簡上下端皆殘且字未抄滿全簡，故上殘去多少字已不可得而知，今姑且依郭店〈緇衣〉補入「言與？龜筮猶弗知，而況於人乎？《詩》」12 個字。

「宋人」，郭店本亦作「宋人」，今本作「南人」

時賢討論

何琳儀以爲「南」字下半部與「宋」字形近，故今本才訛作「南」〔註 1〕；來可泓《論語直解》說：「南人指吳・楚之人」〔註 2〕；饒宗頤認爲南人指的是楚人〔註

〔註 1〕何琳儀，〈郭店竹簡選釋〉，《簡帛研究 2001》，頁 162。
〔註 2〕來可泓，《論語直解》（上海：復旦大學出版社，1996 年 10 月），頁 364。
〔註 3〕饒宗頤，〈帛書系辭傳「大恒說」〉，《道家文化研究》第 3 輯，頁 11〜12。

3〕；孫以楷認爲南人、宋人都是指老子一人〔註4〕；王力波以爲南人指的是住在南方、好淫祠的宋人和楚人，而楚簡〈緇衣〉由楚人抄寫，楚人不欲自貶而將「南人」抄錄成「宋人」〔註5〕；黃人二則認爲簡本「作『宋』不作『南』，以示不忘在宋時之隱約困窮也」〔註6〕。

濬智案

「南」字，甲骨文作🔲（甲2907）、🔲（鐵2402），金文作🔲（于鼎）、🔲（散盤），楚簡作🔲（包山2.38）、🔲（望山1.卜），與「宋」字，甲骨文作🔲（佚106）、🔲（京都3122），金文作🔲（永盂）、🔲（趞亥鼎），楚簡作🔲（包山2.49）、🔲（包山2.85），兩者字形上有一定的距離，當然錯訛的可能也不是沒有，但是兩簡本同時錯成一樣的字，這樣的機會應該是比較少的。

而來、饒、孫、王諸先生解釋「南人」之說可大分成二個意思，一是主張「南人」應作「宋人」解，二主張是「南人」應作「楚人」解。那麼今本〈緇衣〉中的「南人」指的是誰呢？

今知宋人爲商人後裔，「商代人迷信鬼神、崇尚天命。他們認爲人世間的一切都取決於上帝、神靈、祖先，所以，祭祀活動極爲頻繁，也相當復雜……〔註7〕。」《禮記正義》亦云：「南人，殷掌卜之人」，是以商人的後裔—宋人有可能是流傳「人而無恆，不可以爲卜筮」這句與卜筮有關之俗諺的族群。

但先秦崇鬼尚神、祭祀太過的不只宋國，眾多文獻如《呂氏春秋‧侈樂》：「荊之衰也，作爲巫音」，《呂氏春秋》〈異寶〉、〈人間〉：「荊人畏鬼」。《漢書‧地理志下》記楚地之民：「信巫鬼，重淫祀」、《楚辭章句》：「昔楚國南郢之邑，沅湘之間，其俗信鬼而好祠」、《列子‧說符》：「楚人鬼」對荊楚民俗的記載〔註8〕，也讓我們不得不將懷疑的箭頭指向另一個重神輕人的「迷信國度」──楚國。地理上，相對於儒家思想源流之中原周、魯等國，楚國、楚人位處南陲，確有可能被中原人士、〈緇衣〉的作者稱之爲南國、南人的。

綜上所述，我們以爲今本〈緇衣〉此章裡的「南人」，它究竟意指宋人或是楚人，

〔註4〕孫以楷〈《論語‧子路》中的南人有言之南人考〉，《孔子研究》2001年第6期，頁110～112。

〔註5〕王力波，《郭店楚簡〈緇衣〉校釋》（東北師範大學中文系碩士論文，2002年5月），頁78。

〔註6〕黃人二，《上海博物館藏戰國楚竹書（一）研究》（武漢大學博士論文，2002年），頁183。

〔註7〕趙誠，《甲骨文與商代文化》（瀋陽：遼寧大學出版社，2000年1月），頁157。

〔註8〕宋公文、張君，《楚國風俗志》（武漢：湖北教育出版社，1995年7月），頁377。

學界應該還有一場筆戰要打。但在楚簡本〈緇衣〉裡，我們依形隸定，將其釋爲「宋人」總不會有錯。不過既然〈緇衣〉此處不論作「宋人」亦或「南人（楚人）」，都能十分符合簡文此處所需的俗諺傳播形象，那麼在沒有其他証據出現前，本論文雖然暫時寫定作「宋人」，但我們也不偏據楚簡〈緇衣〉來駁斥今本作「南人」爲非、爲錯寫。

　　簡文所引宋人之言「人而亡丞，不可以爲卜筮」，又見《論語‧子路》，作「南人有言曰：『人而無恒，不可以作巫醫。』」此段簡文，《禮記‧緇衣》鄭注：「言卦不能見其情，定其吉凶也」、元‧陳澔《禮記集說》云：「此言卜筮，乃是求占於卜筮。龜筮猶不能知言無常之人，雖先知如龜筮，亦不能定其吉凶，況於人乎？」清‧朱彬《禮記訓纂》引吳幼清言：「夫蓍龜無情，誠感自應，無恒之人，雜念不誠，故不可使。龜筮無情者尚不能知，而人有情而難知也，豈可使乎？」而《論語‧子路》段，《論語正義》何晏注引鄭玄注云：「言巫醫不能治無恒之人。」是此段簡文可釋譯作：「人而無恆，連卜筮都不用求了。」至於今人或解爲：「一個人沒有恒心，就是巫醫等技能職業也是學不成功的」〔註9〕，實不可從。

郭店「筮」字（首作「箸」，次作「嗇」），今本亦作「筮」

時賢討論

　　「箸（𥷔）」與「嗇（𠳐）」，郭店原書皆通讀作「筮」〔註10〕。

濬智案

　　楚簡「箸」所從「晉（巫）」，天星觀卜筮簡作晉、晉，侯馬盟書作𡨄，三體石經作𡨄，以之對照郭店此二字，一加「竹」、一加「卜」義符，並不妨礙我們對該字的理解。郭店此二字仍應讀作「筮」。

「卜筮」，《禮記‧曲禮上》：

> 外事以剛日，內事以柔日。凡卜、筮日，旬之外日遠某日，旬之內日近某日。喪事先遠日，吉事先近日。曰：「爲日，假爾泰龜有常，假爾泰筮有常。」卜、筮不過三，卜、筮不相襲。龜爲卜，策爲筮。卜、筮者，先聖王之所以使民信時日、敬鬼神、畏法令也；所以使民決嫌疑、定猶與也。故曰：「疑而筮之，則弗非也；日而行事，則必踐之。」

《左傳‧閔公二年》：

> 成季之將生也，桓公使卜楚丘之父卜之，曰：「男也，其名曰友，在

〔註9〕蔣伯潛，《語譯廣解四書讀本‧論語》（臺北：啓明書局，出版年月不詳），頁203。
〔註10〕荊門市博物館，《郭店楚墓竹簡》（北京：文物出版社，1998年5月），頁131。

公之右：間於兩社，爲公室輔。季氏亡，則魯不昌。」又筮之……

是知「卜筮」：

一、是古時人與神明溝通的工具。

二、卜和筮是兩種不同的方法，不相因襲。

二、卜用龜、筮用策，卜筮不過三。

四、卜先筮後。

②. 我昆既猒，不我告猷，即「我龜既厭，不我告猷」，意謂：（卜問多了）用來占卜的龜靈都感到煩厭，那還會指示我該怎麼做呢？

「昆（🔲）」，郭店本作「黽」，今本作「龜」

時賢討論

上博原書隸定作「龜」，而相應的郭店此字（🔲）也被郭店原整理者隸定作「龜」。

上博此字，劉釗以爲：「細審乃爲『昆』字，此乃爲借『昆』爲『龜』，爲音近通用」〔註11〕；裘錫圭接受劉釗將上博此字看作是「昆」字的看法，但裘氏以爲不必以「音近通『龜』」來強說之。裘氏據《郭店楚簡研究第一卷：文字編》「昆」字下所收諸字對照上博此字，認爲此字亦係「昆」字，而郭店此字，裘先生以《楚系簡帛文字編》所收「黽」字對照，以爲其字實即「黽」字。而它們二者都應該是「龜」的形近誤字〔註12〕。

瀋智案

細番上博此字字形，實在接近楚簡「裩（🔲天策）」、「緄（🔲望二策）」所從之「昆」，而郭店此字反倒近乎楚簡「鼂（🔲）包 2.124」、「黿（🔲）包 2.172」所從之「黽」。雖楚簡罕見「龜」或從「龜」之字形，使我們無法從共時性的其他字形上來了解楚簡「龜」、「黽」、「昆」三字互訛的可能原因，但我們從甲骨文「龜」字作🔲（前 7.5.2）、🔲（甲 984），「黽」字甲骨文作🔲（鐵 41.2）、🔲（後下 12.14），金文作🔲（鄂君啓節），「昆」字金文作🔲（昆疕王鐘）等古文字資料來判斷，「龜」、

〔註11〕劉釗，〈讀上海博物館藏戰國竹書（一）箚記〉，《上博館藏戰國楚竹書研究》（上海：上海古籍出版社，2002 年），頁 291。

〔註12〕裘錫圭，〈談談上博簡和郭店簡中的錯別字〉，《新出楚簡與儒學思想國際學術研討會論文集》（北京：清華大學思想文化研究所，2002 年 3 月 31 日～4 月 2 日），頁 17。

「黽」、「昆」因字形不遠，在抄寫的過程中的確有可能互訛。〔註13〕至於劉釗以為此處或假「昆」代「龜」，查「昆」古屬見紐文部，「龜」古屬見紐之部，二字聲同而韻稍遠，待商。

　　簡文所引「我昆既猒，不我告獻」見今本《詩・小雅・小旻》：

　　　　旻天疾威，敷于下土。謀猶回遹，何日斯沮！

　　　　謀臧不從，不臧覆用。我視謀猶，亦孔之邛。瀋瀋訿訿，亦孔之哀。

　　　　謀之其臧，則具是違；謀之不臧，則具是依。我視謀猶，伊于胡底！

　　　　我龜既厭，不我告猶。謀夫孔多，是用不集。

　　　　發言盈庭，誰敢執其咎？如匪行邁謀，是用不得于道。

　　　　哀哉為猶！匪先民是程，匪大猶是經；維邇言是聽，維邇言是爭。

　　　　如彼築室于道謀，是用不潰于成。

　　　　國雖靡止，或聖或否；民雖靡膴，或哲或謀，或肅或艾。如彼泉流，無淪
　　　　胥以敗。

　　　　不敢暴虎，不敢馮河。人知其一，莫知其他。戰戰兢兢，如臨深淵，如履
　　　　薄冰。

《孔子詩論》議其詩旨云：「多疑矣，言不中志者也」，詩《序》云：「〈小旻〉，大夫刺幽王也。」

　　「我龜既厭，不我告猶」，鄭《箋》：「卜筮數而瀆龜，龜靈厭之，不復告其所圖之吉凶。言雖得兆，占繇不中。」《禮記》鄭注曰：「猶，道也，言褻而用之，龜厭之不告以吉凶之道也」。季旭昇師以為：「鄭玄《詩》箋似讀『猶（喻紐幽部）』為『繇（通「籀」，澄紐幽部）』，卦兆辭也；《禮》注則似讀為『謀猶』，道也。卦兆辭之『繇』從本義解釋，『道也』從引伸義擴大解釋。二說皆可通」〔註14〕，師說可從。

　　據上引經解，連同元・陳澔《禮記集說》：「卜筮煩數，龜亦厭之，不復告以所謀之吉凶也」之說，此段簡文可譯釋作：「（卜問多了）用來占卜的龜靈都感到煩厭，那還會指示我該怎麼做呢？」

　　郭店47簡簡末有抄手寫下記錄〈緇衣〉章數的「二十又三」字樣。至於上博〈緇衣〉第廿四簡末，據原始整理者李零回憶道：「案，我查筆記，墨釘後接近殘斷處似

〔註13〕關於楚簡「昆」字的相關討論，可參李家浩，〈楚墓竹簡中的「昆」字及從「昆」之字〉，《著名中年語言學家自選集——李家浩卷》（合肥：安徽教育出版社，2002年12月），頁306～317。

〔註14〕季旭昇師審訂、鄒濬智撰，《上海博物館藏戰國楚竹書（一）讀本・緇衣》（臺北：萬卷樓，2004年6月），頁151。

有二字殘跡〔註15〕。」上博末簡殘跡極有可能也是該卷簡書的章數記錄。

〔註15〕李零，《上博楚簡三篇校讀記》（臺北：萬卷樓，2002 年 3 月），頁 61。

第三部份

楚簡〈緇衣〉作者考辨

引　言

　　《郭店楚墓竹簡》甫出版，即有時賢碩彥分別從文獻記載、〈緇衣〉及同批出土儒簡的思想內容、郭店簡之形制、郭店簡的抄錄時間、郭店〈緇衣〉簡文體制等處下手，欲推求出〈緇衣〉原始作者爲何。《上海博物館藏戰國楚竹書（一）》甫面世，亦有不少學者將之與今本、郭店〈緇衣〉串聯，希望能解決〈緇衣〉及其所屬學派等經典傳承上的問題。然論者紛紛，聞者茫茫。本論文第三部份「楚簡〈緇衣〉作者考辨」將先網羅眾說，加以摘粹分類，再在前人已申論處進一步申論、在前人未申論處嚐試申論，希望於其間摸索出楚簡〈緇衣〉的思想流派及其撰人。

壹、時賢討論楚簡〈緇衣〉作者或其所屬學派綜述
一、從文獻記載推論楚簡〈緇衣〉作者及所屬學派者

　　最早根據文獻記載來推測〈緇衣〉作者的，首推饒宗頤，他在考釋完香港中文大學文物館所藏、據信爲上博〈緇衣〉簡九下部的殘簡[註1]：「民德一，詩云：其容不改，出言……」之後，談到他對〈緇衣〉作者的看法，他說：

> 《緇衣》或以爲出自《公孫尼子》，陸德明《釋文》引劉瓛云：公孫
> 尼子所作也。按瓛，沛國相人，齊永明七年竟陵王子良爲之館，未及徙居
> 卒。……劉說未必可信。《公孫尼子》一書，《漢志》著錄列於儒家，云二
> 十八篇，排次在魏文侯、李克之後，孟、荀之前。錢穆《諸子擥述》[註2]
> 謂「公孫尼子言德壹，同於荀子，則其年代應在荀之後」。今是簡亦言德
> 一，原出《緇衣》，顯在荀子之前。由於向來有《樂記》出於公孫尼子之
> 說，近人對公孫尼子研究已有多家……諸說均有可取，惟《緇衣》是否公
> 孫尼子作，則尚難獲確證。
>
> 　　又或謂：《緇衣》本在《子思子》，考《漢志》《子思子》二十三篇，

[註 1] 馬承源主編，《上海博物館藏戰國楚竹書（一）》（上海：上海古籍出版社，2001 年
　　　 11 月），頁 184。
[註 2] 「《諸子擥述》」應爲「《諸子擥逸》」之誤。

清季黃以周有輯本。胡玉縉《輯子思子佚文考證》（《許廎學林》）引《舊唐書‧音樂志》載沈約曰：禮記中庸、表記、坊記、緇衣皆取子思子。胡氏云：「證以馬總、李善所引，時時見於表記、緇衣，疑所稱子云、子曰、子言者，皆子思之言。」……由是觀之，《緇衣》文字有不少同於《子思子》，則係事實〔註3〕。

饒先生傾向認爲〈緇衣〉係屬子思學派作品。

一九九八年《郭店楚墓竹簡》正式出版，李學勤在一九九八到一九九九年間，先後於《文物天地》、《中國哲學史》等刊物上發表他對楚簡〈緇衣〉的若干研究心得：

沈約的時代，《子思子》正在流傳，他所說自然是有根據的。唐代《意林》一書，引用《子思子》多處，其中一條見於《緇衣》；《文選》李善注也引《子思子》兩條，都見於《緇衣》，證明《緇衣》確實出於《子思子》。

陸德明《經典釋文》中稱「《緇衣》是公孫尼子所制」，其說本於南齊劉瓛，前人已指出不如沈約說可信。我曾推想，劉瓛的說法可能是因爲《緇衣》的觀點與公孫尼子相似……〔註4〕

現在郭店簡有關各篇，《緇衣》等等，如果用《別錄》的標準劃分，都相當小戴的「通論」一類，這正是由於它們本爲先秦儒家著作單篇〔註5〕。

接著利用文獻記載來判斷郭店〈緇衣〉之可能作者的是廖名春，他說：

《隋書‧音樂志上》載梁散騎常侍、尚書僕射沈約奏答曰：「《中庸》、《表記》、《坊記》、《緇衣》，皆取《子思子》。」《隋書‧經籍志》載《子思子》七卷，注云：「魯穆公師孔伋撰。」當時《子思子》尚存，沈約說當有所據。《文選‧四子講德論》李善注引《子思子》兩條，皆見於今本《禮記‧緇衣》。所以，李善所看到的《子思子》一書應是有《緇衣》在內的〔註6〕。

從廖名春開始，在目錄性質的文史資料之外，不少學者開始利用眾家所認定的原始〈緇衣〉作者之可能人選：子思子、公孫尼子各自之著作遺留於歷代文獻的佚文來核對楚簡〈緇衣〉，欲以察明子思子、公孫尼子與楚簡〈緇衣〉相應的關係。如李存山：

〔註3〕饒宗頤，〈緇衣零簡〉，《學術集林》卷九（上海：上海遠東出版社，1994年），頁67～68。
〔註4〕李學勤，〈荊門郭店楚簡中的《子思子》〉，《文物天地》1998年第2期，頁28～29。
〔註5〕李學勤，〈郭店簡與禮記〉，《中國哲學史》1998年第4期，頁32。
〔註6〕廖名春，〈郭店楚簡儒家著作考〉，《孔子研究》1998年第3期，頁71。

　　楚簡《緇衣》中有：「子曰：民以君爲心，君以民爲體。心好則體安之，君好則民欲之。故心以體法（廢？），君以民亡。」此語在《禮記·緇衣》篇爲：「民以君爲心，君以民爲體，心莊則體舒，心肅則容敬。心好之，身必安之；君好之，民必欲之。心以體全，亦以體傷；君以民存，亦以民亡。」《文選》卷五十一《四子講德論》注引《子思子》曰：「民以君爲心，君以民爲體。心正則體修，心肅則身敬也。」按，《文選》注所引與《禮記·緇衣》基本相同，而楚簡《緇衣》顯然其文在前，《禮記·緇衣》或《子思子》是在楚簡《緇衣》的基礎上作了增添和修飾的〔註7〕。

范麗梅：

　　今本與簡本〈緇衣〉的内容，除了錯簡之外，内容幾乎相同，而二本〈緇衣〉與郭店其他各篇的内容亦有相通的地方，如〈緇衣〉説：「下之事上也，不從其所令，從其所行。上好是物，下必有甚者矣。」在〈成之聞之〉説：「是故上苟身服之，則民必有甚焉者。」又〈尊德義〉説：「下之事上也，不從其所命，而從其所行。上好是物也，下必有甚焉者。」凡此皆與《子思子》所説：「君，本也，臣，枝葉也。本美而葉茂，本枯則葉彫」之意相同〔註8〕。

黃人二：

　　歷來古書之引《子思子》，大部份見於《中庸》，少部份見於《緇衣》、《表記》。若馬總《意林》引《子思子》十一條、《史記·平津侯傳》司馬貞《索隱》引子思子一條、《後漢書·朱穆傳》之《注》引《子思子》一條……俱不出上舉諸篇内容，故歷來大致以諸篇皆爲子思所作。又子思爲魯穆公師，郭店簡中有《魯穆公問子思》一篇，專記魯穆公問子思「忠臣」事，可爲附帶之佐證〔註9〕。

葉國良：

　　學者依據隋、唐《經籍志》，證實當時有七卷本《子思子》傳世；又據王應麟語，證明宋末此本已亡。而《史記·平津侯主父列傳》引《中庸》「天下之達道五，所以行之者三」云云，唐司馬貞《索隱》謂：「此語出《子思子》。」又清代黃以周在唐馬總《意林》所引《子思子》中，查得

〔註7〕李存山，〈讀楚簡忠信之道及其他〉，《中國哲學》20 輯，頁 275。
〔註8〕范麗梅，《郭店儒家佚籍研究》（臺大中文所碩士論文，2001 年），頁 221。
〔註9〕黃人二，《上海博物館藏戰國楚竹書（一）研究》（武漢大學博士論文，2002 年），頁178～180。

合於《表記》者一條，合於《緇衣》者一條；在唐代《文選注》引《子思子》中，查得合於《緇衣》者一條；在宋初編《太平御覽》引《子思子》中，查得合於《表記》者一條。又《後漢書‧王良傳論》引「同言而信，則信在言前；同令而行，則誠在令外。聖人在上，民遷如化」等語，唐章懷太子注：「此皆《子思子‧累德篇》之言。」「同言而信」等言及若干合於曾子、子思之學的言論也見於《淮南子‧繆稱》（以下引用，僅稱《累德》）。據此，《子思子》二十三篇中，我們知其篇名並得見內容者，至少有以上四篇，僅差《坊記》。如果我們取《隋書‧禮樂志》引沈約之言謂《中庸》、《表記》、《坊記》、《緇衣》皆取《子思子》的說法合觀，那麼上段揭五篇出子思一系之學當無疑義〔註10〕。

張富海：

> 《孔叢子‧公儀》載魯穆公謂子思：「子之書所記夫子之言或者以謂子之辭。」子思答：「臣所記臣祖之言，或親聞之者，有聞之於人者，雖非正其辭，然猶不失其意。」《荀子‧非十二子》批評子思「案飾其辭而祗敬之曰：『此眞先君之言也。』」可見子思作為孔子唯一的孫子，確實曾從事纂集乃祖之言的工作。古書中未見公孫尼曾從事這項工作的記載〔註11〕。

至此我們可以看出，凡是徵引文獻記載或利用《禮記‧緇衣》原文回核遺留於諸文獻中之《子思子》、《公孫尼子》佚文者，幾乎都認為〈緇衣〉原屬《子思子》一篇（為子思或其門生後人所撰）。

不過程元敏認為：

> 「小人溺于水，君子溺于口也。」（意林卷一《子思子》）……楚簡本無。……鄭玄注本已有。知乃鄭前漢人取《子思子》竄入者，故並見於《禮‧緇衣》及《子思子》。馬總擇錄其中兩句，入文於其輯本。沈約在梁，見經禮、子並有其文，遂認定經〈緇衣〉出《子思子》……不知〈緇衣〉原無此文，亦非孔伋作，楚簡佐證，可珍在此。……《昭明文選》卷五一王子淵〈四子講德論（並序）〉「君者中心，臣者外體」唐李善注：「《子思子》曰：『民以君為心，君以民為體，心正則體脩，心肅則身敬也。』」……《昭明文選》卷二四張茂先〈答何劭詩〉二首之第二首「其言明且清」李善注：

〔註10〕 葉國良，〈郭店儒家著作的學術譜系問題〉，《臺大中文學報》第 13 卷，2000 年。又見《中國哲學》24 輯，頁 228～244。

〔註11〕 張富海，〈〈緇衣〉二題〉，《古墓新知——紀念郭店楚簡出土十周年論文專輯》（香港：國際炎黃文化出版社，2003 年 11 月），頁 107。

「《子思子》:『《詩》云:「昔吾有先正,其言明且清,國家以寧,都邑以成。」』」……楚簡本:僅有「民以君爲心,君以民爲體」兩句同;「詩云:昔吾有先正」四句無。敏案:「民以君」二句,《子思子》有,楚簡〈緇衣〉亦有,是兩文作者取材同。蓋二句乃儒家政治學術要義,七十子及後學共誦,故不約而同用。要義猶大經,弟子後學闡發詮解人人殊,《子思子》以「心正則體脩,心肅則身敬也」論讀上二句,後人竄入今本〈緇衣〉而更訂二、三字,而楚簡本則無「心正」二句:而徑以「心好則體安之,君好則民欲之,古(故)心以體法,君以民芒(亡)」上申「民以君」二句義,比今本〈緇衣〉插入「心莊」二句簡該。又今本下文「心好之→亦以民亡」,文汗漫曲繞,遠不及楚簡精當。則是原始未經羼亂之〈緇衣〉篇(如此楚簡本即是)異乎《子思子》書,篇非出彼書也〔註12〕。

程元敏以爲見於文獻中之三條《子思子》佚文,其中二條未見於成篇時代較早之郭店〈緇衣〉,而餘下一條《子思子》佚文,雖與郭店〈緇衣〉有關,但在《禮記·緇衣》與郭店〈緇衣〉的各自文本中,其所引申詮釋有所不同。因此程元敏並不接受古今本〈緇衣〉出自《子思子》。王力波也有類似的看法:

《意林》引《子思子》一條爲:「小人溺於水,君子溺於口。」(同今本第十六章);《文選》李善注引《子思子》二條爲:「昔吾有先正,其言明且清,國家以寧,都邑以成」(同今本第十七章《詩》文)、「民以君爲心,君以民爲體。心正則體修,心肅則身敬也」(今本第十七章作:「民以君爲心,君以民爲體。心莊則體舒,心肅則容敬」)

今按:《意林》所引《子思子》一條並不見簡本。《文選》李善注引《子思子》二條:第一條爲逸詩,不見《詩經》,亦不見簡本。第二條,簡本作「民以君爲心,君以民爲體。心好則體安之,君好則民欲之。」李注、今本、簡本互有差異,但今本與李注所引更接近。在三條引文之中,兩條不見簡本,一條與今本近。何以二人引文恰恰是今或不見簡本,或不見《詩經》的逸文,這點頗令人費解。因此我們推斷馬總及李善很可能是受過沈約的影響而作此說的。而沈約之說也不一定就是確鑿無疑的結論。

雖然與《緇衣》同時出土的還有《五行》、《性自命出》等篇,學界已普遍認爲是這些著作爲子思子所作,但這亦不足以成爲論證《緇衣》的作者就是子思子的充份證據。因爲《緇衣》爲語錄體,其思想傾向性並不是

〔註12〕程元敏,〈《禮記·中庸、坊記、緇衣》非出於《子思子》考〉,《張以仁先生七秩壽慶論文集》(臺北:臺灣學生書局,1998年),頁30～32。

非常明顯〔註13〕。

而程元敏在《公孫尼子》散見於他書之佚文中找到了〈緇衣〉有可能係公孫尼子所撰的證據：

> 《公孫尼子》佚文、今本〈緇衣〉、楚簡〈緇衣〉，三事合一，是確證也，「古者長民，衣服不貳，從容有常，以齊其民」（清‧陳夢雷《古今圖書集成‧經籍典》卷一五一載宋‧鄭樵《詩辨妄‧詩序辯》曰：「……其文全出於《公孫尼子》」）。阮輯本據收，校注曰：「《禮記‧緇衣》『長民者至民德壹』，即本此文。」

> 子曰：「長民者，衣服不貳，從容有常，以齊其民，則民德壹。」（今本《禮記‧緇衣》；《毛詩‧小雅‧都人士序》：「古者長民，衣服不貳，從容有常，以齊其民，則民德歸壹。」題漢賈誼《新書‧等齊》：「孔子曰：『長民者，衣服不二，從容有常，以齊其民，德一。』」均略同）

> 子曰：「倀（長）民者，衣備（服）不改，適（從？）頌（容）又（有）棠（常），則民慝（德）弌（一）。」（楚簡〈緇衣〉）

> 案：……〈緇衣〉作者，劉、沈異說，而劉說勝。知者，劉早沈晚；劉是當代碩儒，沈是詞府文士；劉畢生志業在經書，不慕榮利，沈生平志業在文章，縈心仕進；劉授經業，通群經，而甚專《禮學》有專著，沈未嘗講經，無經學專著。職是，吾寧信專家之確說，不信文士之空談〔註14〕。

欲據《子思子》佚文證〈緇衣〉與子思有關的學者似乎在楚簡〈緇衣〉裡找不到直接的有利證據。而程元敏所引《公孫尼子》佚文「古者長民，衣服不貳，從容有常，以齊其民」，雖在今本、郭店、上博〈緇衣〉中都能找到對應的文句，然此佚文主旨向來為原始儒家所強調，既可能是公孫尼子前人所言，公孫尼子或其後人記之，也可能是公孫尼子後人從儒門其他學派（例如子思一派）網羅吸收自用。且程先生只據沒有看過《公孫尼子》的宋‧鄭樵之言來判斷〈緇衣〉出自《公孫尼子》，多少也有點問題〔註15〕。我們可以說上述據文獻記載、（《子思子》或《公孫尼子》）佚文與楚簡〈緇衣〉對應度之強弱來推證原始〈緇衣〉作者及其所屬學派的討論，都還存在若干的爭議。

〔註13〕王力波，《郭店楚簡緇衣校釋》（東北師範大學碩士論文，2002年），頁3～4。

〔註14〕程元敏，〈《禮記‧中庸、坊記、緇衣》非出於《子思子》考〉，《張以仁先生七秩壽慶論文集》（臺北：臺灣學生書局，1998年），頁38～39。

〔註15〕張富海，〈〈緇衣〉二題〉，《古墓新知——紀念郭店楚簡出土十周年論文專輯》（香港：國際炎黃文化出版社，2003年11月），頁109。

二、從〈緇衣〉及其他同出的儒簡思想內容推論楚簡〈緇衣〉作者及所屬學派者

第一部份我們摘萃諸家利用文獻記載以推測〈緇衣〉作者及其所屬學派的相關討論，這種判定典籍作者的方法，原則上屬於利用科學性條件的考據、文獻學的發揮範圍。除了這一個方法，也有學者利用郭店〈緇衣〉或同批出土之儒簡簡文所載之主張，回核儒學各學派之主要思想，欲以找出〈緇衣〉撰者為何。前述李學勤、李存山都先提到了一些。李學勤說：

> 這些（指郭店楚簡）儒書都與子思有或多或少的關連，可說是代表了由子思到孟子之間儒學發展的鏈環。子思相傳受學於曾子，又是孔子嫡孫，他的作品不少處是申述孔子的言論。前人以《中庸》等與《論語》對照，已說明了這一點。竹簡各篇也有類似情形……郭店簡這些儒書，共同的特點是闡述理論性、哲學性的問題〔註16〕。

李存山說：

> 楚簡的有些思想比較接近於或符合於公孫尼子、子思和孟子的思想。然而，若謂楚簡即公孫尼子或思孟學派的著作，則證據尚不充足，而且有相抵牾處（如非性善論，持心無常志、仁內義外之說等，明顯不同於孟子）〔註17〕。

龔建平則結合了同批儒簡的相關思想，試著探討郭店整批竹書與儒家的關係：

> 《六德》篇中出現了「仁內義外」的說法，顯然已將義提高到高於其他諸德而與仁對舉的地位上。這可以視為在孟子之前突出「義」的開端。有趣的是，難以得到人們信任的《孔叢子》還就子思和他先祖在思想傾向上重義輕禮的差別作了這樣的解釋：「曾子謂子思曰：『昔者吾從夫子游於諸侯，夫子未嘗失人臣之禮，而猶聖道不行。今吾觀子有傲世主之心，無乃不容乎？』子思曰：『時移世異，各有宜也。當吾先君，周制雖毀，君臣固位，上下相持若一體然，夫欲行其道，不執禮以求之，則不能入也。今天下諸侯方欲力爭，竟招英雄以自輔翼，此乃得士則昌，失士則亡之秋也。伋於此時不自高，人將下吾，不自貴，人將賤吾。舜禹揖讓，湯武用師，非故相詭，乃各時也。』」這個解釋，看起來還是合情合理的。它不僅體現了子思對先祖的尊重，同時也反應了因時而變的靈活性，說明子思之學確有個性，雖然這些個性在《禮記》編者看來，可能存在著不合適宜的地方。

〔註16〕李學勤，〈先秦儒家著作的重大發現〉，《中國哲學》20輯，頁16～17。
〔註17〕李存山，〈讀楚簡忠信之道及其他〉，《中國哲學》20輯，頁275。

由上面的敘述可以作出推測：《子思子》一書極有可能包括十分龐雜的內容。其中，既有子思記述先祖的一些文字，也有子思闡釋先祖思想並加以發揮的文字。子思思想有自己的特色。《禮記》收入《子思子》，剔除了一些不合需要的內容，但仍保持了戰國、秦漢儒家的思想特質。

……總之郭店簡和《禮記》以及其它儒家思想是可以相互印證的。我們不必要稱郭店簡爲「荊門禮記」，但將二者視爲年代較接近，思想內容和邏輯線索上相銜接的儒家典籍進行比較研究，對於進一步認識原始儒家思想是有積極意義的〔註18〕。

相較於龔先生的保守，稍後就此問題發表看法的王葆玹則顯得大膽許多：

《緇衣》應是這些楚簡中子思本人的著作，略早於《魯穆公》。沈約奏疏説《緇衣》原出於《子思子》，而楚簡《緇衣》連續引述「子曰」，無作者自己的議論，似是孔子「述而不作」的傳統的直接延續。《荀子‧非十二子篇》説，子思「案飾其辭而祇敬之曰：此眞先君子之言也。」《孔叢子》……對照這些記錄，可以看出子思確曾利用孔子之孫的身分，假托或增飾孔子之言。在這方面，楚簡《緇衣》堪爲一例。如《論語‧爲政》説：「子曰：道之以政，齊之以刑，民免而無恥。道之以德，齊之以禮，有恥且格。」楚簡《緇衣》則説：「子曰：長民者教之以德，齊之以禮，則民有歡心。教之以政，齊之以刑，則民有遯心。故慈以愛之，則民有親；信以結之，則民不倍；恭以莅之，則民有遜心。」《緇衣》這一段「子曰」顯然是從《論語》「道之以政」一章演變而成，或者是對《論語》相應章節的修飾增添的結果。可以肯定，《緇衣》應在《論語》之後產生，是由子思纂集而成〔註19〕。

在同一個學術會議場合，劉信芳對郭店〈緇衣〉與儒家的關係，提供了幾個有趣的線索：

其一、簡本《緇衣》子曰長民者衣服不改章（簡十六一十七）……簡本《緇衣》引都人士而闕「行歸於周」一句，不外乎兩種可能：一爲書寫脱漏，二爲賦詩斷章，取其所需，有意識的刪掉了「行歸於周」一句。筆者認爲第二種可能性爲大，因爲這種作法在當時並不違犯遊戲規則，更何

〔註18〕龔建平，〈郭店簡與禮記二題〉，《武漢大學學報》哲學社會科學版 1999 年第 5 期，頁 35～37。

〔註19〕王葆玹，〈郭店楚簡的時代及其與子思學派的關係〉，《郭店楚簡國際學術研討會論文集》（武漢：湖北人民出版社，2000 年），頁 648。

況「周」已名存而實亡,「行歸於周」已經不能用來證明孔子的「衣服不改」。尤為重要的是,引與不引「行歸於周」,有一個地域感情問題,試設想,如果是齊、魯、三晉的學者作《緇衣》,他恐怕沒有必要刪除「行歸於周」,因為齊、魯、三晉本周之舊邦,完全可以在「行歸於周」的名義下來說明之自己的主張。但如果是秦、楚的學者作《緇衣》,他會覺得「行歸於周」有礙眼之嫌,故不惜斷章而筆削。

其二、簡本《緇衣》子曰長民者教之以德章（簡廿三一廿七）……竹簡鈔錄者不錄「苗民」二字,蓋其時楚與苗雜居,是以有筆削也。苗民因惡德而絕其世,楚民難道不會唇亡而齒寒?設若《緇衣》為北方學者所作,是沒有必要刪去「苗民」二字的……

其三、簡本《緇衣》子曰宋人有言章（簡四五一四七）:「宋人有言曰:人而亡恒,不可為卜筮也。」《禮記・緇衣》「宋人」作「南人」,《論語・子路》:「子曰:南人有言曰:人而無恒,不可以作巫醫。」「宋人」較「南人」為具體。大約北方學者以宋國以南為「南人」,故將「宋人」的言論籠統地歸於「南人」,而竹簡《緇衣》的作者作為南方學者,他更清楚地知道「人而無恒,不可為卜筮也」這句話的出處（或:這句熟辭流傳的地域）,所以很明確地記為「宋人言曰」……以上三例尚不能排除這樣一種可能,即《緇衣》本為北方學者所作,而南方學者轉錄時有改動〔註20〕。

劉先生以為就郭店〈緇衣〉本身而言,它有可能是當時南方學者繼承北儒經典而改寫後的作品。

姜廣輝則是站在儒家向來所強調的「道統」立場,他以為:

郭店楚簡所反應的是孔子之後一、二傳弟子的思想,透過它可反觀孔子學說的核心思想。以此核心思想審察後世的道統說會對儒學傳統作出新的詮釋。他認為,早期儒學者主要有三派:一是子游一系的「傳道派」;二是子夏一系的「傳經派」;三是曾子一系的「踐履派」。早期儒學的核心思想是「大同」說的社會理想,「禪讓」說的政治思想和貴「情」說的人生哲學。這些核心思想的傳承者不是曾子、子思、孟子的系譜,而是子游、子思、孟子的系譜〔註21〕。

姜先生據郭店儒簡的內容下判斷,直接把郭店儒簡看作是「思孟學派」的東西,這

〔註20〕劉信芳,〈郭店簡緇衣解詁〉,《郭店楚簡國際學術研討會論文集》（武漢:湖北人民出版社,2000年）,頁179～180。

〔註21〕姜廣輝,〈郭店楚簡與原典儒學〉,《中國哲學》21輯,頁271～272。

種說法統括顯示出研究先秦思想的學者們的期待，影響很大。

更有甚者，就直接把郭店儒簡當作是《子思子》的遺篇，如范麗梅：

> 流傳的《禮記‧緇衣》與郭店簡本〈緇衣〉的內容差距不大，唯二者存在著引《易》有無的不同，同時，就子思學派的流傳文獻而言，〈中庸〉、〈表記〉、〈坊記〉與〈累德〉或引《易》，或內容思想相關，都與《易》有密切的關係。與流傳文獻相較之下，出土的郭店各篇與《易》的關係較少，顯示郭店各篇作為子思學派早期祖本著作與流傳的五篇子思學派晚期抄本的著作與《易》相關與否的情況，正是子思學派在戰國早期到晚期之間重要的發展歷程。……郭店各篇之思想內容與馬王堆帛書《易傳》五種存在眾多思想的連貫性，顯示帛書《易傳》的著成，很可能是在郭店儒家著作的思想背景下完成的。同時，由帛書《易傳》與《孟子》所談孔子與《易》、《春秋》的關係，以及〈坊記〉對《春秋》的稱引等情況看來，先秦孔門儒學與《易》、《春秋》的關係，實與子思學派有一定程度的關聯。唯子思學派中，齊地儒者為《春秋》之主要傳承，而楚地則為《易》傳承之重鎮〔註22〕。

孔德立也說：

> 郭店儒簡《魯穆公問子思》明確提到子思，與子思的關係最為直接。郭店簡其他儒簡與《魯穆公問子思》同出一墓，他們與子思也應有一定的關係。郭店楚簡《緇衣》與傳世本《禮記‧緇衣》除個別文句外，基本相同，現在又有上海藏簡《緇衣》的支持，所以《緇衣》屬《子思子》已無問題。……李學勤先生說：「帛書《五行》等篇的發現，為《大學》、《中庸》及其他一些儒學著作提供了可靠聯鎖，使我們弄清了思孟一派的若干基本觀點。」而郭簡《五行》有經無說，接〔註23〕古書形成的通常規律應當早於帛書《五行》的成書年代。李學勤先生進而指出，帛書《五行》的說〔註24〕提到世碩，世碩為七十子弟子，所以，帛書《五行》的成書應晚於子思，而郭店《五行》有經無說，當為子思自作。「如果郭店楚簡《五行》、《魯穆公》等即是南宋以來學者不能看見的《子思子》遺篇，那麼楚簡《五行》較之帛書當更接近子思之說〔註25〕。」

〔註22〕范麗梅，《郭店儒家佚籍研究》（臺大中文所碩士論文，2001年），頁380～381。

〔註23〕疑「接」字為「按」字之誤。

〔註24〕疑「說」字前脫一「之」字。

〔註25〕孔德立，《郭店儒簡與子思研究》（曲阜師範大學碩士論文，2002年3月），頁7。

歸納至此，我們明顯可知研究先秦思想的學者們將郭店儒簡的思想作了整理分析後，幾乎一致認爲郭店〈緇衣〉就是「子思學派」的經典。

三、從楚簡抄錄時間記載推論楚簡〈緇衣〉作者及所屬學派者

　　除了利用文獻證據、思想內容等線索外，探討楚簡〈緇衣〉成篇時代，多少對其在思想時空中的定位有所幫助。翁賀凱的〈兩漢禮記源流新考－從「郭店簡與禮記」談起〉一文算是利用時空線索來推論（郭店）儒簡所屬學派的先聲：

　　　　東漢章帝建初四年（公元七九年）諸儒於白虎觀講議五經異同時，把今本《禮記》編輯成書的活動可能還沒有發生，因爲那些出自於今本《禮記》、《大戴禮記》以及出自大戴記逸篇或其他逸記的章節，還都只是簡單地引用篇名，而沒有確定地指出這些篇出自何種輯本。今本《禮記》似乎有可能是二戴之後的東漢禮家所輯成……又據沈文倬先生考證，今本大小戴《禮記》除可確定爲西周文字及秦漢人所做之外，多數篇目大致撰於戰國時期魯穆公至魯康公、景公之際，約前五世紀末期至前四世紀中晚期之間，即後於《儀禮》十七篇及《論語》的撰作年代而早於《孟子》、《荀子》的撰作年代。李學勤先生推測，荊門郭店一號墓是前四世紀末的墓葬，墓中竹簡的書寫時間，當更早一些，那麼，郭店簡的撰作時間也仍然可以在今本《禮記》諸篇撰作時間的上限範圍之內。從思想軌跡上看，郭店簡儒家著作也是介於孔子與孟荀之間。因此，把郭店簡的儒家著作看作是「七十子後學者所記」之古文記也應當是合適的〔註26〕。

不過翁先生的策論重點主要放在《禮記》成篇的歷程上，對郭店〈緇衣〉用力較小，於其文中只能看出「郭店〈緇衣〉介於孔子與孟荀間」的粗淺結論。

　　而楊朝明在郭店〈緇衣〉抄錄時代上亦有所提示，可惜用力亦輕，他只利用郭店墓簡之抄錄時代爲其作了個思想史價值的簡單陳敘：

　　　　郭店楚墓的年代，學者們基本認定在戰國中期偏晚，約公元前三百年左右。這一事實無可辯駁地證明了《子思子》成書在秦朝建立以後的説法是不對的。既然《子思子》的成書在戰國中期以前，那麼，子思之學、思孟學派都可由此得到確定，孔子與孟子之間的學術鏈條也得以連接起來〔註27〕。

據此，利用郭店、上博簡的抄錄時代來探索郭店〈緇衣〉作者的歷史背景，進而揭

〔註26〕翁賀凱，〈兩漢禮記源流新考——從「郭店簡與禮記」談起〉，《福建論壇》文史哲版，1999 年 5 期，頁 14。
〔註27〕楊朝明，《儒家文獻與早期儒學研究》（濟南：齊魯書社，2002 年），頁 236。

開〈緇衣〉作者面紗的這個推理路徑還存在若干的申論空間。

四、從簡牘形制推論楚簡〈緇衣〉作者及所屬學派者

　　從傳世典籍中的相關記錄可知，至遲至漢代，即有利用簡策長度及形制來區分經、傳、注、疏的作法。根據漢代這樣的一個整治書籍的制度，周鳳五憑以推論郭店儒簡各篇相互間的關係：

> 　　郭店竹簡最長的為 32.5 公分，包括《緇衣》、《五行》、《性自命出》、《成之聞之》、《尊德義》、《六德》六篇，其中《性自命出》以下四篇都是兩道編線，間距 17.5 公分，明顯屬於同一類；《緇衣》與《五行》也是兩道編線，前者間距 12.8～13 公分，後者 12.9～13 公分，也可歸為一類，這兩篇相傳出自子思之手，在儒家子思學派享有經典的地位。……簡端同樣修整為梯形的還有《魯穆公問子思》與《窮達以時》，前者記述子思與魯穆公的問答，突顯了子思正直不阿的人格；後者強調君子不以窮達易節，乃儒家一貫立身之道。兩篇的內容都與子思的生平、思想相應……考慮先秦諸子的成書，多由一派宗師首開其端，繼而弟子門人轉相傳習，最後歷經眾手寫定……則上述八篇似乎可以匯為一編，且很可能就是傳自先秦、北宋以後日漸散佚的《子思子》的主體〔註28〕。

郭沂進而直接利用形制來斷定郭店儒簡各篇與子思之關係，孰近孰遠：

> 　　子思書的原始狀態如何？文獻不足，不可具考，本書《緒論》曾將子思學派文獻分為四類，即子思所記孔子言論、子思著作、各種典籍所載子思言行以及子思門人著作。那麼，在這四類中，究竟那一類原屬子思書呢？……《緇衣》和《五行》分別屬於第一類和第二類，而在郭店簡中，此二篇竹簡形制相同。這是兩篇同出一書的顯證，也是兩類同屬一書的顯證。從這種現象看，在郭店簡制作的時代，《中庸》已編輯成書。
>
> 　　至於第三類和第四類是否原屬祖本或新編本，現在還沒有足夠的證據。但郭店簡顯示，《魯穆公問子思》的竹簡形制不同於《緇衣》和《五行》，似乎說明第三類不屬祖本。新編本是在祖本的基礎上形成的，第三類既不屬祖本，就很可能也不屬新編本〔註29〕。

詹群慧則以周說為基調，將各篇儒簡作科學性的測量與比對。他發現：

〔註28〕周鳳五，〈郭店竹簡的形式特徵及其分類意義〉，《郭店楚簡國際學術研討會論文集》（武漢：湖北人民出版社，2000 年），頁 54。

〔註29〕郭沂，《郭店竹簡與先秦學術思想》（上海：上海教育出版社，2001 年 2 月一刷），頁 419～422。

墓主有意將竹簡的形制長短作爲一種基本的分類。兩端削成梯形兩端的是經典，兩端不加修削只是平頭的是非經典的重要文獻，而長度似乎是用來〔註30〕傳遞經典的重要程度以及不同學派的微妙差別。譬如：郭店道簡《老子》甲組上下兩端同樣修成了梯形，簡長三十二‧三厘米，梯形儒簡《緇衣》、《五行》簡長三二‧五厘米左右，與《老子》甲本相仿，而梯形簡《魯穆公問子思》、《窮達以時》簡長二六‧四厘米，明顯較短。

……筆者深入閱讀了這八篇梯形儒簡，認爲：簡長二六‧四厘米的兩篇梯形儒簡中《魯穆公問子思》是子思一派的著述，這在學界多被承認，《窮達以時》也很有可能是子思一派的著述，與《窮達以時》、《魯穆公問子思》簡形一制，但更長的儒簡《緇衣》、《五行》、《性自命出》、《尊德義》、《成之聞之》、《六德》六篇應該更爲重要，它們是子思著述，其中《緇衣》是子思以輯錄傳注孔子言論爲主的格言體文章，而《五行》、《性自命出》、《尊德義》、《成之聞之》、《六德》五篇則是子思闡發和總結自己思想理念的論述性文章，並且這五篇論文有一定的內在邏輯性、連貫性和統一性，它們較爲完整地構成了子思創始的「五行」學說完整體系〔註31〕。

張富海亦據郭店〈緇衣〉形制言：

郭店簡中有〈五行〉一篇，竹簡形制及字體與〈緇衣〉篇皆同，這一點可以作爲這兩篇關係密切、可能有同一來源的佐證。今人已證《荀子‧非十二子》批評子思「案往舊造說，謂之五行」，肯定了〈五行〉與子思的關係，那麼郭店簡中〈緇衣〉篇與〈五行〉篇在竹簡形制及字體上的一致性可以作爲〈緇衣〉出於《子思子》的一條積極證據。〔註32〕

簡牘形制、字體與思想流派有無必然關係，目前罕有證驗。周、郭、張、詹四位先生以郭店〈緇衣〉及相關簡策之長度來推測〈緇衣〉之作者，似也存在進一步討論的空間。

五、從簡文行文體例推論楚簡〈緇衣〉作者及所屬學派者

根據簡文行文特色來追索郭店〈緇衣〉作者及其所屬學派，即是利用作者行文風格與其所習必然存在對應關係的這一基礎來展開。邢文從郭店〈緇衣〉每章皆以「子曰」著手，以爲與其具有相同行文習慣的《禮記‧坊記、表記》是被當作相互

〔註30〕疑「傳遞」前脫「區分」二字。
〔註31〕詹群慧，〈郭店楚簡中子思著述考（上）〉，簡帛網，2003／05／19。
〔註32〕張富海，〈〈緇衣〉二題〉，《古墓新知——紀念郭店楚簡出土十周年論文專輯》（香港：國際炎黃文化出版社，2003 年 11 月），頁 108。

關聯的一組文獻同時輯入《禮記》的。他又說：

> 《中庸》也應在此列。……饒宗頤先生引錢穆說認爲，公孫尼子言德
> 一，原出《緇衣》；但《緇衣》是否〔註33〕公孫尼子所作，尚難確證。值
> 得注意的是，子思子與公孫尼子都是七十弟子，傳爲公孫尼子的《樂記》，
> 也在《禮記》。可見這一問題與《禮記》成書有關〔註34〕。

詹群慧和張富海據行文體例推論（郭店）〈緇衣〉作者及其所屬學派的討論更爲深入。
詹群慧說：

> 原本《中庸》、《表記》、《坊記》、《緇衣》在體例上類似，幾乎全篇記
> 錄孔子言論，滿紙是「子云」、「子曰」、「子言之」，顯係子思著述的第一
> 類。簡本《緇衣》是子思作品，學界並無疑義，郭店儒簡《五行》是子思
> 著述也幾乎是學界共識，而儒簡《五行》的風格體例與《緇衣》迥異，它
> 的體例是議論文，與《天命》相近，而概念範疇和思想與《天命》亦相吻
> 合，應當是子思第二類型（子思闡發和總結自己思想理念的論述性文章，
> 也即：「案往舊造説」，它們是子思思想的直接表達）的作品〔註35〕。

張富海說：

> 〈坊記〉、〈中庸〉、〈表記〉、〈緇衣〉四篇《禮記》正好編在一齊，而
> 且這四篇有共同的特點，即全部或大部記錄孔子之言（〈中庸〉有些文句
> 前未冠以「子曰」），而且各條語錄相對獨立，無嚴格的邏輯關聯（這點與
> 《論語》相似）。與《禮記》其他各篇相比照，甚至與同樣是以紀錄孔子
> 之言爲主的〈哀公問〉、〈孔子燕居〉、〈孔子閒居〉等篇相比照，這四篇在
> 體例上的一致性是非常明顯的。王夫之曾說〈坊記〉、〈表記〉、〈緇衣〉三
> 篇「本末相資，脈絡相因，文義相肖，蓋共爲一書」是有道理的。沈約說
> 「〈中庸〉、〈表記〉、〈坊記〉、〈緇衣〉皆取《子思子》」，正與這點相符。
> 如果要否定〈緇衣〉出於《子思子》，那最好能同時否定〈中庸〉、〈表記〉、
> 〈坊記〉出於《子思子》。但子思作〈中庸〉之說首見《史記・孔子世家》，
> 再見於《孔叢子》，三見於鄭玄《三禮目錄》（《正義》引），唐代以前無異
> 詞，宋代以來才因語言風格和思想上的原因受到某些人的懷疑，但要完全

〔註33〕「公孫尼子」前疑脱一「爲」字。

〔註34〕邢文，〈楚簡緇衣與先秦禮學〉，《郭店楚簡國際學術研討會論文集》（武漢：湖北人民
　　　　出版社，2000 年），頁 158。

〔註35〕詹群慧，〈郭店楚簡中子思著述考（上）〉，簡帛網，2003／05／19。

否定子思作〈中庸〉說恐怕是有困難的﹝註36﹞。

利用行文體例來推論楚簡〈緇衣〉及其所屬學派是兼顧理性（語法）與感性（人格＝文格）的研究方法。不過利用此方法只能證成某文與某人有關，是否能夠證明某文與某人絕對無關（特別是原始〈緇衣〉的可能撰者有二位以上）？

貳、楚簡〈緇衣〉作者及其所屬學派新考

在整理上諸學者自各個考慮基點處理楚簡〈緇衣〉作者及其所屬學派的說法後，我們感到各說都言之成理，但也都似乎還有不足的地方。以下，我們將就學者據以推論楚簡本〈緇衣〉作者及其所屬學派時未言及、未言盡的「以簡牘的抄錄時代推斷」、「以子思子和公孫尼子的生卒年推斷」、「以子思與公孫尼子和〈緇衣〉思想對應性推斷」、「以新出上博〈緇衣〉中的新線索」等方面，進一步推測楚簡〈緇衣〉作者及其所屬學派。

一、從簡牘的抄錄時代推斷楚簡本〈緇衣〉作者及其所屬學派

依據上引諸學者從郭店〈緇衣〉思想、形制、體例等切入面向，為〈緇衣〉作者及其所屬學派所作的相關討論，我們知道楚簡〈緇衣〉的可能作者有二：子思子、公孫尼子。因此我們若想要利用兩批楚簡的抄錄時代核覈郭店、上博〈緇衣〉與子思子、公孫尼子二人的時空關聯時，我們得先確定二子在歷史當中的活動時空。

（一）子思子的活動時空

傳世典籍未明載子思生卒年等資料，因此在孔門世系相關推演上所造成的爭議並不小。本論文收集了學界對子思生生卒年的主要說法：

1. 子思子約生於西元前 482 年，卒於西元前 420 年

（1）《史記・孔子世家》《索隱》按：「《家語》孔子年十九，娶於宋之并官氏之女，一歲而生伯魚。伯魚之生，魯昭公使人遺之鯉魚。夫子榮君之賜，因以名其子也。」

（2）《史記・孔子世家》：「孔子生鯉，字伯魚。伯魚年五十，先孔子死。」

（3）《史記・孔子世家》：「伯魚生伋，字子思，年六十二。」

孔子約西元前 551 年出生，約西元前 532 年娶妻，約西元前 531 年生伯魚。假設伯魚之子－子思最晚在伯魚卒年西元前 481 年方才出生，那麼享年六十二歲的子

﹝註36﹞張富海，〈〈緇衣〉二題〉，《古墓新知——紀念郭店楚簡出土十周年論文專輯》（香港：國際炎黃文化出版社，2003 年 11 月），頁 107～108。

思，約生於西元前 481 年，卒於西元前 419 年。

2. 子思子約生於西元前 481 年，卒於西元前 399 年

蔣伯潛《諸子通考·諸子人物考》注《史記·孔子世家》「伯魚生伋，字子思，年六十二。嘗困於宋，作中庸」云：

> 毛奇齡《四書賸言》引王復禮說，謂「年六十二」乃「八十二」之誤。子思與魯穆公同時，見《孟子·萬章》篇。哀公在位二十七年，悼公在位三十年，元公在位二十四年，元公卒，穆公嗣立。穆公元年，上距孔子之卒已六十六年，子思如僅享年六十二，則孔子卒後五年始生，無論伯魚卒於孔子六十九歲時，或五十九歲時，均不相及也。子思最遲當生於伯魚卒之年，以哀公二年，孔子年五十九推之，至穆公二年而卒，恰爲八十二歲。毛、王二氏之說是也〔註37〕。

錢穆《先秦諸子繫年·子思生卒考》：

> 相傳伯魚生一子子思，未爲得實。而年壽亦可疑。孟子記魯繆公尊禮子思。《漢·藝文志》〔註38〕，《子思》二十三篇，班氏云：「爲魯繆公師。」余考繆公元年，在周威烈王十一年（詳《考辨》第四十七）。去孔子之卒六十有四年。若子思年六十二，無緣值魯繆。或謂六十二，乃困於宋作《中庸》之歲，或謂六十二乃八十二之誤。（此毛氏《四書賸言》載王草堂《復禮辨》及孔繼汾《闕里文獻考》之說）……《年表》繆公元年（實已魯繆公之九年，詳《考辨》第四十七）齊伐衛，取毋丘，以前則無考。然孟子曰：「子思臣也，微也。」觀魯繆之重敬子思，知子思居衛當在中年壯歲。
>
> 大抵子思先曾事衛，歸老於魯，乃當繆公世也〔註39〕。

蔣說與錢說不同處在二人對魯穆公元年的考據不同〔註40〕。依蔣說，子思卒於穆公二年，依錢說，子思卒於穆公十三年。但二人都同意清人毛奇齡、孔繼汾的說法，以爲《史記·孔子世家》所記子思享年六十二當爲八十二之誤。

3. 子思子約生於西元前 481 年，卒於西元前 405 年（約魯穆公 15 年）

孔德立《郭店儒簡與子思研究·子思的生卒年問題》：

> 《論語·先進》載：「顏淵死，顏路請子之車以爲之槨。子曰：『本不

〔註37〕 蔣伯潛，《諸子通考·諸子人物考》（臺北：正中書局，1957 年），頁 96～97。

〔註38〕 疑「漢」字後脫一「書」字。

〔註39〕 錢穆，《先秦諸子繫年·子思生卒考》（河北教育出版社，2002 年 1 月），頁 204～205。

〔註40〕 蔣伯潛以爲魯穆公元年當在西元前 423 年，錢穆以爲西元前 415 年（詳參氏作〈魯繆公元乃周威烈王十一年非十九年亦非十七年辨〉，收入《先秦諸子繫年·子思生卒考》，河北教育出版社，2002 年 1 月）。

才，亦各言其子也。鯉也死，有棺而無槨。吾不徒行以爲之槨。以吾從大夫之後，不可徒行也。』」這段話告訴我們，伯魚之死在顏回之前。這樣，伯魚至遲和顏回同年而卒。《仲尼弟子列傳》載「顏回者，魯人也，字子淵。少孔子三十歲。」同篇又載「回年二十九，髮盡白，早死。」《孔子家語》云「（顏回）年二十九而發白，三十一而死。」《孔子世家索隱》及《文選・辨命論注》引《家語》都作「（顏回年）三十二」《列子・力命》篇曰：「顏淵之才不出眾人之下，而壽四八。」程樹德謂：「案四八者，三十二也，與《家語》之三十一止差一歲，當時《列子》舉成數耳。」或「三十二」歲說與《仲尼弟子列傳》的壽「二十九」接近。按以上文獻記載，可推斷出顏回當卒於孔子五十九、六十一或六十二歲之時，即哀公二年、四年或五年。……綜上所考，顏回的卒年不晚於哀公五年，按《世家》所說伯魚長顏回十歲。無論伯魚的年齡是四十歲或是四十二歲，伯魚的卒年都早於顏回的卒年，即伯魚的卒年不晚於公元前 490 年。所以，子思的生年至遲也在公元前 490 年。

子思的卒年在魯穆公元年以後，且應當多出十幾年更爲允當。按錢穆說，魯穆公元年爲公元前 415 年。所以，子思的卒年在公元前 405 年前後〔註41〕。

除第 1 說外，蔣、錢、孔三人都以爲子思晚年應值魯穆公。今除《孟子・萬章》載有子思與魯穆公同時的證據外，郭店儒簡中也有一篇〈魯穆公問子思〉，簡文記載魯穆公與子思的談話，如此則第 1 說似乎應該放棄〔註42〕。不過得到出土資料支持的後幾種說法，對子思卒年推論並不一致，我們在此也提不出強有力之證據來明辨孰是孰非。故本論文折衷權以爲子思子約生於西元前 481 年，卒於西元前五世紀末。

（二）公孫尼子的活動時空

相較於子思，記錄公孫尼子生平事跡的相關文獻則更顯散漫。撿收諸說，關於公孫尼子的生卒年問題，我們大抵整理出下述兩種說法：

1. 公孫尼子生年約略晚於孔子，約在西元前 498 年，卒年未知

《史記・仲尼弟子列傳》：「公孫龍字子石，少孔子五十三歲。」郭沫若謂「龍」

〔註41〕孔德立，《郭店儒簡與子思研究》（曲阜師範大學碩士論文，2002 年 3 月 10 日），頁 3～5。

〔註42〕李健勝，〈子思生卒年代考釋〉（簡帛網，2004／05／23）以爲子思可能在魯穆公爲公子時即爲其師，故未必得將《史記・孔子世家》所載子思卒年未及穆公元年的這個說法放棄。然而我們以爲先秦文獻以某公侯與某子之對話爲篇名者，罕見某公侯未即位，文獻即以其諡號稱呼公子的情況，故李健勝所提出的可能，本論文暫不考慮。

字爲「尼」字之誤〔註43〕。

2. 公孫尼子生卒年約略晚於荀子（西元前340～245年），在西元前320～250年間

錢穆《先秦諸子繫年・諸子攟逸》：

《隋志》，《公孫尼子》一卷，云「似孔子弟子。」又《隋書・音樂志》引沈約《奏答》，謂：「取公孫尼子。」《禮記正義》引劉瓛云：「《緇衣》，公孫尼子作。」余考《緇衣篇》文多類《荀子》。《樂記》剿襲《荀子》、《呂覽》、《易繫》諸書，其議論皆出荀後。則公孫尼殆荀氏門人，李斯韓非之流亞耶？沈欽韓曰：「《荀子・強國篇》稱公孫子語。」則其爲荀氏門人信矣〔註44〕。

中國社會科學院歷史研究所《中國歷史年表》亦採此說，將公孫尼子之生卒年定在略晚於荀子生卒年的西元前320～250年〔註45〕。

錢先生從相傳爲公孫尼子所撰的〈樂記〉、〈緇衣〉之內容、思想、體例著手，以爲公孫氏與荀卿脫不了干係。但〈樂記〉、〈緇衣〉之作者及其所屬學派至今仍無法徹底釐清，我們認爲錢先生所用的這種連繫學派關聯的方法待商。

我們再看：

1. 《韓非子・顯學》：「自孔子之死也，有子張之儒，有子思之儒，有顏氏之儒，有孟氏之儒，有漆雕氏之儒，有仲良氏之儒，有孫氏之儒。」陳奇猷《集釋》：「此孫氏以指公孫尼子爲是。蓋本篇乃詆儒者，諒韓非不致詆譭其師（荀卿）。且韓非對其師頗愛護……公孫氏本可省稱爲孫氏。」楊樹達《漢書窺管》卷三：「又按《韓非子・顯學篇》云：『孔子死後，儒分爲八，有公孫氏之儒。』蓋即尼子。」

2. 饒宗頤〈緇衣零簡〉：「《公孫尼子》言德壹，楚簡亦言，公孫尼子應先於荀卿〔註46〕。」

3. 李學勤〈荊門郭店楚簡中的《子思子》〉：「《論衡》載周人世碩論人性有善有惡，公孫尼子之徒亦論人性，與相出入，亦言性有善惡。碩撰《世子》，班固云碩陳人，七十子之弟子。長沙馬王堆帛書《五行》載『世子曰』，世子即世碩，與公孫尼同時，但不必定二人皆孔子弟子之弟子……〔註47〕」

〔註43〕郭沫若，《中國古代社會研究（外兩種）・青銅時代・公孫尼子與其音樂理論》（石家莊：河北教育出版社，2000年12月），頁467。

〔註44〕錢穆，《先秦諸子繫年・諸子攟逸》（湖北教育出版社，2002年1月），頁531。

〔註45〕中國社會科學院，《中國歷史年表》不分頁，北京：中國社會科學出版社，2003年。

〔註46〕饒宗頤，〈緇衣零簡〉，《學術集林》卷九（上海：上海遠東出版社，1994年），頁67。

〔註47〕見《文物天地》1998年第2期。

　　連同前引《史記・仲尼弟子列傳》，知公孫尼子應爲孔子一傳或再傳弟子，生年約在西元前 498 年，以人類平均壽命不超過百歲而言，卒年應不晚於西元前 398 年而約在西元前五世紀末，四世紀初。

（三）楚簡〈緇衣〉的抄錄時空

1. 郭店〈緇衣〉的抄錄時空

　　依據〈荊門郭店一號楚墓〉所載，郭店楚墓墓葬形制是楚人獨具的葬俗。陪葬物品的形狀及紋樣都具有十分明顯的戰國時期楚文化的風格。簡文字體筆法與包山楚簡相近，有明顯的戰國時期楚國文字的特點〔註48〕。綜合墓葬形制與出土文物判斷，發掘整理者以爲郭店一號墓的下葬年代當在西元前四世紀末至三世紀初。即戰國中期偏晚。〔註49〕若然，則郭店〈緇衣〉之抄錄時間下限當在西元前 300 年左右。

2. 上博〈緇衣〉的抄錄時空

　　上博館藏楚竹書，因非屬直接出土文物，早期還有人疑其爲贋作。但經過香港及上海兩地的學者初步電傳討論，鑑定該批竹簡的可靠性。一九九四年五月後，便接踵的運到上海博物館。爾後經過考古部門碳十四年代測定，更進一步精細確定上博竹書約抄寫時代上限相當於西元前 257±65 年，與郭店楚簡相當〔註50〕。

（四）小　結

　　子思子約生於西元前 483 年，卒於西元前五世紀末，而公孫尼子生年約在西元前 498 年，卒年亦不晚於西元前五世紀末、四世紀初。二子活動年代都早在楚簡〈緇衣〉成書（西元前 300 年左右）之前，因此他們都有可能撰寫二種楚簡〈緇衣〉上承的原始〈緇衣〉。

　　戰國時期，北方學者南下傳道，南方學子北上求道，史籍均有記載。據何成軒云：

> 儒學南漸主要是中原人士的力量，但也有南方人士北上中原學習的情況。《孟子・滕文公上》說「吾聞用夏變夷者，未聞變夷者也。陳良，楚產也，悅周公、仲尼之道，北學於中國。北方之學者，未能或之先也。彼所謂豪傑之士也。」陳良是楚國土著人士，被孟子看作故是蠻夷。但他虛心向學，北上中原學周公、孔子之道，而且成績優異，因而得到孟子極高

〔註48〕荊門巿博物館，〈荊門郭店一號楚墓〉，《文物》1997 年第 7 期，頁 47；又參朱淵清《再現的文明——中國出土文獻與傳統學術》（上海：華東師範大學出版社，2001 年 5 月），頁 133～135。

〔註49〕亦可參李運富，〈楚國簡帛文字資料綜述〉，《江漢考古》1995 年第 4 期，頁 61。

〔註50〕馬承源，〈戰國楚竹書的發現保護和整理〉，《中國文物報》2001 年 12 月 26 日，第 973 期第一版；趙蘭英〈解讀戰國楚簡〉，《瞭望新聞周刊》，2000 年 10 月 16 日第 42 期，頁 48～50。

的讚譽。⋯⋯陳良的門徒不少，可能已經形成一個小的儒學派別。按照梁啟超的意見，陳良就是《韓非子‧顯學篇》中所說的「仲良氏之儒」。像陳良這樣北上中原學習的楚國人士，也許還有不少。他們中的一部份人，可能學成之後返回故國，把華夏文化和儒學帶到了自己的家鄉〔註51〕。

廖名春指出：

> 《史記‧儒林列傳》說：「自孔子卒後，七十子之徒散遊諸侯，大者爲師傅卿相，小者友教士大夫，或隱而不見。⋯⋯子張居陳，澹臺子羽居楚，子夏取西河，子貢終於齊。如田子方、段幹木、吳起、禽滑厘之屬皆受業於子夏之倫，爲王者師，」《仲尼弟子列傳》又說：「孔子傳《易》於商瞿，瞿傳楚人馯臂子弓。」可見儒學在楚國廣爲流布〔註52〕。

鄧建鵬也說：

> 子思、子游、曾子、澹台滅民諸人在思想上是比較接近的一個學派。後來，澹台滅民南下楚地。澹台滅民這次南來曾在江西境內活動。傳說其死後就葬在南昌東湖總持院的後面。南昌過去還有進賢門，東南方有進賢縣，據說都是爲紀念這個賢人的到來而取的名稱。江西古稱「吳頭楚尾」，戰國時江西全境屬楚。從《史記》及澹台滅民與南昌的相關史跡來看，其南至楚地一事可信。由澹台滅民與子思的關係，澹台滅民或其弟子傳子思之學到楚國是完成可能的。其南下後，「從弟子三百人，設去就，名施乎諸侯。」可見澹台滅民弟子之眾，聲名遠大，其深入南楚腹地，學術思想對楚地產生廣泛影響，正說明郭店儒家簡的出土不是偶然的〔註53〕。

據此，我們可知公孫尼子或子思門下的弟子門人人極有可能在南遊或南歸時將〈緇衣〉原典帶入楚地，成爲二種楚簡〈緇衣〉的上承抄本。至此，知「從楚簡抄錄時間記載推論楚簡〈緇衣〉作者及所屬學派」的考據模式並無法徹底解決楚簡〈緇衣〉作者及其學派歸屬問題。

二、以上博〈緇衣〉重新檢視時賢之申論

既然從竹簡抄錄時間上無法確定楚簡〈緇衣〉作者及所屬學派。而前述以傳世

〔註51〕何成軒，《儒學南傳史》（北京：北京大學出版社 2000 年 6 月），頁 59。

〔註52〕廖名春，《新出楚簡試論》（臺北：臺灣古籍出版公司，2001 年 5 月），頁 43。其文所言「段幹木」應作「段干木」、「禽滑厘」應作「禽骨厘」。

〔註53〕鄧建鵬，〈楚地心性學與郭店家簡及子思之學南傳探析（節選）〉，《郭店楚簡與早期儒學》（臺北：臺灣古籍出版公司，2002 年）頁 127。其文「澹台滅民」應爲「澹台滅明」之誤。

文獻的相關記載來推論〈緇衣〉作者及其所屬學派的這個考據方法有隨時被新出材料推翻的可能。且上博〈緇衣〉分章與行文體例大致與郭店〈緇衣〉相同，我們再從上博〈緇衣〉分章與行文體例中也搜查不出什麼線索。又我們若打算從子思子或公孫尼子的思想主張來檢驗楚簡〈緇衣〉及其同出之儒簡，也難保不被「子思子與公孫尼子思想相近」的這一變因所干擾。是故我們只能從上博〈緇衣〉及同批出土儒簡的簡文內容、上博〈緇衣〉簡之形制兩方面重新檢視時賢申論〈緇衣〉作者及其所屬學派之相關說法可立或可疑。

（一）從上博〈緇衣〉簡文內容重新檢視時賢之申論

經過本論文第二部份「上博〈緇衣〉疏證」的詳細討論後，我們知道二種版本的楚簡〈緇衣〉，除上博竹簡殘損程度較嚴重、部份文字與郭店有異外，二種〈緇衣〉簡文內容幾無不同。而時賢常利用來證明《禮記·緇衣》出自《子思子》的相關文句共有三條：

1. 《意林》引《子思子》「小人溺於水，君子溺於口。」
2. 《文選》李善注引《子思子》：「昔吾有先正，其言明且清，國家以寧，都邑以成。」
3. 《文選》李善注引《子思子》「民以君爲心，君以民爲體。心正則體修，心肅則身敬也。」

上述所引《子思子》佚文第 1 條，回核今本《禮記·緇衣》，見第十六章，作：「小人溺於水，君子溺於口，大人溺於民。」佚文所引略爲省簡；第 2 條，回核今本《禮記·緇衣》，見第十七章，作：「昔吾有先正，其言明且清，國家以寧，都邑以成。庶民以生。誰能秉國成？不自爲正，卒勞百姓。」佚文所引亦略爲省簡；第 3 條，回核今本《禮記·緇衣》，見第十七章，作：「民以君爲心，君以民爲體。心莊則體舒，心肅則容敬」。佚文與今本「正」與「莊」、「修」與「舒」、「身」與「容」各異文間或音近、或義近。

但一直被認爲是證明〈緇衣〉與子思學派或《子思子》有關的上述三條關鍵《子思子》佚文，第 1、2 條雖見今本《禮記·緇衣》，卻一併未見於上博〈緇衣〉。而第 3 條雖並見於今本、郭店、上博〈緇衣〉，但此條佚文卻與楚簡〈緇衣〉有著不小的出入。我們發現第 3 條佚文與楚簡〈緇衣〉此段簡文明顯的只有說明全章章旨的第一、二句「民以君爲心，君以民爲體」相同，其後的引申推論，佚文第 3 條作「心正則體修，心肅則身敬也」，往「修養論」發揮，而楚簡〈緇衣〉作「心好則體安之，君好則民欲之」，向「政治論」開展。如此看來，據三條《子思子》佚文論斷〈緇衣〉與子思具有相當關係的相關論述有重新檢討的必要。

（二）從上博〈緇衣〉簡之形制重新檢視時賢申論

　　根據原整理者的敘述，上博〈緇衣〉完簡長約五十四點三公分，寬約零點七公分。完簡明顯有三道編線痕跡，編線有右契口。上端到第一契口間距九公分，第一契口到第二契口間距十八點一公分，第二契口到第三契間距十八點一公分，第三契口到竹簡下端爲九公分。竹簡兩端均修正呈梯形狀。〔註54〕如果依照周鳳五據郭店簡形制所發的申論，凡簡上下兩端修呈梯形者爲儒家經典的特徵，這麼一來，上博〈緇衣〉的簡牘形制是符合的。但周先生是統計了其他與郭店〈緇衣〉形制相同的儒簡，會合其思想而發爲此言，而上博館藏楚竹書目前已出版到第三冊〔註55〕，第一、二、三冊收有〈詩論〉、〈性情論〉、〈民之父母〉、〈子羔〉、〈魯邦大旱〉、〈從政〉、〈昔者君老〉、〈容成氏〉、〈周易〉、〈中弓〉、〈亙先〉、〈彭祖〉等，除〈亙先〉、〈彭祖〉外，幾皆儒簡，我們或可利用其簡文形制與簡文主題思想檢驗周說。

　　今先整理其簡文形制與簡文主題思想如下〔註56〕：

篇　名＼資　訊	長　　度	簡　　形	篇　　旨
〈詩論〉	完簡長五十五點五公分	簡上下端皆修作圓弧形	評述或概論《詩》
〈性情論〉	完簡長五十七公分	簡上下端皆平頭完整	說明命、性、情之關係及衍生出來的相關修養論
〈民之父母〉	完簡長五十六點二公分	簡上下端皆平頭完整	「論禮」
〈子羔〉	最長爲第一簡長五十四點二公分	簡下修作圓弧形	記載孔子回答子羔所問上古帝王之行事
〈魯邦大旱〉	完簡長五十五點四公分	簡上下端修作圓弧形	記載孔子對天災的見解
〈從政〉甲篇	完簡長四十二點六公分	簡上下端皆平頭完整	強調從政所應具備之道德及行爲標準
〈從政〉乙篇	完簡長四十二點六公分	簡上下端皆平頭完整	強調從政所應具備之道德及行爲標準

〔註54〕馬承源主編，《上海博物館藏戰國楚竹書（一）》（上海：上海古籍出版社，2001 年 11 月），頁 171。

〔註55〕本文統計至 2003 年底。

〔註56〕詳參馬承源主編，《上海博物館藏戰國楚竹書（一）》（上海：上海古籍出版社，2001 年 11 月）、《上海博物館藏戰國楚竹書（二）》（上海：上海古籍出版社，2002 年 12 月）、《上海博物館藏戰國楚竹書（三）》（上海：上海古籍出版社，2003 年 12 月）的相關討論。

〈昔者君老〉	完簡長四十四點二公分	簡上下端皆平頭完整	說明國君自衰至薨太子所應遵守的行為規範
〈容成氏〉	完簡長四十四點六公分	簡上下端皆平頭完整	記述上古帝王傳說
〈周易〉	完簡長四十四公分	簡上下端皆平頭完整	記錄卦號、卦名、卦辭、爻辭等
〈中弓〉	完簡長四十七公分	簡上下端皆平頭完整	記錄仲弓與孔子的對話
〈互先〉	完簡長三十九點四公分	簡上下端皆平頭完整	說明「道」
〈彭祖〉	完簡長五十三公分	簡上下端皆平頭完整	記錄神仙家彭祖之言語

　　周先生認為與郭店〈緇衣〉形制相同之〈五行〉應是同等級的經典（長三十二點五公分，二道編線），相傳出自子思之手，享有儒家經典地位。而與之簡長、思想相近之〈性之命出〉、〈成之聞之〉、〈六德〉、〈尊德義〉似乎也可歸入儒家經典一類。但我們若以其標準檢視《上海博物館藏戰國楚竹書》第一、二、三冊，則與上博〈緇衣〉簡體上下作梯形者無，而長度與之相近者只有〈詩論〉、〈魯邦大旱〉、〈彭祖〉。若以周先生之考量為判準依據，則明顯記錄孔子言行、應被歸類為儒家經典的〈子羔〉、〈中弓〉與依周先生的標準、應歸與〈緇衣〉一類的〈性情論〉都不在此列。因此，我們認為漢人所謂「二尺四寸，聖人文語」、「《易》、《詩》、《書》、《禮》、《樂》、《春秋》，策皆長二尺四寸；《孝經》謙，半之；《論語》八寸策者，三分居一，又謙為」的利用簡策長度來分類、判別經、傳、記之制度，在戰國楚境簡牘製作過程中，並不是一個具強制性的、已經穩定成熟的治策制度。換句話說，在單批簡牘裡，其簡策長度之相對長短或可判別其所載內容的重要性，但光就郭店與上博楚簡而論，楚國的簡牘形制應該還沒到達絕對格式化、全面統一的地步。如此，我們也無法透過簡策形制來推論楚簡〈緇衣〉的可能作者或其所屬學派。

參、小　結

　　時賢分別從文獻記載、〈緇衣〉及同批出土儒簡的思想內容、郭店簡之形制、郭店簡的抄錄時間、郭店〈緇衣〉簡文體制等方面著手，討論〈緇衣〉與先秦儒學之關係。經本論文條疏，知利用文獻記載以粗略推論〈緇衣〉為子思子所作並不適當；利用散見傳世文獻中的《子思子》佚文回核今本〈緇衣〉，以證〈緇衣〉屬子思學派，據楚簡〈緇衣〉以檢視之，知其不可行；而利用楚簡本〈緇衣〉抄錄時間明其所屬，亦僅能得知其可能的作者群；受限於戰國楚地簡牘尚未建立嚴密的文書制度，想從楚簡〈緇衣〉形制追查其屬流派，終是徒勞無功；雖然從楚簡〈緇衣〉及同批出土

儒簡的思想內容來解謎，不失爲一根本解決的辦法，但兩位〈緇衣〉的可能作者，彼此的思想十分接近，利用楚簡〈緇衣〉及同批出土儒簡的思想內容以推求〈緇衣〉撰者，其結果最終也會受子思與公孫尼子思想屬性太近的的這一變因所干擾。視此，這一儒門公案似終無論定之日？

阮廷焯《先秦諸子考佚‧公孫尼子考佚》有段話值得我們玩味：

> 因疑〈緇衣〉之篇，不獨取自子思之書，而亦有取公孫之書。此所言不同者，特各就己見爲說耳〔註57〕。

進而論之，我們猜想：如果公孫尼子係孔子直傳弟子，長子思十七歲，他會不會是子思師承的第三個來源〔註58〕（依姜廣輝說，子思的其他可能師承，一說曾子，一說子游）？又或者說公孫尼子係孔子再傳弟子，與子思既然師出同門、列班同輩，二子是否有所往來？甚至二子有沒有可能同在一個學門下學習，爾後講學，因而導致了二子門下學人混淆了二子的述論，而流傳到後世的〈緇衣〉就是這種二子弟子分別概括承受師說的「尼、思學派」的作品？

第一種猜測，受到記述公孫尼子之文獻殘少的限制，我們無法進一步證成此說。但本論文的第二個猜想：認爲〈緇衣〉可能是子思子和公孫尼子或由孔子或其門人那兒習得，並共同服膺的政治主張，又各由其門人弟子傳流後世的這一假說，在李零早先討論郭店〈緇衣〉的一段話裡，似乎能找到一些肇論：

> 前人的兩種說法，它們都可信，也都不可信。……子思子和公孫尼子，他們都不是該篇眞正的「作者」或直接的「作者」（案：古書所謂「作者」，其實是指代表其思想來源的的那個名義上的「創造者」，即時髦話説的「話語創造者」，不管這種來源，是前代宗師的眞實言行，還是後學弟子的追論補記，甚至是依其名的全新創造）。因爲我們見到的《緇衣》，它的所有章節也都是按同一格式編寫，即「子曰」加《詩》、《書》引文（這種格式也見於《坊記》、《中庸》、《表記》三篇，但它們都不如《緇衣》更典型）。如果我們承認這裡的「子曰」是記孔子之言，《詩》、《書》是用來印證或發揮孔子的話，那麼，我們就找不到任何餘地可以留給子思子或公孫尼子。……我個人認爲，也許更穩妥的説法倒是，《緇衣》是記孔子之言，孔思子和公孫尼子都是傳述者。《緇衣》可能被子思子和公孫尼子同時傳述，好像不太合理，但古書以一人命名，而兼收他人的作品，在早期乃是

〔註57〕阮廷焯，《先秦諸子考佚》（臺北：鼎文書局，1980 年 3 月），頁 38。
〔註58〕李健勝，〈子思從學考釋〉（簡帛網，2004／05／23）以爲子思未必學從曾子或子游，子思有可能從學其他孔子門人。

體例所允許。比如《韓非子》中有李斯的作品，《鶡冠子》中有龐煖的作品，蘇秦的作品也可以冠以鬼谷子之名。這都是很正常的事〔註59〕。

如果我們不排除李先生所提出的這一可能，我們就必要沒有硬將〈緇衣〉劃屬爲某一先秦儒家學派著作的必要〔註60〕。擴大來說，整批郭店儒簡，乃至於上博儒簡，都極有可能都是「尼、思學派」的學人南游或南歸楚境時的講學痕跡。如果這個可能得以成立，那麼原本學界爭論不休的其他諸多問題，如郭店儒簡既屬於子思（或思孟學派），那爲何認爲其中提及人性論相關簡文－如〈性情論〉——卻較近公孫尼子——荀子一脈的等等爭議，也就解釋得通了〔註61〕。

行文至此，或有人會以《韓非子·顯學》裡已有將子思之儒與孫氏之儒區分開來的相關記錄，以之反質本論文聯繫子思子與公孫尼子兩學派關係的立場、看法。但吳龍輝曾提到：

> 人們對這條材料（指韓非將儒分爲八的說法）的理解卻似乎犯了一個錯誤。那就是：將儒分爲八簡單理解爲孔子死後儒家分裂成八個不同的思想派別……將儒分爲八等同爲儒家八派是不恰當的。首先，從學術思想的傾向來看，在韓非所提到的「八氏」中，子思、孟子、樂正子師承相接，前唱後和，實際上只能算作一派，這是有史可據且盡人皆知的。其次，就現在所能見到的歷史材料而言，韓非所提到的八氏也根本不能概括孔子死後儒家裂變的情況〔註62〕。

我們並不完全反對韓非之言，但一則他的分類只是在若干考量下所作的一種分類，這並不妨礙其他學者在不同考量下作的其他的分類；二則即使不同的儒家學派，仍在其學派主張上強調其與「孔子精神」的高關聯性。所以韓非「儒分爲八」之說並不妨礙我們將兩個時空關係強且主張同調性高的子思子與公孫尼子視作同一派系。在先秦，學術分派並不見得像後世所謂「學派」那麼的嚴格（譬如九流十家的分別就不是那麼的完全涇渭分明）。是以將〈緇衣〉看作是「尼、思學派學術著作」的這一結論，應算是目前激起較少反對聲浪的一個權宜說法。

〔註59〕李零，《郭店楚簡校讀記》增訂版（臺北：萬卷樓，2002年3月），頁70～71。

〔註60〕楊儒賓，〈子思學派試探〉（簡帛網，2004／05／23）比對子思與公孫尼子的思想，認爲公孫尼子和思孟學派可能同屬一個系統。

〔註61〕新近陳松長、陳雄根，〈「解敝」新義——由楚簡五行之啓迪重新考察思孟學派與荀子的關係（節錄）〉（《第四屆國際中國古文字學研討會論文集》，香港中文大學中文系，2003年10月），認爲與簡本〈緇衣〉學術特質相近的〈五行〉未必如學界之前所認爲的近於思孟而遠離荀子。如果〈五行〉並不能明白劃作思孟或荀子任一派，則〈緇衣〉亦不該被硬生生歸類爲思孟或公孫尼子任一派。

〔註62〕吳龍輝，《原始儒家考述》（北京：中國社會科學出版社，1996年2月），頁107～108。

　　李學勤曾言道：「古書的形成每每要有很長的過程。總的說來，除了少數經籍早已立於學官，或有官本，古籍一般都要經過較大的改動變化，才能定型。那些僅在民間流傳的，變動自然更甚。」〔註63〕在這樣的激烈變動中，我們想要憑藉少量的出土文物與不甚可靠的傳世文獻來了解〈緇衣〉作者及其所屬學派，實在難於上青天。是以在更強的證據出現前，本論文姑且將〈緇衣〉粗略歸類為「尼、思學派」的作品，以待往後更多這方面的出土資料來解決這個問題。

〔註63〕李學勤，〈對古書的反思〉，收入李縉雲編，《李學勤學術文化隨筆》（北京：中國青年出版社，1999 年 1 月），頁 84。

第四部份

餘　論

引　言

　　在全面重新檢討楚簡〈緇衣〉文本與時賢相關的研究成果後，我們已取得一更爲妥當的楚簡〈緇衣〉文本。而在整理文本的同時，與〈緇衣〉相關的經學問題也隨之一一浮現。能在先前「疏證」就得以釐清的，我們已給予最仔細的解釋。現在僅就幾個大的客題，在「餘論」部份作一些粗淺的討論與說明。

壹、楚簡〈緇衣〉與《詩》、《書》
──楚簡〈緇衣〉引《詩》、《書》模式初探

　　在處理完上博〈緇衣〉所引《詩》、《書》後，我們整理一「楚簡〈緇衣〉引《詩》、《書》對照表」如下：

楚簡〈緇衣〉章序	所援引《詩》之篇名	所援引《書》之篇名
01	提及〈鄭風・緇衣〉、〈小雅・巷伯〉，引〈大雅・文王〉	
02	引〈小雅・小明〉	
03	引〈曹風・鳲鳩〉	引今文〈尹誥〉
04	引〈大雅・板〉、〈小雅・巧言〉	
05	引〈小雅・節南山〉	引逸尚書〈君牙〉
06	引〈大雅・抑〉	
07	引〈大雅・卜武〉	引今文〈呂刑〉
08	引〈小雅・節南山〉	
09	引〈小雅・都人士〉	

10	引〈小雅‧正月〉	引僞古文〈君陳〉
11		引逸尚書〈祭公之顧命〉
12	引逸詩：「吾大夫恭且儉…」	引今文〈呂刑〉
13		引今文〈康誥〉、〈呂刑〉
14	引〈大雅‧抑〉	
15	引〈大雅‧抑〉	
16	引〈大雅‧文王〉	
17	引〈大雅‧抑〉	引今文〈君奭〉
18	引〈曹風‧鳲鳩〉	引僞古文〈君陳〉
19	引〈周南‧葛覃〉	
20	引〈小雅‧鹿鳴〉	
21	引〈周南‧關雎〉	
22	引〈大雅‧既醉〉	
23	引〈小雅‧小旻〉	

　　據上表，我們先簡單歸納出楚簡〈緇衣〉引《詩》、《書》的情況：

一、上博〈緇衣〉引《詩》共廿三次，九次引自《詩‧大雅》、九次引自《詩‧小雅》、五次引自《詩‧國風》。而引自《詩‧小雅》者，有六次引自《詩‧小雅‧節南山之什》；引自《詩‧國風》者，有二次引自《詩‧國風‧周南》。

二、上博〈緇衣〉引《書》共十次，所引有三篇計四次不見今文《尚書》。

　　那麼，我們從這些資訊中可解讀出那些訊息呢？

一、《詩經》部份

（一）楚簡〈緇衣〉引《詩》多集中在〈大雅〉、〈小雅〉，某些政治氛圍較濃厚的詩篇，如〈抑〉、〈節南山〉、〈鳲鳩〉等篇。這可能是因爲受到〈緇衣〉篇旨的限制，能用來佐證其作者政治主張的《詩》篇不多，所以才導致〈緇衣〉引《詩》過度集中的現象。

（二）關於〈緇衣〉各章單稱《詩》時不標篇名，稱引二篇以上的詩時僅以〈大雅〉、〈小雅〉區別之，吳榮增說：

引詩而標出具體篇名者，在戰國人著作中極為罕見。特別到戰國晚期，如《戰國策》、《荀子》等，只有「詩曰」、「詩云」兩字，後來漢人也往往如此〔註1〕。

廖名春則解釋道：

一章只引《詩》一條，用不著區別，故稱共名「詩」。一章數引，皆稱共名「詩」則會把不同篇的詩混在一起，為了區別，只能稱別名「大雅」、「小雅」〔註2〕。

我們更進一步的以經典成書的過程來解讀這種引《詩》不名詩篇、至多只名大類的情況，或許除了廖名春所提及的原因外，也有可能係〈緇衣〉作者所使用之原始《詩經》還沒穩定下來－各篇沒有固定的篇名，只有固定的分類。因此〈緇衣〉作者才無法在其文章中將詩名引全。

當時《詩》之篇名浮動，造成先秦、兩漢學者論述時無法確引篇名的現象，非惟〈緇衣〉所獨有。出土資料如《孔子詩論》所引的詩篇名，也有不少與毛《詩》、三家詩有所出入。如《詩》稱〈將仲子〉，《詩論》稱〈將中〉、《詩》稱〈裳裳者華〉，《詩論》稱〈棠棠者芋〉、《詩》稱〈無將大車〉，《詩論》稱〈將大車〉、《詩》稱〈兔爰〉，《詩論》稱〈又兔〉、《詩》稱〈涉秦〉，《詩論》稱〈褰裳〉等〔註3〕。而成書時代稍晚的《阜陽漢簡·詩經》所記篇名亦與今本毛《詩》不同〔註4〕。《阜陽漢簡·詩經》這種引詩篇名與傳本《詩經》篇名不甚相同的情況，除了反映了當時《詩經》篇名並未歸於一統、浮動不固定的情況，也讓我們懷疑其所傳為毛《詩》、三家詩之外的第五家詩〔註5〕。

二、《尚書》部份

（一）楚簡〈緇衣〉所引之《書》，或見於今文、或見於古文。據此，我們可知：

1. 楚簡〈緇衣〉所引〈君誥〉、〈君牙〉、〈呂刑〉、〈君陳〉、〈顧命〉、〈康誥〉、〈君奭〉等篇可能皆存在當時同一部稱為《書》、且為〈緇衣〉作者所嫻熟掌握的儒家學派典籍當中〔註6〕。

〔註1〕吳榮曾，〈〈緇衣〉簡本、今本引《詩》考辨〉，《文史》2002年第3期，頁14。

〔註2〕廖名春，《新出竹簡試論》（臺北：臺灣古籍出版公司，2001年5月），頁47。

〔註3〕馬承源主編，《上海博物館藏戰國楚竹書（一）》（上海：上海古籍出版社，2001年11月），頁160～161。

〔註4〕胡平生、韓自強《阜陽漢簡詩經研究》（上海：上海古籍出版社，1988年），頁103。

〔註5〕洪湛侯，《詩經學史（下）》（北京：中華書局，2002年5月），頁145～154。

〔註6〕黃麗娟，〈郭店《緇衣》與上海，《緇衣》引《書》考〉（「楚簡綜合研究第二次學術研討會」會議論文。臺北：中央研究院歷史語言研究所，2002年12月20～21日），

2. 元‧吳澄《書纂言》謂梅賾二十五篇之書，「凡傳記所引書語，諸家指為逸書者，收拾無遺」以為「比張霸偽書遼絕」；明‧梅鷟撰《尚書考異》，謂孔安國序及增多之二十五篇，悉雜取傳記中語以成文；清《四庫書目提要》，言偽《古文尚書》「指摘皆有依據」。眾所言，以楚簡〈緇衣〉所引逸、古文《尚書》（簡文採寬式隸定）：

   （1）〈尹誥〉云：「惟尹躬及湯，咸有一德。」（見《古文尚書‧太甲》）

   （2）〈君牙〉云：「日暑雨，小民唯日怨；晉冬祁寒，小民亦唯日怨。」（見《古文尚書‧君牙》）

   （3）〈君陳〉云：「未見聖，如其弗克見，我既見，我弗由聖。」（見《古文尚書‧君陳》）

   （4）〈君陳〉云：「出入自爾師虞，庶言同。」（見《古文尚書‧君陳》）

鑑之，可知《古文尚書》雖然雜採眾書，但其中也還有不少有所依據而且可以採信的。閻若璩以後，學界一致稱《古文尚書》為偽《古文尚書》，其實偽《古文尚書》未必全偽，其間或有可參者。

3. 楚簡〈緇衣〉引《書》有部份文句繁省不同〔註7〕，當時被稱作《書》的儒家學派典籍也可能和郭店《老子》一樣，擁有不同的祖本。

（二）《書》之成書相關記載與說明：

1. 《史記‧孔子世家》：「（孔子）序書傳，上紀唐虞之際，下至秦繆，編次其事。」

2. 《漢書‧藝文志》：「書之所起遠矣，至孔子纂焉。上斷於堯，下訖于秦，凡百篇；而為之序，言其作意。」

3. 《尚書正義》：「孔子求書，得黃帝玄孫帝魁之書，迄於秦穆公，凡三千二百四十篇，斷遠取近，定可以為世法者百二十篇，以百二篇為尚書，十八篇為中侯。」

4. 劉起釪：「《尚書》是我國最古的一部史書，它是由古代一些最高統治者的文告匯編成的。它保存的基本是奴隸社會的文獻，也可能及於封建初期其中包括周代真文獻和半真文獻，商代半真文獻（也可說是流傳中受了周代文字影響的商代真文獻），以及周代根據一些往古素材加工編造的虞夏假文獻（其中有少量半真的，如〈甘誓〉）〔註8〕。」

而《詩》之成書相關記載與說明：

頁6。

〔註7〕如〈緇衣〉第十三章所引〈呂刑〉，郭店本即較上博本少「苗民」二字。

〔註8〕劉起釪，《尚書源流及傳本》（瀋陽：遼寧大學出版社，1997年3月），頁1。亦可參氏著，《尚書學史》，北京：中華書局，1989年6月。

1. 《漢書・藝文志》：「古有采詩之官，王者所以觀風俗、知得失、自考正也。」

2. 《漢書・食貨志》：「孟春之月，群居者將散，行人振木鐸徇於于路以采詩，獻之太師，比其音律，以聞於天子。」

3. 胡適〈談談詩經〉：「《詩經》裡面的詩是慢慢收集起來，成現在這麼樣的一個本集……這些歌謠產生的時侯大概很古，但收集的時候卻很晚了〔註9〕。」

4. 洪湛侯：「我國文學的源頭，應該溯自虞夏殷商時期。流傳下來的有上古的神話傳說，《周易》中的爻辭，《尚書》中的文告。只是那時文字很少，語法簡單，詞匯古拙，讀起來詰屈聱牙，還處在初期的萌芽階段。《詩三百篇》的產生，才揭開中國文學光輝燦爛的第一頁。……《詩三百篇》原是一部樂歌總集，它的產生、結集和流傳，本是周代社會生活及其禮樂制度的產物。因爲是樂歌，所以它最初都集中在樂官手裡，樂官又不斷采集和制作，隨時增加，隨時編輯，一代一代傳下來，經過五百多年，才完成這部書的編輯工作〔註10〕。」

相較〈緇衣〉引《詩》未引全詩名，但〈緇衣〉引《書》時，篇名卻一清二楚，我們據上引資料以爲這有可能是因爲：

1. 《尚書》之各篇之成篇與《書》之集結早於《詩經》。故〈緇衣〉作者在撰寫其政治主張之時，《尚書》主要內容與篇名已固定，所以他可清楚引之，而《詩經》主要內容雖固定，但其各篇篇名尚未取得統一，故只稱「詩」而不稱篇名。

2. 《詩》是韻文，讀者較爲嫻熟，所以引用者不必說出詩篇名；而《書》詰屈聱牙，因此引者要引出篇名，讀者才容易掌握。

至於〈緇衣〉兼引《詩》、《書》時，爲何先《詩》後《書》？我們推測有以下二種可能：

1. 相較於《書》的習傳而言，《詩》的習傳比較普遍。故〈緇衣〉先引眾人皆知之《詩》以加強其論述的說服性，再引眾人較不熟悉的《書》佐證之。

2. 相對於《書》而言，原始儒家在生活應用與教育上較重視《詩》〔註11〕。故儒者多熟習《詩》，寫作〈緇衣〉時自然先引其所熟習者。

〔註 9〕收入顧頡剛主編，《古史辨》，臺北：藍燈文化事業，1987 年。

〔註10〕洪湛侯，《詩經學史（上）》（北京：中華書局，2002 年 5 月），頁 1。

〔註11〕據劉起釪，《尚書源流及傳本考》（瀋陽：遼寧大學出版社，1997 年 3 月）頁 7 所統計，《論語》引《書》計五篇九次；據朱廷獻〈論孟引詩書之探討〉（《孔孟月刊》第十卷第四期頁 17）所言，《論語》引《詩》計七篇以上，據吳敏芳，〈論孟引詩說詩辨析〉（《中正嶺學術研究集刊》第十集頁 106）所言，《論語》說《詩》計二十一則，視《論語》引論《詩》、《書》之次數，推知原始儒家可能較重視《詩》。又依漢今文學家（視五經爲重要的學習文本）對五經的排列（《詩》、《書》、《禮》、《易》、《春秋》），亦可推知儒家認爲《詩》的學習應較《書》爲先行。

貳、楚簡〈緇衣〉與《禮記‧緇衣》鄭玄注
──鄭玄注改字探討

鄭玄〔註12〕對《禮記‧緇衣》之注解，或疏通字義、或闡發經文的思想精神，字義方面所言有據（說詳下文）；經文的思想精神闡釋，因人而異，我們也無從置喙。現在我們所能作的，便是據接連面世的楚簡〈緇衣〉來檢驗《禮記》鄭玄注在疑難經文處所作的字形考釋、異文判斷，是否真能符合諸賢加諸其身的高度評價。

一、《禮記》鄭玄注之學術特點

眾經之中，鄭玄特別精通《三禮》，在前人研究的基礎上，我們歸納《禮記》鄭玄注的學術特點如下：

（一）保存經文與異文－清‧陳橋樅《禮記鄭讀考》引陳壽祺言：「鄭氏《禮記注》，引出本經異文及所改經字，凡言『或為某』者，《禮記》他本也〔註13〕。」

（二）校注體例嚴密－李雲光《三禮鄭氏學發凡》整理鄭玄的《三禮》校勘體例有「以別本校之」、「以他書校之」、「以本書內他篇經文校之」、「以本書內上下經文校之」、「以字形校之」、「以字音校之」、「以字音校之」、「以文例校之」、「以算數校之」、「以審定正字之法校之」〔註14〕。上述體例幾乎都曾應用於《禮記》鄭玄注中，足見鄭玄注疏之嚴謹。

（三）注釋簡明－楊天宇〈略述中國古代的《禮記》學〉提到鄭玄的《注》，博綜兼采，擇善而從，一反有漢以來學者解經愈益煩瑣化的趨勢，而欲「以一持萬」，「舉一綱而萬目張，解一卷眾篇明」，力求簡約，以至於往往《注》文少於《記》文〔註15〕。

二、鄭玄注改字探討

鄭玄挾其博深的經學知識，注釋《禮記》時，態度與校注體例皆十分嚴謹。經查鄭玄注《禮記》時所作的字形考釋、異文判斷共有五處〔註16〕：

〔註12〕（南朝宋）范曄，《後漢書‧張、曹、鄭列傳》「鄭玄字康成，北海高密人也。八世祖崇，哀帝時尚書僕射。玄少為鄉嗇夫，得休歸，常詣學官，不樂為吏，父數怒之，不能禁。遂造太學受業，師事京兆第五元先，始通京氏易、公羊春秋、三統歷、九章算術。又從東郡張恭祖受周官、禮記、左氏春秋、韓詩、古文尚書。以山東無足問者，乃西入關，因涿郡盧植，事扶風馬融。」

〔註13〕（清）陳喬樅，《禮記鄭讀考》，收入《皇清經解續編》（臺北：復興書局，1972年）。

〔註14〕參李雲光，《三禮鄭氏學發凡》（臺灣師範大學國文系碩士──博士──論文，嘉新水泥公司文化基金會，1966年12月），目錄。

〔註15〕楊天宇，〈略述中國古代的《禮記》學〉，《河南大學學報》第40卷第5期，頁33。

〔註16〕前文「疏證」已分別提及，在此重新集中整理說明。

（一）今本第十章：「〈君吉〉曰：『惟尹躬及湯，咸有壹德』」，鄭玄注：「『吉』當爲『告』。『告』，古文『誥』字之誤也。『尹告』，伊尹之誥也。」

（二）今本第十三章：「〈甫刑〉曰：『播刑之不迪』」，鄭玄注：「『不』，衍字耳。」

（三）今本第十七章：「〈君雅〉曰：『夏日暑雨，小民惟日怨；資多祈寒，小民亦惟日怨』」，鄭玄注：「『資』當爲『至』，齊魯之語，聲之誤也。」

（四）今本第二十章：「唯君子能好其正，小人毒其正」，鄭玄注：「『正』當爲『匹』字之誤也。」

（五）今本第二十四章：「〈君奭〉曰：『昔在上帝，周田觀文王之德，其集大命于厥躬』」，鄭玄注：「『周田觀文王之德』爲『割申勸寧王之德』。今博士讀爲『厥亂勸寧王之德』，三者皆異古文，似近之。」

第（一）處見楚簡〈緇衣〉第三章，作：「〈尹誥〉云：『惟尹躬及湯，咸有一德。』」證鄭玄改「吉」作「誥」無誤。

第（二）處見楚簡〈緇衣〉第十三章，作「〈呂刑〉云：『播刑之迪。』」證鄭玄斷「不」爲衍字無誤。

第（三）處見楚簡〈緇衣〉第五章，作「〈君牙〉云：『日暑雨，小民惟日怨，晉多祁寒，小民亦惟日怨。』」依前文「疏證」第五章註④，「晉」與「至」義同，證鄭玄讀「資」作「至」無誤。

第（四）處見楚簡〈緇衣〉第二十一章，作「惟君子能好其匹，小人豈能好其匹。」證鄭玄改「正」作「匹」無誤。

第（五）處見楚簡〈緇衣〉第十七章，作「昔在上帝，割紳觀文王之德，其集大命于是身」，證鄭玄改「周田」作「割申」無誤，但改「觀文王」作「勸寧王」有誤。

鄭玄在《禮記‧緇衣》注中有這麼高的校字正確率，當然不是偶然。李雲光在《三禮鄭氏學發凡》中提到鄭注《三禮》時曾經擇用：

（一）其他善本《三禮》校對《禮記》

李雲光舉〈少儀〉：「介爵酢爵僎皆居右」，注云：「古文禮『僎』作『遵』」、〈鄉飲酒義〉：「介『僎』象陰陽也」，注云：「古文禮『僎』皆作『遵』」；〈鄉飲酒義〉：「盥洗揚觶」，注云：「『揚』，舉也。今禮皆作『騰』」、〈射義〉：「又使公罔之裘序點揚觶而語」，注云：「今禮『揚』皆作『騰』」等例子爲證〔註17〕。

〔註17〕李雲光，《三禮鄭氏學發凡》，（臺灣師範大學國文系碩士——博士——論文，嘉新水泥公司文化基金會，1966 年 12 月），頁 38。不過因爲當時各家之書尚存，且《禮記》之別本甚多，悉舉之則不勝其煩，所以鄭玄所稱引異文不盡徵其所出，只稱「古禮」、

（二）以「（經書）所引用之書校之」

　　李雲光舉一些和《尚書》有關的《禮記·文王世子》:「〈兌命〉曰:『念終始典于學』」,注云:「『兌』當爲『說』,〈說命〉,《書》篇名,殷高宗之臣傅說之所作」、《禮記·學記》:「〈兌命〉曰:『念終始典于學』」,注云:「『兌』當爲『說』,字之誤也。高宗夢傅說,求而得之,作〈說命〉三篇,在《尚書》,今亡」等注文作例子,以爲:「古文尚書雖亡〈說命〉篇之文,而其篇名則存之,故鄭氏得據以校字〔註18〕。」

　　不過我們認爲鄭玄注《三禮》時所據者,恐非僅僅只有名存文佚的古《尚書》篇名。前文提及鄭玄所改讀的《禮記·緇衣》五處經文,有四處所援引者,係《尚書》經文而非篇名。而其中〈君牙〉、〈尹誥〉現今更已佚亡,但鄭玄依然能精準改讀,這絕非偶然。鄭玄除了挾博覽群書之學力予以「理校」《禮記》外,我們也不排除鄭玄手上握有更古的《尚書》善本的這一可能。〔註19〕至於鄭玄在面對經典異文時,如何取捨,這牽涉到他的經學立場問題（古今文）〔註20〕,非本論文區區篇幅所能解決,茲不論。

參、楚簡〈緇衣〉與「異文研究」
——楚簡〈緇衣〉用字之學術價值探討

裘錫圭曾說:

　　　　簡帛古籍的用字方法,在傳世先秦秦漢古籍的校讀方面,是具有很重要的作用的。它們能幫助我們解決古書中很多本來難以解決,甚至至難以覺察的文字訓詁方面的問題。而且一種用字方法的啓發,有時能幫助我們解決一系列問題。所以在校讀傳世先秦秦漢古籍的工作中,對簡帛古籍的用字方法必須給予充份的重視〔註21〕。

　　　　「今禮」,我們因此無從得知鄭玄是根據什麼樣的善鈔《禮》本來改正《禮記·緇衣》這八個字,實是可惜。

〔註18〕李雲光,《三禮鄭氏學發凡》,（臺灣師範大學國文系碩士——博士——論文,嘉新水泥公司文化基金會,1966年12月）,頁44。

〔註19〕《後漢書·張、曹、鄭列傳》提到鄭玄傳古文《尚書》,此外,屈萬里,《尚書集釋·概說》（臺北:聯經出版公司,1983年2月）,頁28、劉起釪,《尚書學史》（北京:中華書局,1989年6月）,頁125亦皆認爲鄭玄爲傳承古文《尚書》之一重要環節。由是可推知鄭玄或握有較古之《尚書》文本。

〔註20〕詳可參劉文強、簡文山,《〈禮記〉〈月令〉、〈王制〉鄭注「周制」、「殷制」觀念探析——兼論鄭玄經學立場問題〉,《中山人文學報》第7期1998年8月,頁1～16。

〔註21〕裘錫圭,〈簡帛古籍的用字方法是校讀傳世先秦秦漢古籍的重要根據〉,《裘錫圭學術文

以楚簡〈緇衣〉與今本〈緇衣〉相對照，二者用字各異，這其間著實存在十分豐富的「異文現象」。古、今本〈緇衣〉異文彼些間的關係，可疏通者已在本論文第二部份「疏證」作了處理，以下將就「異文的定義」、「〈緇衣〉異文現象的成因」、「楚簡〈緇衣〉異文現象之學術價值」三項逐一討論之。

一、異文的定義

何謂異文？一般以爲「異文」一詞具有廣狹二義：狹義的「異文」乃文字學之名詞，它對正字而言，是通假字和異體字的總稱。廣義的「異文」則作爲校勘學之名詞，「凡同一書的不同版本，或不同的書記載同一事物，字句互異，包括通假字和異體字，都叫異文〔註22〕。」本論文所論，即廣義的「異文」。

二、〈緇衣〉異文現象的成因

造成古書異文的原因很多，據王彥坤〈試論古書異文產生的原因〉一文所歸納，主要有下述幾種原因〔註23〕：各記所聞、只引書義而未引書文、不解而改、字有異體、只記詞音、假借頻繁、方言差別、避諱改省、輾轉訛誤、修辭變化、學派之異〔註24〕。據王彥坤之言，省視楚簡〈緇衣〉的異文現象，我們可將造成楚簡〈緇衣〉異文現象的原因歸結如下：

（一）〈緇衣〉講者一綱，聽者則各記其所聞，記文難一。

（二）〈緇衣〉撰講者爲求論策服人，引《詩》、引《書》、引孔子之言甚夥，其間或有增改。

（三）先秦諸侯擅政，語言文字不一，各國文字本身亦一字各體，異體同流，文難一律。

（四）〈緇衣〉自撰成至流傳楚地，約有百年餘年流傳歷程，流傳期間輾轉傳抄，可能與原書有異。

（五）自孔子死後，儒分爲八，傳播〈緇衣〉之者眾。學派有異，所傳勢必有所不同。

三、楚簡〈緇衣〉異文現象之學術價值

根據簡本與今本〈緇衣〉中大量存在的「異文現象」，我們認爲簡本〈緇衣〉至

化隨筆》（北京：中國青年出版社，1999年10月），頁301。

〔註22〕王彥坤《古籍異文研究》（臺北：萬卷樓，1996年12月），頁1。

〔註23〕主要參考王彥坤〈試論古書異文產生的原因〉，《暨南學報》哲社版1989年第4期，頁78～85。

〔註24〕張樹波〈《詩經》異文產生繁衍原因初探〉，《河北師範大學學報》社會科學版，第18卷第4期，頁65。

少具有下列異文研究方面的學術價值〔註25〕：

（一）古文字識讀上的價值：簡帛異文在古文字考釋上的作用，簡而言之，主要有
　　　兩點：一是用來校驗已有的結論，爲成說補充證據，提供新材料；二是爲改
　　　釋、新釋古文字確立新視角，提供新線索〔註26〕。由已知的今本〈緇衣〉用
　　　字對照未知的古本〈緇衣〉用字，將可提供考釋未識字之字形字音字義重要
　　　的參考資料。譬如：簡本〈緇衣〉「瘁袋百姓」，今本〈緇衣〉作「瘁勞百姓」，
　　　知古文字「袋」確可作「勞」字解。

（二）古音研究上的價值：簡帛異文中具有音韻價值的資料主要是通假字和通用字。
　　　通用字是同音的。通假字與本字從原則上說也應該有同音或近音的關係，因
　　　而可據以考訂古音〔註27〕。由楚簡〈緇衣〉形聲字之聲符，對照今本相應之
　　　字，可部份還原上古漢語或楚方言的面貌。譬如：楚簡〈緇衣〉「富貴已迻」，
　　　今本〈緇衣〉作「富貴己過」，由音符偏旁得知，「迻」與「過」之「化」與
　　　「咼」聲符古雖皆屬歌韻，但前者爲喉音，後者屬見系。然由楚簡〈緇衣〉
　　　「過」作「迻」，可知古楚語中見系字與喉音關係不遠。

（三）古語法研究上的價值：異文可以用來進行語法研究。這一觀點過去談異文者
　　　很少論及。異文在語法上的表現，主要是句式與虛詞的不同。對照楚簡〈緇
　　　衣〉與今本〈緇衣〉之文句句式，由已知之今本句式逆推未知之古本句，可
　　　確知古語句式之結構，並藉以修正古語法研究之成果。譬如：楚簡〈緇衣〉
　　　「人雖曰不利，吾弗信之矣」，今本〈緇衣〉作「人雖曰不利，吾不信也。」
　　　知在楚簡裡，「弗」字修飾的動詞可以帶賓語，既可帶代詞賓語，也可以帶
　　　名詞賓語，賓語既可以前置，也可以後置。過去那種「弗」字後面的動詞不
　　　帶賓語的看法應該修正〔註28〕。

（四）經典注疏上的價值：歷史古注的謬失有兩種情況，一種是古訓本來就講錯，
　　　一種是故訓本來沒錯，而後人曲解致誤。藉由較爲原始之楚簡〈緇衣〉之文

〔註25〕楚簡〈緇衣〉「異文現象」之學術價值，係參考張樹波〈《詩經》異文簡論〉（《文學遺
　　　產》1994 年第 5 期）、唐鈺明〈異文在釋讀銅器銘文中的作用〉（《中山大學學報》社
　　　會科學版 1996 年第 3 期）、吳辛丑〈簡帛異文的類型及其價值〉（《華南師範大學學
　　　報》社會科學版 2000 年第 4 期）、鄧聲國，〈鄭玄所見《儀禮》古今異文考——兼談
　　　《儀禮》異文的價值〉（《中國語文通訊》2002 年 3 月第 61 期）、吳辛丑，《簡帛典籍
　　　異文研究》（廣州：中山大學出版社，2002 年 10 月）等文，連同楚簡〈緇衣〉中的
　　　異文現象綜言論之。
〔註26〕吳辛丑，《簡帛典籍異文研究》（廣州：中山大學出版社，2002 年 10 月），頁 23。
〔註27〕吳辛丑，《簡帛典籍異文研究》（廣州：中山大學出版社，2002 年 10 月），頁 108。
〔註28〕吳辛丑，《簡帛典籍異文研究》（廣州：中山大學出版社，2002 年 10 月），頁 83。

本，核對歷代訓詁《禮記‧緇衣》與所引部份《詩》、《書》之各家說法，可訂正部份經家之注疏是非。譬如：今本〈緇衣〉作「播刑之不迪」，清‧王引之《經傳釋詞》解：「《緇衣》引《甫刑》曰：『播刑之不迪』，不，語詞，不迪，迪也。」但楚簡〈緇衣〉只作「播刑之迪」，知「不」字應爲衍字，王氏卻強解「不」字作「語詞」，待商。

（五）學派釐清上的價值：從不同版本的先秦典籍與其所引之他書用字，可間接回推當時的學術流派及其流傳情況。〈緇衣〉有《禮記》、郭店、上博三本，其所引《詩》（毛、三家）、《書》（今文、古文）亦有不同版本可供比對，實易於其間之用字差異來推敲當時的學派流傳狀況。譬如：從楚簡〈緇衣〉引《詩》與毛《詩》（魯恭王壞孔子宅所得之古文《詩》）、三家詩（魯、齊、燕）互有出入看來，知傳承楚簡〈緇衣〉之儒者應非完全服膺北方儒學《詩經》的詮釋立場。

（六）版本校勘上的價值：異文的存在，在很大程度上是由於有不同的傳本（寫本、刻本）的存在。我們通過異文的對勘比較，再輔以詞義考證、語法分析，便可發現和糾正古書在文字和辭例方面存在的一些訛誤〔註29〕。利用楚簡〈緇衣〉所存異文以校勘今本〈緇衣〉、《詩》、《書》之相關文句，將有助恢復〈緇衣〉與部份《詩》、《書》的本來面貌，間接幫助我們更清楚了解古代文化、禮制與風俗習慣。

（七）漢字整理上的價值：簡帛異文所存在的大量異文資料，爲我們今人進行辭書之修訂、漢語資料庫之建立提供了相當豐富且生動的第一手語言資料。楚簡〈緇衣〉所存異文材料的整理和分析，可算是辭書之修訂、漢語資料庫之建立的前置工作之一。

（八）學術思想史上的價值：新出土簡帛書籍與學術史的關係尤爲密切。學術史的研究在最近幾年趨於興盛，已逐漸成爲文史領域內的熱門學科，而簡帛書籍的大量湧現，正在改變著古代學術史的面貌〔註30〕。藉由不同版本〈緇衣〉的思想內容比對，可以還原先秦儒學部份傳承的歷史與演變。譬如：郭店〈緇衣〉「爲上可類而等」，《孔子家語》上承版本作「爲上可類而志」，上博、今本〈緇衣〉作「爲上可述而志」，吾人便可在此處異文中（「倫類區分」→「倫類述志」→「記述頌志」）體察到儒家思想的細微移轉。

裘錫圭曾經說過：「古文字資料顯然有比傳世古書優越的地方：一、不少古書的

〔註29〕吳辛丑，《簡帛典籍異文研究》（廣州：中山大學出版社，2002 年 10 月），頁 120。
〔註30〕李學勤，《簡帛佚籍與學術史》（臺北：時報文化，1994 年 12 月），頁 7。

年代問題聚訟紛紜，因此他們所記錄的語言的時侯也成了問題。地下發現的古文字資料，年代絕大部分比較明確。」「二、古書屢經傳抄刊刻，錯誤很多，有的經過改寫刪節，幾乎面目全非。地下發現的古文字資料，除去傳抄的古書以外，很少有這種問題。就是傳抄的古書，通常也要比傳世的本子近真〔註31〕。」具「地下發現的古文字資料」身份的楚簡〈緇衣〉，其學術研究價值，就在它既「真」且「確」的先天特質上發泛。

〔註31〕裘錫圭，〈談談古文字資料對古漢語研究的重要性〉，《著名中年語言學家自選集──裘錫圭自選集》（鄭州：河南教育出版社，1994 年 7 月），頁 194～195。

參考書目

說明：爲使讀者方便檢索，本論文將參考書目分爲「傳統典籍」與「近人著述」二類。分項內則以作者姓氏筆劃爲序，由寡至多遞增排列。作者名後不加敬稱，見於簡帛研究網站（http：//www.jianbo.org）者，以文後加注（年／月／日）來表示。

壹、傳統典籍

1. （梁）顧野王，《玉篇》（臺北：中華書局，1965 年）。
2. （宋）郭忠恕，《汗簡》、夏竦，《古文四聲韻》：《汗簡、古文四聲韻》合訂本（北京：中華書局，1983 年 12 月）。
3. （宋）陳澔，《禮記集說》（成都：巴蜀書社，1987 年）。
4. （明）閔齊伋輯、（清）畢弘述篆，《六書通》（上海：上海書店出版社，1981 年 3 月）。
5. （明）黃道周，《影印文淵閣四庫全書‧緇衣集傳》，122 冊（臺北：商務，1983 年）。
6. （清）王引之，《經傳釋詞》（臺北：漢京文化，1983 年）。
7. （清）王引之，《經義述聞》（臺北：廣文書局，1963 年）。
8. （清）王先謙，《尚書孔傳參正》（《四部注疏叢刊》，北京：中華書局，1998 年 8 月）。
9. （清）王先謙，《詩三家義集疏》（臺北：鼎文書局，1973 年 5 月）。
10. （清）王頊齡，《欽定書經集說彙纂》（《四部注疏叢刊》，北京：中華書局，1998 年 8 月）。
11. （清）皮錫瑞，《今文尚書考證》（北京：中華書局，1989 年 12 月）。
12. （清）皮錫瑞，《今文尚書考證》（《四部注疏叢刊》，北京：中華書局，1998 年 8 月）。
13. （清）皮錫瑞，《經學通論》（臺北：河洛圖書出版社，1974 年 12 月）。

14. （清）皮錫瑞，《經學歷史》（臺北：藝文印書館，1987 年）。

15. （清）朱彬，《禮記訓纂》（北京：中華書局，1996 年 9 月）。

16. （清）江聲，《尚書集注音疏》（《四部注疏叢刊》，北京：中華書局，1998 年 8 月）。

17. （清）阮元校勘，《十三經注疏》（臺北：藝文印書館，嘉慶廿年江西南昌府學開雕影印本）。

18. （清）阮元整理、李學勤等標點之，《十三經注疏》（北京：北京大學出版社 1999 年 12 月）。

19. （清）俞樾，《禮記鄭讀考》（《續修四庫全書·經部·禮類》，上海古籍出版社，1995 年）。

20. （清）段玉裁，《古文尚書撰異》（《四部注疏叢刊》，北京：中華書局，1998 年 8 月）。

21. （清）段玉裁，《說文解字注》（臺北：藝文印書館，1998 年 12 刷）。

22. （清）孫希旦，《禮記集解》（臺北：文史哲出版社，1990 年）。

23. （清）孫星衍，《尚書今古文注疏》（《四部注疏叢刊》，北京：中華書局，1998 年 8 月）。

24. （清）莊有可，《禮記集說》（臺灣：力行書局，1935 年）。

25. （清）陳喬樅，《詩經四家異文考》（《皇清經解續編》，臺北：復興書局，1972 年）。

26. （清）陳喬樅，《禮記鄭讀考》（《皇清經解續編》，臺北：復興書局，1972 年）。

27. （清）閻若璩，《尚書古文疏證》（《皇清經解續編》，臺北：復興書局，1972 年）。

28. （清）閻若璩，《尚書古文疏證》（《四部注疏叢刊》，北京：中華書局，1998 年 8 月）。

29. （清）顧炎武等，《皇清經解續編》（臺北：復興書局，1974 年）。

30. （清）胡培翬，《儀禮正義》（南京：江蘇古籍出版社，1991 年）。

31. （清）章太炎，《膏蘭室札記》（《章太炎全集》第七冊，上海：上海人民出版社，1982 年 2 月）。

貳、近人著述

三 劃

1. 于省吾，《雙劍誃尚書新證》（臺北：藝文印書館，1958 年）。

2. 于省吾，〈從古文字學方面評判清代文字、聲韻、訓詁之學的得失〉（《歷史研究》1962 年第 5 期）。

3. 于省吾，《澤螺居詩經新證》（北京：中華書局，1982 年 11 月）。

4. 于省吾主編,《甲骨文字詁林》（北京：中華書局,1996 年 5 月）。

5. 大西克也,〈試論上博楚簡緇衣中的「舍」字及相關諸字〉（《第四屆國際中國古文字學研討會論文集》（香港：香港中文大學,2003 年 10 月）。

四 劃

1. 中國社會科學院歷史研究所編,《中國歷史年表》（北京：中國社會科學出版社,2002 年 7 月）。

2. 天祿琳琅校記（南宋）建安余氏刻本,《禮記鄭玄注》（臺北：學海出版社,1979 年 5 月）。

3. 孔仲溫,〈郭店楚簡〈緇衣〉字詞補釋〉（《古文字研究》22 輯,北京：中華書局,2000 年）。

4. 孔德立,〈郭店楚簡所見子思的修身思想〉（《管子學刊》,2002 年第 1 期）。

5. 孔德立,《郭店儒簡與子思研究》（曲阜師範大學碩士論文,2002 年 3 月）。

6. 文炳淳,《包山楚簡所見楚官制研究》（臺大中文系碩士論文,1997 年 12 月）。

7. 王力,《古漢語字典》（北京：中華書局,2000 年）。

8. 王力波,《郭店楚簡〈緇衣〉校釋》（東北師範大學中文系碩士論文,2002 年 5 月）。

9. 王金凌,〈《禮記・緇衣》今本與郭店、上博楚簡比論〉（《新出楚簡與儒家思想論文集》,臺北縣：輔仁大學文學院,2002 年 7 月）。

10. 王葆玹,〈郭店楚簡的時代及其與子思學派的關係〉（《郭店楚簡國際學術研討會論文集》,武漢：湖北人民出版社,2000 年）。

11. 王彥坤,〈試論古書異文產生的原因〉（《暨南學報》哲社版 1989 年第 4 期）。

12. 王彥坤,《古籍異文研究》（臺北：萬卷樓,1996 年 12 月）。

13. 王震亞,《竹木春秋》（蘭州：甘肅教育出版社,1999 年 7 月）。

14. 王輝,《古文字通假釋例》（臺北：藝文印書館,1993 年 4 月）。

15. 王輝,〈郭店楚簡釋讀五則〉（《簡帛研究 2001》,桂林：廣西師範大學出版社,2001 年 9 月）。

16. 王寧,〈郭店楚簡〈緇衣〉文字補釋〉,（2002／09／12）。

17. 王震亞,《竹木春秋》（蘭州：甘肅教育出版社,1999 年 7 月）。

18. 王蘊智,〈殷墟甲骨刻辭類纂釋字訂補（上）〉（《古文字研究》第 24 期,北京：中華書局,2002 年）。

五 劃

1. 史杰鵬,〈談上博簡的从今从石之字〉,（2003／05／01）。

2. 白於藍,〈釋包山楚簡中的巷字〉（《殷都學刊》1997 年第 3 期）。

3. 白於藍,〈郭店楚簡拾遺〉（《華南師範大學學報》,2000 年第 3 期）。

4. 白於藍，〈商榷〉：〈《上海博物館藏楚竹書（一）》釋注商榷〉，（2002／02／08）。

5. 白於藍，〈釋𢿫〉（《古文字研究》24 輯，北京：中華書局，2002 年）。

6. 白於藍，〈孛字補釋〉（《上博館藏戰國楚竹書研究》（上海：上海古籍出版社，2002 年）。

六 劃

1. 邢文，〈楚簡緇衣與先秦禮學〉（《郭店楚簡國際學術研討會論文集》，武漢：湖北人民出版社，2000 年）。

2. 任銘善，《禮記目錄後案》（濟南：齊魯書社，1982 年）。

3. 朱廷獻，《尚書異文集證》（臺北：中華書局，1970 年 6 月）。

4. 朱廷獻，〈論孟引詩書之探討〉（《孔孟月刊》第十卷第四期）。

5. 朱淵清，《再現的文明──中國出土文獻與傳統學術》（上海：華東師範大學出版社，2001 年 5 月）。

七 劃

1. 阮廷焯，《先秦諸子考佚》（臺北：鼎文書局，1980 年 3 月）。

2. 何光岳，《楚滅國考》（上海：上海人民出版社，1990 年 2 月）。

3. 何成軒，《儒學南傳史》（北京：北京大學出版社 2000 年 6 月）。

4. 何浩，《楚滅國研究》（武漢：武漢出版社，1989 年 11 月）。

5. 何新，《諸神的起源‧釋仁》（臺北：木鐸出版社：1987 年）。

6. 何琳儀，《戰國文字通論》（北京：中華書局，1989 年）。

7. 何琳儀，《戰國古文字典》（北京：中華書局，1998 年）。

8. 何琳儀，〈郭店竹簡選釋〉（《文物研究》12 輯，1999 年 12 月）。

9. 何琳儀、徐在國，〈釋㫱及其相關字〉（《中國文字》新 27 期，臺北：藝文印書館，2001 年）。

10. 何琳儀，《古幣叢考》（合肥：安徽大學出版社，2002 年）。

11. 何琳儀，〈滬簡二冊選釋〉（2003／01／14）。

12. 何琳儀，《戰國文字通論（訂補）》（南京：江蘇教育出版社，2003 年）。

13. 何雙全，〈中國簡牘的世紀綜述（完）〉（《中國文物報》2002 年 2 月 8 日）。

14. 余培林，《詩經正詁》上、下冊（臺北：三民書局，1995 年 10 月）。

八 劃

1. 吳辛丑，〈簡帛異文的類型及其價值〉（《華南師範大學學報》社會科學版 2000 年第 4 期）。

2. 吳辛丑，《簡帛典籍異文研究》（廣州：中山大學出版社，2002 年 10 月）。

3. 吳振武，〈假設之上的假設──金文「爯公」的文字學解釋〉（第四屆國際中國古文字學研討會會議論文，2003 年 10 月）。

4. 吳振武，《古璽文編校訂》（吉林大學博士論文，1984 年）。

5. 吳振武「近三十年來東周兵器銘文研究」（臺師大專題演講，2002 年 11 月 22 日）。

6. 吳榮曾，〈《緇衣》簡本、今本引，《詩》考辨〉（《文史》2002 年第 3 期）。

7. 吳龍輝，《原始儒家考述》（北京：中國社會科學出版社，1996 年 2 月）。

8. 完顏紹元，《中國姓名文化》（上海：上海古籍出版社，2001 年）。

9. 宋公文、張君，《楚國風俗志》（武漢：湖北教育出版社，1995 年 7 月）。

10. 巫雪如，《包山楚簡姓氏研究》（臺大中文系碩士論文，1996 年 5 月）。

11. 李存山，〈讀楚簡忠信之道及其他〉（《中國哲學》20 輯，瀋陽：遼寧教育出版社，1999 年）。

12. 李健勝，〈子思從學考釋〉（2004／05／23）。

13. 李健勝，〈子思生卒年代考釋〉（004／05／23）。

14. 李均明、劉軍，《簡牘文書學》（南寧：廣西教育出版社，1999 年 6 月）。

15. 李圃，《異體字字典》（上海：學林出版社，1997 年 1 月）。

16. 李家浩，〈從戰國「忠信」印談古文字中的異讀現象〉（《北京大學學報》社科版，1987 第 2 期）。

17. 李家浩，〈釋弁〉（《古文字研究》第 1 輯，北京：中華書局，1974 年）。

18. 李家浩，〈包山 266 號簡所記木器研究〉（《國學研究》第 2 輯，北京：北京大學出版社，1994 年）。

19. 李家浩，〈楚大官鎬銘文新釋〉（《語言學論叢》22 輯，北京：商務印書館，1999 年，頁 98～99；又收入，《著名中年語言學家自選集——李家浩卷》（合肥：安徽教育出版社，2002 年 12 月）。

20. 李家浩，〈楚墓竹簡中的「昆」字及從「昆」之字〉（《著名中年語言學家自選集——李家浩卷》，合肥：安徽教育出版社，2002 年 12 月）。

21. 李家浩，〈戰國竹簡《緇衣》中的「逯」〉（《古墓新知——紀念郭店楚簡出土十周年論文專輯》，香港：國際炎黃文化出版社，2003 年 11 月）。

22. 李家浩，〈讀郭店楚簡瑣議〉（《中國哲學》20 輯，瀋陽：遼寧教育出版社，1999 年）。

23. 李雲光，《三禮鄭氏學發凡》（臺師大國文系碩士（博士）論文，嘉新水泥公司文化基金會，1966 年 12 月）。

24. 李運富，〈楚國簡帛文字叢考（一）〉（《古漢語研究》1996 第 3 期）。

25. 李運富，〈楚國簡帛文字叢考（二）〉（《古漢語研究》1997 第 1 期）。

26. 李運富，〈楚國簡帛文字叢考（三）〉（《古漢語研究》1998 第 2 期）。

27. 李運富，〈楚國簡帛文字叢考（四）〉（《古漢語研究》1999 第 1 期）。

28. 李運富，《楚國簡帛構形系統研究》（長沙：岳麓書社，1997 年）。

29. 李運富，〈楚國簡帛文字資料綜述〉（《江漢考古》1995 年第 4 期）。

30. 李零，〈上博楚簡校讀記（之二）：，《緇衣》〉（《上博館藏戰國楚竹書研究》，上海：上海書店，2002 年）。

31. 李零，〈郭店楚簡校讀記〉（《道家文化研究》第 17 輯，北京：三聯書店，1999 年 8 月）。

32. 李零，〈讀楚系簡帛文字編〉（《出土文獻研究》第 5 期，1999 年 8 月）。

33. 李零，《上博楚簡三篇校讀記》（臺北：萬卷樓，2002 年 3 月）。

34. 李零，《吳孫子發微》（北京，中華書局，1997 年）。

35. 李零，《郭店楚簡校讀記》增訂本（北京：北京大學出版社，2002 年 3 月）。

36. 李榮主編，《長沙方言詞典》（南京：江蘇教育出版社，2000 年 11 月）。

37. 李銳，〈上博楚簡續札〉（《新出楚簡與儒學思想國際學術研討會論文集》，北京：清華大學思想文化研究所，2002 年 3 月 31 日～4 月 2 日）。

38. 李銳，〈郭店楚墓竹簡補釋（二）〉（《古墓新知——紀念郭店楚簡出土十周年論文專輯》，香港：國際炎黃文化出版社，2003 年 11 月）。

39. 李學勤，〈荊門郭店楚簡中的，《子思子》〉（《文物天地》1998 年第 2 期）。

40. 李學勤，〈郭店簡與禮記〉（《中國哲學史》1998 年第 4 期）。

41. 李學勤，〈對古書的反思〉（《李學勤學術文化隨筆》，北京：中國青年出版社，1999 年 1 月）。

42. 李學勤，〈先秦儒家著作的重大發現〉（《中國哲學》20 輯，瀋陽：遼寧教育出版社 1999 年 1 月）。

43. 李學勤，〈說茲與才〉（《古文字研究》24 輯，北京：中華書局，2002 年）。

44. 李學勤，〈論楚簡《緇衣》首句〉（《清華簡帛研究》第 2 輯，北京：清華大學思想文化研究所，2002 年 3 月）。

45. 李學勤，〈釋改〉（《石璋如院士百歲祀壽論文集》，臺北：南天書局，2002 年）。

46. 李學勤，〈釋郭店簡祭公之顧命〉（《文物》，1998 年第 7 期）。

47. 李學勤，《簡帛佚籍與學術史》（南昌：江西教育出版社，2001 年 9 月）。

48. 李學勤，《簡帛佚籍與學術史》（臺北：時報文化，1994 年 12 月）。

49. 沈培，〈卜辭「雉眾」補釋〉（《語言學論叢》第 26 輯，北京：商務印書館，2002 年）。

50. 沈培，〈上博簡《緇衣》篇「恁」字解〉（《新出楚簡與儒學思想國際學術研討會論文集》，北京：清華大學思想文化研究所，2002 年 3 月 31 日～4 月 2 日）。

51. 來可泓，《論語直解》（上海：復旦大學出版社，1996 年 10 月）。

52. 周何等，《中文字根孳乳表稿》（臺北：國字整理小組，1982 年）。

53. 周法高主編，《金文詁林》（京都：中文出版社，1981 年）。

54. 周鳳五，〈包山楚簡文字初考〉（《王叔岷先生八十壽慶論文集》，臺北縣：大安

出版社，1993 年）。

55. 周鳳五，〈郭店楚簡識字札記〉（《張以仁先生七秩壽慶論文集》，臺北：學生書局，1999 年）。

56. 周鳳五，〈郭店竹簡的形式特徵及其分類意義〉（《郭店楚簡國際學術研討會論文集》，武漢：湖北人民出版社，2000 年）。

57. 孟蓬生，〈上博簡〈緇衣〉三解〉（《上博館藏戰國楚竹書研究》，上海：上海古籍出版社，2002 年）。

58. 孟蓬生，〈郭店楚簡字詞考釋（續）〉（《簡帛語言文字研究》第 1 輯，四川：巴蜀書社，2002 年）。

59. 季旭昇，〈古璽雜識二題：壹、釋「㞢」、「徙」、「踓」，貳、姜枼〉（《中國學術年刊》第 22 期，2001 年 5 月）。

60. 季旭昇，〈由上博詩論「小宛」談楚簡中幾個特殊的從肙的字〉（《第十三屆全國暨海峽兩岸中國文字學術研討會論文集》，臺北：萬卷樓，2002 年）。

61. 季旭昇，〈從《新蔡葛陵》簡談戰國楚簡「挽」字──兼談，《周易》「十年貞不字」〉（《文字學學術研討會論文集》，臺中：東海大學中國文學系，2004 年 3 月 13 日）。

62. 季旭昇，〈讀郭店、上博簡五題：舜、河滸、紳而易、牆有茨、宛丘〉，（2002／02／03）。

63. 季旭昇，《甲骨文字根研究》（臺師大國文系博士論文，1980 年）。

64. 季旭昇，《詩經古義新證》（北京：學苑出版社，2001 年 6 月）。

65. 季旭昇，《說文新證（上）》（臺北：藝文印書館，2002 年）。

66. 季旭昇，《說文新證（下）》（臺北：藝文印館，2004 年）。

67. 季旭昇主編，《上海博物館藏戰國楚竹書（二）讀本》（臺北：萬卷樓，2003 年 7 月）。

68. 季旭昇審訂、鄒濬智等合撰，《上海博物館藏戰國楚竹書（一）讀本》（臺北：萬卷樓，2004 年 6 月）。

69. 屈萬里，《尚書今註今譯》（臺北：商務印書館，1993 年）。

70. 屈萬里，《尚書異文彙錄》（臺北：聯經出版公司，1983 年）。

71. 屈萬里，《尚書集釋》（臺北：聯經出版公司，1983 年 2 月）。

72. 屈萬里，《詩經詮釋》（臺北：聯經出版公司，1999 年 4 月）。

73. 東京大學郭店楚簡研究會編，《郭店楚簡之思想史的研究》第三卷（東京：東京大學文學部中國思想文化學研究室，2000 年 1 月 20 日）。

74. 東京大學郭店楚簡研究會編，《郭店楚簡之思想史的研究》第四卷（東京：東京大學文學部中國思想文化學研究室，2000 年 6 月 1 日）。

75. 林尹，《訓詁學概要》（臺北：正中書局，1972 年）。

76. 林素清，〈利用出土戰國楚竹書資料檢討，《尚書》異文及相關問題〉（《龍宇純先生七秩晉五壽慶論文集》，臺北：學生書局，2002 年 11 月）。

77. 林素清，〈郭店、上博《緇衣》簡之比較〉（中央研究院歷史語言研究所文字學組 91 年度第 13 次講論會）。

78. 林清源，〈釋參〉（《古文字研究》24 輯，北京：中華書局，2002 年）。

79. 林清源，《楚國文字構形演變研究》（東海大學中文系博士論文，1997 年 12 月

80. 林澐，《古文字簡論》（吉林：吉林大學出版社，1986 年 9 月）。

81. 林澐，《林澐學術文集》（北京：中國大百科全書出版社，1998 年 12 月）。

82. 林耀潾，〈周代言語引詩之詩教意義〉（《東方雜誌》復刊第 19 卷第 3 期）。

83. 河北省文物研究所定州漢墓竹簡整理小組，《定州漢墓竹簡‧論語》（北京：文物出版社，1997 年 7 月）。

84. 河南省文物考古研究所，《新蔡葛陵楚墓》（鄭州：大象出版社，2003 年 10 月）。

85. 金文資料庫工作小組，《金文資料庫》：《殷周金文暨青銅器資料庫》，
http：//db1.sinica.edu.tw/～textdb/bronzePage/index.htm）。

九　劃

1. 姜廣輝，〈郭店楚簡與原典儒學〉（《中國哲學》21 輯，瀋陽：遼寧教育出版社，2000 年）。

2. 姜廣輝，〈上海博物館藏戰國楚竹書（一）幾個古異字的辨識〉（《新出竹簡與儒學思想國際學術研討會論文集》，北京：清華大學思想文化研究所，2002 年 3 月 31 日～4 月 2 日）。

3. 姜廣輝，〈釋㐱〉（《國際簡帛研究通訊》第 2 卷第 4 期，2002 年 3 月）。

4. 故宮博物院，《古璽文編》（北京：文物出版社，1981 年 10 月）。

5. 故宮博物院，《古璽彙編》（北京：文物出版社，1981 年 12 月）。

6. 洪湛侯，《詩經學史》上、下冊（北京：中華書局，2002 年 5 月）。

7. 范麗梅，《郭店儒家佚籍研究》（臺大中文所碩士論文，2001 年）。

8. 胡平生、韓自強，《阜陽漢簡詩經研究》（上海：上海古籍出版社，1988 年）。

9. 胡適，〈談談，《詩經》〉（《古史辨》，臺北：藍燈文化事業，1987 年）。

十　劃

1. 唐鈺明，〈異文在釋讀銅器銘文中的作用〉（《中山大學學報》社會科學版 1996 年第 3 期）。

2. 唐蘭，《古文字學導論》（臺北：樂天出版社，1970 年）。

3. 唐蘭，《古文字學導論》增訂本（濟南：齊魯書社，1981 年）。

4. 唐蘭，〈史話簋銘文考釋〉（《考古》1972 年第 5 期）。

5. 唐蘭，〈弓形器（銅弓秘）用途考〉（《考古》1973 年第 3 期）。

6. 夏鼐，〈商代玉器的分類、定名和用途〉（《考古》1983 年第 5 期）。

7. 孫以楷，〈《論語‧子路》中的南人有言之南人考〉（《孔子研究》2001 年第 6 期）。

8. 奚敏芳，〈論孟引詩說詩辨析〉（《中正嶺學術研究集刊》第十集）。

9. 容庚，《金文編》（北京：中華書局，1985 年）。

10. 翁賀凱，〈兩漢禮記源流新考——從「郭店簡與禮記」談起〉（《福建論壇》文史哲版，1999 年 5 期）。

11. 徐中舒主編，《漢語大字典》（成都：四川辭書出版社，1986 年 10 月）。

12. 徐中舒主編，《漢語古文字字形表》（臺北：文史哲出版社，1988 年 4 月再版）。

13. 徐中舒主編，《甲骨文字典》（成都：四川辭書出版社，1998 年 10 月五刷）。

14. 徐在國，〈楚文字拾零〉（《江漢考古》1997 第 2 期）。

15. 徐在國，〈郭店楚簡文字三考〉（《簡帛研究 2001》，桂林：廣西師範大學出版社，2001 年 9 月）。

16. 徐在國，《隸定古文疏證》（合肥：安徽大學出版社，2002 年 6 月）。

17. 徐在國，〈釋楚簡「敚」及相關字〉，「中國南方文明」學術研討會（臺北：中央研究院歷史語言研究所，2003 年 12 月 19～20 日）。

18. 徐貴美，《考釋楚簡帛文字的問題及方法》（中興大學中文研究所碩士論文，2000 年 7 月）。

19. 徐寶貴，〈郭店楚簡研究三則〉（《新出竹簡與儒學思想國際學術研討會論文集》，北京：清華大學思想文化研究所，2002 年 3 月 31 日～4 月 2 日）。

20. 晁福林，〈郭店楚簡〈緇衣〉與尚書‧呂刑〉（《史學史研究》2002 年第 2 期）。

21. 荊門市博物館，〈荊門郭店一號楚墓〉（《文物》1997 年第 7 期）。

22. 荊門市博物館，《郭店楚墓竹簡》（北京：文物出版社，1998 年 5 月）。

23. 袁國華，《包山楚簡研究》（香港中文大學中國語言及文學部博士論文，1994 年）。

24. 袁國華，〈郭店楚簡文字考釋十一則〉（《中國文字》新 24 期，臺北：藝文印書館，1998 年）。

25. 袁國華，〈郭店楚墓竹簡從匕諸字以及與此相關的詞語考釋〉（「第十三屆全國暨海峽兩岸中國文字學學術研討會」論文，花蓮：花蓮師範學院，2002 年 4 月。又見《中央研究院歷史語言研究所集刊》第七十四本第一份，2003 年 3 月）。

26. 袁國華，〈望山楚墓卜筮祭禱簡文字考釋四則〉（《中央研究院歷史語言研究所集刊》第七十四本第二分，2003 年）。

27. 袁國華，〈楚簡疾病及相關問題初探——以包山楚簡、望山楚簡為例〉（中央研究院歷史語言研究所「中國南方文明」研討會會議論文，2003 年 12 月 19 日～20 日）。

28. 馬承源，〈戰國楚竹書的發現保護和整理〉（《中國文物報》2001 年 12 月 26 日）。

29. 馬承源主編，《上海博物館藏戰國楚竹書（一）》（上海：上海古籍出版社，2001

年 11 月）。

30. 馬承源主編，《上海博物館藏戰國楚竹書（二）》（上海：上海古籍出版社，2002 年 12 月）。

31. 馬承源主編，《上海博物館藏戰國楚竹書（三）》（上海：上海古籍出版社，2003 年 12 月）。

32. 高介華、劉玉堂，《楚國的城市與建築》（漢口：湖北教育出版社，1995 年 8 月）。

33. 高亨，《古文字通假會典》（北京：齊魯書社，1989 年 7 月）。

34. 高明，《古陶文彙編》（北京：中華書局，1990 年 3 月）。

35. 高明，《中國古文字學通論》（臺北：五南圖書公司，1993 年 12 月）。

36. 高敏，《簡牘學入門》（南寧：廣西人民出版社，1989 年 10 月）。

37. 涂白奎，〈璋之名實考〉（《考古與文物》1996 年第 1 期）。

38. 涂宗流、劉祖信，《郭店楚簡先秦儒家佚書校釋》（臺北：萬卷樓，2001 年）。

十一劃

1. 張光裕，〈萍廬藏公朱右官鼎跋〉（《中國文字》新 23 期，1997 年 12 月）。

2. 張光裕、袁國華，《包山楚簡文字編》（臺北：藝文印書館，1992 年 11 月）。

3. 張光裕、袁國華，《郭店楚簡研究第一卷：文字編》（臺北：藝文印書館，1999 年 1 月）。

4. 張光裕主編，陳偉武、袁國華助編，《郭店文字考釋匯編》（待刊）。

5. 張守中，《郭店竹簡文字編》（北京：文物出版社，2000 年 5 月）。

6. 張志和，《中國古代的書法》（臺北：文津出版社，2001 年 4 月）。

7. 張亞初、劉雨，《西周金文官制研究》（北京：中華書局，1986 年 5 月）。

8. 張桂光，〈郭店楚墓竹簡釋註續商榷〉（《簡帛研究 2001》，桂林：廣西師範大學出版社，2001 年 9 月）。

9. 張富海，《郭店楚簡〈緇衣〉篇研究》（北京大學碩士論文，2002 年）。

10. 張富海，〈〈緇衣〉二題〉（《古墓新知——紀念郭店楚簡出土十周年論文專輯》，香港：國際炎黃文化出版社，2003 年 11 月）。

11. 張樹波，〈《詩經》異文產生繁衍原因初探〉（《河北師範大學學報》社會科學版，第 18 卷第 4 期）。

12. 張樹波，〈《詩經》異文簡論〉（《文學遺產》1994 年第 5 期）。

13. 張靜，《郭店楚簡文字研究》（安徽大學中文系博士論文，2002 年 5 月）。

14. 曹瑋，〈周原新出西周甲骨文研究〉（《考古與文物》2003 年第 4 期）。

15. 曹錦炎，〈從竹簡《老子》、《緇衣》、《五行》談楚簡文字構形〉（第一屆「古文字與出土文獻」學術研討會論文，2000 年 11 月 16～17 日）。

16. 許學仁，《先秦楚文字研究》（臺師大國文研究所碩士論文，1979 年）。

17. 許學仁,《戰國文字分域與斷代研究》(臺師大國文研究所博士論文,1986 年)。

18. 許學仁,《古文四聲韻古文研究——古文合證篇》(臺北:文史哲出版社,出版年月不詳)。

19. 許學仁,〈戰國楚簡文字研究的幾個問題——讀戰國楚簡「語叢四」所錄「莊子」語暨漢墓出土「莊子」殘簡瑣記〉(《東華人文學報》第三卷,2001 年 7 月)。

20. 郭沂,《郭店竹簡與先秦學術思想》(上海:上海教育出版社,2001 年 2 月)。

21. 郭沫若,《中國古代社會研究(外兩種)‧青銅時代‧公孫尼子與其音樂理論》(石家莊:河北教育出版社,2000 年 12 月)。

22. 郭齊勇,〈出土簡帛與經學論釋的範式問題〉(《福建論壇》人文社會科學版,2001 年第 5 期)。

23. 郭錫良,《漢字古音手冊》(北京:北京大學出版社,1986 年 11 月)。

24. 崔仁義,《荊門郭店楚簡老子研究》(北京:科學出版社,1998 年)。

25. 陳子展,《詩三百解題》(上海:復旦大學出版社,2001 年 10 月)。

26. 陳金木,〈楚簡〈緇衣〉研究的省思〉(《第一屆簡帛學術研討會論文集》,嘉義:嘉義大學,2003 年 7 月 12 日)。

27. 陳金生,〈郭店楚簡〈緇衣〉校讀札記〉(《中國哲學》21 輯,瀋陽:遼寧教育出版社,2000 年)。

28. 陳昭容,《秦系文字研究——從漢字史的角度考察》(臺北:中央研究院歷史語言研究所,2003 年 7 月)。

29. 陳昭容,〈古文字研究的新材料與新課題——從傅斯年先生〈歷史語言研究工作之旨趣〉中有關古文字研究的議題談起〉(《慶祝中央研究院歷史語言研究所成立七十五週年演講會文集》,臺北:中央研究院歷史語言研究所,2003 年 12 月 22 日)。

30. 陳松長、陳雄根,〈「解蔽」新義——由楚簡五行之啟迪重新考察思孟學派與荀子的關係(節錄)〉(《第四屆國際中國古文字學研討會論文集》,香港中文大學中文系,2003 年 10 月)。

31. 陳美蘭,〈上博簡〈緇衣〉零拾〉(待刊)。

32. 陳秉新,〈《上海博物館藏戰國楚竹書(一)》補釋〉(《東南文化》2003 年第 9 期)。

33. 陳高志,〈郭店楚墓竹簡〈緇衣〉篇部分文字隸定檢討〉,《張以仁先生七秩壽慶論文集》(臺北:學生書局,1999 年)。

34. 陳寅恪,〈敦煌劫餘錄序〉(《陳寅恪先生論文集》(臺北:九思出版社,1977 年 6 月)。

35. 陳偉,〈郭店楚簡別釋〉(《江漢考古》1998 第 4 期)。

36. 陳偉,〈文本復原是一項長期艱巨的工作〉(《武漢大學學報》1999 年第 2 期)。

37. 陳偉,《郭店竹書別釋》(武漢:湖北教育出版社,2002 年 1 月)。

38. 陳偉，〈上博、郭店二本〈緇衣〉對讀〉（《上博館藏戰國楚竹書研究》，上海：上海古籍出版社，2002 年）。

39. 陳偉武，〈上博藏簡識小錄〉（「第一屆中國語言文字國際學術研討會」論文，香港中文大學中文系，2002 年 3 月 12～14 日）。

40. 陳啓天，《韓非子校釋》（臺北：臺灣商務印書館，1994 年 11 月）。

41. 陳斯鵬，〈初讀上博楚簡〉，（2002／02／05）。

42. 陳新雄，《古音研究》（臺北：五南圖書公司，2000 年 11 月）。

43. 陳新雄，《古音學發微》（嘉新水泥公司文化基金會研究論文第一八七種，1972 年 1 月）。

44. 陳嘉凌，《楚系簡帛字根研究》（臺師大國文系碩士論文，2002 年 6 月）。

45. 陳劍，〈柞伯簋補釋〉（《傳統文化與現代化》，1999 年第 1 期）。

46. 陳霖慶，《郭店性自命出暨上博性情論綜合研究》（臺師大國文系碩士論文，2003 年 6 月）。

47. 陸錫興，《《詩經》異文研究》（北京：中國社會科學出版社，2001 年 12 月）。

十二劃

1. 曾昱夫，《戰國楚地簡帛音韻研究》（臺大中文系碩士論文，2001 年 6 月）。

2. 曾憲通，《長沙楚帛書文字編》（北京：中華書局，1993 年）。

3. 湖北省荊沙鐵路考古隊，《包山楚簡》（北京：文物出版社，1991 年）。

4. 湖北省文物考古研究所、北京大學中文系，《望山楚簡》（北京：中華書局，1995 年 6 月）。

5. 湖北省文物考古研究所、北京大學中文系，《九店楚簡》（北京：中華書局，2000 年 5 月）。

6. 湖北省博物館，《曾侯乙墓》（北京：文物出版社，1989 年 7 月）。

7. 湯漳平，〈出土文獻與中國文學研究筆談——承繼傳統、開創未來〉（《中州學刊》2000 年第 2 期）。

8. 湯餘惠、吳良寶，〈郭店楚簡文字拾零（四篇）〉（《簡帛研究 2001》，桂林：廣西師範大學出版社，2001 年 9 月）。

9. 湯餘惠主編，《戰國文字編》（福州：福建人民出版社，2001 年 12 月）。

10. 程元敏，〈尚書呂刑成篇之著成〉（《清華學報》，新 15 卷 1、2 期合刊）。

11. 程元敏，〈郭店楚簡〈緇衣〉引書考〉（《古文字與古文獻》試刊號，臺北：楚文化研究會，1999 年）。

12. 程元敏，〈《禮記・中庸、坊記、緇衣》非出於，《子思子》考〉（《張以仁先生七秩壽慶論文集》，臺北：臺灣學生書局，1998 年）。

13. 程燕，《望山楚簡文字研究》（安徽大學中文系碩士論文，2002 年 5 月 20 日）。

14. 馮勝君，《二十世紀古文獻新證研究》（吉林大學博士論文，2002 年 6 月）。

15. 馮勝君,〈讀上博簡〈緇衣〉箚記二則〉(《上博館藏戰國楚竹書研究》,上海:上海古籍出版社,2002 年)。

16. 葉國良,〈郭店儒家著作的學術譜系問題〉(《臺大中文學報》第 13 卷,2000 年,又見《中國哲學》24 輯)。

17. 黃人二,《上海博物館藏戰國楚竹書(一)研究》(武漢大學博士論文,2002 年)。

18. 黃懷信,《古文獻與古史考論》(濟南:齊魯書社,2003 年 6 月)。

19. 黃德寬、徐在國,〈郭店楚簡文字考釋〉(《吉林大學古籍整理研究所建所十五周年紀念論文集》,長春:吉林大學出版社,1998 年 12 月)。

20. 黃德寬、徐在國,〈郭店楚簡文字續考〉(《江漢考古》1999 年第 2 期)。

21. 黃德寬、徐在國,〈《上海博物館戰國楚竹書(一)‧緇衣、性情論》釋文補正〉(《古籍整理研究學刊》:2002 年第 2 期)。

22. 黃錫全,《湖北出土商周文字輯證》(武昌:武漢大學出版社,1992 年)。

23. 黃錫全,《汗簡箋釋》(沙市:武漢大學出版社,1993 年 12 月)。

24. 黃錫全,〈楚簡續貂〉(《簡帛研究》第 3 輯,南寧:廣西教育,1998 年。亦收入其論文集,《古文字論叢》)。

25. 黃錫全,《古文字論叢》(臺北:藝文印書館,1999 年)。

26. 黃錫全,〈讀上博楚簡札記〉(《新出竹簡與儒學思想國際學術研討會論文集》,北京:清華大學思想文化研究所,2002 年 3 月 31 日~4 月 2 日)。

27. 黃錫全,〈讀上博簡(二)箚記(四)〉,(2003/05/16)。

28. 黃麗娟,〈郭店楚簡〈緇衣〉文字研究〉(臺師大碩士論文,2001 年 5 月)。

29. 黃麗娟,〈郭店《緇衣》與上海《緇衣》引《書》考〉(楚簡綜合研究第二次學術研討會論文,臺北:中央研究院歷史語言研究所,2002 年 12 月 20~21 日)。

十三劃

1. 楊天宇,〈略述中國古代的《禮記》學〉(《河南大學學報》第 40 卷第 5 期)。

2. 楊天宇,《禮記譯注》(上海:上海古籍出版社,1997 年 4 月)。

3. 楊朝明,《儒家文獻與早期儒學研究》(濟南:齊魯書社,2002 年)。

4. 楊儒賓,〈子思學派試探〉,(2004/05/23)。

5. 楊樹達,《釋微居甲文說》增訂本(北京:科學出版社,1969 年)。

6. 楊家駱主編,《清儒禮記彙解》(臺北:鼎文書局,1972 年 4 月)。

7. 楊寬,《戰國史》(臺北:商務印書館,1997 年)。

8. 楊寬,《西周史》(臺北:商務印書館,1999 年)。

9. 楊澤生,〈上海博物館藏楚簡文字雜說〉(《江漢考古》2002 第 3 期)。

10. 董乃斌,〈出土文獻和學術方略〉(《文藝研究》2000 年第 3 期)。

11. 董蓮池,《說文部首形義通釋》(長春:東北師範大學出版社,2000 年)。

12. 虞萬里，〈上博簡、郭店簡〈緇衣〉與傳本合校拾遺〉（《上博館藏戰國楚竹書研究》，上海：上海古籍出版社，2002 年）。

13. 虞萬里，〈上博簡、郭店簡〈緇衣〉與傳本合校補證（上）〉（《史林》，2002 年第 2 期）。

14. 虞萬里，〈上博簡、郭店簡〈緇衣〉與傳本合校補證（中）〉（《史林》，2002 年第 3 期）。

15. 裘錫圭，《古代文史研究新探》（南京：江蘇古籍出版社，1992 年 6 月）。

16. 裘錫圭，〈戰國璽印文字考釋三篇〉（《古文字論集》，北京：中華書局，1992 年 8 月）。

17. 裘錫圭，〈談談古文字資料對古漢語研究的重要性〉（《著名中年語言學家自選集——裘錫圭自選集》，鄭州：河南教育出版社，1994 年 7 月）。

18. 裘錫圭，《文字學概要》（臺北：萬卷樓，1995 年）。

19. 裘錫圭，〈郭店老子簡初探〉（《道家文化研究》17 輯，北京：3 聯書局，1999 年 8 月）。

20. 裘錫圭，〈談談上博簡和郭店簡中的錯別字〉（《新出竹簡與儒學思想國際學術研討會論文集》，北京：清華大學思想文化研究所，2002 年 3 月 31 日～4 月 2 日）。

21. 裘錫圭，〈簡帛古籍的用字方法是校讀傳世先秦秦漢古籍的重要根據〉（《裘錫圭學術文化隨筆》，北京：中國青年出版社，1999 年 10 月）。

22. 裘錫圭，〈釋郭店〈緇衣〉「出言有丨，黎民所𠬝」——兼說「丨」爲「針」之初文〉（《古墓新知——紀念郭店楚簡出土十周年論文專輯》，香港：國際炎黃文化出版社，2003 年 11 月）。

23. 賈連敏，〈釋祼、瓚〉（中國古文字研究會第九屆學術討論會論文，1992 年）。

24. 詹群慧，〈郭店楚簡中子思著述考（上）〉，（2003／05／19）。

25. 鄒濬智，〈經學詮解上博〈緇衣〉疑字三則〉，（2003／01／11）。

26. 鄒濬智，〈與《上博·緇衣》文字、經義相關之單篇學術論著簡目〉，（2003／01／11）。

27. 鄒濬智，〈今本、郭店本、上博本，《緇衣》章序對照表〉，（2003／01／24）。

28. 鄒濬智，〈上博〈緇衣〉續貂〉（《思辨集》第 6 輯，2003 年 3 月）。

29. 鄒濬智，〈楚簡「昱」字小識〉，（2003／11／02）。

30. 鄒濬智，〈楚簡緇衣與語叢四弼字小議〉，（2004／02／14）。

十四劃

1. 廖名春，〈郭店楚簡儒家著作考〉（《孔子研究》1998 年第 3 期）。

2. 廖名春，〈荊門郭店楚簡與先秦儒學〉（《中國哲學》20 輯，瀋陽：遼寧教育出版社 1999 年 1 月）。

3. 廖名春，《新出楚簡試論》（臺北：臺灣古籍出版公司，2001 年 5 月）。

4. 廖名春,〈郭店从「柴」之字考釋〉,(2003／03／09)。

5. 聞一多,《詩經研究》(成都:巴蜀書社,2002 年 12 月)。

6. 臧克和,《尚書文字校詁》(上海:上教育出版版社,1999 年 5 月)。

7. 裴普賢,《詩經評註讀本》(臺北:三民書局,1998 年 2 月)。

8. 趙平安,〈釋參及相關諸字〉(《語言研究》1995 年第 1 期)。

9. 趙平安,〈允、兕形義考〉(《古漢語研究》,1996 年第 2 期)。

10. 趙平安,〈釋包山楚簡中的術和遂〉(《考古》1998 年第 5 期)。

11. 趙平安,〈戰國文字的「遊」與甲骨文「奉」爲一字説〉(《古文字研究》22 輯,北京:中華書局,2000 年 7 月)。

12. 趙平安,〈上博〈緇衣〉簡字詁四篇〉(《上博館藏戰國楚竹書研究》,上海:上海古籍出版社,2002 年)。

13. 趙蘭英,〈解讀戰國楚簡〉(《瞭望新聞周刊》,2000 年 10 月 16 日第 42 期)。

14. 趙敏俐,〈出土文獻與文學研究方法論〉(《文藝研究》2000 年第 3 期)。

15. 趙彤,〈郭店、上博楚簡釋讀的幾個問題〉,(2002／10／12)。

16. 趙建偉,〈讀上博簡(一)札記二則〉,(2003／08／02)。

17. 趙建偉,〈「民有娛心」與「民有順心」説〉,(2003／08／30)。

18. 趙誠,《甲骨文與商代文化》(瀋陽:遼寧大學出版社,2000 年 1 月)。

十五劃

1. 劉文強、簡文山,〈《禮記》〈月令〉、〈王制〉鄭注「周制」、「殷制」觀念探析——兼論鄭玄經學立場問題〉(《中山人文學報》第 7 期 1998 年 8 月)。

2. 劉信芳,〈荊門郭店楚簡老子文字考釋〉(《中國古文字研究》,北京:文雅堂,1999 年)。

3. 劉信芳,〈郭店楚簡〈緇衣〉解詁〉(《郭店楚簡國際學術研討會論文集》(武漢:湖北人民出版社,2000 年)。

4. 劉信芳,〈郭店楚簡文字考釋拾遺〉(《江漢考古》2000 第 1 期)。

5. 劉信芳,〈郭店簡《語叢》文字試解〉(《簡帛研究 2001》,桂林:廣西師範大學出版社,2001 年 9 月)。

6. 劉信芳,〈關於上博藏楚簡的幾點討論意見〉(《新出竹簡與儒學思想國際學術研討會》,北京:清華大學思想文化研究所,2002 年 3 月 31 日～4 月 2 日)。

7. 劉信芳,《包山楚簡解詁》(臺北:藝文印書館,2002 年)。

8. 劉信芳,《子彈庫楚墓出土文獻研究》(臺北:藝文印書館,2002 年 1 月)。

9. 劉信芳,《孔子詩論述學》(合肥:安徽大學出版社,2003 年 1 月)。

10. 劉桓,《甲骨徵史》(哈爾濱:黑龍江教育出版社,2002 年 12 月)。

11. 劉桓,〈讀郭店楚墓竹簡札記〉(《簡帛研究 2001》,桂林:廣西師範大學出版社,

2001 年 9 月）。

12. 劉起釪，《尚書學史》（北京：中華書局，1989 年 6 月）。

13. 劉起釪，《尚書源流及傳本考》（瀋陽：遼寧大學出版社，1997 年 3 月）。

14. 劉釗，《古文字構形研究》（吉林大學博士論文，1991 年）。

15. 劉釗，〈釋債及相關諸字〉（「第一屆中國語言文字國際學術研討會」論文，香港中文大學中文系，2002 年 3 月 12～14 日）。

16. 劉釗，〈讀上海博物館藏戰國竹書（一）劄記〉（《上博館藏戰國楚竹書研究》（上海：上海古籍出版社，2002 年）。

17. 劉釗，《郭店楚簡校釋》（福州：福建人民出版社，2003 年 12 月）。

18. 劉彬徽，〈讀上博楚簡小識〉（《考古與文物》2003 年第 4 期）。

19. 劉翔，〈釋仁〉（「第三屆國際中國古文字學研討會」論文，香港：香港中文大學，1997 年）。

20. 劉夢溪主編，《中國現代學術經典‧郭沫若卷》（石家莊：河北教育出版社，1996 年 8 月）。

21. 劉樂賢，〈讀郭店楚簡札記三則〉（《中國哲學》20 輯，瀋陽：遼寧教育出版社 1999 年 1 月）。

22. 劉樂賢，〈讀上博楚簡劄記〉（《上博館藏戰國楚竹書研究》，上海：上海古籍出版社，2002 年）。

23. 劉曉東，〈郭店楚簡〈緇衣〉初探〉（《蘭州大學學報》2000 年第 4 期）。

24. 滕壬生，《楚系簡帛文字編》（武漢：湖北教育出版社，1995 年 7 月）。

25. 鄭玉姍，〈詩論廿六簡睪字管見〉，（2003／01／06）。

26. 鄧建鵬，〈楚地心性學與郭店家簡及子思之學南傳探析（節選）〉（《郭店楚簡與早期儒學》，臺北：臺灣古籍出版公司，2002 年）。

27. 鄧聲國，〈鄭玄所見《儀禮》古今異文考──兼談，《儀禮》異文的價值〉（《中國語文通訊》2002 年 3 月第 61 期）。

28. 蔣伯潛，《語譯廣解四書讀本》（臺北：啓明書局，出版年月不詳）。

29. 蔣伯潛，《諸子通考》（臺北：正中書局，1957 年）。

十六劃

1. 冀小軍，〈釋楚簡中的向字〉，（2002／07／21）。

十七劃

1. 錢玄，《三禮通論》（南京：南京師範大學出版社，1996 年 10 月）。

2. 錢玄、錢興奇編，《三禮辭典》（南京：江蘇古籍出版社，1998 年 3 月）。

3. 錢穆，《先秦諸子繫年》（石家莊：河北教育出版社，2002 年 1 月）。

4. 謝佩霓，《郭店楚簡《老子》訓詁疑難辨析》（暨南國際大學中文系碩士論文，2002

年 5 月）。

5. 鍾宗憲，〈《禮記‧緇衣》的論述結構及其版本差異〉（《新出楚簡與儒家思想論文集》，臺北縣：輔仁大學文學院，2002 年 7 月）。

十八劃

1. 顏世鉉，〈郭店楚簡散論（三）〉（《大陸雜誌》第 101 卷第 2 期）。

2. 顏世鉉，《包山楚簡地名研究》（臺大中文系碩士論文，1997 年 6 月）。

3. 顏世鉉，〈郭店楚墓竹簡儒家典籍文字考釋〉（《經學研究論叢》第六輯，臺北：學生書局，1999 年 3 月）。

4. 顏世鉉，〈郭店楚簡淺釋〉（《張以仁先生七秩壽慶論文集》，臺北：學生書局，1999 年）。

5. 顏世鉉，〈上博楚竹書散論（二）〉，（2002／04／08）。

6. 顏世鉉，〈幾條周家臺秦簡「祝由方」的討論〉（「中國南方文明」學術研討會，臺北：中央研究院歷史語言研究所，2003 年 12 月 19～20 日）。

7. 魏宜輝、周言，〈讀郭店楚墓竹簡札記〉（《古文字研究》22 輯，北京：中華書局，2000 年 7 月）。

8. 魏宜輝，〈試析楚簡文字中的「顯」、「㬎」字〉（《江漢考古》2002 年第 2 期

9. 魏宜輝，〈讀上博簡文字劄記〉（《上博館藏戰國楚竹書研究》，上海：上海古籍出版社，2002 年）。

10. 魏啓鵬，《簡帛五行箋釋》（臺北：萬卷樓，2000 年）。

十九劃

1. 龐存周，《《詩經》韻讀圖解及其他》（重慶：重慶出版社，1999 年 1 月）。

2. 龐樸，〈《緇衣》與子思〉（2002／10／23）。

3. 羅凡晸，《郭店楚簡異體字研究》（臺師大國文系碩士論文，2000 年 6 月）。

4. 羅凡晸，《古文字資料庫建構研究——以，《上海博物館藏戰國楚竹書（一）》爲例》（臺師大國文系博士論文，2003 年 10 月）。

5. 羅振玉，《殷墟書契考釋》增訂本（台北：藝文印書館，1981 年）。

6. 羅振玉，《殷虛書契考釋》（北京：北京圖書館出版社，2000 年，線裝一函不分頁）。

二十劃以上

1. 蘇建洲，〈從古文字材料談「枣」「棘」的文字構形及相關問題〉（臺中：「中區文字學座談會」論文，2002 年，又見《中國學術年刊》第 24 期，臺北：國立臺灣師範大學國文學系，2003 年 6 月）。

2. 蘇建洲，〈《郭店‧緇衣》考釋一則〉，（2003／06／24）。

3. 蘇建洲，〈上博簡「緇衣」篇「服」字再議〉（待刊）。

4. 鐘文、林倫倫，〈古籍整理與方言的關係〉（《汕頭大學學報》人文科學版 1996 年，第 12 卷第 3 期）。

5. 饒宗頤，〈帛書系辭傳「大恒説」〉（《道家文化研究》第 3 輯，上海：上海古籍出版社，1993 年）。

6. 饒宗頤，〈緇衣零簡〉（《學術集林》卷九，上海：上海遠東出版社，1994 年）。

7. 顧史考，〈古今文獻與史家之喜新守舊〉（「經典與文化形成」第五次讀書會，中央研究院中國文哲研究所，2004 年 2 月 28 日）。

8. 顧頡剛，《古史辨》（臺北：藍燈文化事業，1987 年）。

9. 顧德融、朱順龍，《春秋史》（上海：上海人民出版社，2001 年 6 月）。

10. 龔建平，〈郭店簡與禮記二題〉（《武漢大學學報》哲學社會科學版 1999 年第 5 期）。